戴笠全传

任中原 编著

中国华侨出版社
北京

图书在版编目（CIP）数据

戴笠全传/任中原编著.—北京：中国华侨出版社，2012.6（2021.5重印）
ISBN 978-7-5113-2359-0

I.①戴… Ⅱ.①任… Ⅲ.①戴笠（1897~1946）-传记 Ⅳ.①K827.6

中国版本图书馆CIP数据核字（2012）第080123号

戴笠全传

编　　著：	任中原
责任编辑：	李胜佳
封面设计：	阳春白雪
文字编辑：	于海娣
美术编辑：	宇　枫
经　　销：	新华书店
开　　本：	720mm×1020mm　　1/16　　印张：24　　字数：350千字
印　　刷：	北京市德富泰印务有限公司
版　　次：	2012年6月第1版　　2021年5月第5次印刷
书　　号：	ISBN 978-7-5113-2359-0
定　　价：	68.00元

中国华侨出版社　　北京市朝阳区西坝河东里77号楼底商5号　　邮编：100028
法律顾问：陈鹰律师事务所
发行部：（010）88866079　　　　　传　真：（010）88877396
网　址：www.oveaschin.com　　　　E-mail：oveaschin@sina.com

如果发现印装质量问题，影响阅读，请与印刷厂联系调换。

前言

从 1927 年到 1946 年这整整 20 年的中国现代史上，许多重大历史事件中都可以看到一个人的影子，其中不少事件更是由他一手策划实施，从而一次次在民国历史上造成强烈震荡。这个人就是戴笠。

一提起戴笠，可以说是仁者见仁智者见智，褒之者说他是旷世奇才、时代英豪；贬之者说他是混世魔王、政治杀手。有人说他阴鸷，有人说他豪义，有人说他风流，有人说他残忍。可以说，戴笠是一个极其杂的历史人物。

他被称为"蒋介石的配剑"。他"一切听命于领袖"，效忠蒋介石可谓披肝沥胆，置生死于度外。他和他创办的国民党军统特务组织，是蒋介石排除异己、实行独裁统治不可或缺的"法宝"。在国民政府统治时期，他指挥的军统为国家搜集了大量的情报，并为政府除去了很多"反叛者""颠覆者"，为蒋介石除去了很多政敌。

他是"中国的盖世太保"，凡是有中国人的地方就有他的情报人员在活动，他们在马尼拉有城墙环绕的区域里发送气象预报，一直到麦克阿瑟登陆。他们在南京、汉口及所有被日本人占领的中国城市内组建警察部队。他们在日本空军内有一个单独的傀儡飞行队，甚至在东京的皇宫里，都有他的特务。

他被称为"中国最神秘人物"，一生富有传奇色彩。他从不接受照相或采访，很少有人见过戴笠的真面目。甚至在政府官员里，都很少有人认识他；很少有他的照片。

他的声名响遍世界，更是引起美国总统罗斯福注意。他被外国人认为是除蒋介石以外，比任何人都更有权力的人，是唯一能与蒋介石在任何时候、任何地方见面的人。他的组织则被外国人认为是民国最强大、最重要的组织。

他的手下不仅仅只限于军界，而是全方位扩展到社会生活的方方面面，不仅拥有治安权和秘密监狱，还拥有水陆空交通检查权、海关缉私权。全体公民毫无隐私而言，无时无刻不生活在恐怖的阴影下，暗杀、秘密逮捕、酷刑严讯的厄运随时都有可能光顾每一个人。

一个原本只是负责收集情报、负责领袖安全的特工人员，何以令人谈之色变？他的死因为何到现在还是扑朔迷离，充满神秘色彩？他生之真相如何？死之终局究竟？他的一生，到底有多少离奇隐秘……让我们拨开历史的重重迷雾，认识一个真实的戴笠。

本书从戴笠的童年写起，记述了他的生平、家世、发迹的过程，特别对他20年的特工史进行了描述，详细介绍了他所主持的特务组织成立、发展的时代背景和基本状况，以及他和部属在许多重大历史事件中所起的作用、对人民所犯的罪行，真实再现了戴笠的内心情感、政治权术、骄奢淫逸的生活秘闻，以及最后命丧黄泉的归宿。

本书是一部不可多得的全面、客观地描述戴笠从一文不名成为民国"特工王"的传记，以戴笠的生平为主线，以珍贵的档案、史料为基础，全面而客观地讲述了戴笠波澜起伏的一生，揭示了旧中国各派政治力量及其内部各系之间既联盟又彼此倾轧的黑幕，并从个人与时代的关系切入，由戴笠的崛起、发展到衰落，从一个侧面反映出曲折、变化中的民国历史。

目录

第一章　来自江山的打流少年 ………………………………… 1
江山戴氏 ………………………………………………………… 1
保安乡的少年才子 ……………………………………………… 3
戴笠从军 ………………………………………………………… 7
沪杭打流 ……………………………………………………… 12
结识杜月笙和胡宗南 ………………………………………… 14
投奔王亚樵 …………………………………………………… 16
初识蒋介石 …………………………………………………… 20

第二章　投军黄埔，寻找靠山 ……………………………… 23
考入黄埔 ……………………………………………………… 23
混迹黄埔军校 ………………………………………………… 26
密查组清洗黄埔 ……………………………………………… 28
寻找靠山 ……………………………………………………… 32
踏入情报之门 ………………………………………………… 36
苦心经营，崭露头角 ………………………………………… 41
戴笠得蒋宠信 ………………………………………………… 44

第三章　揣摩迎上，脱颖而出 ……………………………… 48
复兴社成立 …………………………………………………… 48

新卫星组织…………………………………………………… 53

获任特务机构要职…………………………………………… 56

组建特务系统………………………………………………… 60

与时俱进的特务处管理……………………………………… 63

大量控制公开机关…………………………………………… 65

第四章　嗜血成性，绝不手软………………………………68

暗杀汉奸张敬尧……………………………………………… 68

吉鸿昌被杀…………………………………………………… 71

刺杀石友三失败……………………………………………… 75

杀害杨杏佛…………………………………………………… 79

杀害史量才…………………………………………………… 84

恐吓宋庆龄…………………………………………………… 89

第五章　特务处上海区大显身手……………………………93

特务处上海特区……………………………………………… 93

上海区的秘密特工…………………………………………… 96

上海区的活动………………………………………………… 99

逮捕共产党人………………………………………………… 102

"怪西人案"………………………………………………… 105

改组上海区…………………………………………………… 108

第六章　西安事变：戴笠押宝成功………………………111

西北地区的特工形势………………………………………… 111

与校长共生死………………………………………………… 115

戴笠交代后事………………………………………………… 118

出人意料的结局……………………………………………… 119

彻底得到蒋介石的信任……………………………………… 122

第七章　抗日：黑暗人生的亮点……………………………126

庐山训练团的演说…………………………………………… 126

参谋本部战地调查勘测组……………………………………………128
潜伏虹口失败……………………………………………………131
一场高水平的间谍斗争…………………………………………133
上海沦陷前部署潜伏计划…………………………………………137
坐镇上海应变……………………………………………………140
布置各沦陷区潜伏组织…………………………………………142
武汉保卫战………………………………………………………145

第八章　借抗战创立特务武装……………………… 147

军事委员会苏浙行动委员会……………………………………147
别动队……………………………………………………………150
青浦特种技术训练班……………………………………………151
淞沪会战别动队损失惨重………………………………………154
军事委员会忠义救国军…………………………………………156
韩复榘、刘湘之患………………………………………………160
戴笠的捕韩方案…………………………………………………164

第九章　明里锄奸，暗里和谈………………………… 168

唐绍仪被砍死……………………………………………………168
大汉奸张啸林的下场……………………………………………171
暗杀陈箓…………………………………………………………175
刺杀傅筱庵………………………………………………………178
武汉区抗日锄奸团………………………………………………182

第十章　玩弄反共新手法……………………………… 186

中统和军统正式成立……………………………………………186
改组重庆军统局…………………………………………………188
重庆警察侦缉大队………………………………………………192
煞费苦心，遏制共产党…………………………………………194
"特种会报"制度…………………………………………………196
配合胡宗南反共…………………………………………………200

3

密谋暗杀宣侠父……202

第十一章　两统之争的得与失……206

争夺流亡青年……206
借"东总"敲中统一闷棍……207
唐纵出任侍从室情报参谋……210
张超与陈仪交恶……212
"秉承领袖旨意，体谅领袖苦心"……215
用尽心机讨蒋欢心……218

第十二章　戴笠与张学良和杨虎城……220

囚禁张学良……220
戴笠与"放牛图计划"……223
西安事变后的杨虎城……226
扣押杨虎城……228
西解张学良和杨虎城……230

第十三章　军统出头，掀起反共高潮……232

忠义救国军猖狂挑衅……232
皖南事变……235
成都抢米案……238
镇压军统内中共组织……242
企图打入延安……245

第十四章　中美合作所：挟洋人以自重……248

梅乐斯访华……248
中美特种技术合作协定……251
杜诺迈来华……255
中美合作训练班……257
军统的息烽特训班……261
军统东南特训班……262

视察东南特训班·························· 264
敌后合作行动··························· 266

第十五章　军统的集中营黑幕·············· 269

戴笠的监狱系统························· 269
大魔窟息烽营··························· 271
惊心动魄的"大学"生活···················· 273
地狱里的三阶段························· 275
"修养人"的几种类型······················ 278
息烽营的组织与人事······················ 280
息烽营的思想教育与生产活动················ 282
歌乐山和渣滓洞························· 285

第十六章　末日预感和权力疯狂·············· 287

第三次反共高潮························· 287
沦陷区继续与共产党斗争··················· 291
反共新伎俩····························· 294
消极抗日，积极反共酿恶果················· 297
戴笠的不祥预感························· 300
陈诚与戴笠不睦························· 302
算计陈诚得手··························· 305
目标瞄上了徐恩曾························ 309
拔去眼中钉····························· 313
最后一次升迁··························· 317

第十七章　蒋介石出手，戴笠在劫难逃········ 319

五人小组秘密监视戴笠····················· 319
蒋介石的秘密指示························ 321
戴笠的应对之策·························· 324
化整为零，保存实力······················ 328

第十八章　戴笠的私生活·················· 331
"四不"与"六好"························· 331
好色之徒····························· 335
胡蝶遭劫····························· 339
终成戴笠猎物··························· 342
戴笠与郁达夫之死························· 347

第十九章　葬身戴山·················· 350
孙殿英的南京之行························· 350
奉命清查孙殿英·························· 354
马汉三与龙泉宝剑························· 356
生命的最后一周·························· 359
3·17 空难，葬身戴山······················· 362
重庆一片慌乱··························· 365
沈醉不惜冒死寻主························· 368
蒋介石厚葬戴笠·························· 371

第一章
来自江山的打流少年

江山戴氏

戴笠，原名戴春风，字雨农，浙江西南边界、赣闽交界处的新安江源头的江山县是他的家乡。

据说江山戴家是西汉时期的儒学大师戴圣的后代。从戴圣到戴笠之间，戴家历代的显赫人物还有东晋的大学者、雕塑家、画家戴逵；唐朝的右仆射（相当于右丞相）戴至德；元朝的秘书修撰戴安德；清朝的武德左射骑戴启明等。

在汉晋时期，戴氏家族的祖先曾居住在河南商丘、安徽宿县一带，唐宋时代迁徙到安徽休宁县，在灾难重重的元明过渡时期，戴氏家族迁徙到了浙江的龙游县。

戴家落户仙霞岭附近的江山县是戴笠曾祖父戴启明时的事。戴启明因镇压太平天国起义有功被封为武德左射骑后，择吉日良辰荣归故里，成为当地的地主和高利贷。但是，戴家并没有青云直上，过上达官贵人的生活，而是依然住在小山村里。戴启明对此并不满足，他渴望大富大贵，于是向很多风水先生询问发家之法。一天，门上来了一位算命先生对他说："仙霞岭山麓的硖口镇保安村有王者之气，得此地者必富贵。"

仙霞岭位于闽、浙、赣边境，世称"东南锁钥"，为历代兵家必争之地。南端的枫岭关既是闽浙的分界之处，也是浙西南的交通要道，山势险要，可谓"一夫当关，万夫莫开"。仙霞岭层峦叠嶂，最高峰达1413米。山上怪石嶙峋，山脉曲折蜿蜒，老树古藤不计其数，而且山间有水，相映成趣。

戴启明对风水先生的话深信不疑，厚谢来人。不久，便带着妻子和三个儿子桢奎、顺旺、大猷，从浙江龙游县举家迁居保安村落户。其二子戴顺旺便是戴笠的祖父。戴笠28岁时，在为《仙霞戴氏宗谱》作的序中满怀感激之情写道："……我公卜此间为发祥地，遂移而就居焉。燕翼贻谋，以似以续，不数传而苗裔渐蕃，建祠开族。商人郊翼而宗汤，周人祖文而宗武，饮水思源，我启明公实保安发族之始祖也……"

迁居保安后，戴启明广置田产，很快就成为江山县的大地主。戴顺旺和父亲一样，也因效忠清朝政府得到晋升五级的荣誉。他利用自己的官职，一面放高利贷，一面广置良田。他在保安置办了二百余亩良田，开办了一系列产业，并获得了种茶、收木材和在附近采矿的权利。尽管算不上大富大贵，但戴家在当地也是数一数二的人家。

俗话说"富不过三代"，家产传到戴笠父亲戴士富时，就只剩下数十亩山地。戴家变成了一个十足的破落户。戴士富受社会的影响，从小尚武，年轻时考中了武秀才，曾在衙门任职。后来，舞枪弄刀已不受清廷重视，戴士富空有一身武艺，却无用武之地。他辞职回乡，自甘堕落，嫖娼赌博，靠经营几十亩山地的佃租收入为生，家产全被变卖了。

戴士富本有一个妻子，但是她生下一个女儿后，不久就病逝了。戴士富因为名声不好，已经年届三十，却没有人愿意为他张罗婚事。只得了一个孙女的戴顺旺开始着急了。在戴顺旺的百般央求下，他的好友，保安乡太学生蓝兴旺终于答应把女儿蓝月喜嫁给戴士富。

蓝月喜生于1875年，受家学熏陶，熟读《三字经》《女儿经》《朱子家训》《名贤集》等书。蓝月喜生性温和慈祥，手脚勤快，且勤俭能干，颇有治家的本领，是远近闻名的好姑娘。这样一个好姑娘嫁给好吃懒做的戴士富，乡亲们都很惋惜。但是，蓝兴旺觉得戴士富虽然懒，也是一表人才，读过书也习过武，不会辱没了女儿，此外戴家还有几十亩田地和一片竹林，女儿嫁过去也不会受穷。

蓝月喜是一个传统的女子，虽然听村里传言戴士富是个游手好闲的无赖，但还是遵照父母之命嫁给了他。戴士富为能娶到这样一个姑娘喜出望外。当时，戴家雇着三四个长工，养着几匹骡马。在蓝月喜的精心持家之下，戴家倒也算得上衣食无忧的小康之家。戴士富的第一个儿子就在这样的环境中呱呱坠地了。

戴士富笃信"不孝有三，无后为大"的祖训。听到儿子的哭声，他激动得双眼溢满了泪水。他翻开《仙霞戴氏宗谱》，在自己的名下写上："长子，名春风，字子佩，号芳洲，生于清光绪丁酉四月二十七日酉时（1897年5月28日下午6时）。"这个孩子就是戴笠。

戴士富死的时候，戴笠才6岁。戴士富死后，戴家剩下孤儿寡母，日子过得更加窘迫。戴士富的放荡和残缺的家庭使戴笠养成了顽劣的性格。幸好戴笠有个好母亲，他才没有走上堕落之路。蓝氏孤寡一人，不但支撑起了门面，含辛茹苦地把三个孩子都拉扯长大，还让戴笠兄弟上了学。戴母希望两个儿子接受教育后，能有所成就。为了戴氏子弟有朝一日能够光宗耀祖，蓝月喜做好了舍弃一切的准备。

生活在边远山村的人们此时暂过着安居乐业的生活，但中国其他地方大部分正处于水深火热的时局动荡中。在清王朝的统治下，政治腐败，国库亏空，鸦片流入，军队毫无战斗力。西方列强都想在这片富庶的土地上分一杯羹。在帝国主义的侵略下，清政府签下了一份又一份丧权辱国的条约，整个中国正在一步步沦为半封建半殖民地国家。

这一切对保安乡的村民来说，似乎非常遥远。时局的动荡并没有太多地影响他们的生活。闭塞的环境使他们能够享受暂时的世外桃源般的生活。然而，时代的洪流滚滚而来，每个人的命运都与祖国的命运息息相关。

保安乡的少年才子

不得不承认，戴笠是个聪明过人的孩子，无论是在母亲的指导下读书认字，还是为自己的淘气玩乐寻找借口，他敏捷的思维和善辩的口才有时连大人都难以应对。

一次，他领着小伙伴去自家二伯地里偷蚕豆，二伯找上门来问罪，他振振有词地辩解说，自己是从自家"拿"蚕豆，而不是"偷"。"爹死的时候，二伯还把我们家的红木桌子搬走了，那都不能叫偷，我拿了二伯一把蚕豆，怎么就是偷了呢？"戴笠这一番绵里藏针的话一下戳到了二伯的痛处，二伯仓皇离去。戴蓝氏看着得意洋洋吃蚕豆的戴笠，心里十分忧虑：这孩子的聪明伶俐若是用对地方，一定是个不凡的人物，若是调教不好，也很可能成为一个鱼肉乡里的混世魔王。她也曾苦口婆心或是严加管教。尽管挨了很多次打，戴笠骨子里的油滑、狡诈似乎没有丝毫减少，反而随着年龄的增长逐渐膨胀起来。

为了让孩子接受正统的教育，做一个讲道理的人，也为了有朝一日能光复祖业，戴蓝氏把戴笠送进了私塾，师从毛逢乙先生。对戴笠来说，私塾的课业十分轻松，他靠着过目不忘的本领，囫囵吞枣地背了一堆启蒙教材就得到毛先生的百般赞赏和疼爱。刻意标榜自己优秀和个性的行为也招惹了一些同学的妒恨，小春风知道自己需要一个靠山，而眼下先生对他的偏爱就成了最好的屏障。很快，欺负他的学生受到先生责罚，他则成了带领同学们在仙霞岭的悬崖险穴中爬进爬出、玩打仗游戏的"野司令"。

在同龄人中的成功让年少气盛的戴笠愈发胆大，凡是听到或遇到不合理的事情，他都会站出来打抱不平。

乡塾的四年里，戴笠读完了《大学》《中庸》《论语》《孟子》，10岁开始练习习作，年仅13岁便练就了流畅的文笔，成为保安乡无人不知无人不晓的少年才子。他如同一棵野草，在风雨中顽强地按照自己的方式成长起来，也逐渐变得狡猾老成，工于心计。

1910年，14岁的戴笠以优异的成绩考入了江山县文溪高小。文溪高小是一所新制寄宿学校，教学方式和生活环境与科举制度下的学堂有很大不同。脱离了母亲管束的戴笠第一次过上了自由自在的生活，他给自己取了个正式的学名——征兰。四年间，他凭借优异的学习成绩和极强的活动能力被学校连续四年指定担任班长。

1911年，辛亥革命爆发，孙中山领导的同盟会宣传"驱除鞑虏、恢复中华"的革命思想，在全国范围内发动武装起义，于1912年成立中华民国。这场反对帝制、反对封建的革命浪潮对于逞强好胜的戴笠来说无疑是施展抱负的绝佳机会。他那天不怕地不怕的性格和喜好打抱不平的英雄主义情结也使得他在很多地方崭露头角，成了知名人物。他在学校内组织了"青年会"，工作开展得有声有色，他也靠出色的才能赢得了同学们的尊重。这段经历对他日后创建特务组织积累了一定的管理经验。在此期间，戴笠还结识了周念行、毛善馀（即毛人凤）、王蒲臣、姜绍谟等同学，这几个人在日后都成了他的重要助手。

清王朝被推翻后，戴笠不但自己率先剪去了长辫子，还当着学生家长的面，把一位周姓同学的辫子也给剪掉了。此举在校园内掀起了轩然大波，校方、教员、家长纷纷痛斥戴笠胆大妄为，目空一切，有辱校风；可是，戴笠却赢得了同学们的称赞和仰慕。在他的带动下，激进大胆的同学纷纷剪去自己的长辫子。整个学校乱成了一锅粥，学校见学生们热情澎湃，怕局面失控，决定处分戴笠，整顿校风校纪，却遭到学生们的强烈反对，大家联名上书为戴笠说话，有的人还直接到校长室请命，或以罢课要挟。迫于压力，学校放弃了对戴笠的处分。一个四处惹事的"祸根"就这样名声大噪，摇身一变成了学生领袖。

一边是老师的爱护，一边是追随者的崇拜，戴笠如虎生双翼，愈发嚣张。在一次国文课上，戴笠因为国文老师宣扬孟子的君臣思想而不满，竟然在课堂上公然指责老师是"保皇派"，宣传的都是落后的思想。他跳到讲台上号召同学们联名要求学校开除保皇派老师。当时正值动荡敏感时期，学校为了不招惹麻烦，真的把那位国文老师开除了。

从此戴笠便真是春风得了意，他知道自己已经找到了通向权势的最佳路径。为了巩固自己的地位，有所发展，他不断拉拢学生。同学见他言行豪爽，慷慨大方，又极守信用，俨然一副"英雄豪杰"的模样，也都十分喜欢和他在一起。当然，在老师眼中，他也注定成了一个"油头粉面"的市井之徒。

1913年冬，戴笠以全校第一名的优异成绩毕业了。母亲戴蓝氏见儿子学业有成，便张罗着给儿子娶亲，一来可以早日传宗接代，二来也给家里添个帮手。1914年，戴笠便在母亲安排下迎娶了江山县凤林镇地主毛应升之女毛秀丛。毛家经济富裕，毛秀丛也算是端庄大方，这让向往权势和美色的戴笠暂时得到了满足，二人感情融洽，次年生子，取名戴善武。

1914年，考取了省一中的戴笠再次离家前往杭州求学。杭州城风景秀丽，经济发达，是民族资本发展的集中地之一，灯红酒绿的景象更是江山县不曾有过的妖娆。眼前的一切让戴笠大开眼界，欲罢不能，他暗暗发誓要在此混出个模样来。

可是没过多久，戴笠就发现，这里并不像老家和高小那样容易出人头地。

省立一中是全省最好的中学，云集了凭借自己学识考进来的佼佼者。他们和戴笠一样优秀，甚至比他更有思想、有学识、标新立异，戴笠之前的那些套路在旁人眼里根本算不得什么，更别说让人崇拜了。至于那些学习不如他的，大多是富家子弟，他们每天流连于吃大餐、喝咖啡、泡舞厅等娱乐活动，反而让戴笠深感羡慕和嫉妒。看着自己一身土布做的衣服和寒酸的生活费，戴笠第一次尝到了挫折的滋味。他对眼下的境遇感到愤怒，为什么自己不能拥有那种纸醉金迷的生活？强烈的占有欲让他不再致力于用功读书，而是想做出一番惊天动地的事业来，凌驾于众人之上。

还没等戴笠找到出路，一场惊变突然袭来。

一日午后，同学们或三两成群地促膝交谈，或在宿舍里小憩，戴笠却一个人偷偷溜出了学校，来到一家照相馆隔壁的旧货店。几天前他与好友闲逛到此，看上了一件棉衣，但是囊中羞涩，无力购买。眼看冬天将至，身上的衣服难以御寒，苦思冥想了数日，他决定铤而走险，顺手牵羊。午后的旧货店生意清淡，伙计们也都有些疲乏。戴笠趁人不备，抓起自己看中的衣服，对着伙计的背影匆忙地说了一句"借件衣服照相用"，便拔脚从边门钻进隔壁的照相馆，转身又从照相馆的另一侧跑了出去。伙计虽然大意，但还是在匆忙中记住了戴笠长脸、浓眉、大嘴的容貌特征，以及胸前"浙江省立第一中学"的校徽。学校根据描述很快查出是戴笠所为，再加上同学对他平日所为的告发，学校认为此学生已经无药可救，就对他做出了开除的决定。

一走出省一中的大门，戴笠就后悔了，学业倒是其次，眼下连个栖身之地都没有了，这不是自己把自己推入绝境了吗？戴笠也深觉无颜回家面对母亲，就在杭州街头闲逛，琢磨着如何摆脱眼下困境。情急之中，戴笠想起了妻弟的岳父在杭州有家豆腐店，于是前往投靠。豆腐店徐老板念在同乡和亲戚的份儿上收留了他。

有了容身之所，没有了后顾之忧，戴笠快活得像匹脱缰的野马，整日在杭州市四处游逛，和一群地痞流氓混在一起，做些鸡鸣狗盗之事。转眼年关将至，徐老板的侄儿徐缙璜要回江山县，戴笠决定与他结伴回家看看。可是他两手空空，觉得很不光彩，于是便在途中动起了邪念。他趁客船在富阳码头小憩之际偷偷上岸，搭了另一条船折回杭州的徐记豆腐店，谎称徐缙璜遭遇小偷，钱财被偷了个精光。

"阿璜现在在桐庐客店，没有钱哪儿都去不了，所以就托我赶回来找您了。"

徐老板哪里听得出他是在撒谎，惊慌中赶忙拿了一百元钱托戴笠捎给徐缙璜。戴笠拿了钱不慌不忙地到最好的酒楼饱餐一顿，又给自己置办了一身像模像样的行头，买了些年货，才重新上船前往老家江山。

见到儿子归来，戴蓝氏自是喜出望外。戴笠不敢告诉母亲实情，只说自己已经不念书了，改行做街头小生意赚钱，戴蓝氏听罢也无可奈何。妻子毛氏见丈夫虽无功名，但从此能安守乡间，与自己举案齐眉，也是自有一番情趣。就这样，戴笠在家里看山林，读史书，过了一段侍奉长辈，教养儿子的平静日子。

戴笠从军

乡村生活虽然轻松惬意，但未免有些单调平庸。深负野心的戴笠向往着富贵温柔乡的日子，眼下的一亩三分地哪里能满足他？更让他不能接受的是一些人意味深长的眼神，那友善的背后仿佛总带着一丝嘲笑。

戴笠自然是不服气的，他需要赞美，需要崇拜，需要站在高台上接受众人的膜拜，在家乡没有多少文化的群体中，他一方面感叹自己怀才不遇，另一方面也重新找回了唯我独尊的感觉。恢复了自信的他用"金麟"来比喻自己：我戴笠岂能与这些池中之物混在一起，等我龙起腾云的那一天，看他们还敢这么瞧不起我！

可是，在这如坐井观天般的农村，何年何月才能出人头地呢？

一天，戴笠闲来无事，与伙伴前往二十五里外的硖镇游玩，碰巧遇见一个名叫姜绍谟的校友。姜绍谟与戴笠同岁，但是晚入学3年，因此二人以学长学弟相称。姜绍谟见戴笠在乡下闲着无事，便建议他报考衢州联合师范继续学业。戴笠从姜绍谟口中得知他正准备报考北大预科班，而自己的同学周念行则在筹划着到日本留学。眼看着昔日同窗个个春风得意，前程似锦，唯有自己穷困潦倒，既无资本又无权势，想来也只有靠求学混迹了。

回到家，戴笠向母亲表明心意，戴蓝氏对儿子的雄心当然是十分支持，赶忙筹措了一些钱，送他赶考。

戴笠果然不同凡响，一举考了个第二名。当晚，他拉几个同学到自己下榻的旅店畅饮一番。同学告辞后他还觉得意犹未尽，便拉着同房的几位旅客继续豪饮。数杯酒下肚，几人话便多了起来。其中一位当兵打扮的人说："兄弟，看你这身板儿是块当兵的好料，去考什么师范学校啊，当个孩子王能有啥出息？"

"这我还没考虑过。"戴笠边喝酒边说。

"我跟你说，这年月，干啥都不保准儿，就当兵吃穿不愁，有机会的还能往上靠靠。你看我们师长，几个月前还是个旅长，去江苏打了一个张勋，回来就升师长了。其实那张勋的辫子军是自己散的，这么好的机会就给他赶上了，没费吹灰之力，你看看快不快！"

同房间的另外两人听得直点头："可不是？那段祺瑞段总理、吴佩孚吴大帅……"

"还有曹锟曹大帅呢！都是小兵起来的！"

"这些先不比，咱就拿老段手下的淞沪护军使卢永祥来说吧，当年也就是个行伍出身嘛，目不识丁，不也混出来了？还有四大金刚之一的靳云鹏……"

当晚，酒足饭饱的几个人纷纷进入梦乡，唯有戴笠翻来覆去难以入眠。当兵的一番话触动了他深埋在骨子里的欲望。上学固然是条出路，但是毕业也不过是个穷教师，离他人上人的梦想差得可不是一步两步，如果从军的话，以他的文化水平，在部队里不能说拔得头筹也算是凤毛麟角了，再凭借自己的机灵劲儿，飞黄腾达也不是件难事。

思来想去，戴笠决定放弃读书的计划。那个当兵的告诉他，浙一师正在杭州招收学生兵。戴笠觉得学兵营一定与普通兵营不同，提升的机会也可能更多，便立即奔赴杭州，以省立一中学生的身份报名参军。学兵营营长李享见他浓眉大眼，透着一股英气，又是个识文断字的学生，便问他参军的理由。

"报告首长，吾志在希圣，希贤，希豪杰，然天下纷争，世无宁日，希圣、希贤而不可得，唯有追随长官，平定天下，创功立业，才是男儿追求。"

"好小子，有志气！"李享拍着戴笠的肩膀，点头称赞。在他眼里，戴笠语出不凡，志向高远，定是个奇才，当即便录取了他。母亲戴蓝氏得知儿子弃文从武，不免摇头叹息，却也无可奈何。就这样，戴笠怀着对未来的美好憧憬走进了学兵营。

比起学校，学兵营就像个"大杂院"，里面聚集的都是些乌合之众，散漫无序，乌烟瘴气。不过这对于本来就盘算着飞黄腾达的戴笠来说，倒也是个不错的去处。以他的学识和才干，想在这里做出一番业绩简直易如反掌。戴笠的急功近利让他作出了错误的选择，他跟军中的混混拉上了关系，继而又结交了一批地头蛇和地痞流氓。这极大地影响了他的仕途，虽然他颇得营长赏识，但是几次任命都没有批准。久而久之，戴笠泄了气，渐渐地也就淡了进取之心。

与此同时，浙江省内各实权派正在进行一场明争暗斗，以夏超、周凤岐为首的备武派，以吕公望为首的北洋派以及所谓的陆师派无不摩拳擦掌，都想争夺浙江的军政大权。面对段祺瑞委派杨善德任省督军的决定，各派自然不服，于是备武派的周凤岐等率领浙三师在宁波造反，杨善德便命令浙一师前往平叛。

打仗可不比平日训练，长途行军后的蓬头垢面和疲惫不堪让戴笠简直难以忍受。他暗自后悔当初不该放弃教师那样干净体面的职业。好不容易到了宁波，早已准备好的浙三师显然士气高昂。这一仗打得十分艰难。戴笠缩在战壕里，怀抱着"汉阳造"，心里又开始打鼓：自己虽然早就向往冲锋陷阵、戎马生涯的洗礼，却从来没认真训练过，连枪都用不熟练，手里的汉阳造并不是上乘武器，指望靠它建功立业怕是难了；那些坐在后方指挥战局的将领都久经沙场，因此有资历，自己一个小兵这辈子估计也只能当前锋，当炮灰了。不，不能白白献身，我才21岁，什么都没得到就死了，多冤啊。他心中暗想，眼下还是保命要紧。想到这里，他仿佛忽然清醒过来，看着自己的战友打红了眼，也不再跟着向前冲了，而是装出一副受伤的模样，倚在战壕边大口喘气。

很快，浙三师便反守为攻，浙一师大败，溃不成军。戴笠想混在一群抱头鼠窜的士兵中伺机逃跑，没想到慌不择路，被抓进了大牢。

在牢房遭受的非人待遇成为戴笠一生中的奇耻大辱。暗无天日的屋子里充满了腐烂的气味，蚊蝇嗡嗡乱飞，跳蚤上蹿下跳，每天以馊饭果腹，还常常喝不上水，这些倒还在其次，让戴笠受不了的是胜利者对他们的侮辱、嘲笑、谩骂和殴打。身边不断有战友因为承受不了精神上的摧残而号啕大哭，戴笠想想自己和他们一样生死未卜，心情糟糕透了。

不知过了多少个日夜，突然一天，牢房门被撞开了，冲进来的人大声嚷嚷着让大家出去，戴笠眯着眼睛辨认一番，才知道是前来营救的浙一师战友。从他们的喊话中他得知浙一师几番征战后最终打败了浙三师，攻下了宁波。

战斗结束了，想起这番形同地狱的经历，戴笠仍心有余悸，加之自己所在的军队到底还是败军，日后难成气候，他决定脱离部队。戴笠也不回家，就在宁波城内流浪。当时正值冬末春初，气候时好时坏，生计艰难。戴笠就趁风和日丽的时候干些零活赚钱填饱肚子，有时设个赌局靠以前学会的小伎俩骗几个钱，遇上风霜雨雪就只好化缘充饥；晚上则蜷缩于寺庙亭阁之间求一宿安眠。

一天傍晚，他照例到关帝庙过夜，刚进庙中，见一中年妇女自外面走来，体态面容好生熟悉。他仔细一看，大吃一惊，原来来人正是他的亲娘戴蓝氏。他一边叫着"娘"一边扑上前去，却把戴蓝氏吓了一跳。戴蓝氏仔细端详了一番，才确定眼前这个衣衫褴褛、胡子拉碴的落魄男人是自己的儿子，不禁也潸然泪下，母子二人抱头痛哭。

原来宁波一役之后，一些浙一师的士兵纷纷返乡，其中就有与戴笠同村的毛善德。毛善德回来后特意去戴家拜访，戴蓝氏和毛秀丛才知道战事结束，可是一直不见戴笠回来。婆媳俩慌了神儿，思前想后都不放心，于是戴蓝氏决定亲自出门来寻。她考虑儿子可能没什么钱，不会走得太远，就在宁波城内四下打听。一个算命先生的话给她指点了迷津："你儿既然在这里无依无靠，想必定无安身之所，你不妨去一些残寺野庙看看。"她便来了这里，果然遇到了儿子。

戴蓝氏擦擦眼泪，从包袱里拿出烧饼油条递给儿子。看着戴笠狼吞虎咽的吃相，不禁又心酸落泪。想当初儿子也是个好强之人，如今却甘愿流落街头也不肯回家，可见这一次的打击实在不小。

"春风，你是个男子汉，怎么这点挫折就把你打倒了？错了改过就是，有什么提不起放不下的？穷途不可丧志，你要记住啊！"

"娘，儿错了。儿再也不这样自甘堕落了，儿一定从头做起。"

第二天一早，母子二人拜别了关老爷像，一路风餐露宿，回到保安乡。之后戴笠果然像变了个人，开始检点自己的行为，戒烟戒赌，循规蹈矩。戴笠后来回忆起这段经历和母亲的教诲，仍是一副恭敬之态："余自6岁丧父至14岁外出求学，受母亲教诲竟有十年之久。没有母亲严格的管教和鞭策，就没有鄙人如今仰不愧于天，俯不愧于地，不负父母，不疚良心的成就。"

戴笠一生极尊重、孝敬她的母亲，也很怕母亲出来说话。每当戴笠发牛脾气不可理喻时，只要他母亲一出面，轻言数语，他便立即改变凶神恶煞的态度。

沪杭打流

转眼两年过去了，戴笠白天上山务农，晚上挑灯博览群书，俨然一副安守本分的模样。戴蓝氏看在眼里，喜在心头，毛秀丛也盼来了和美的生活。

其实，戴笠很清楚自己的心理状态，不是变安分了，而是有些心灰意懒了。之前的一番周折好像磨平了他的锐气。人一旦没有了奔头，就常常会感到闲极无聊，戴笠也是一样，实在没什么事做了，就约上三五好友遨游仙霞岭。仙霞岭一带哪里是最高峰，哪里有多少台阶，哪里的庙宇最古老，哪里曾用过兵，他都了然于胸。

仙游之外，戴笠就用看书打发时间。一日晚饭过后，戴笠照例在灯下读《三国演义》，看着看着不免心生悲怆：可惜自己一生志向高远，却屡战屡败，眼看就要在这山野荒村终了一生了，难道真是天意？

戴笠想起母亲在宁波找自己的时候曾经算过一卦，先生说自己乃属双凤朝阳格，必主大贵。唯五行中水少土多，故有偏枯之像，如果能改个带"水"的名字，蓄水润土，则可弥补五行不足。照这么说自己也应该是有所作为的人啊，戴笠的心又开始躁动起来。

俗话说"好了伤疤忘了疼"，规矩了一段时日后，戴笠的种种恶行又如野草般滋生而出。1920年的一个春天，他在仙霞岭上看守竹笋，远远地看见一位妙龄少女从岭上路过。那女子皮肤白嫩，身量苗条，戴笠见四下无人，顿生邪念，凑上前去嬉皮笑脸地拦住去路。姑娘见荒郊野岭地突然窜出来个流氓，吓得大叫救命。正巧江山县广渡乡乡长华春荣从附近路过，听见呼救声还以为是有人遇上了野兽，顺手捡起路边的大石块跑了过来。一看是流氓在作恶，心中甚是愤怒，上前不由分说把戴笠揍了个鼻青脸肿，跪地求饶。

华春荣心想，不能就这么放他走了，得问清楚他的底细，好通报乡里。于是，便问他详细情况。这一问不要紧，倒问出一段缘分来。原来华春荣的女婿戴善谋是戴笠的远房侄子，两家竟是近亲！华春荣赶忙拉起戴笠赔不是，戴笠也大笑着说："不打不相识嘛！以后还仰仗老兄多多关照啊。"

"那是，那是。自己人，好说，好说。"华春荣见戴笠能说会道，是个豪爽的性情中人，也就消除了之前的敌意。从此，戴笠又有了个好去处。跟华春荣这样有地位的人结交，一时间满足了戴笠的虚荣心，他愈发讨好眼前这位靠山。

一天，戴笠又到华春荣的纸坊闲逛，无意中发现一张印有华春荣印鉴的信笺。他意识到这是个好东西，于是趁无人看见，装作要摔倒的样子，手撑在桌面上，顺势抓过这张纸塞进了自己的袖筒。回家后他把有字的部分裁下，在空白处模仿华春荣的笔迹，向清湖镇的鼎丰钱庄支取一百元。鼎丰钱庄收到信函后验明印鉴的真伪，就发了这笔钱。戴笠喜出望外，这一次他没有先挥霍，而是选择拿这笔钱做买卖，让钱生钱。他联系了一船麦秆到上海销售，可是因为不通行情折了本，剩下的几十元也被他后来吃喝玩乐花光了。

华春荣知道这事儿的时候已是岁末，钱庄与纸坊结账单上多了这一百元，华春荣最终查出是戴笠所为，便上门讨债。戴笠虽然嘴上承认，但钱早已花光，他家虽不算穷困潦倒，却也没什么积蓄，拿不出这么大一笔钱来偿还。华春荣见戴蓝氏和毛秀丛婆媳俩甚是可怜，如果自己再逼债，她们娘俩就无路可走了，只好让戴笠写《悔过书》保证以后洗心革面，了结了此事。

戴笠却是贼心不死。他把失败归结在自己没有足够本钱上，做生意哪有一帆风顺的？如果不是钱不够，自己也不会做那种小生意，也就不会栽在那些大货商手里。可是钱不会从天上掉下来，还是得想办法。他又想到了之前的赌博经历，在那里钱来得容易。他曾在宁波学过一种掷骰子赌术，而且玩得还不错，于是就在路上设了一个赌摊，引诱往来行人上钩。外行人看不出其中门道，因此他一时间赚了不少钱。后来他见那些屡赌屡输的人总在他这里转悠，却不再下注，觉得大事不妙，为了躲避那些人的报复，他不得已趁着夜色离开保安乡，再次远走衢州、杭州、上海等地，开始了新的打流生活。戴蓝氏和毛秀丛见戴笠几经挫折仍不思悔改，也只好随他去了。

打流的生活虽然好于流浪，但是也饱含心酸。凌辱和饥寒是家常便饭，更不要提地头蛇的压榨了。为了混口饭吃，戴笠不得不投靠帮会，重新当上小混混。

关于戴笠是否加入过帮会，一直以来都有两种说法。持否定态度的人认为，从戴笠的举止修养看，他不像是加入了帮会，道理很简单，帮会中人的流氓习气都很重，而戴笠却没有，言谈中不失儒雅之风，并且，戴笠当上特务头子之后，还曾下过一个手令，就是"特工之干部人员，切不可用流氓"，也可以算作一个佐证。

不管他加没加入过帮会，他在上海滩混过这一点是不容置疑的，并且，上海滩的经历也的确为他日后特务工作打下了一定的基础。与大批三教九流人物打交道的日子，让戴笠彻底掌握了与各色人等打交道的技巧，也逐渐摸出了一套见招拆招的本事。

除了这些，沪杭打流也为他日后的军统工作奠定了一定的人脉基础，他在这期间结识了后来政治生涯中的两位重要盟友。

结识杜月笙和胡宗南

戴笠来到上海后寄宿在表妹夫张冠夫家中，张冠夫夫妇每日饭菜招待，晚间就在地板上给他弄个地铺休息。戴笠经常出入赌场，赢了钱就大肆挥霍，尽情享受，输了就垂头丧气，萎靡不振。时间久了，便和老板杜月笙相识。杜月笙见他一表人才，经历又和自己十分相似，且都有生性不羁的"鬼才"，便生了拉拢之意，故常给予戴笠经济上的援助。戴笠也是个明白人，不久便和他结为兄弟，杜月笙年长戴笠9岁，他便称其"三哥"。

杜月笙是20世纪上半叶上海滩上继黄金荣之后迅速崛起的又一个流氓大亨，其声势之显赫，后来已经超过了老牌大亨黄金荣。

杜月笙是上海本地人，出生在上海川沙高桥南杜家宅，出生之后不久，母亲就染病去世了，而在他刚刚4岁的时候，父亲杜文卿也不幸离世，于是年仅4岁的杜月笙就成了一个无依无靠的孤儿。杜月笙曾这样回忆自己的童年："当时一个月学费只有五角钱，可惜因为家里实在太穷了，读到第五个月，先母缴不出学费，只好停学。"杜月笙在父亲死后由继母和舅父来抚养，不久继母又改嫁，他就完全成了舅舅家里的人。木匠出身的舅舅家事繁忙，为着生计而转徙各地，也无暇照顾杜月笙。这样，因为乏人管教，杜月笙逐渐跟社会上的一些小混混走到了一起，成了高桥镇上的一个小瘪三。再后来，他在南市大码头张恒大水果地货学行学做生意，老板见他赌钱的恶习难改，怕将来滋生是非，于是找了个借口将他打发走了。无路可走的杜月笙只得在上海打流，当地流氓混混都叫他"水果月生"或"水果阿三"。之后，杜月笙心中逐渐有了远大的想法，想要干出一番大事业，几经周折后，投到上海大亨黄金荣的门下，后又得黄金荣的老婆桂生姐相助，在青帮中坐上了第二把交椅，黄金荣落魄后，他成了上海滩的黑帮老大，后来更成为上海滩的闻人。

杜月笙和戴笠的关系传到表妹王秋莲的耳朵里，这让她十分不悦。王秋莲深知杜月笙的名声不好，眼下表哥掺和进去，能干些什么有出息的事？为此她旁敲侧击地规劝表哥，却遭到戴笠的反驳："你也不看看现在都什么年代了，三哥既有票子，又有名望，谁敢说他下三滥了？像你和妹夫守着一份苦差事，累死累活地干一辈子，又能挣几个子儿？不一样没有出息？"

见表哥执迷不悟，王秋莲也是恼羞成怒，时常借机发挥，冷言相讥。表妹夫张冠夫对此倒无芥蒂，还时常在二人中调停。戴笠对妹夫的照顾始终不忘，发迹后将他视作自己心腹，掌管财政大权。与表妹王秋莲则是互相敌视，当然，这样的敌视一触及到他们至亲的关系就消减多半，二人骂过之后也都不多计较。

上海打流期间，戴笠曾闯过几次杭州。戴笠虽然穷困潦倒，和一群不修边幅的人混在一起，但爱干净的习惯一直没变。即使是旧了的白色帆布鞋，他也是经常洗刷，然后用白石灰粉涂上去，看起来就和新的一样。在杭州期间，他经常到西湖边上把那身粗布衣洗上一洗。他跟胡宗南的缘分就是从西湖洗衣洗澡开始的。

那是一个夏天的下午，天气格外炎热，戴笠照例来到西湖边。

午后的西湖游人不多，戴笠利索地脱下衣服，洗好后摊在湖边的草坪上，又用干净的石子轻轻压在上面，这才放心地下水畅游。就在他惬意地享受清凉的时候，一群小学生从湖边经过，几个调皮的孩子见水起兴，顺手捡起戴笠压在衣服上的石子比赛打水漂。眼看衣服被微风吹得在草坪上打滚，戴笠着了急。他有意上岸收拾衣服，却苦于身上一丝不挂，不能出水，只好大声呵斥，想制止孩子们的行为。可是任凭他声嘶力竭地大吼，也没有人理睬。就在此时，带队的一名青年教师跑过来按住了衣服，重新用石子压好，冲着水中的戴笠笑着招了招手，转身带着孩子们离开。见此情景，戴笠赶忙上岸，穿上还没干透的衣服追上去道谢，两个年轻人就此交谈起来。戴笠得知对方名叫胡宗南，字寿山，浙江孝丰县人，毕业于吴兴中学，现在在孝丰县立高等小学任教。提起教师，胡宗南也是满腹牢骚。寄人篱下、怀才不遇的境况让他们一见如故，大有相见恨晚之感，从此结为好友，开始了一段长达25年的生死之交。

胡宗南和戴笠说是生死之交，其实，也是互相利用，日后，戴笠成为军统局局长，胡宗南成为"西北王"，不能不说是二人借手中职权互相帮衬的结果。

投奔王亚樵

1922年，在外打流了数年的戴笠回到家乡。这一次的经历让他变得成熟起来，特别是上海那样一个泥沙俱下、鱼龙混杂之地的经历，以及跟随三哥"打天下"的日子，磨去了他身上的浮躁和冲动，增添了几分沉稳。不久，他被推荐到仙霞乡政府任学务委员，做一些社会事务。他虽对此不满足，却也只得先接了下来，三心二意地做着工作，平日则继续读些史书消遣。

戴笠安静了，时局却越发动荡起来，军阀之间派系争斗愈演愈烈。上海自然成了众人眼中的风水宝地，盘踞江浙两省的直系军阀齐燮元和皖系军阀卢永祥更是千方百计想要将上海攫为己有。然而二人势力旗鼓相当，齐燮元的亲信徐国梁是淞沪警察厅厅长，卢永祥的妹夫何丰林担任淞沪护军署护军使一职，一时间谁也没能得逞，就这样僵持下来。

1924年初，齐燮元向直系军阀的总头目曹锟汇报卢永祥盘踞浙沪、图谋不轨，而卢永祥对靠贿选当上总统的曹锟本来就不屑一顾，曹对此也早心存芥蒂，于是便借机剪除皖系势力。很快，直系军阀在浙江省周边各省的头目，包括江苏督军齐燮元、福建督军孙传芳、江西督军鲁涤平、安徽督军马联甲收到电令：集结军队进攻浙江，平叛逆贼卢永祥。

消息传到保安乡一带，村民们惶恐不安。仙霞岭位于闽、浙、赣边境，是孙传芳和鲁涤平入浙的必经之路，保安乡就在仙霞岭下，若有兵乱肯定第一个遭殃。戴笠在外混迹多年，自然知道其中厉害。他瞅准这个时机，在乡绅中间游说，用他们的资助组建了一个自卫团，自己则担任团长，每日指挥操练，四处巡逻，查缉防堵，为地方卖力。可惜好景不长，因为枪支和伙食开销太大，乡绅们又不肯多出钱，没过多久就负债累累，人心涣散，面临解散的窘境。戴笠眼看自己的谋划又要落空，心中十分郁闷，终日寝食不安，闷闷不乐。

一日，戴笠正坐在竹椅上懒懒地喝茶，突然外面有人喊："有你的信！"他心中觉得奇怪：谁会写信给自己呢？他抽出信一看，顿时喜出望外："哈哈，真乃天助我也！"说罢拔腿就往家跑。

原来写信的是他在上海的故友王亚樵，想请他出山做自己的左膀右臂。

王亚樵是安徽合肥人，辛亥革命爆发后，王亚樵投身反清活动，在合肥自行组织政府宣布独立，后来同盟会任了合肥军政府分府，一山难容二虎，王亚樵因此与总司令发生矛盾遭到通缉，不得已逃往南京参加社会党活动，负责党内安徽支部工作。1913年，安徽督办倪嗣冲宣布社会党安徽支部为乱党，王亚樵再次逃亡，辗转来到上海，加入无政府主义小组。1915年，王亚樵凭借50把利斧强行霸占了安徽旅沪同乡会会馆，拉拢旅沪的皖籍穷人结成帮派，一时间在上海滩名声鹊起，就连黄金荣、杜月笙这样的大亨也惧他几分。王亚樵也成为上海滩响当当的人物，不断有慕名前来的人投靠，短短几年门徒就增至数千人，手中更是掌握了近十万的劳工总会会员。

王亚樵在上海滩得势的时候，戴笠还在过着打流的漂泊生活。杜月笙曾建议让他参加斧头帮，一来是让他有个根基依靠，二来也可以借此打通自己与斧头帮的关系。戴笠对斧头帮早就有所了解，王亚樵的地位固然是自己所追求的理想，但是想到整天和一些无业游民在一起为了鸡毛蒜皮的利益打打杀杀，也成不了什么大气候，戴笠就没采取任何行动。

后来，戴笠打听到自己的江山同乡胡抱一在王亚樵手下做事，颇受信任，于是便托他举荐。王亚樵见戴笠面色微黑，双眼炯炯有神，一看就是个经过风浪的人，又通文墨，比那些草莽之徒多了份稳重和谦逊，心中暗暗有了好感。戴笠早把王亚樵的背景摸得一清二楚，知道他痛恨北洋军阀政府，性情刚烈，侠肝义胆，不拘小节，于是按照这个套路捡了几句好听的话表达了自己矢志不渝、伸张正义的心肠，王亚樵十分高兴，当即收他在身边做些抄写的事务。戴笠自然千恩万谢地应了这差事，过上了悠闲自在的生活。

日子久了，戴笠渐渐知道斧头帮是属于洪帮的帮会组织，心中有了悔意，加之看不惯帮会不讲策略，只凭拳头横冲直撞的行事作风，于是便萌生了隐退的念头。王亚樵得知他的想法后，不但没有发怒，反而很开明地说："春风啊，你是个有前途的人，以后要干大事的，我这小泥潭虽然日子过得去，毕竟不是你的长久之地。你就去吧，若是日后有什么难处尽管来找我，我绝不会撒手不管的。"

王亚樵的慷慨和大度让戴笠颇受感动，他深深鞠了个躬："老板的知遇之恩，春风没齿难忘，日后若有机会，定当加倍报答！"

戴笠返乡的第二年，也就是1923年5月10日，徐国梁派人暗杀何丰林，导致何丰林重伤住院，卢永祥大怒，和齐燮元的矛盾也因此升级。卢永祥决定以牙还牙，除掉徐国梁，一番讨价还价之后，他与斧头帮达成协议。11月12日下午，徐国梁身中数枪，死在上海温泉浴室门外，卢永祥随即践约任命王亚樵为浙江别动队司令，拨款购置枪支，并让出湖州的地盘由他盘马练兵。王亚樵多年来也一直向往着能建功立业，出人头地，如今得了这个美差自然是尽职尽责，千方百计要做出个样子来。他一方面在湖州招兵买马，扩充实力，一方面联络当年追随自己的兄弟，请他们一起大干一场，以展鸿图。戴笠自然也接到了他的邀请。几天之后，戴笠瞒着乡亲，悄悄来到湖州。见到昔日旧交，二人自然是分外高兴。让戴笠更惊喜的是，他在杭州打流时认识的胡宗南也来投靠王亚樵，被任命为分队长。戴笠与胡宗南朝夕相处，感情日深。不久，胡宗南接到了黄埔军校的总复试通知，二人不得不再次分别。

送走胡宗南之后，戴笠也投入到练兵的工作中，他在乡间自卫团组织民兵训练的经验也有了用武之地。他的要求十分严格，几乎到了残暴的程度，曾经因为士兵动作不标准而采用体罚的手段，大中午让士兵在太阳下暴晒，直至中暑昏厥。王亚樵得知后痛斥他的暴戾行为："爱兵如爱子，你怎么能用这种方法逼迫他们服从命令呢？这样练兵只能服口不能服心，心不服还谈什么追随长官冲锋陷阵？"一席话说得戴笠面红耳赤，深深佩服眼前这位昔日的"帮主"。自此，他果然听从王亚樵的意见，一改过去的冷酷，调整与士兵的关系。王亚樵见他知错必改，也就更加信任他了。

1924年9月，齐卢之战爆发。王亚樵、戴笠等人深知机会来临，他们野心勃起，个个摩拳擦掌，想趁此机会打几个漂亮仗，作为加官进爵、飞黄腾达的资本。王亚樵奉命坚守松江，战事虽然艰苦，但每个人心中都像燃着一团火，都以为只要打完仗就会苦尽甘来。然而镇守仙霞关的炮兵团长投降孙传芳让整个局势发生了变化。孙传芳兵临杭州城下，卢永祥腹背受敌，难以支撑。王亚樵的浙江别动队虽然经过精心操练，但是仍然抵抗不住强大兵力的攻势，很快伤亡过半，粮草弹药供应不足。

1924年10月13日，卢永祥见大势已去，不得不通电宣布下野，出走日本。王亚樵的别动队也只好偃旗息鼓，各自另觅出路。临别之际，王亚樵和几个分队长聚在一起互相告别。戴笠端起海碗说："大哥，俗话说'留得青山在，不怕没柴烧'，咱这次是栽了，可往后日子还长着呢，真金不怕火炼，先修养好了再重振旗鼓也不迟。"

王亚樵叹息道："唉，眼下是对不住各位兄弟了！日后我王亚樵若还能有机会翻身，定当报答各位今日的扶持！来，干！"

众人一饮而尽，把空碗在地上摔了个粉碎，然后走出司令部各奔前程。王亚樵返回上海重振斧头帮，戴笠则再次回到了仙霞老家。他出发的时候一路春风，归来时已是寒冬腊月。每当失眠的时候，他就在黑暗中睁着眼发呆，回顾自己的过往经历，感叹命运的不公。堂堂七尺男儿，眼看将近而立，为何还屡屡受挫，一点起色也没有，路究竟在何方呢？

初识蒋介石

1925年，孙中山先生溘然长逝，国民党群龙无首，派系争执加剧，难以达成统一，陷入了重新洗牌的政治争斗中。

在家休养的戴笠百无聊赖，偶尔也到上海走一趟，看看王亚樵和其他朋友。王亚樵不止一次邀请他重回斧头帮，但是都被他拒绝了。

一天黄昏时分，他路过自己曾经做小工的码头，回想起当初打拼的艰辛，不由得停下脚步，倚在栏杆上发呆。忙碌了一天，凌乱嘈杂的码头终于在傍晚恢复安静，微风吹过，带来阵阵凉意。戴笠大口呼吸着略带咸腥的气息，也只有在这个万家灯火的时候，他才能感受到一丝生活的轻松。就在戴笠想找个地方坐下来，多享受享受这份美景的时候，一低头，无意中看到离脚边不远的地上躺着一张皱巴巴的报纸，上面的标题特别明显——《蒋介石其犹龙乎？》

蒋介石，这个名字好生耳熟啊。戴笠摸着脑门仔细回想，啊，对了，这不是自己在上海打流时遇到的那个先生吗？

戴笠刚到上海的时候也曾做过小工，在码头给人装货卸货，一天他在等货的时候听说金园路上新开了一家规模很大的交易所，是个买卖股票、证券的地方。戴笠虽然不大明白什么是股票和证券，但他听在商务印书馆做职员的妹夫张冠夫说起过，知道那绝不是一般人家玩得起的，第一要有钱，第二要有消息。要是能在那里认识几个有身份有地位的人，自己的前途不就不用愁了吗？想到这里，戴笠暗暗打定了主意，第二天一大早便直奔金园路交易所。

交易所果然气派，戴笠站在门口正在发愁怎么进去，忽然听见有人喊他，仔细一看原来是以前认识的一个朋友，看穿着知道他在这里做守门工作。戴笠喜出望外，连忙打招呼，敬香烟，一边说了来意。那人挥挥手，便让他进了大厅。戴笠没在大厅停留，而是顺着标志摸到了股东室。他早已跟妹夫打听好了，知道股东室里坐着的才是真正的大人物。股东室果然比不得大厅混乱，而是摆着一排排方桌，股东们个个衣着考究，谦和有礼，在里面一边吸烟喝茶，一边聊天或是搓麻将，伙计们则穿梭于桌子之间沏茶、倒水，跑前跑后。

戴笠站在门口，正在犹豫该不该抬脚进去时，一个身穿月白色长绸衫，一派儒雅斯文之气，操浙江口音的人让他去给买包香烟。这不正好是个机会吗？戴笠满心欢喜地弯腰接过零钱。

买烟回来，戴笠毕恭毕敬地用手绢托着递到那人面前，还故意显示了一下浙江口音。果然，那人来了兴致，侧过脸来上下打量了戴笠两眼，又看看找回的零钱，然后不动声色地扭回头去看手中的牌，言外之意是剩下的钱归戴笠了。可是，戴笠却用一副诚恳地推辞了。男人停下来，转过身来看着他。

戴笠趁机说了一套冠冕堂皇的话，以表明心迹："老板，我在这里跑腿是身不由己。如果能有机会为民族兴亡出一份力，那才是春风平生夙愿。"戴笠还不失时机地拿起水壶，帮那位先生续水。他之前趁买烟的时候已经盘算好了搭讪的方式和各种可能的结果，眼下的一切都在他掌握之中。

那人果然露出笑容，和戴笠交谈起来，问了他的情况，还热情地把他介绍给周围的人认识。

戴笠果然有眼光，此人正是戴季陶。戴季陶，原籍浙江吴兴（今浙江省湖州市）人，1891年生于四川广汉，名传贤，笔名天仇，晚号孝园，早年留学日本，参加同盟会。辛亥革命后追随孙中山，参加了二次革命和护法战争，深得孙中山的器重。

此时的戴季陶也是这家交易所的负责人之一。为了给国民革命军筹措经费，他和蒋介石、张静江等人拉拢上海商界名人开办了这个证券物品交易所，供政客和上海流氓头子挣钱，他们则靠赚取手续费积累资本。跟他同桌打牌的正是蒋介石和陈果夫。蒋介石当时是粤军将领，派系争斗时受到排挤，不得已宣布"隐退"，跑到上海搞证券。

蒋介石1887年生于溪口，儿时性格好强，聪明顽皮，1895年丧父后由母亲一手拉扯大，饱尝人间冷暖。母亲忍辱负重，按照传统教育督责儿子读书习文，后又送他去日本留学。在日本振武学校期间，蒋介石为自己制定了严格的标准，每天操练，早起刷马，晚归刮靴，从不偷懒。为了磨炼自己，他还特意改名中正，字介石，取"静则坚介如石"之意勉励自己。当时他就立志从戎，大展宏图。他在日本结识了陈其美，并在他介绍下参加了同盟会。因为表现优异，颇得孙中山器重。1924年，孙中山创建黄埔军校，力排众议任命蒋介石为校长。于是蒋介石依靠黄埔军校起家，以培养出的军事将领为资本，逐渐在党内军内有了声望，获得了威信。而今孙中山先生逝世，他在诸多争夺领导权的人物中更是备受关注，成为议论的焦点。

想不到如今蒋介石这么发达，竟然成了政坛上一颗璀璨的新星。戴笠跳过栏杆捡起报纸，借着昏暗的路灯认真读了起来。

戴笠看得心怦怦直跳，嘴角都笑得合不拢了。这真是"踏破铁鞋无觅处，得来全不费工夫"啊！没想到时隔几年，蒋介石居然势力壮大到如此地步。幸亏当日我没看走眼。戴笠暗自得意自己的眼力，转念一想，不知蒋先生是否还记得他这么一个小人物？如果贸然前去投靠，会不会被拒绝呢？显然，仅凭这一面之缘还不能稳操胜券，况且目前形势还不明朗，谁坐这把交椅还有待观察。想到这里，他抬头张望，才发现天色已晚，于是把报纸叠好塞进兜里，站起身来准备找个地方填饱肚子。

刚走进悦来客栈，就听见身后有人喊："是春风兄吗？"声音十分耳熟。他回头一看："善馀老弟？"那人笑道："哈哈，果然是你。咱们可好多年没见了。"

这个人果然是毛人凤。二人坐下来喝酒叙旧，席间谈及将来，毛人凤说自己刚从黄埔军校潮州分校毕业，准备在军内发展。

"老兄你可以啊！飞黄腾达指日可待也！不像我，一辈子就这样碌碌无为了。"

"别这么说，你的才气远在我之上，日后定是前程似锦，眼下不过是未逢其主罢了。看如今局势，'革命朝气在黄埔'，兄弟你何不前往广东一试身手？"

对戴笠来说，毛人凤算得上一个贵人。要不是毛人凤，戴笠未必能想起来去投考黄埔军校。戴笠南下，毛人凤还给了他钱财上的大力资助。可能就是因为这一点，日后戴笠发迹了才没有忘了这位老乡，对其感恩、宠信有加。

第二章

投军黄埔，寻找靠山

考入黄埔

经毛人凤一说，戴笠有了去广东报考黄埔军校的念头。

可是母亲会同意吗？自己这么多年的所作所为，实在有点愧对老母，如今再跟母亲说要外出，估计母亲怎么都不会相信自己了。想来想去，戴笠都不敢向母亲禀告自己的想法。

愁闷间，戴笠想起了好友柴鹿鸣。柴鹿鸣是江山县政府保卫团的什长，带领10多名团丁驻扎保安乡，与戴氏一族很熟。他为人忠厚，又有侠义心肠，平日没少接济贫困潦倒的戴笠。柴鹿鸣认为戴笠是个人物，将来一定能有所作为。眼下见他有赴外发展的想法，也十分支持，便给他出主意，让他先说服太太毛秀丛，筹得钱粮上路之后再告诉老太太，来一个"先斩后奏"。

戴笠回到家里依计行事，毛氏听说丈夫的打算之后果然支持，还拿来自己的金簪给他做盘缠。柴鹿鸣也为戴笠准备了行李，在村口接应。临别时戴笠感慨万千："今日春风得贤妻好友相助，此去定当发愤图强，绝不半途而废，一定要混出个模样来，再回来报答你们的恩情！"说罢转身离去，消失在夜色中。

投身黄埔的确是戴笠命运转变的关键点，否则，他就不会有接近蒋介石的机会，也就不会有后期的飞黄腾达了。在蒋介石心目中，黄埔就是他的后院，黄埔学生就是他最信任的徒子徒孙。虽然只是黄埔的六期生，但这已经足够了。当然，除了黄埔学生的身份之外，戴笠还有一个先天的优势，那就是浙江人的出身。

护法战争的失败和陈炯明的叛变使孙中山认识到，军阀是靠不住的，要取得革命的胜利，必须建立一支革命的军队。1924年，孙中山在中国共产党和苏联的帮助下，在广州创立了一所新型军事学校——陆军军官学校。因学校位于广州黄埔的长洲岛，故称"黄埔军校"。黄埔军校诞生于国共第一次合作时期。军校创办后，国共两党都选派重要干部到校任职。孙中山先生亲自兼任校总理，蒋介石任校长，廖仲恺任国民党党代表，共产党人周恩来、熊雄先后担任军校政治部主任。

军校以孙中山提出的"创造革命军，来挽救中国的危亡"为宗旨，采取军事与政治并重、理论与实践结合的教育方针，为国共两党培养了大批军事政治人才。作为中国现代历史上第一所培养革命干部的新型军事政治学校，黄埔军校的影响十分深远。

蒋介石之所以对黄埔军校有一种特殊感情，不仅仅因为军校的深远影响，还因为自他成为校长之后，黄埔军校基本上成了他发家的基础，他的一生业绩也是建立在黄埔军校这一基础之上的。对蒋介石来说，担任黄埔军校校长是他政治生涯中一个具有决定意义的契机。正是以黄埔军校校长为跳板，蒋介石才得以飞黄腾达，登上了权力的顶峰。

戴笠来到广州的时候已经是5月了，羊城繁花似锦，比起素雅含蓄的杭州又多了几分活跃和激情。广州的革命气氛十分浓郁：大街小巷贴满了红红绿绿的标语，身着学生装和军装的青年比比皆是，随处可见激情的演讲者和有组织的游行队伍。戴笠站在热闹的街头，十多年的坎坷和阴霾仿佛都被广州的阳光驱散，这里才是我戴笠安身立命之所啊。他心情格外舒畅，脚下的步伐也轻快起来，旅途的困乏眨眼间烟消云散。

戴笠找了一家还算干净宽敞的旅馆住下，痛快地洗了个澡，稍事休息后穿戴整齐出了门。戴笠按照毛人凤给他的地址前去拜访周念行，结果周念行带领第一、第二、第三期毕业的黄埔生前往野外训练，为北伐做准备去了，姜超越也没在，戴笠只好悻悻而归。

更让他扫兴的是，黄埔军校第五期招考刚刚结束，第六期招考时间又没有确定，如果时间太长，自己手里的盘缠怕是难以维持生计。想到临行前对妻子朋友发下的重誓，戴笠决定这一次无论如何也要坚持到底。第二天，他从旅馆搬出，住进了专供穷学生居住的宏兴客栈。宏兴客栈阴暗潮湿，房间也十分简陋，但是食宿费用便宜，戴笠就终日与舍友们缩在狭小的客房里埋头苦学。

3个月过去了，转眼到了考试的日子。戴笠和备考期间结识的好友徐亮和王孔安一同来到惠爱东路的中山大学。考试分为口试和笔试两部分，戴笠在口试阶段的表现出色，然而在笔试一关却遇到了难题。尽管做了3个月的精心准备，但是他的数理化基础还是不够扎实，发挥一般。戴笠觉得这一次是凶多吉少。

他的担心很快得到证实，3个月的努力都付诸东流，怎么向家人交代呢？就在他郁郁寡欢的时候，徐亮和王孔安带来一个好消息。北伐军最近连连告捷，引发了全国人民热烈响应和支持，各地报考军校的热学青年倍增，黄埔军校决定9月底再招一批学员。"老兄，你可以再考一次，我们帮你复习，一定能考上的！"

第二次投考，戴春风的名字被正式改为戴笠。

黄埔六期第二批招生考试放榜时，戴笠果然名列前茅，顺利成为黄埔第六期学员。

在戴笠心目中，成为黄埔六期生既是他的机会，也是他的遗憾。没有黄埔经历，也不会有他日后的荣耀，所以，成为黄埔六期生对他命运的转变起到了关键的作用。但是，他也很遗憾没有早进入黄埔，他认为如果自己是黄埔一期生或二期生的话，仕途肯定会相当顺利的，哪里还会有接下来的那么许多坎坷。

混迹黄埔军校

黄埔六期共招收学员4400余人，戴笠被编入入伍生部直属团十七连。看着镜中的自己，戴笠几乎不敢相信自己的眼睛。久违的喜悦并没有让他飘飘然。戴笠深知这仅仅是个开始，在这个局势动荡的年代和复杂的环境中，自己必须处处小心、步步留意，一旦有些许差错，势必影响日后的前程。半个多月，从官到兵他熟悉了个遍。他不吸烟，身上却带着火柴盒和纸烟，作为搭讪和拉拢关系的手段。喝酒是他的拿手本领，自然也被他用来和老师同学来往应酬。晚间自修的时候，他常常偷偷溜出学校买些老酒和小菜回来请人吃喝。大家见他为人热情豪爽，待人亲切，因而也都愿意和他相处。戴笠也善于借用他人之力为自己谋划，他游走于师生中间，借用自己的人脉为大家帮忙，很快便赢得了大家的拥戴。

戴笠没有像前几次一样得意忘形，他知道如今的身份已不同于往日军队里的小兵，周围处处是比自己强的人，如果不勤奋学习，仅仅靠一些小聪明小伎俩，即使毕业了也难有出头之日，因此比以往更加发奋，闲暇之余总是手不释卷。当然，聪明绝顶的他也从不错过走捷径的机会。他四处打听，闻得校长最佩服曾国藩、胡林翼和18世纪普鲁士的宰相俾斯麦，便在这些人身上下足了功夫。在反复研读《曾文正公家书》《曾胡治兵语录》和《俾斯麦传》之后，他从中揣摩出蒋介石的一些执政思想，受益匪浅。在那个动荡不安的岁月里，各种社会思潮汹涌澎湃，青年学生更是满怀激情，为祖国的前途寻找光明之路。戴笠周围的同学都有各自支持的派系，尽管表面保持中立，实际上戴笠早已做过权衡，他决心站在国民党一边。这一方面与当初对自己有知遇之恩的戴季陶先生有关系，另一方面，在读了那些书以后，他渐渐对蒋介石有了了解。他发现蒋介石是有大野心的人，他开办军校，东征北伐，完全是为了推行铁血政策，建立一个统一的政权，结束封建军阀割据的局面。此番千秋大业让同样深负野心的戴笠佩服不已，很快把蒋介石视为当时的英雄，也更加坚定了追随他的决心。戴笠从老师嘴里探听到，其实无论学生们在哪里，如何开展活动，总会有一双眼睛暗中监视。

负责监察的长官叫胡靖安，是黄埔二期的毕业生。此人冷漠无情，心狠手辣，因为效忠于蒋介石而深受器重。他被安插到这里来，就是专门监视共产党员的言行举止，所得情报无需中转，直接呈交蒋介石。如果能够和此人攀上关系，以后不愁没有机会面见校长。于是戴笠想方设法在胡靖安面前表示对校长的忠诚。

一天中午饭毕，同学们在宿舍里讨论国家的前途和个人理想。戴笠不想在公开场合表现出对政治的热情，便歪在床上静静地听。就在他准备翻身合眼的时候，无意中眼角的余光瞥见胡靖安悄无声息地站在门外偷听。他马上来了精神，突然起身下床，大声地说："各位宏图大志，戴笠十分佩服，不过有点好高骛远，不切实际了。要是毕业后能留在校长身边当一名警卫，那才是人生一大幸事。"

他话音刚落，同学们便哈哈大笑起来，有人指着他对身边的人说："雨农兄果然是有'大志向'啊，校长培养我们是为了让我们精忠报国，他却甘愿缩在深宅大院里给校长端茶倒水，扫地听差？"

"此言差矣！"戴笠一边厉声反驳，一边用眼角余光看了看胡靖安，发现他正立在那里静静地听，便清了清嗓子，说道："校长为国家大事日理万机，学生才学浅薄，不能为他分忧，但求做一名警卫，日夜保卫他的安全，保卫校长的安全，自然就是保卫祖国了，这有什么不好的，又何来'志短'之言呢？"

戴笠的一番申辩并没有让同学们服气。大家七嘴八舌地正要反驳，却听得门口一个人在大声地拍着巴掌，回头一看，原来胡靖安已经走了进来，顿时都闭口不言了。戴笠内心狂喜，表面仍不动声色。

胡靖安看了看戴笠："小伙子，你对校长的忠诚可畏可敬，但是年轻人还是要成就自己啊。"

"报告长官，个人的功绩比起国家的兴亡微不足道，如果需要，戴笠愿为祖国献出一切！"

胡靖安又上下打量了戴笠几眼，却没再说话，只用右手拍了拍戴笠的肩膀，点了点头转身离去。胡靖安平淡的反应让戴笠心中七上八下，不知如何是好。他原本以为此番话定能获得赞赏，没想到一星期过去了，却没有任何动静。他也不便追问，只好耐住性子等待。

又过了几天，胡靖安终于联络了戴笠，送给他一本戴季陶写的小册子《国民革命与中国共产党》，叮嘱他注意保密，不要让其他学生发现，同时安排他暗中监视周围共产党员的活动，定期向他汇报。

"长官，戴季陶不是反新三民主义的吗？校长也知道的啊！"

"傻小子，学机灵点！谢持、邹鲁都被开除党籍了，凭什么戴先生还能留在党内任职？你以为校长派我来就为了当一个监察员吗？眼下就是光明大道，你可得把握好机会啊！"

听了这话，戴笠只好先口头答应。回到宿舍，他仔细看了戴季陶的小册子，书中对于共产主义进行了激烈的批判，认为它不适合中国国情，是一种"空想症"，如海市蜃楼般可望不可即。这些观点让戴笠更加坚信国民党走的道路才是人间正道。但是他依然没有轻举妄动，虽然暗中整理了部分情报，却一直握在手里。他准备等到时局明朗的那一天。

那一天很快便来了。

密查组清洗黄埔

1927年，国共两党合作之约濒临崩溃。蒋介石率北伐军挥戈北上，心里却始终担心合作伙伴共产党乘机控制他的大本营——黄埔军校。为了防止思想左倾的教育长邓演达违背他的意志，他特别用方鼎英将他替下。方鼎英是军人出身，以服从命令为天职，但他生性忠厚，对待学生不分党派，一视同仁。为了防止意外，蒋介石决定一不做二不休，对学校进行"清洗"。胡靖安、陈超等人接到命令便暗中着手组织突袭。

4月15日早晨，清脆嘹亮的起床号如往常一样划破寂静的清晨，学生们争先恐后地下床、穿衣、叠被，不到5分钟便整理好内务，跑步到操场集合。戴笠和同学们到了操场后，发现周围的山头和公路都布满了武装哨兵，个个手持武器，面无表情，把做早操的学生们团团围住，操场边上的连长的脸更是沉得像块铁板。戴笠心知有变故，他假装毫不知情，一脸慌张地和同学们一边站队一边悄悄议论。连长目光犀利地扫过队列，操场上顿时鸦雀无声。

"各位学员，奉校长命令，现进行党派调查，以便分别安排不同课程。请共产党员立即出列！"

人群中有人低下了头。

"各位学员，你们处于一个团体已经这么久了，想必大家都知道彼此的政治立场，如果没有人站出来，那么我就得要求各位指认了！"

连长的这番话顿时引起了一片惊慌。就在此时，几个人从人群中走出，昂首挺胸地站在操场前面。边上的士兵立即冲过来将他们制服，并押解离开学校。

队伍解散后，学员们各自回到寝室。戴笠躺在床上，一声不吭地听周围同学议论。戴笠心想：连长训话时讲到此次行动是奉了蒋校长的命令"清党"，八成是国共两党闹翻了，自己保持中立果然没错。过了一日，消息灵通的同学打听到这次被捕的共产党师生有数百人，都被押到中山舰、珠江船及烂石头牢房，还有一部分被杀；刚从莫斯科中山大学归来的黄埔一期毕业生邓文仪代理政治部主任，主持清党活动，入伍生政治部主任则由胡靖安接替。

胡靖安的高升证实了之前他说的话。如今云开雾散，水落石出，戴笠自然不会放过这个好机会，他马上把整理好的共产党员学生名单及活动情况悄悄呈报胡靖安。胡靖安得到这份名单喜出望外，亲自带领士兵进行抓捕，甚至直接枪杀。短短一个月里，戴笠陆续揭发了20余名共产党员学生。胡靖安又顺藤摸瓜继续搜捕，共计扣留第一团、第二团师生近300名，整个黄埔军校更是关押了不下数千人，剩下的老师和学生个个心惊胆战，言行谨慎，生怕沾染上嫌疑。

这场斗争的胜利者之一就是戴笠了，他以出色的表现顺利成为胡靖安的亲信。戴笠得到了好处，自然不肯收手。他陆续向胡靖安提供了关于学生思想活动情况、共产党嫌疑分子活动情况以及校官思想活动和生活作风等方面的情报，一些情报还被胡靖安直接转报蒋介石。

胡靖安等人自恃有校长撑腰，日渐张狂起来，不仅滥抓学员，连教育长方鼎英也不放在眼里。他们组织自己人在《黄埔日刊》上连篇累牍地写文章进行言论攻击，指责教育长袒护共产党，故意放走原政治总教官并任校政治部主任熊雄，破坏清党工作。方鼎英虽然恼火，却也不敢轻举妄动，毕竟胡靖安是蒋介石眼前的红人。随着活动范围扩大，不断有学生惨遭陷害，看到学生们如履薄冰的生活和完全被打乱的教学秩序，方鼎英忍无可忍。他亲自跑到南京面见蒋介石，要求采取措施抵制胡靖安胡作非为，并以军纪惩处。此时蒋介石已经因为清党遭到党内许多进步人士的反对，南京、武汉的分裂之势已经不可弥补，权衡之下，只得牺牲胡靖安来换取缓和的局面。胡靖安无法继续在学校待下去，不得不离开黄埔奔赴南京。

胡靖安走后，学校逐渐恢复了平静。第五期学员顺利毕业，第六期入伍生训练期满，调回校本部考试后分科学习。最初的4400名学员经过筛选后只剩下了1500多人。尽管竞争激烈，但是学生们的生活经过一阵折腾后也都变了模样，除了在清党中被捕的以外，还有的学生办了病退，有的开小差琢磨别的出路，有的资质太差考试不及格被淘汰……如此一来，戴笠便凭着卓越的记忆力和小聪明勉强过关升学。就在此时，蒋介石考虑中原作战需要骑兵，便电令黄埔军校督办此事，经过一番选拔，戴笠等300名体魄强壮的学员被选入骑兵营，驻于广州郊区沙河燕塘。

戴笠自以为受蒋介石偏爱，将来必受重用，便抓紧机会展示自己。他一改过去不谈政治的态度,主动进取,将自己从书中看到的观点加以润色修饰,成为自己的思想,并发挥自己压抑已久的演说才能,公开大谈对局势的看法,大谈清党的必要性。这一做法果然奏效,一部分同学被他的卓越口才和领袖风采所吸引,就连由国民党右派把持的校党部也对他颇为赏识,不久后便提拔他为骑兵营的党部执行委员。虽然仅仅是个委员,戴笠依然十分兴奋,在他心中,这是他依靠自己的力量得到的,是他通向梦想的第一级台阶。

1927年6月,骑兵营奉命北上助战。行进至陇海路一段时,闻战事暂息,便驻扎于苏州待命。恰逢此时蒋介石从前线徐州返回南京,消息传到骑兵营,大家都很兴奋,经过商议,决定每人捐出两块银洋采办礼品送至南京,表达对校长的崇敬和慰问,戴笠对此事特别热衷,做了不少工作,自然被推举为代表之一。谁知临出发前,他突然又提出前往上海,因为"闻讯校长已在那里",代表们不知就里,信以为真,揣着几百大洋随戴笠来到了十里洋场。

安顿好住处之后,戴笠关心地对大家说:"各位都是初次来上海,不妨出去转转,见识见识。我在这里闯荡多年,各处都很熟悉,几位若是放心,此事就交由在下督办,保证让大家满意。明日我们就一起去见校长,到那时各位可别忘了齐力要求校长给骑兵些特殊待遇啊。"一席话说得大家春风满面,放心地把这笔钱悉数交给他,便三五成群出去闲逛了。

到了晚上,代表们陆续回到旅社,却不见戴笠踪影。他们知道戴笠在这一带打流多年,想必有些老朋友相见,便都没在意,各自洗洗睡了。第二天起来,依然不见戴笠回来。第三天,戴笠依然音信全无,代表们这下慌了神儿,身边的盘缠所剩无几,眼看着无法脱身。他们急忙写信向沈振亚、陈继承报告,二人得信后立即派人到上海,一行人这才脱身回到苏州。

又过了半个月,戴笠灰头土脸地回到苏州。全营学生都指责他的恶劣行径,要求长官用军法处置。在营长沈振亚和教官陈继承面前,戴笠老老实实地交代了事情的经过。原来他揣着钱出了门,本打算借此机会捞些油水,没想到一回到这灯红酒绿的都市,看着比往昔更繁华的街道,想起腰间白花花的大洋,手里禁不住又痒痒起来,正在他琢磨着先去哪儿享受一番的时候,几个昔日的朋友路过，兄弟多年不见，分外高兴，戴笠一激动，加上朋友的吹捧，便起了炫耀之心，当下带着众人上了酒楼。他本想大快朵颐之后就此收手，谁知酒后竟一发不可收拾，不到两日，采买礼品的钱竟然花了将近一半。眼看无法向大家交代，戴笠索性心一横，躲起来不回旅社了。直到把最后一点钱全部花光，才找到姐夫张冠夫借钱买火车票回到骑兵营。

听了戴笠的话，沈振亚、陈继承也十分生气。他们怎么也不相信，原本在兵营里表现出色的学生怎么一到社会上就成了混混模样。他们当即下令将他关禁闭，以平众怒。几天之后，沈振亚、陈继承再次商议，觉得戴笠一是初犯，二是身处故地，又是个不安分的地方，有些贪念也可以理解，二人主张宽大为怀，于是把戴笠放了出来。

事隔不久，戴笠在一次伙食采买中故伎重施，贪污了三块多的伙食费，虽然他自以为滴水不露，但最终还是败露。戴笠自知继续待下去难逃重责，只得三十六计走为上，连夜逃离苏州胥营，赶往南京投奔胡靖安。胡靖安见昔日得意的手下前来投靠，便收留了他。虽然黄埔军校的毕业证没拿到手，但是戴笠离蒋介石的距离却又近了一步。

寻找靠山

戴笠在胡靖安手下开始从事情报工作。由于没有任何军职，他的工作比较自由，只是每日自动搜集情报，以晚生的身份呈报给胡靖安，所以，戴笠被戏称为"编外情报员"。这个编外身份让戴笠始终得不到重视。他没有经过特殊训练，又不了解高层的意图，只是凭过去打流积累的经验和直觉摸索，搜集来的也多是社会花边新闻之类不痛不痒的消息。偶尔歪打正着碰到有价值的情报资料，经过胡靖安传递，功劳自然也就落不到他头上了。戴笠知道自己人微言轻，又寄人篱下，只得处处忍让，还常常到胡靖安家帮忙听差，讨好胡家。

戴笠中途脱离黄埔军校，按规定应视为自动放弃学籍，经由胡靖安帮忙疏通，最终得以保留学籍，但是还不能获得毕业资格。戴笠一方面对胡靖安的帮助十分感激，另一方面也希望继续通过胡获得更多的好处。当时，蒋介石身边另一位负责情报工作的老牌特务蔡劲军也是黄埔二期毕业，戴笠每每见了他，总是毕恭毕敬，谨言慎行。蔡劲军见戴笠谦卑有礼，又机警敏捷，也就常常给予关照。

虽然蒋介石依然是戴笠理想中的靠山，但是随着形势的发展，蒋介石的处境也愈发艰难。1927年四一二反革命政变之后，蒋介石在南京成立政府和汪精卫的武汉政府对峙。7月15日，汪精卫抛出橄榄枝，提出宁汉合作，但是蒋介石认为汪精卫此番是醉翁之意不在酒，表面上联手合作，实际上无非是与他争夺国民党第一把交椅罢了，因此拒绝了汪的提议。此举引起党内各派政治力量的不满，蒋介石十分被动。

一波未平，一波又起。与武汉政府的抗衡还没解决，南京政府内部先乱了套。蒋介石与新桂系的李宗仁、白崇禧的矛盾加剧。作为平定广西和北伐战争中的功臣，加上帮助蒋介石发动四一二事变，建立南京政府，新桂系以劳苦功高自居，不肯乖乖俯首称臣，反而日渐坐大，难以控制。为了稳固政权，蒋介石密令第一军军长何应钦剿灭桂系。何应钦与白崇禧私交颇深，又见蒋白双方力量相当，胜负难定，便故意拖延，想等时局明朗再说。

在这种复杂的政治形势下，蒋介石决定暗中开展情报工作，以便随时掌握各方反蒋势力的动向，以及旗下嫡系部队的思想情况。1927年7月底，联络组在国民革命军总司令部成立了，胡靖安担任组长，戴笠和许忠五、成希超、东方白等被推荐加入该组。联络组以调查各级部队的军容风纪为掩护，成为蒋介石最早的准特务组织。

戴笠在联络组里所做的事情跟之前大同小异，无非是从大街小巷转移到正规军或杂牌军中，他依靠自己卓越的交际手段很快便结识了一大批中下层官兵，从闲谈中探听他们的动态和军队中的情况，然后整理成材料交给胡靖安。不得不承认，戴笠在这方面确实拥有天赋。他的情报又多又快，可靠程度也比较高。特别是关于反蒋言论的，戴笠每隔两天就有一份材料上报。看着自己的工作成果日渐积累，却因为身份这道障碍不能直接面呈蒋介石，只能眼睁睁地看胡靖安得便宜，戴笠很不甘心，他岂是那种甘愿为别人做嫁衣的人？他私下对自己每日的情报进行分析整理，遇到重要的材料，就想方设法绕过胡靖安直接交到蒋介石手中。为此他还特别收买了蒋介石的侍卫，让他们帮自己传送消息，可是侍卫并没有行政职务，传递的情报也大多不被重视，无奈之下，戴笠只好守候在国民革命军总司令部或中央军校官邸门口，等蒋介石的车子出现时，他立刻远远地在正前方立正行礼，等车子停到面前便双手将情报送进车窗，再立正行礼，目送车子离去。

戴笠的殷勤在蒋介石看来不过是沽名钓誉的手段，他开始不露声色，每次照例接过戴笠的情报，草草看过便丢在一边，下一次见到他的时候也闭口不提之前的事，他想看看这个人能坚持多久。没想到戴笠也是个颇有心机的人，他也只是传递情报，从来不过问蒋介石的处理意见。时间长了，蒋介石也觉得戴笠精神可嘉，绝非浅薄之人，况且他收集的情报大多是第一手资料，真实程度高，因此也就逐渐重视起来。一次在府邸门口，蒋介石接过戴笠的情报后沉默了几秒，然后抬起头和蔼地说："你的情报我看过了，很好，继续努力，党国需要你这样的人才。"戴笠听罢，激动地直点头："请校长放心，戴笠一定不辜负校长的期望！"自此之后，戴笠比以往更加努力。在联络组工作的那段时间里，他一个人收集的情报比其余所有成员情报的总和还要多。

这也和戴笠善于多方联络有关。刚一加入联络组，戴笠就和杨虎取得了联系。杨虎，字啸天，1889年出生，安徽省宁国县杨山乡人，先后就读于武弁学堂和两江讲武学堂，曾做过江苏军总司令、广州非常大总统府参军。1927年4月12日，杨虎与陈群一起，在白崇禧指挥下，具体执行了蒋介石在上海发动的反革命政变。因为他与陈群、黄金荣、杜月笙沆瀣一气，被上海人民斥为"养（杨）虎成（陈）群"。戴笠去找他的时候，杨虎正任上海警备司令。杨虎听说戴笠是蒋介石的心腹，自然是高看一眼，热情接待，并表示会对戴笠的情报工作寄予大力的支持。

除了杨虎，戴笠还特意去拜访了杜月笙。杜月笙也没忘记他这个小弟，对他依然热情，并且在听到戴笠的请求后，也毫不犹豫地就答应了他："好说，只要有事你就打电话，我要是不在，你就找万墨林。"杜月笙尊重戴笠，一方面觉得他不是凡人，将来定会有出头之日，另一方面也是想借机联络一下蒋介石。他心里很明白，帮助戴笠其实就是帮助蒋介石。

就在戴笠为自己的情报之路做铺垫的时候，李宗仁和白崇禧不知从何处得知了蒋介石的"剿桂"计划。二人遂加紧联合各方势力，伺机造反。

1927年8月8日，蒋介石在徐州前线指挥军事失败，为了保护自己的政治地位，他不得已决定弃车保帅，处决了前线总指挥、第十军军长王天培。李宗仁、白崇禧看出蒋的心狠手辣，担心自己迟早会成为刀下冤魂，于是一不做二不休，串通何应钦控制了南京周边地区。蒋介石见局势已定，只好于8月12日辞去总司令一职，第二天发布下野宣言后便返回奉化溪口老家。

临行前，蒋介石命令胡靖安的联络组不要停止活动，继续搜集情报直接交给他审阅。胡靖安考虑到戴笠工作积极，大部分情报都出自他手，又吃苦耐劳，熟悉地形，因此多次指派他秘密来往于南京、上海、杭州、溪口之间，向蒋介石递送情报。眼看有了与蒋介石接触的机会，戴笠自然欣喜若狂。

其实，戴笠是在蒋介石这里押了一个宝。戴笠看得很清楚，蒋介石此次下野一定是暂时的，以蒋介石的实力，他怎么可能就这么善罢甘休了呢？正因为坚信这一点，戴笠才没有像联络组其他成员那样另寻出路。

正像戴笠所想，蒋介石也不是没有打算。他一手建立的黄埔军校中许多毕业生都在军中任职，对于这场变动自然不会坐视不理，只要掌握他们的动向，让他们联合起来，自己复出不愁没有机会。当戴笠把这方面的信息呈递到自己面前时，蒋介石知道自己很快就要翻身了。戴笠自然也看出了端倪，更是跑前跑后抓紧收集情报，为校长效犬马之劳。

1927年9月20日，蒋介石根据手中掌握的情报以及各地黄埔学生的来人来函，发表了《告黄埔同学书》，义正辞严地指责军内同室操戈、自相残杀的局面，要求黄埔同学认真反省失败的原因，精诚团结，一致对外。之后他去了日本，一方面前往神户向宋家求婚，另一方面则是故意对南京政府的复职提议置之不理，以扭转自己的被动局面。

去日本前，蒋介石下令暂时停止联络组工作，并发给该组一笔钱以维持生计。胡靖安见钱起了贪心，他将戴笠、许忠五、成希超、东方白等人带到上海的家中，拿出一小部分经费供他们每日伙食生活，然后带着家眷悄悄回江西赣北靖安度假游玩。一个月后伙食费花光了，胡靖安却不见踪影。

许忠五突然两眼放光地看着戴笠："你和杜月笙不是拜把兄弟吗，为啥不去找他帮忙？"

"落魄成这样去找人家，也太让人笑话了吧。"戴笠很不情愿。可是，眼下也实在没有办法了，戴笠只好硬着头皮去了杜公馆。

看着昔日的小老弟落魄到如此地步，已成上海滩大亨的杜月笙非常慷慨，二话不说就让手下给他拿了50元。戴笠谢过杜月笙后回到胡府。几个人饱餐一顿后商议让许忠五为大家经办伙食，好歹用这笔钱维持到胡靖安归来。可是，没想到许忠五拿了这笔钱竟然也脚底抹油，溜之大吉了。几个人真是哭笑不得，只好又央求戴笠去找杜月笙借，杜月笙二话没说又给了他50元。戴笠受此捉弄，对许忠五怀恨在心。

就在蒋介石远赴日本之际，国民党内部由矛盾斗争演变成了互相火并，先是唐生智被迫流亡日本，之后汪精卫在广州主持召开第四届中央执行委员会全会的计划破产，继而于11月7日发动"护党救国"运动，想借此巩固自己的地位，却遭到胡汉民和吴稚晖这些元老的鄙视。相较之下，之前大声呼吁"团结"，现在又"退出"纷争的蒋介石地位相对上升。11月下旬，国民党要员在法租界的蒋公馆会谈，汪精卫被迫邀请蒋介石重新担任总司令。会谈结束后，广州公社于12月11日爆发了起义。最终汪精卫竹篮打水一场空，蒋介石则于1928年1月4日回到南京，5天后重新坐到最高统帅的位置上。

踏入情报之门

蒋介石此番归来不仅是重操大权，他还与宋美龄在上海举行了婚礼。与宋家联姻使得蒋介石的财力和声望大增，更获得了与宋氏关系密切的英美国家的支持。

蒋介石成为总司令后，决定利用这个新机会尽可能铲除异己，巩固自己的地位。他利用矛盾，挑拨是非，很快赶走了汪精卫、胡汉民这两个对自己领袖地位威胁最大的人物。1928年2月2日，国民党二届四中全会在南京召开，蒋介石提出所有的宣传均以孙中山的"全国重建计划"为基础，重新整理党内政务，地方党组织解散后重新登记党员，撤销在北伐中为统一战线设置的部门。整理后的新国民党只建立了组织部、宣传部和党训部，而蒋介石则集大权于一身，先后把国民党中央执行委员会常委、国民党中央组织部长、中央政治会议主席、国民党中央军事委员会主席、国民革命军总司令收入囊中。他还特别在军队内部重新设置一个政治训练部，交与戴季陶掌管。

经历了此番变故，蒋介石深深体会到掌握情报的重要性。情报不仅是军队作战的需要，更是坐稳交椅的政治手段。于是，他决定建立正式的情报组织，加强特工活动。

经过一番考察，蒋介石决定在自己管辖的国民党中央组织部下设一个调查科，与普通组织科、海外组织科、军人组织科、编审科、总务科等并列。调查科是国民党成立以来设置的第一个专职情报机构，后来发展成为国民党中央调查统计局，即臭名昭著的"中统"特务组织，与戴笠的国民政府军事委员会调查统计局即"军统"特务组织并称"两统"。调查科第一任科长由陈立夫担任。陈立夫是浙江吴兴人，20年代初毕业于天津北洋大学冶金科，曾留学美国，学业结束后，当陈立夫准备接受中兴煤矿公司聘请任采矿工程师时，其兄陈果夫转来了蒋介石的两份电报。在电报中，蒋介石表示希望他能到广州协助自己。陈立夫从此踏入政坛。

蒋、陈两家的渊源始于陈其美与蒋介石的关系。陈其美和蒋介石是结拜兄弟，1916年，陈其美被袁世凯派人暗杀，还是蒋介石给他收的尸。陈家的下一辈称蒋介石为"蒋三叔"，蒋介石也对陈家后辈照顾有加。

除了名正言顺的机构外，蒋介石还着力加强军事方面的情报工作，先后在国民革命军总司令部里挑选了黄埔毕业的数十名可靠的下属担任侍从副官和联络参谋，为自己搜集各部队的情况，包括长官的政治倾向和思想动态等。这支特别队伍由原黄埔军校教育长王伯龄主持负责，蔡劲军、胡靖安都被选中，戴笠也如愿成了一名上尉联络参谋，与郑介民共同为校长效力。

郑介民，1897年9月11日生于一个破落地主家庭，幼年丧父。1915年，郑介民考入广东省立琼崖中学，秘密参加孙中山组织的琼崖民军，任书记，后赴马来西亚吉隆坡谋生，任吉隆坡《益群日报》编辑，著文拥护中国国民党革命救国主张。1924年4月，郑介民与黄珍吾到广州投考黄埔军校第一期，未被录取，只好投入大本营警卫旅（旅长吴铁城）军士队当学兵。8月，黄埔陆军军官学校第二期招生，郑介民考入步科，并在黄埔军校发起组织"孙文主义学会"，开始从事情报工作。1925年入苏联莫斯科中山大学，学习政治经济，毕业回国后，任中央军官学校第六期总队队部政治教官，不久成为国民革命军第四军政治部秘书。1928年1月蒋介石复职后，郑介民任蒋介石的侍从副官，专门从事特务工作。在后来的日子里，他成为戴笠的首席助手，二人合作长达15年之久。

在办理进入军队的手续时，王伯龄发现戴笠没有从黄埔军校正式毕业，便报告了蒋介石。蒋介石大笔一挥，批了个条子，宣称戴笠"虽未修完全部课业，但表现卓越，实战经验丰富，具备军队高级人才的资格，特准予毕业"。就这样，戴笠终于正式从黄埔军校"毕业"。

戴笠得知后立即面见校长，表达了自己的感激之情。蒋介石微微一笑，嘱咐道："让你毕业是你的表现优秀。不过接下来的工作可能更加艰苦，希望你不要骄傲才是。"戴笠激动地说："学生一定不辜负校长的期望和栽培！"此刻他已经认定自己的前途是和蒋介石的政治命运紧紧联系在一起的，只要协助蒋公的事业，自己的大好前途指日可待。

1927年11月，戴笠被任命为徐州戒严司令部少校副官，前往前线调查和掌握第一军的内部情况。原来蒋介石并没有忘记何应钦这个内患，在他眼里，何应钦见风使舵的滑头和背叛自己的行为可恶至极。第一军是以黄埔学生组建的，是自己当家的本钱，此刻绝对不能再放在何应钦手里了。戴笠擅于揣摩校长的心思，早把事情看了个通透，他此行的重点定是收集关于第一军师、旅长以上高级将领忠诚程度的情报，提供给校长参阅。

1928年2月9日，国民党二届四中全会后，蒋介石立即带领少数亲信悄悄从南京出发前往徐州前线，趁何应钦在郊外打猎之际进入第一路军总指挥部，宣布撤销何应钦的总指挥职务，将第一路军整编为第一集团军，由自己亲自指挥。

作为随行成员，戴笠经历了蒋介石重整第一军的全过程。他对校长的凌厉和果断佩服不已。为了防止余党作祟犯上，戴笠继续留在徐州任戒严司令部少校副官从事情报活动，调查整编后的效果和何应钦亲信将领的动向。何应钦失宠后，黄埔系里再也无人敢起异心，第一集团军也服服帖帖地交到了蒋介石的手中。

1928年2月的一天，天气晴朗，蒋介石派人请戴笠到自己的府邸。

闻得校长召见，戴笠受宠若惊。以往与校长见面不是在外面就是在办公室，而且都是谈论公事，校长时间有限，三言两语也就结束了。此番前往府邸，还是蒋介石召见，这是何等的荣幸！

戴笠急忙穿戴整齐，坐上接他的汽车来到蒋府。侍从把他带到书房后退去。戴笠准备了一肚子的豪言壮志一进门便忘了个精光。他极力控制微微发抖的双腿，强作镇静地走到蒋介石的书桌前，静静地站着，等待校长发话。

蒋介石此刻正坐在椅子上专心磨墨，并未注意到戴笠就站在眼前。过了好一会儿，他才看见："啊，雨农，原来你早到了，也不说话。"

"学生看校长正在兴致上，不敢冒然打扰。"

听得戴笠自称"学生"，蒋介石不由得微微一笑："最近工作还顺利吗？"

"得校长栽培，雨农不敢怠慢。"

"哎，工作之余也需要休息嘛。"

"是，校长教诲，学生谨记在心。只是学生才疏学浅，工作之余也不敢怠慢，时常读书写字，准备随时为党国献身。"

听到这里，蒋介石又笑了。

"雨农啊，第一路军的事你办得不错，吃了不少苦，也颇费了些力气。我这幅小字送给你，算是鼓励吧。"

戴笠顺着校长的手指看过去，原来桌上早摆好了一幅刚写完的字：艰苦卓绝。戴笠一见，高兴得差点蹦起来。他克制住激动的情绪，小心翼翼地低头俯身，仔细端详一番，然后起身立正，行了个端正的军礼："谢校长抬爱，学生定当不忘嘱托，铭记在心！"

"雨农客气了，"蒋介石走到戴笠面前，拍了拍他的肩膀，"眼下就给你个精忠报国的机会。如今党内派系争斗还没有终止，桂系、冯玉祥、阎锡山，还有东北的奉系，都虎视眈眈地找机会发难。我们得好好整理一下。郑介民去了广东，北上的任务就交给你吧。此事务必要详细周全，别落掉重要的信息。"

"是！学生定当尽职尽责，完成任务！"

几天之后，戴笠从徐州出发，先到郑州、汉口、太原等地，调查了解冯玉祥、李宗仁、阎锡山等各集团军的动态。之后又前往山东考察奉系的情况。他沿济南、保定、天津、北平一路北上，依次了解张宗昌、孙传芳、张作霖等各军阀集团的虚实，并在第一时间将情报呈报蒋介石。他原本准备大显身手，展示一下自己高超的本事的，谁知道奉系军阀和北洋军阀残余的各级将领大多都没有文化，也没有政治头脑，带兵打仗也不过是硬抗，不懂策略；还有一些人疑心很重，轻信谣言，又贪图便宜，江湖义气重。戴笠在他们中间游刃有余，探听消息犹如探囊取物，只需送些礼物和钱财，有价值的情报如雪片般轻松地落入他的腰包，成为他仕途之路的垫脚石。

蒋介石在徐州重整第一军完毕后，提出了"二次北伐"的口号，主张消灭张作霖为代表的奉系集团。1928年3月，第一军被改编为4个军团，蒋介石率领整编后的第一集团军，和冯玉祥、阎锡山、李宗仁分别率领的军队分路北上，讨伐张作霖。4月7日，蒋介石下总攻击令，各路战事同时发动。第一集团军9日占领郯城，10日克台儿庄，中旬占临城、滕县、兖州、曲阜，下旬占莱芜、泰安，5月1日克济南。第二、第三、第四集团军也一鼓作气攻克了邯郸、济宁、石家庄等地。5月19日，蒋介石调整部署，以第一、第二集团军担任津浦线，第三集团军担任京绥线、第四集团军担任京汉线，兵分三路，进逼京津。大同、张家口、保定、沧州先后失守。张作霖见大势已去，于6月3日退出北京。6月4日在退往沈阳途中，经皇姑屯车站时被日本帝国主义炸死。6月8日和12日，阎锡山商震部与傅作义部分别进入北京和天津。6月15日，南京政府宣布"统一告成"。12月29日张学良宣布"东北易帜"，至此南京政府名义上统一了中国，并结束了北洋军阀在中国的统治，基本消除了新旧军阀间的矛盾和斗争。

苦心经营，崭露头角

戴笠终于能够近距离为蒋介石服务了，这是他梦寐以求的愿望，为了这个愿望的实现，他付出了很多努力，也遭受了许多常人无法忍受的辛酸。

首先，戴笠担负的是一份没有衙门的苦差，不但一切都要自己打理，而且安危也没有保障，是死是活根本没人在乎。这其实也不算什么，最难的是不知道上司到底中意什么样的情报，没人指点，一切全凭自己猜测揣摩。所以，戴笠要想拿出出色的业绩，就要付出更多的辛苦，最大限度地掌握材料，为此，他常常食不知味，夜不能寐。

因为没有地位，人微言轻，就算戴笠弄到了有价值的消息，也得不到重视。最让戴笠不甘心的是，他卖命弄来的情报往往还成了别人讨好主子的资本。

鉴于以上两点，戴笠不得不挖空心思地接近蒋介石。可是，以他的身份，别说见校长一面，就是靠近他的官邸或办公场所都会马上招来别人的白眼与非议。面对黄埔前几期的学长，戴笠终归是很没有底气的，但他有韧劲。他知道什么对自己是最重要的，所以，当他听到蒋介石身边的仆役都对自己说"小瘪三又来了"的话时，他一点都不动怒，一如既往地低声下气地讨好巴结他们，上至警卫、勤务兵、司机，下至门房、厨师、娘姨，戴笠点头哈腰，奉承了个遍。甚至他发迹之后也不敢对这些人有所怠慢，还经常暗中好礼相送，维系关系。戴笠深知，这些人是他的通道，有了他们，自己的情报就有机会放到蒋介石的办公桌上了。

在蒋介石身边的侍从里，戴笠巴结得最用力的要数机要秘书毛庆祥了，一方面因为毛的工作性质可以为自己行方便，凡军政大员的任命、作战命令的颁发，以及蒋介石的对外联络、情报递送都要经他之手；另一方面，还因为毛家和蒋家的关系非比寻常，自己真的巴结好了毛庆祥，还是大有利可图的。毛庆祥的父亲毛绍遂，号颖甫，是溪口"毛太昌"商号的老板，与蒋家的"玉泰盐铺"相邻，两家关系颇好。蒋介石尤其尊重毛颖甫，每次回乡，总要会会这位世交长者。毛庆祥是毛颖甫的长子，留法期间，因世交关系，与蒋介石一直有书信来往。回国后先在浙江水产学校任教，1926年转入蒋介石幕下，任国民革命军总司令部机要秘书。1932年，主管侍从室的机要工作后，权力逐渐扩大，地位逐步上升，经过10余年经营，最后成为国民党统管密码、译电的头目。

为了拉拢这个"关键人物"，戴笠下足了功夫，但凡毛庆祥有所暗示，他都不遗余力地办理。开始毛庆祥对戴笠还不以为然，认为他无非就是个阿谀奉承的草包，对他的情报也是高兴了就递上去，不高兴就扔在一边。经过几次接触，他发觉戴笠十分谦卑，做事也认真勤奋，有股子锲而不舍的劲头，心中有所感动。他找出之前没有送出去的情报研读，发现确实有些价值，此后便肯代为转呈，遇到紧急或时机适宜甚至打破常规程序，随接随呈。这样戴笠的情报总是最先出现在蒋介石的办公桌上，久而久之，蒋介石也就记住了这个名字，有时没有他的消息，还会向毛庆祥查问。毛庆祥将这番情形描述给戴笠，戴笠听说蒋介石对自己的情报如此重视十分兴奋，也暗暗告诫自己要更踏实地做事，不能有半点闪失。从某种意义上说，毛庆祥算得上戴笠的一个贵人。戴笠也是这样认为，所以，多年后他发迹了，还常常把毛庆祥给自己行的方便挂在嘴上。

除了毛庆祥，还有一个人也是戴笠刻意想巴结的，那就是王世和。

王世和与毛庆祥一样都是奉化溪口人，陆军大学特别班第六期、中央训练团将校班毕业。王世和、毛庆祥、蒋孝先、蒋和畅并称为溪口的四小家族。

1924年春到广州，任广州大元帅府警卫队卫士。同年4月由戴季陶介绍加入中国国民党。王世和的父亲王良鹤早年在蒋介石身边当过贴身勤务兵，蒋介石任黄埔军校校长时王良鹤举荐王世和考入黄埔军校第一期第四队，毕业后子承父业留在蒋介石身边当了随身侍卫，负责警卫、接待、传令等。王世和为人不如毛庆祥，借着与蒋介石的这一层关系，往往在外人面前趾高气扬，给人非常不好接触的感觉。尤其在戴笠面前，更是不可一世的样子。后来他见戴笠打起毛庆祥和仆人的主意，企图绕过他这一关，更是怒不可遏，每每相见便恶言相加，张口闭口地叫他"小瘪三"，还命令仆人将他赶走。

有一天，戴笠又带着情报来到官邸门前等候。没多久，蒋介石的车队远远地过来了，王世和坐在前面一辆车子里，一眼看见戴笠站在老地方，顿时气不打一处来。他跳下车子，几步上前冲着戴笠就是一脚，恶狠狠地骂道："小瘪三，你在这里阴魂不散地站着，想要校长的命吗？老子今天就办了你！"

戴笠早就对王世和心存戒备，见王世和对自己动粗，便机灵地一闪身，躲过了这一脚。但是他仍然不肯离开，而是伸着脖子望着后面的车子大喊："校长，戴笠是来送信的！"

王世和大怒，从腰间拔出手枪对准戴笠的印堂咆哮："你还不滚？"

就在这生死攸关的时刻，一个副官从车中下来，跑到王世和面前小声说："校长让戴笠过去。"

戴笠如同得了圣旨，三步并作两步跑到车前，双手恭恭敬敬地把情报递进车窗。

蒋介石伸手接过情报，点了点头，交代了几句便乘车离去。

傍晚时分，王世和见蒋介石在庭院散步，便上前听差。蒋介石想了想，说："以后戴笠要见我，你不要拦着了，他和你都是黄埔的学生，不会有什么事的。"

"可他是越级上报，不符合规定。我看他就是一个献媚的小人！"

"他这样做，无非是为了得到我的重视，我对他重视了，他自然对我更加尊敬，也会更加卖命。为了党国的利益，我们需要更多的人。况且，他也不像你说的无所是处,他精明能干,如果真有造化,我也不会舍弃这样的人才的。"

"校长英明,王世和听从校长吩咐。"

从此之后,王世和虽然对戴笠仍然耿耿于怀,却不敢再横加阻拦了。之后的日子里,戴笠果然愈发受到蒋介石的器重,最终成为心腹。但是戴笠一直对王世和怀恨在心,多年之后,他终于想方设法把王世和赶下了侍卫长的宝座,报了当日之辱。

除了应付这些人际关系,戴笠还得经营他的情报工作。他知道,要想出人头地,让别人对他刮目相看,就必须在这方面下功夫,任务完成得好,才会受到器重,也就有了出路。在这方面戴笠表现出了很强的敬业精神,他起早贪晚不辞辛苦地搜集情报,还会耐心细致地连夜把情报誊写校对清楚,然后再送到中山陵蒋介石的官邸。赶上天气不好,手上又没闲钱时,他往往要步行而去。后来,戴笠的情报逐渐受到蒋介石的重视,有时蒋介石还直接分派任务给戴笠,一方面为搜集情况,一方面也是有意考验他的能力。蒋介石还批给他一笔钱作为奖励和调查的经费。戴笠用这笔钱雇了几个精明能干的人做帮手。这样一来,他可以同时跟踪几条线索,情报也越来越充实、丰富。对于手下,戴笠也是毫不吝啬,一有闲钱便分给弟兄们,嘉奖也从不自居,口口声声说是大伙的功劳,笼络他们为自己卖命。

戴笠得蒋宠信

北伐结束后,全国局势进入一个相对和平的时期,260余万的军队逐渐成为政府财力负担。1929年1月1日,蒋介石在南京主持召开全国编遣会议,准备裁军。谁都知道这是一个难捅的马蜂窝,军队是军阀们的命根子,一旦激怒了他们,使他们联合起来造反,局面就不好收拾了。几经讨论之后,确定了全国共设立八个编遣区、中央直辖各军编遣区、海军编遣区、第一编遣区由蒋介石直接管辖,第二编遣区属西北军,第三编遣区属晋军,第四编遣区属桂军,第五编遣区属东北军,第六编遣区则囊括了云、贵、川等各处军队。这样一来，蒋介石一共控制了三个编遣区，此举引起了冯玉祥、阎锡山、李宗仁等的不满。他们纷纷提出抗议，蒋介石见难以得逞，只得同意暂时不编遣。1929年1月26日，编遣会议在一片吵闹声中草草收场。

编遣会议上蒋介石的企图昭然若揭。他是借裁军逼实力派就范，要冯、阎、李交出兵权，他自己则把军队作为实施军事独裁的本钱。这样一来，各派新军与蒋介石的矛盾再次激化，并引发混战。

桂系首先发难，暗中策划倒蒋活动。蒋介石便派侍从参谋郑介民潜入武汉，利用其与李宗仁之弟李宗义莫斯科中山大学的同学关系，在桂系内部进行策反活动，结果桂军土崩瓦解。蒋介石兵不血刃地搞垮了桂系，新军阀实力派出现了蒋、阎、冯三强争霸的局面。他们之间虎视眈眈，各怀鬼胎，势必要争个鱼死网破。

蒋介石的下一个目标就是冯玉祥，但是冯玉祥与阎锡山之前有联盟关系。为了孤立西北军，蒋介石决定亲自出马前往北平说服阎锡山联手搞垮冯玉祥。戴笠奉命以参谋名义随行，实际上是调查掌握北方实力派的情报。在北平，戴笠使出浑身解数，与阎锡山的幕僚频繁接触，企图寻找突破口，策反他们做自己的内应，然而，整个山西竟像铁板一块，外人根本接触插不进去，下不了手。戴笠上上下下忙碌了多日，竟然无功而返。

山西下不了手，蒋介石就又把矛头指向了唐生智。蒋桂战争期间，蒋介石为了驱逐白崇禧就起用了前湘军将领唐生智，委任他为第五路军总指挥。唐生智冲锋陷阵帮蒋介石搞垮桂系之后，却被收回了兵权，只得了一个他不稀罕的军事参议院院长的职务。唐生智焉能不气？1929年冬，唐生智在郑州宣布与蒋决裂，并参加了反蒋拥汪的"护党救国军"，出任第四路军总司令。为了摆平唐生智，蒋介石一面与阎锡山商讨联合围剿唐生智事宜，一面派戴笠潜入河南，打探唐生智的兵力和军内动向，伺机策反。

1929年12月的一天清晨，河南信阳城门刚刚打开不久，一辆马车在冰天雪地中奔来，在守城警卫面前停住。一个仆人从车上跳下来，满脸赔笑地说："老总，这位是城内安泰钱庄的大少爷。前日接到家书说老爷病了，少爷心急，非要连夜赶回来看看，怕迟了给耽误了。您看能否行个方便？"边说边掏出几块银元塞在警卫手中。警卫接了钱，又看了看车里坐着的人，那人带着一副眼镜，斯斯文文的模样，皮帽子把耳朵护得严严实实，围巾口罩一应俱全，还哆哆嗦嗦的，一看就是赶了夜路受了冻的人，便挥挥手放了行。戴笠和他的副官贾金南就这样混进了信阳。

戴笠他们在城内潜伏下来后不久，唐生智便召集干部开会，部署悬赏缉拿戴笠的工作。原来他已得知戴笠要来河南搞特务工作，于是立即下令在全省搜捕，并在各城门和主要街道张贴通缉令，悬赏10万元缉拿戴笠。

参加会议军官中有一个叫周伟龙的，一听戴笠进了信阳城不禁为他捏了一把冷汗。周伟龙，1901年生于湖南湘乡十三都的三迁谭家湾（今湘乡市仁厚乡桃丰村），字道三，20年代初，周伟龙在湘军谢国光部当译电员，因深得谢国光的青睐被保送进黄埔军校第四期。1927年，周伟龙在唐生智所部任宪兵营长。

散会后，周伟龙回到自己的办公室，坐在椅子上发呆。他是黄埔第四期的学员，和戴笠有过几次接触。如今却要各为其主，反目成仇。傍晚时分，他刚回到家，侍从就递过来一张名片。他接过来一看，是一位叫东方白的人，他立刻明白，戴笠已经来了，这次是躲不过去了。既来之，则安之，周伟龙热情地接待了戴笠，还在戴笠的鼓动下，下了追随蒋介石的决心。

经过周伟龙一番活动，唐生智军队中不少高级将领纷纷倒戈。在戴笠的指派下，周伟龙偷偷和胡宗南率领的第一师第一旅接上头，强强联手，唐生智的队伍很快就溃不成军，兵败人散。1930年1月9日，唐生智被迫通电下野。蒋介石给予戴笠和周伟龙厚赏，并提拔戴笠为中校联络参谋。周伟龙成了戴笠的生死之交，也成了戴笠手下资深的大特务之一。

同年4月，蒋介石以国民政府的名义下令免去阎锡山所有职务，"严拿归案讯办"，并以总司令名义通电全国讨伐阎、冯。蒋、冯、阎大战在中原大地爆发，双方投入军队近130万人。这次蒋介石依然采用军事打击和策反瓦解双管齐下的办法，反蒋联军很快就撑不下去了，他们决定与汪精卫合作，共同讨伐蒋介石。8月，汪精卫在北平召开国民党中央党部扩大会议，戴笠派出自己的情报助手王孔安参会，探听各派的态度和情势发展，并密报蒋介石，制定了安抚收买的策略。就在双方摩拳擦掌，准备恶战一场的时候，东北奉军首领张学良于9月18日宣布拥蒋立场。12万东北军的主力随即入关，与反蒋联军对峙沙场。张学良的加入使得战势豁然明朗，原本观战的西北军率先投靠蒋介石，陆续又有杂牌军加入，面对越来越明显的悬殊差距，反蒋战线终于全线崩溃。1932年4月，中原大战结束，阎锡山、冯玉祥惨败下野，桂系的人马退守老家广西。

新老军阀的混战在东北易帜之后渐渐平息下来，内部纷争的缓和给国家的和平统一带来了一丝希望。张学良趁势进驻平津，收编晋军，主持华北地区政事。蒋介石见此机会立即派戴笠前往北平公关，想进一步拉拢张学良。

戴笠接受任务后激动万分。他出生入死多年，如今终于能以使者身份光明正大地开展活动了，这意味着蒋介石对他工作能力和成就的全面认可。此番活动的对象是赫赫有名的东三省保安总司令，这让戴笠不敢怠慢。张学良实权在手，本不依附于任何派别，此番选择拥蒋，让蒋介石既感激又心存猜忌。他担心奉军假意归顺，借机壮大自己。戴笠深知校长的心思，因此，到了东北之后并没有马上去见张学良，而是从他的部下和亲友入手，暗中进行活动。

戴笠选择的第一个目标是警卫旅的团长吴泰勋。吴泰勋年仅19岁，是个意气风发的小伙子，父亲吴俊升是前黑龙江省的督军，1928年和张作霖一起在皇姑屯被日军炸死。张学良见他和自己同命相连，便把他留在身边，后来交情渐深，拜了把兄弟。

吴泰勋和戴笠一样好结交朋友，性格豪爽，三教九流的人物也认识一大把。他终日花天酒地，流连于青楼妓院。戴笠便投其所好，在华北著名的青楼街与他约见，并献上头牌妓女供其享乐。吴泰勋见戴笠也和自己一样讲义气，是个有福同享有难同当的哥们儿，便和他结拜了兄弟，还把自己身边的王天木、裴级三、李志一等人介绍给戴笠，后来这些人一部分成了戴笠在北平安插的亲信，另一部分则进入其特务组织。

有了吴泰勋的引见，戴笠一个星期后顺利地见到了张学良。此时的他已是胸有成竹，即便张学良有什么花样，他也能全身而退，并随时掌握动向。见了张学良以后他才发现，张学良绝非校长和自己所猜测那样藏有私心，对他这样出身的特务也毫不蔑视，一见面就握住他的手，称赞他年轻有为，能力非凡，戴笠心中顿生敬畏。经过一段时日的了解，二人关系日益密切，最后竟然惺惺相惜，一拍即合，成了莫逆之交。

远在南京的蒋介石看着戴笠源源不断地送回关于东北军的内部情况和他精心编织的平津情报网大为欣喜。从此，戴笠在蒋介石心中有了不可替代的地位。

第三章

揣摩迎上，脱颖而出

复兴社成立

就在戴笠在蒋介石身边屡建奇功，扶摇直上的时候，1929年5月，黄埔第六期学员在广州参加了毕业典礼。大家怀着急切的报国热情纷纷离开学校，奔赴部队。然而部队生活并不轻松，并不是每个人都能适应的，唐纵就是其中之一。唐纵本来就不喜欢带兵打仗，因此没过多久，便离开部队前往南京投靠左曙萍、陈奠南。左曙萍原是军校政治部的干事，陈奠南是国民党中央党部助理干事，二人曾几次邀请唐纵前往南京发展，见到唐纵前来自然十分高兴："老弟，可把你盼来了！"

"二位兄长见笑了，乃健自知才疏学浅，此番来讨饶，还要请二位多多担待啊。"

"哪里哪里，老弟你这是谦虚。以你的卓识之才，怎愁报国无门？我们几人打算办一个《文化日报》，特意请你加入，咱们共同在文化界为校长争夺江山，和驰骋疆场不是一样的吗？"

"能为校长效犬马之劳，乃健自然万死不辞。"

于是，唐纵便成了《文化日报》的新闻记者。

1930年中原大战爆发，国无宁日，民不聊生。各大报纸的革命派纷纷撰文批判蒋介石在国家内忧外患之际挑起战乱、雪上加霜，只有《文化日报》独树一帜，为蒋介石摇旗呐喊，唐纵更是大肆炮制颂歌，成了报社的主笔。

一日，唐纵正在主编室里整理稿件，他的老同学郑锡麟敲门而入。郑锡麟是这份报纸的创刊人之一，他带来一个让唐纵意想不到的消息。

"乃健兄，你那几篇稿子影响非同小可啊，连上面的陈立夫陈秘书长都提出表扬了。"

"哪里哪里，这全仰仗诸君的努力，我不过是写了几笔罢了。"

"唐兄这是谦虚啊，如今上面派人来见你，过了今晚，你可能就飞黄腾达了。"

唐纵只浅浅地笑了笑，心却狂跳不已。难道是陈立夫要见自己？或者，是他手下的什么官员？

当晚，唐纵见到了这位"官员"，原来是他的校友戴笠。

戴笠见眼前这位同窗文质彬彬，面容和气，一副学者模样，但是只交谈了几句他就判断出此人是个从事特工工作的好手。唐纵早听说过戴笠的大名，如今校长眼前的红人亲自来见自己，看来真的是时来运转了。

此时戴笠已经是军事委员会调查通讯组的领导者之一。调查组是蒋介石1927年之后发展起来的非正式特工组织之一。调查组直接接受中央党部的"特别经费"，任务是对付共产党员，控制国民党内部的反蒋分子，陈立夫亲自挂帅，下设三个科，戴笠负责其中的二科，对军方人员进行监视。戴笠并没有满足眼下这个肥差，他利用这个机会大肆招募自己的部下。徐亮、胡天秋、马策、周伟龙、郑锡麟、梁干乔、张炎元、黄雍等黄埔同学都被他拉拢到身边，形成他个人的"机构"。

"雨农兄真可谓是当今的俊杰，乃健深感佩服。照此发展下去，当可与邓文仪的南昌行营调查科一试高低。"唐纵看似不经意的一席话戳到了戴笠的痛处。南昌行营调查科是邓文仪网罗留苏学生中的叛徒如王志文、王新衡等人筹建的，蒋介石为了掌握大局，曾经先后批准在南昌行营、豫鄂皖三省"剿匪"总司令部分别设立特务机构，以"调查科"或"第三课"为名掩人耳目，任命邓文仪任科长。后来邓文仪野心越来越大，又在各"剿匪"部队及"剿匪"省份的保安处设立谍报股，专门负责搜捕共产党员，还暗中监视"剿匪"部队长官与地方长官。邓文仪也因此实力大增，与行营主任熊式辉、行营秘书长杨永泰并称为"南昌行营三巨头"。

得势的邓文仪也因此受到蒋介石的青睐，授以侍从秘书之职。邓文仪自恃身高，目中无人，更瞧不起草莽出身的戴笠，每次见面都是一脸的不屑，戴笠受了不少白眼，一心想着有朝一日能扭转劣势。

唐纵的出现引发了戴笠对自己这个组织的进一步规划。他手下的人干特务工作自然是没话说，但是却缺少舞文弄墨、出谋划策的高手，如果能把唐纵收到自己帐下，日后必有大用。想到这里，戴笠说："昔日雨农承蒙校长抬爱，才有了今天的前程，既然今天来的都是忠于校长，报效祖国的才俊，不如大家结拜为把兄弟，日后同甘共苦，一荣俱荣，共同为国家出力。"

大家纷纷附和，于是当场以戴笠为首，携唐纵、周伟龙、郑锡麟、梁干乔、黄雍、徐亮、张炎元、胡天秋、马策等人歃血为盟，立下誓言，"十人团"宣告成立，总部设在鸡鹅巷53号。时隔不久，唐纵也在贺衷寒等人的帮助下，把《文化日报》改为《建业日报》，成为了专职的文化特务。

1931年深秋的某天深夜，蒋介石突然召集自己的亲信开会。黄埔系的学生到场后，蒋介石却一言不发，只是默默地抽烟喝茶，戴笠、贺衷寒、康泽、邓文仪、郑介民等老牌特务你看看我，我看看你，都不敢出声。

贺衷寒在一干人中资历最老，强作镇定大着胆子询问："校长深夜召集大家所为何事？"蒋介石就跟没听见一样，依旧沉默。沉默了一会儿之后，邓文仪开口说："我们在校长身边听命，自然是召之即来，怎么能问校长有事吩咐呢？"

一听邓文仪如此说，贺衷寒不乐意了，校长不给我好脸色也就罢了，你还趁机落井下石，太不仗义了，就毫不客气地回了邓文仪一句："你是校长的好学生，校长的心思就你最明白，我们这些饭桶可比不了。"

邓文仪待要接话，却听"啪嚓"一声，回头一看，原来是蒋介石发怒了。只听蒋介石骂道："我的好学生看来是都死光了，你们这些不中用的家伙在这里互相争斗，我们的革命还有什么希望？只怕就要失败了！"说罢，拂袖而去，留下一屋子人又惊又怕，默默地坐在会议室里，绞尽脑汁地揣摩蒋介石的意思。

戴笠资历最浅，自然不敢发话，但是他知道，蒋介石一旦遇到重大问题就用这种方式逼迫下属猜测他的想法，迎合他的意图。回到住处后，戴笠躺在床上把这两天的事情像放电影一样在脑中过了一遍，猛然想起蒋介石前两天吩咐大家回去看《墨索里尼传》，他拿回来翻了翻，知道墨索里尼召集资产阶级右翼分子和一部分军人成立了法西斯组织黑衫党，并于1922年发动政变，建立起法西斯独裁统治。莫非校长也想成立个类似黑衫党的组织？想到这里，他马上翻身起床，连夜起草了一份建立特务组织的计划书，提议重点强化特工力量，用非常手段铲除异己，并建议在这个组织里专门分出一个特工部门，由蒋介石直接领导，以捍卫领袖至高无上的地位。

戴笠自以为聪明，没想到其他人也连夜看了《墨索里尼传》，猜透了蒋介石希望建立特务组织的想法。第二天的会议上，邓文仪抢先向校长许诺，黄埔学生一定众志成城，实现校长的愿望。贺衷寒等人也不甘落后，纷纷附和，甚至激动得热泪盈眶。蒋介石见此，叹了口气说："说什么团结，你们几个怎么可能团结得起来？不自相残杀就不错了！既然如此，你们就试试吧，莫说我不给你们机会。"

随后，大家便七嘴八舌议论起如何组建机构的问题，因为黄埔军校的制服是蓝色军装，大家便一致同意以"蓝衣社"命名。戴笠见时机不成熟，便忍住没有发表意见，那份计划书也始终没有拿出来讨论，而是在会后找机会单独面呈给蒋介石批阅。没料到蒋介石还没来得及答复就"二次下野"了。宁粤分裂以后，汪精卫携手广东军阀陈济棠，聚集反蒋派在广州开府，与南京分庭抗礼。

"九一八"事变后，各界掀起了汹涌澎湃的爱国救亡运动，社会各界反蒋言论高涨，国民党内部也集体声讨他软禁元老胡汉民的行为。国民党四届一中全会召开前夕，粤方以不去南京参会为条件，胁迫蒋介石"下野"。不光是蒋介石饱受责难，就连他视作依托的黄埔系也整体遭到诋毁。内忧外患、四面楚歌的压力让蒋介石不得不再次通电请辞国民政府主席等本兼各职。

然而这一次蒋介石并没有像上次一样仓皇逃离，而是提前召开了国务会议，在中央和地方各个要害部门安插亲信，暗中控制了中枢机构。之后他便携夫人宋美龄返回老家奉化，在雪窦山上的妙高台静观局势，等待复出。

尽管蒋介石的独裁统治遇到了瓶颈，戴笠却坚信他是举世无双的英雄，不会就此沉沦的。于是，戴笠委托胡宗南将自己创建复兴社的谏议转交给了仍在溪口的蒋介石。

就在蒋介石隐退休息的时间里，戴笠领导的"十人团"积极活动。他们每日奔波于南京、苏州、上海、杭州等地，了解党内各派动向，并随时向身在老家的蒋介石汇报。

时局果然顺着戴笠的思路发展了。蒋介石下野没过多久，国民政府就乱成了一锅粥，锦州一带，张学良抵抗日军进攻需要增援部队，但是国民政府根本调动不了听命于蒋介石的军队，且蒋介石下野后，张学良对国民政府的态度和锦州战事也是相当的冷淡。不久，锦州失守，东北军撤进关内，东三省沦陷。国民政府无可奈何之下，电请蒋介石出山。

1932年1月28日，蒋介石再次复出。一上任，他不是着手准备抗日事宜，而是将政府主席和军事委员会委员长头衔统统揽在自己头上，另外，还任命汪精卫为行政院院长，孙科为立法院院长。除此之外，蒋介石还立即着手筹备成立那个早已谋划好的特务组织。就这样，"复兴社"成立了。

新卫星组织

复兴社成立以后,与之前的蓝衣社、力行社形成了复杂的格局。它们之间既各自独立,又在某些领域交叉协作,随着旗下卫星组织的庞大,它们之间的关系也逐渐强化。

力行社成立于1932年,在之后的5年里一直充满了神秘色彩。人们总是把它与其前沿组织混淆,将其成员当成"蓝衣社"成员,它的活动也多半涉及蒋介石特务部门的宣传伪装和情报工作。然而,这个神秘的团体却是"黄埔圈子"里最重要的机构,忠贞不渝地严格奉行三个原则:以蒋介石为长期最高领袖;成员遵循三民主义;奉行法西斯主义。

尽管力行社的存在被隐藏了40多年,但在其鼎盛时期,确实形成了一个操纵50万人员以上的周密的组织机构,从"新生活运动""中国童子军"到大学的军事训练项目和高中的夏令营,力行社秘密动员了数百万人。

1932年3月1日,力行社成立的第二天,创始成员在南京黄埔路的办公室召开了第一次干部会议,会议宣读了蒋介石拟定的组织干事名单,除了干事会书记以外,共设立了总务处、组织处、宣传处、特工处4个部门,形成了力行社的常务领导班子。随后力行社开始接收外围组织委派代表。

1933年1月,一个负责指导分支机构工作、执行纪律、审查账目和主持新成员入社的宣誓仪式的检查会成立了。检查会听从干事会指挥,拥有在组织内关押和处决不法分子的权力,相关的秘密报告也直接呈送力行社书记处。为了掩人耳目,保守秘密,干事会另外批准建立了两个前沿组织——革命军人同志会和革命青年同志会。革命军人同志会相当于"浙江圈"在军队的一个臂膀,后来被蒋介石以干扰正常指挥系统为由解散了。

革命青年同志会是力行社的"内层",是力行社最早的掩护组织,由葛武綮任常务干事和总书记,干国勋负责组织,康泽管宣传,刘诚之调度总务,总部设在南京中央军事学校明瓦廊大院内校友信息局的调查处里。如其名所言,该会以招收新成员为主,大多数成员是黄埔的毕业生,还有一些则是右翼组织的中层干部和一些高级知识分子。

也许是因为骨干分子都是力行社成员的原因，革命青年同志会没有中途夭折或是被迫解散，它与力行社荣辱与共，一直相伴到最后，其成员在鼎盛时期突破2万，庞大的经费则来自军事委员会的一个特别部门，并由蒋介石亲自审批。

革命青年同志会和力行社相互配合，很快便控制了国民党军政培训系统中最为关键的意识形态教育。力行社和革青会的成员参与步兵、炮兵、工程兵和军需部门干部的政治培训，还指挥军官高等教育纵队。

不仅如此，力行社和革青会的成员还进一步控制了军校附设的军官训练班的领导。1932年8月，这个训练班合并的4个纵队共有1700名干部受训，学员受训结束后大都回到原单位，成为蒋介石忠贞不渝的追随者。

蓝衣社也是一个秘密特务组织，是效仿意大利和德国法西斯主义的褐衣党、黑衫党组建的，其成员的身份是绝对保密的。成立之初曾召集了一批国民党军内的有志青年，肩负起救党救国，抵御外侮的沉重使命，它与戊戌六君子、黄花岗烈士和秋瑾一样，都是壮怀激烈的革命力量。蓝衣社的主要人物有所谓"十三太保"的曾扩情、贺衷寒、酆悌、戴笠、康泽、邓文仪、刘健群等。

蓝衣社成立之初励精图治，纪律严明，如同一阵清风吹进腐败成风的民国政坛。对外则锋芒毕露直指日寇汉奸，积极参与抗日救国运动，成为日本特务的眼中钉。当然，蓝衣社也是坚持反共立场，曾重创红四方面军，并对苏区进行封锁，给中央根据地带来极大的困难。

蒋介石建立蓝衣社的初衷就是为自己的独裁统治服务的，这些青年志士不过是他手中的利器，当蒋介石渡过内忧外患之后，蓝衣社的壮大就成了他的心头之患，最终还是找借口解散了蓝衣社。

复兴社是蒋介石复出后第一时间筹建起来的特务组织，力行社成立后很快将其吸收，并发展为最重要的附属机构。复兴社作为第三外围组织，专门吸收各界青年人士加入，在壮大队伍、为力行社服务的同时又能保证力行社的秘密性质。社团的管理和经费由革命青年同志会全权负责。

按照规矩，卫星组织的成员由内向外自动属于力行社的成员，越接近内部核心，控制和审查也就越严格。复兴社的加入只需老会员的介绍，填写申请表即可。入会仪式也很简单，300～600个人分为十几个人的小组站在蒋介石画像前宣誓一番即表示加入，偶尔蒋介石也会象征性地出现在南京现场，参加宣誓仪式。如果表现突出，被提名为革命青年同志会的成员，就必须经过所属组织的大会讨论通过，然后送交力行社审查，最终由最高领袖批准，再上一层级的程序依然如此。

复兴社的内部管理由一个干事会控制，但实权依然掌握在总书记手中。干事会下设部门分管组织、宣传和培训，分别由周复、康泽和桂永清领导，后来戴笠被提拔为特务处处长。

由于人数众多，复兴社很少召开全社大会，连代表会也没有，所有的决定都是自上而下地贯彻。支部周会的内容就是依照上一级组织的书面指示部署工作，内容大多涉及国内和国际政治事件、重大宣传要点、地方组织活动以及嫌疑分子的调查等。每次会议结束之后，由支部负责人提交会议报告给上一级，情报汇报会越过分会支部而直接送到中央组织。

尽管复兴社接受革青会的管理，但是在组织架构上，从中央总部到分会的每一级在革青会内都有相对应的级别挂钩，两者之间互相包含，革青会的负责人也是复兴社的负责人。为了便于区分、工作，革青会的人互相以"挚友"称呼，而复兴社的人只能用"好友"指称。事实上两个组织的会员经常重叠，支部之间的区别也往往含糊不清。

在这样的建构之下，整个团体便分为三个层次，力行社是"核心"，复兴社和革青会则作为外围。这三个机构一起构成一个等级平行的结构，通过各级官僚机构和职业团体从首都向各省呈柱状展开。在活动高峰期，这个三环结构同时容纳了50多万成员。

复兴社成立之后，戴笠和他的"十人团"正式被吸纳成为一个正规的机构。特别是特务处的成立，使得戴笠从跑单干到联络组的非职业特务生涯画上了句号，也成了他仕途的开始。

获任特务机构要职

在整个复兴社组织机构的安排中，蒋介石最重视的就是特务处长一职。根据他的设想，特务处是复兴社的核心，由谁担当这个角色一定要慎重考虑。拥蒋势力中的各派也都揣摩出了校长的心思，纷纷保举自己人争夺这个位置。先后被推荐的有贺衷寒、邓文仪、康泽、桂永清、郑介民和戴笠，贺、邓、康三人因为资历深、功劳大很快成为焦点。特别是备受蒋介石信任的邓文仪，他曾经在特务工作中多次献计献策，又兼职南昌行营调查科长，对这份工作颇有经验，于是，不断有传闻说邓文仪是特务处长的不二人选。

戴笠虽然也勉强位列末尾，却没什么根基和功绩，因此大多数人都并不看好他。

此时的戴笠早已不是那种好出风头的青年了。坎坷的经历和多年的工作经验已经让他变成一个深藏不露、老奸巨猾的特工。他既没有为自己摇旗呐喊，招兵买马，也没有跑到蒋介石面前主动献媚。他深知蒋介石的脾气，在这种问题上从来不会听从任何人的建议，也不会受任何人的影响。如果此时大肆活动，势必造成张狂和扩张自己势力的印象，戒备心极强的蒋介石是不会用这种人的。因此，戴笠在谣言遍布社内的时候依然按兵不动，身边唯一可以商量的人就是密友胡宗南。

胡宗南当时可谓天子门生第一人，他的履历表从黄埔军校教导团排长一直写到营长，之后又参与过东征、北伐、蒋桂战争、中原大战等多次战役，并且已经升任第一师师长。无论是打仗还是练兵，他的成绩永远都是最好的，蒋介石也一直视他为手下第一军事良才。

胡宗南虽然不会争夺这个特务处长的职位，但是他也在考虑利用情报工作为自己谋取更大的利益。在他眼里，情报是军队的命脉，是争取胜利的捷径。眼下这批老牌特务里，只有戴笠和他的渊源最深，二人之间的惺惺相惜和信任感绝非一般人可比。同时，深谙官场争斗的他看中了戴笠较弱的势力和声望：即便这个人将来被提拔，也不大可能与他分庭抗礼，反过来说，如果自己在背后扶持一把，戴笠一定会感恩戴德，对自己日后也是有好处的。

一个寒冷的深夜，胡宗南的座驾悄悄停在了戴笠府邸附近的小巷里。胡宗南身着便服，借着浓密的夜色溜进了戴笠的书房。他给戴笠带来了天大的好消息：蒋介石已经看过了戴笠的建议书，对戴笠的想法深表赞许，很可能复兴社特务处处长的位子就是戴笠的了。

戴笠有点不敢相信。胡宗南就给他解释了一番：校长用人既不听别人的意见，也不喜欢张扬和献媚。不过他有一个一成不变的原则，那就是唯亲是举。当然，这个"亲"有远近之分，眼下他身边大多都是平日的亲信、故旧和学生，乍看上去相差无几，但是像特务处长这样的要害，还是有些血脉为好。如今这6个候选人里和校长是老乡的只有戴笠一人，邓文仪是湖南人，康泽是四川人，郑介民是海南人。胡宗南还说，他曾经探过校长的口风，校长眼里的邓文仪不过是个耍笔杆子的，不适合做特务工作。他需要的是一个聪明、果断、主动的人，另外还要忠诚和驯服，那么，在这6个人中自然也是戴笠最合适了。

听到胡宗南的分析，戴笠心头豁然开朗，脸上也不禁露出一丝喜色。

几天之后，蒋介石的电报果然到了戴笠手中。1932年1月26日，戴笠从北平赶到蒋介石在南京中山陵的官邸。如同胡宗南所描述的那样，蒋介石先是对他的想法表扬了一番，然后便提出要他担任特务处长一职。

眼看美梦成真，戴笠兴奋得差点跳起来。但他还是遵照胡宗南的建议，强压住激动的心情，先愣了愣，继而皱起眉来。

"怎么，雨农不是对特务工作十分感兴趣吗？如今有机会把你的想法付诸实践，你好像不太愿意？"

"报告校长，为校长尽忠是雨农此生的使命。只是，只是黄埔系里的人大都是雨农的学长，且功勋卓越，恐怕难以接受雨农的领导。"

"唉，雨农多虑了，这个我自会安排妥当，关键是你是否有信心做好这件事？"

戴笠见大局已定，便顺势而上，"啪"地立正行礼，大声说道："校长放心，雨农定当鞠躬尽瘁，万死不辞！"

"好！我的特务处长就应该是这个样子！雨农可以再选两个帮手。"

戴笠装模作样地考虑一番："雨农的'十人团'里有两人能力出众，一个叫郑锡麟，一个叫唐纵，两个人都是黄埔学生，也是雨农身边的得力助手。"

蒋介石点点头，转身走进隔壁的私人办公室。几分钟后，他拿着一份手令重新走进会客室，交给戴笠，上面写着："着戴笠主持成立复兴社特务处。中正。"

戴笠双手接过手令："今日承蒙校长抬爱，雨农以项上人头作保，定当不辱使命！"

蒋介石一愣："此话怎讲？"

"报告校长，雨农担任此职无非有三种结局：若工作完成得好，定当遭敌方记恨；若做得不好，自然难逃领袖责难；即便无功无过，也要以'鞠躬尽瘁，死而后已'勉励自己，故这颗人头今日就算是落地了。"

蒋介石看着戴笠坚定的表情，若有所思地点了点头。

1932年3月8日，南京中山东路307号的励志礼堂内，复兴社成立仪式正在进行。会场内所有人都被一种狂热的激情笼罩着，掌声随着蒋介石的讲话此起彼伏，交叠不息。大家都明白，复兴社虽然打着"救国护民抵御外侮"的口号，实际上无非是蒋介石独裁的工具，今日参会的自然都是蒋介石的亲信，"圈内人"的殊荣可不是随便能得到的，因此每个人更为自己能获得这种待遇而感到满足。

很快，大会进入宣布机构人员任命名单的议程。会场一片寂静，所有人都屏住呼吸，期待着蒋介石的最后决定。

复兴社组织处处长：周复。

宣传处处长：康泽。

训练处处长：桂永清。

特务处处长：戴笠。

人群中传来一阵轻微细语声，传闻康泽是特务处长的热门人选，如今却被分到了清水衙门宣传处，许多人都觉得蹊跷；桂永清是蒋介石的心腹亲信，多年来出生入死，参加过东征、北伐，还发起组织三民主义研究社，如今却仅得了个训练处处长……戴笠不由得暗自得意，以为这一切都是自己聪明才智的成果，然而他却不知道背后的赢家其实是蒋介石。蒋介石选择他的理由不外乎两条：以他的资历在党内不会形成强大的势力，除了忠诚驯服于领导别无选择；同时他的残忍、卑劣、冷酷、冒险、欺诈、下流等各种品质和手段也都是领导特务工作的不二人选。

不管怎么说，戴笠都爬上了他人生的第一座高峰。

戴笠上任的第一件事，就是按照他和胡宗南商定的方案组织力量。当他拿到第一笔经费的时候着实兴奋了一场。原先戴笠的活动经费主要从特别费用中支付，蒋介石怕遭非议，不敢过于嚣张，因此在数额审批上极为谨慎，稍微大些的都不批准。没有足够的经费，戴笠的许多设想和抱负都不能实现。如今复兴社成立了特务处，算是正式的组织部门，蒋介石便把特务处的经费记在复兴社的账下，但是复兴社无权过问数额多少，只要戴笠造价预算后便可直接报蒋介石拨款。

戴笠走马上任后，胡宗南为了表示祝贺，把鸡鹅巷53号的地皮送给了戴笠。戴笠早就觊觎这块宝地，如今见胡宗南慷慨相赠，假意推诿了一番也就接受了，并挑了个吉日设宴答谢。二人边喝边讨论日后的工作。胡宗南听说郑介民被任命为副处长，便问戴笠打算怎么相处。

戴笠叹了口气，放下酒杯说道："胡兄有所不知，郑介民对这个位置垂涎已久，这次被我抢了先，肯定不服气。如今校长安排他担任副职，还有主管会计工作的徐人骥，这两人无非是校长在我身边安插的眼睛，我的一举一动都在监视之下，外面还要应付那些不听命于我的老大哥，难啊。"

"雨农莫要忧虑，依我看郑介民不会安心待在这里的，没准儿他现在就在找别的差事呢。他若对你不满，你就当作没看见，反而以礼相待，时间长了，校长自然会有反应。还有，你在这个组织里虽然是头目，但是缺乏自己的力量，你得在这方面想想办法，先站稳脚跟再说。"

"大哥所言极是，小弟已经向校长推荐了郑锡麟和唐纵，等日后有机会，小弟打算把以前'十人团'的兄弟都带进来。"

听了戴笠的盘算，胡宗南连连点头："此事不宜迟缓，兄弟要抓紧啊。"

组建特务系统

1932年冬，蒋介石准备对红军发动第四次"围剿"，鉴于前三次的失利和德国、意大利军事顾问的建议，他决定加强军事建设，特别是特工力量，于是特务处成了重点发展对象。蒋介石大笔一挥，戴笠的经费就从每月20万元翻到80万元，中央调查科仅增加到每月30万元。有了这笔巨额款项，戴笠大干一场的愿望终于指日可待了。他开始四处招兵买马，建立自己的特务系统。

戴笠干得热火朝天，郑介民看在眼里，十分眼红。他自恃各方面不输于戴笠，却要委屈地做一个副职，想到自己再卖力也是为别人做嫁衣，不免身心涣散。戴笠让他物色合适的人选到处里工作，他也以"无相宜之人"推脱。戴笠也不计较，转身自己继续寻觅，陆陆续续把"十人团"里的张炎元、周伟龙、郑锡麟、徐亮、马策、胡天秋等安插到重要岗位上。

郑介民见消极怠工无效，反而让戴笠钻了空子，培养起自己的心腹，便萌生了离开的念头。他与贺衷寒、康泽商定，由康泽找蒋介石保荐郑介民到宣传处工作。然而蒋介石非但没有同意，反而把康泽训了一通："娘希匹！你们闹小集团还敢当着我的面，都不想干啦？谁也不许跟我提调动的事！"

"可是戴笠也太……"

"太什么太？他郑介民就干净啦？桂系战争的时候派他去离间俞作柏，可是他竟然为了保命，中途逃跑。这样的人不吃点亏，磨炼磨炼，还能为党国做什么？你不必说了，我自有道理。"

康泽碰了一鼻子灰，无功而返。戴笠却早已通过安插在蒋介石身边的亲信得知了此事。他表面上装作什么都不知道，对郑介民依然听之任之。

1932年4月1日，特务处成立大会如期召开。到场的100余名特务中，大部分都是戴笠网罗的人。特务处除了副处长郑介民外，书记由唐纵担任，下设的情报股、总务股和督察股全部由戴笠的亲信担任。

成立典礼完毕不久，戴笠提出约见郑介民，郑介民见推脱不过，只得赴约。

戴笠笑眯眯地说："郑兄论天资比雨农高，读书也比雨农多，在校长身边工作的时日也更久，但是如今雨农却斗胆跃居正职，郑兄可知是何故？"

郑介民冷笑一声，并未作答。

戴笠起身为郑介民倒上酒，继续说道："雨农自幼家贫，天资愚笨，黄埔军校也是第二次才考中。之前在外流浪，什么苦都吃过，什么罪都受过，能走到今天，郑兄可知雨农靠的又是什么？"

郑介民依旧不理。

戴笠看出了郑介民的不屑："郑兄或许觉得雨农靠的是旁门左道的功夫才得了一官半职。但是你可曾想过，包括校长在内，我所结识的人从王亚樵、杜月笙到胡宗南，哪一位不是久经沙场的人物？仅仅靠献媚能骗得了他们吗？"他停顿了一会儿，继续说道："雨农深得校长抬爱，受宠若惊。但是有一点我自信强过兄长，那就是我敢闯敢拼敢卖命。这个位置是横竖要掉脑袋的，坐上来基本上就是死路一条了。郑兄若和我一样矢志不渝，我情愿立即让位。"

郑介民听到这里，心想这个戴笠真不简单，再看看他一脸的恭敬，没有丝毫居高临下的架子，心里顿时受用了三分，再仔细揣摩他的话确实不假，特务处长很容易惹麻烦，干得好招人恨，干不好又要挨领导骂，自己躲在一把手背后，也未尝不是个美差。想到这里，他清了清嗓子，换了一副较为和蔼的表情端起酒杯对戴笠说："难怪校长如此器重雨农兄，果然有胆有识，我之前多心了，还请处长多多包涵。日后我一定好好工作，请放心。"

"好！郑兄肯屈居雨农手下，实为大丈夫之举！来，你我干了这杯，之前的事就到此为止了！"

二人端起酒杯一饮而尽，继而相视大笑。

"郑兄,小弟还有一事请教。眼下情报工作都是效仿苏联政治保卫局的做法,这和复兴社的宗旨还是有些不协调,我们是不是可以考虑多像德意法西斯学习学习,把他们的警察与特务机构借鉴过了?"

"雨农兄所言极是,我也有此想法,只是没有机会。"

"你看派些留过学,熟悉国外情况的人员去欧洲考察怎么样?我问过几个人,唐纵愿意参加,若能再找一两个文化水平高的人去就更好了。不知郑兄是否有兴趣,或是推荐几个人?"

郑介民一盘算,这不等于拿公费留洋吗?既可以度假,又能学到不少新东西,回来还能受重视,何乐而不为?他当即表示自己愿意去学习。于是1933年春天,郑介民赴欧洲,开始了调查研究工作。

搞定了郑介民,戴笠便可以安心开展工作了。他先后创立了两个特务处外围组织——特务处上海特区和特务处天津站,任命翁光辉为上海区第一任区长,区部设书记、司书、事务、交通各1人,下设3个情报组;任命王天木为天津站第一任站长。

戴笠用两条途径吸收特务,一是让在职特务推荐。戴笠吸收人才的思想不同于蒋介石,他心里清楚,作为一个特务组织,如果清一色都是黄埔学生,势必产生局限,弄不好还会作茧自缚。

因此他将黄埔学生一一摆在内勤机关和外勤单位做骨架给蒋介石看,然后通过特务们的亲友、同乡、同学等渠道介绍人员加盟。招募来的人只要政治上可靠,又有一技之长,戴笠便毫不犹豫地吸收进来。这边是宽进的政策,那边自然就是严出的制度。戴笠规定凡是加入特务组织的人终生不得脱离特务组织,也不能请长假或辞职休息,这等于一脚踏进来,就别想活着出去。另一条途径是办训练班自己培养。

1933年6月,戴笠从复兴社举办的军校"特别研究班"毕业生中挑选了30名学生举办特务警察训练班,亲自兼任班主任,蒋介石另派曾到日本学过警政教育的浙江宁海人、黄埔二期毕业生李士珍为该班政治指导员。这是戴笠举办的第一个特工训练班,主要讲解一般的特工常识、纪律,学习基本的情报搜集分析工作。为了保证质量，戴笠抽时间与每一个学生进行了个别谈话，考核思想。毕业后，30名学员全部被招募进特务处，成为职业特工，其中的何龙庆、陈恭澍、陈善周、廖宗泽、田功云、徐远举等人后来均成为军统著名的大特务。

与时俱进的特务处管理

戴笠从特务处成立之日起就立下"军规"：任何活动不得公开，全部处于地下状态。他这是从苏联借鉴的经验。这样的地下组织机构设置最为严密，不容易渗透和瓦解，也因此具有强大的凝聚力。

考虑到共产党也在一定程度上效仿了苏联的这套体制，戴笠提出了"以组织对组织"的工作方案，按照同样的架构组建自己的特工队伍，钉对钉铆对铆，与反蒋势力抗衡。戴笠还模仿中共组织关系的特点，规定特务处的各级组织只许纵向联系，不许横向接触。

为了更深入地学习苏联的特工经验，戴笠征得蒋介石的同意，向中统头目徐恩曾提出借调特工训练行家顾顺章担任特务处南京特训班的顾问和教官。顾顺章的来头非同一般，他原先是中共党员，曾经担任过领导职务，并且担任过地下情报员，1931年投降国民党。戴笠看中的就是他对共产党的组织架构和斗争方式的了解。经他训练出的特工更具有实战经验，任务完成率也大大提高，戴笠大喜过望，暗中拉拢顾顺章加入特务处。然而此举最终被徐恩曾察觉，为了杜绝后患，借故除掉了顾顺章。

除了组织架构保密，戴笠手下特务的身份以及办公地点也一概保密。戴笠规定，所有的特务一律服从指挥，不讲年资功绩，各级特务组织和重要的头目都以化名执行任务。这样一来，特工活动常常处于主动位置，具有相当大的优势，也十分有利于组织快速发展，只是由于使用化名工作，经常会出现自己人调查自己人的情况。

特务处的办公地点戴笠也采取了一定的保密措施。特务处对外联络站仍然设在鸡鹅巷53号，但是门前空空荡荡，没有挂牌，也不设岗哨，来往行人根本看不出这里是大名鼎鼎的国民党特务机关的驻地。实际上，门内还是设了便衣配枪把守，检查出入人员的身份。特务处本部原设在徐府巷，后搬迁至洪公祠1号，但是除非遇到特殊或紧急情况才允许到那里汇报，否则特务处外勤人员只能先到联络处接洽，再致电到本部报告，由本部根据情况派人接洽，信件包裹也一律由联络处转递。因此，不仅局外人完全不知晓，就是特务处执行外勤的特务也大多不知道洪公祠1号是自己的老巢。

为了彻底将这两个驻地保护起来，戴笠在出入证上也花了一番心思。只有内勤人员才有这种特别出入证，且每年更换一次。证件封面上只有"出入证"三个字和一行类似编码的数字，里面则标注了诸如姓名、照片、工作科室和职称等个人信息，整个证件从里到外都没有机关名称。特务们外出时证件必须交登记室保管，回来时再取走。特务们出门在外没有证件，就和无业游民差不多，他们经常私下自嘲是"见不得光的黑货"，戴笠却不以为然，常以"无名英雄"勉励大家。

随着特务处的创建和发展，戴笠于是把目光锁定在了德国和意大利法西斯特务组织上。1933年，他向蒋介石建议利用复兴社派驻德国大使馆武官的机会，送特务处书记唐纵学习。唐纵果然不辱使命，在他担任使馆副武官期间潜心调查德国特工组织的活动，定期整理成资料详细汇报给戴笠。

与苏联特工活动的范围不同，德国特工更关注警察、交通、邮电等要害部门，同时还有大批人员潜伏于工厂、军队、团体，监测无线电台和收音机以及干扰广播，以配合特工工作。戴笠对此十分感兴趣，多次向蒋介石报告，提议效仿，蒋介石批复同意。不久，郑介民便率领潘佑强、杜心如、滕杰等7名高干以军事考察团的名义前往欧洲。戴笠还从浙江警校正科毕业生中挑选了冯文尧、王渭周、蒋镇南、范学文等几十名优秀学员派往德国和意大利两国受训。

这一切都体现了戴笠对特务处的管理特点——与时俱进。这一点在他对特务处行动工作的投入也能看出一二。

1933年开始，国内政治斗争日益激烈，特务处只负责情报工作已经不能适应复杂的形势，在这种情况下，戴笠想到了对特务处的业务进行整改：以前特务处只是负责情报工作，但是因为形势需要，有的任务在执行上不能过于招人耳目，必须秘密进行。在活动的时候，当局的其他部门都在公众的视线范围之内，为了行动上的隐蔽性，特务处必须兼顾起行动工作。戴笠曾在对部下的训示中提到："世界各国的特务工作，归纳起来，大概不外有两种目的：一种是为着要巩固自己的国防，一种是要巩固本身的政权。前者对外，后者对内。中国亦不例外。我们要拿这个工作整顿我们这个破败的国家，跟侵略我们的帝国主义者赌输赢。中国的特种工作，就是在这个时代使命任务之下产生的。也可以说是根据领袖'安内攘外'的政策要求来做的，而攘外尤其要先安内。"

戴笠在加强特务处行动能力上采取了许多措施。为了满足具体行动工作的需要，戴笠在特务总处设立了行动股和技术股。外勤区、站是负责各个地方的具体事务的，因此一般在其中设立专门的行动组，有的地方机构规模较小，则增配行动特务。

在人员方面，戴笠也加大了力度，在招收特务时开始侧重对行动能力的考察，如具有擒拿格斗、暗杀方面技能的人才在特务处的人员中的比例逐渐增加。

在做好人才储备工作之后，戴笠很重视对特务的技能培养，加强了对行动特务的培养训练。在浙警校特训班、南京洪公祠特训班内，戴笠都专门设立了行动特务训练班。

大量控制公开机关

通过借鉴德、意经验，戴笠对特务处的工作进行了不少调整，其中最大的改进就是大量控制公开机关。戴笠通过各种途径在国民党内、军内四处安插自己的亲信，把特务工作渗透到了全党全军各个角落，在更大的范围内构建蒋介石的特务体系，为自己扩大势力打下了坚实的基础。

1934年夏，蒋介石调集精锐兵力到江西全力围剿苏区红军，正当战势如火如荼的时候，一场原因不明的大火吞噬了南昌飞机场所有的飞机和油库。得知消息后蒋介石暴跳如雷，责令邓文仪一周内破案。没想到这一查反而让邓文仪遇上大麻烦。原来这是一起故意纵火事件，目的是为了销毁贪污飞机购置费用的证据。让邓文仪头疼的是此事居然还跟蒋介石的夫人宋美龄有些关系。邓文仪不敢公布实情，只得一拖再拖。然而社会各界却穷追不舍，各种消息和传闻此起彼伏，最终蒋介石忍无可忍，一怒之下撤了邓文仪南昌行营调查科长等14个兼职，由戴笠兼任南昌行营调查科长，邓文仪手下的1722名特务也悉数移交戴笠的特务处。本来戴笠正在烦恼与中统的争斗，这回不费一兵一卒就夺取了国民党内的邮电检查权。

为了不招致复兴社大头目和黄埔师兄的嫉妒，戴笠特意委托黄埔三期毕业的柯建安前往南京负责接收工作，对特务领队张严佛更是极力安抚，在欢迎会上当即任命他为特务处的书记。从此戴笠的势力范围扩大到了整个军队的特工系统，更网罗了一批设计委员会中的专家，其中有出卖陈独秀的中共叛徒谢力公，著书立说的程一鸣，还有日本通顾子载等。

其实，在此之前戴笠已经控制了许多公开机关。经戴笠推荐，特务处的赵世瑞顺利谋得首都警察厅调查科科长的职务。紧接着杭州市警察局、浙江省保安处调查股也纷纷落入戴笠的掌控之中，翁光辉成为调查股股长。

另外，戴笠通过活动让自己的属下、特务处上海区长、黄埔一期生吴乃宪当上了京沪杭铁路警察总署署长，从此间接得到了这条铁路的控制权，方便手下特务乘车、押送犯人和运输物资。

戴笠掌握的公开机关中，禁烟密查组是最为秘密的部署。

大革命之后，军阀割据，时局混乱，各地烟馆林立，烟毒泛滥，不少军阀本身就是操纵武力的贩毒头子，负责征税的特税局也大肆中饱私囊。蒋介石的军队只能控制长江宜昌以下至江浙一线，对此束手无策。为了对付这种局面，蒋介石提出"两年禁毒，六年禁烟"的口号，实际上旨在取消特税局，设立督察处，实行统收统运的机制，这样既不受各省市、各部院管辖，也不受立法、行政、司法各机关法令的限制，而是直接以军事委员会委员长命令行事，所征的烟税可以直接充作"剿匪"的军费。一时间，禁烟督察处成了蒋介石的"金库"，也吸引了众多投机者的关注。邓文仪被赶出特务系统后，原南昌行营调查科的二把手邱开基成为蒋介石身边的红人，蒋介石任命他为十省禁烟督察处缉私处长，拥有几个团的缉私部队。

然而，邱开基却在竞争中输给了戴笠。戴笠早就看中了这块肥肉，如果在里面安插自己的线人，不仅可以借禁烟缉私进行特工活动，还能把缉私团发展成自己的特务武装，这样一来自己暗中扩大了势力不说，在蒋介石心目中的位置也会大大提高，何况还能从中截留大笔经费。于是，戴笠想方设法推荐周伟龙出任禁烟密查组组长。在改组两湖特税局为禁烟督察处时，戴笠还安插了不少特务进去，监察主任办公室、监运所、缉私主任办公室等这些重要的机构大都被戴笠的特务控制。

戴笠和邱开基的竞争可以说是势均力敌，不分高下的，因为两个人都是蒋介石的心腹。无奈之下，两人达成君子协定，"划江而治"，各干各的。邱开基掌管重庆、宜昌沿长江到汉口和洛阳、襄阳沿襄河到汉口两条支线，以及汉口经九江、安庆、芜湖、南京直到上海的范围；戴笠的领地则是重庆出乌江到贵阳，经桂林、柳州到梧州，出江西到广州、福建，沿海岸线直到上海一带。这是当时全国两条最重要的运土贩毒路线。

表面上戴笠对邱开基以礼相待，十分恭敬，然而他暗中却指派特务处多方搜集关于邱开基徇私舞弊、贪赃枉法的材料，再假装无意透露给第三方，最后传到蒋介石耳朵里，自己则站在一边隔岸观火。果然，没过多久，多疑的蒋介石就听信谗言，免去了邱开基的职务，将其贬谪为云南任省警保处长，彻底赶出缉私系统。邱开基在长江沿线的势力也被戴笠全盘接管。

除了以上机关，上海方面戴笠更是下足了功夫。上海市警备司令部侦察大队和上海市警察局侦缉大队都安插了他的心腹，这在党内是公开的事情。类似的还有上海肇和中学、三极无线电传习所、上海警士教练所、上海招商局警卫组等单位，在这些部门安置的特工的互相配合下，特务工作的效率大大提高。

第四章

嗜血成性，绝不手软

暗杀汉奸张敬尧

1933年1月，日军发起了对热河、长城各口的进攻，在经过了激烈的对抗之后，国民政府终于还是没能抵挡住日军的进攻。日军在成功攻陷热河和长城各个关口之后，便打起了冀东的主意。为了将眼前的土地占为己有，日本想到了以傀儡政权进行幕后控制的方式，而当时，孙传芳和张敬尧这二人的背景引起了日本人的兴趣——孙传芳曾任五省联军总司令，张敬尧也曾担任过湖南督军，因为旧时军中职务的关系，所属部下并不在少数。如果通过他们的影响力建立傀儡政权，则极有可能形成与国民政府敌对的势力。

处于统治地位的国民党意识到了潜在的威胁，这种局面当然是他们所不想看到的。时任军事委员会北平分会代理委员长的何应钦暗暗展开了对敌情报的搜集，通过线报获得了关于日本人对此的具体动态：情报显示，日本人准备利用孙传芳和张敬尧在冀东地区建立傀儡政权，其中天津由孙传芳负责，而北平则由张敬尧来操持。

为将日本人的计划扼杀在萌芽之中，何应钦想到了首先将日本人欲扶植的两个伪政权首领拿下。然而，考虑到跟日本的关系处于剑拔弩张的状态，在对付这两个人的方式上如果太过张扬势必会引起日本人的注意，这对处于劣势的国民党肯定是有害而无益，可能解决了这个问题反而会引起更大的麻烦。既然情况如此，执行过程还是以相对"低调"的暗杀为妙：一来可以打破日本人的全盘计划，实现对日本人在冀东土地上扩张的阻击；二来成功后日军无法轻易找出突施暗箭的黑手，无法看清眼前的敌人在哪儿，就算日人知道暗杀是国民党所为，也会因为没有真凭实据而无法向其发难。

合理的推测，可靠的情报，大致的行动意向……当这一切都已具备，具体的行动计划便呼之欲出了。在向下交代这项任务的时候，何应钦想到了负责华北区特务工作的郑介民。郑介民经过反复地观察筛选，最终看上了一个名叫白世维的年轻人。白世维当时24岁，曾在抚宁县担任过党务宣传员，兼临榆、抚宁民团教练官，在这之后又担任东北义勇军第二十七支队司令。他的履历里并没有与特务相关的地方，能进入国民党特务系统全是因为其与特务处北平站站长陈恭澍私交甚密。此人虽未执行过特务行动，但却行动迅速、反应机敏，似乎生来就有着当特务的天赋。此外，郑介民之所以能够选中他，也是看中了他有着黄埔军校出身的背景——从中走出来的学生，都具有较高军事素养。

白世维是首次执行这样的任务，考虑到他在经验方面的欠缺，郑介民又调来天津站站长王天木。在行动展开前，郑介民为了鼓励年轻的白世维，还专门将自己的配枪送给了他，希望他在这次行动中能够有上佳的表现。这样的举动显然是有效的，白世维从这个细节中感受到上级对自己的关怀和信任，也就想要努力地回报这份关怀，甚至恨不得能够立即将目标拿下。

两人领命之后，先将目标锁定为张敬尧。为了打探张敬尧的行踪，情报人员开始在暗地里搜寻他的消息。时隔不久，一名叫作常石谷的可疑人士被盯上了。通过监视，情报人员发现这个名字并不熟悉的人在许多地方都与特务处要暗杀的对象张敬尧十分相似。经过了一段时间的观察，所有的细节都指向了他——这个人不是别人，正是他们千辛万苦寻找的张敬尧！

张敬尧的一切活动都在情报人员的视线之内。他进入六国饭店之后，每天的作息规律也逐渐被情报人员摸清。张敬尧清楚自己的行径为世人所不耻，国内上下对他都有着不满：做日本人的傀儡，伪政权的建立必然会将其推向国民党的对立面；为日本人效力，这样的卖国行为也使国人愤懑。来自各方的仇恨将使他时时处于危险之中。

为了不引起人们的注意，他在日常行事上也小心谨慎。在公开场合，他使用化名常石谷，在住所的选择上，他将自己的据点选在了六国饭店——六国饭店是由6个租借国轮值安保，又地处位于使馆区内的东交民巷，安全上可谓滴水不漏；在作息起居方面，他几乎不轻易暴露，每天要一直睡到中午十二点，下午一点在保镖的保护下开始活动。张敬尧的安排十分周密，这让执行暗杀任务的王天木和白世维感到十分困难，不过百密之中终有一疏，两人反复研究后终于发现了一处安全死角——张敬尧中午起床后至保镖到达前这一段时间，是绝佳的下手时机。

1933年5月7日上午，北平六国饭店。两名特殊的房客，一个是商人模样，一个则看似随从一前一后住了进来，这两位别的房间不要，只选三楼……

他们虽然看起来不紧不慢，却对身边的动向异常警觉，似乎一点儿风吹草动都要收入眼中。年轻人在走廊上来回地踱步，偶尔向走廊两侧的窗子外看上一眼，一脸漫不经心，其实，就在每次不经意间的一瞥中，张敬尧房间里的动静都被他密切关注着。

中午12点刚过，年轻人匆匆回到房间，对中年商人说："是不是可以确认目标？"

"让我再确认一下。"中年商人听罢走向年轻人刚才所处的位置，"没错，就是他！"

"那我下手了！"

"别忙，我下楼安排一下，等会儿好撤退。"说着，商人起身下楼了。

年轻人取出手枪，双手端平后瞄了瞄，又将手枪遮在袖子下，走了出去。两三分钟后，年轻人便袖着手枪来到走廊上。窗子里面，男人正在系扣子。年轻人看了看里面，闭上眼睛深吸了一口气，旋即端起枪，电光火石之间，朝着男人的后心已经射出了两枚子弹，那人应声倒下，几乎没有作出任何反应。

房间里的女人开始尖叫起来。整座饭店已经处于枪声引起的震惊之中，听到女人的哭喊，一群人立即向着声音发出的方向跑来。狭长的走廊上，年轻人与他们迎面相遇，危机之中他挥动手中的手枪一声大喝："我杀的是大汉奸，为国除害！赶紧闪开！"说完，他已经飞身下楼，留下那群人站在原地发愣。

年轻人下楼后站在饭店门口四下扫视，看到那中年商人在马路对面。中年商人站在一台汽车边向他招手，示意他赶紧过去。年轻人迅速穿过马路，钻进汽车，还未关好车门，汽车便已开动，眨眼间已开出很远。

"行动成功没？"商人问。

"开枪过后，我看着他倒了下去。"年轻人大口喘气，回答道。

当晚，报纸上就登出了一则消息——六国饭店常住客人常石谷遇刺。消息传开后，立即就有多家报纸发出了后续报道：被刺身亡的住客常石谷系化名，其真实身份是前湖南督军张敬尧。

原来，那两个人就是王天木和白世维，他们假扮成商人和随从，奉郑介民之命前去刺杀张敬尧。他们完成刺杀乘车脱身后，换了衣服，埋好手枪，才向郑介民汇报。郑介民让陈恭澍派人去探听消息，得知张敬尧被击中要害，生命垂危，随后在医院抢救无效死亡。

这场精心策划的暗杀行动虽然没有让目标当场毙命，但最终也达到了目的。人们认为，这次行动是由何应钦发出命令，并由郑介民设计、王白二人执行，整个过程与戴笠并无关系。其实，之所以要暗杀张敬尧，最初就是因为戴笠的部下探得他为日本人工作的情报。这之后，郑介民又是通过了戴笠的批准才得以执行计划。刺杀张敬尧非同小可，这样的事情是必须向蒋介石请示的。这样，蒋介石知晓这件事后，才会指使戴笠，对郑介民的上报予以批准。虽然戴笠并未出现在整个行动的关键部分，但此事与他不无关系。

吉鸿昌被杀

1933年，日军占领中国东北三省后又继续向华北进犯，一直将军队推进到热河、长城一线。日军攻势猛烈，热河随后失陷，日军又在长城一线发动进攻，一时间形势变得十分紧张。为了阻止敌人继续前进的脚步，中国军队开始主动迎击。除了部分中央军部队，宋哲元所部的非嫡系第二十九军也加入战斗，开赴长城关口御敌。

中日两军对垒，中国军队奋勇作战，重创日军，两军在长城一带进入胶着状态。3月11日，日军采取行动，对坚守在长城要隘古北口的中央军二十五师和东北军一一二师发起了进攻。双方鏖战50个小时，虽然中国军队顽强抵抗，最终还是没能顶住日军的密集火力攻击，古北口沦陷。长城战事吃紧，华北地区眼看着就要被日军占领。于是，蒋介石派出戴笠前往长城一带收集战事情报，了解日军的动向及发动进攻的真实意图。

戴笠受蒋介石之命后，首先命在华北的郑介民赴古北口建立临时情报组，布置对敌情报工作的部署，后又亲自率领一队特务赴河北保定指挥前线情报工作。经过了解得知，日本人主要是想通过军事行动向国民党政府施加压力。得到戴笠的战事报告后，蒋介石分析华北地区尚处于自己的控制之中，遂指示何应钦采取"一边妥协，一边抵抗"的方针同日军周旋，又一心投入内战和反共当中。1933年5月中旬，国民政府与日军达成"默契"，派黄郛赴北平与日军谈判，最终签订了《塘沽停战协定》。

《塘沽停战协定》签署后，一些爱国将领不满国民政府的对日方针，开始商讨抗日救亡的应对方案。1933年5月26日，冯玉祥接受中国共产党的建议和帮助，在张家口组织起"察哈尔民众抗日同盟军"，军队规模约20万人，共6个军，冯玉祥自任同盟军总司令，并任命佟麟阁为第一军军长，吉鸿昌为第二军军长，阮玄武为第五军军长。

抗日同盟军虽然从成立到失败仅有4个月时间，但是却在中国人民抗日史上留下了闪光的一笔。6月下旬，方振武为北路前敌总司令，吉鸿昌为北路前敌总指挥，在中国共产党河北省前线工作委员会的指导下开展工作。同盟军将士在吉鸿昌将军的指挥下奋勇杀敌，一路如猛虎下山，势不可挡，面对拥有精良装备和经过严格训练的日本军队不仅没有半点退缩，反而愈战愈勇，连连摧城拔寨。两军开战之后，抗日同盟军经过与日军的几次交战，接连攻下康保、宝昌、沽源三县城。在抗日同盟军方面，由于成军目的是抗日救亡，广大将士心中受到民族大义所激，高涨的士气已经鼓舞起雄心勃勃的斗志，只等与日军短兵相接，和对方大战一场。在日军方面，刚刚与国民党政府签订了停战协议，却又遭遇了如此犀利的进攻，一时感到十分不适应。日本人认为中国当局已经表示出妥协不抵抗的态度，则在华的活动将不会再遇到阻力，可以任由自己为所欲为，实施自己不可告人的侵略计划。但是，突然之间却出现这样一支军队，让他们猝不及防。

冯玉祥和吉鸿昌领导下的察哈尔抗日同盟军拿下了康保、宝昌、沽源三座县城之后，又立即投入了接下来的战斗。7月12日，同盟军再下一城，将占据多伦的日军打得落花流水。同盟军在战场上英勇作战，多次在战场上给予敌人迎头痛击，并收复了四座县城。以同盟军20万人的规模，能够取得累累战果，也是"九一八"事变后中国军民第一次抗日的大胜利。尤其是多伦一役，更是轰动全国。

抗日同盟军取得的战果让国人感到鼓舞，使中国人民看到奋起反抗、抵御外敌救国救亡的希望，却让蒋介石对此十分恼火：冯玉祥、吉鸿昌等人率领大军进行抗日活动，已经与国民党政府的政策相左，这是对蒋介石在日本问题上妥协不抵抗主张的抵制，而且，冯玉祥的抗日同盟军接受共产党在战略上的指导，又允许共产党员在军内活动，也是与蒋介石的反共主张唱反调。冯玉祥、吉鸿昌等人的行为将自己推向了蒋介石的对立面上，于是蒋介石开始勾结日本人，联手对抗日同盟军实施打压。蒋介石一方面调集嫡系部队黄杰、关麟徵，杂牌军商震、庞炳勋等，一方面暗通日军，妄图将冯玉祥所部团团包围后剿灭。8月5日，冯玉祥在蒋介石和日军双重压迫下，不得不宣布辞去抗日同盟军总司令一职，通电结束抗日军事行动并取消同盟军总部，离开张家口。9月，方振武和吉鸿昌等按照中共河北省前线工作委员会的决定，将部队转移至河北，并改名为讨贼联军，由方振武出任代总司令。方率部与蒋介石的军队和日军周旋于昌平、高丽营、大小汤山一带，后来四面受敌、弹尽粮绝，蒋介石便命令商震诱骗方振武，并保证收编他的部队。方振武和吉鸿昌的联军军力几无留存。方、吉二人步行至怀柔来见商震，商震见对方均是抗日救国的爱国军人，便拒绝执行蒋介石关于逮捕方振武的密令，并派车送二人出逃天津。方振武和吉鸿昌十分感激商震的出手相助，匆忙道别后登车离去。为了避开蒋介石的耳目，汽车一路疾驰，进入黄杰的防区后，汽车被黄杰的军队拦下。黄杰的守军问道："车里有没有方振武？"方振武心中大惊，知道情况十分危险，但他一想对方可能并不熟悉自己的容貌，便在车里答道："车里没有方振武！"紧接着，他就乘乱下车混入人群逃走了。对方没有察觉到方振武的离开，就将吉鸿昌从车上赶下来，因为蒋介石没有下令逮捕吉鸿昌，便只是进行了简单的例行检查。

后来，吉鸿昌辗转到天津，住在英租界40号路。吉鸿昌在此前的对日作战中率领部队屡立战功，身负强烈的民族使命感，已经将自己完全投入到救国事业中。然而，正义的力量却遭到蒋介石的压迫，为此他内心充满了愤怒。为了继续从事抗日活动，他开始积极联系社会各界人士，并在法租界国民饭店开了一个房间，以便与爱国人士接触会谈。

蒋介石的耳目遍布各地，吉鸿昌的活动很快便被他掌握了。"刚刚将抗日同盟军摆平，吉鸿昌却又起了抗日的想法，执意与我蒋介石作对，留下他今后必然后患无穷！"想到这里，蒋介石开始着手设计对策，最后下令由特务处暗杀吉鸿昌。

戴笠接到暗杀命令之后，立即召集特务处华北区的负责人开始商定具体事宜：首先确定由特务处华北区行动组组长陈恭澍来负责，带领一队特务执行暗杀。陈恭澍，黄埔军校第五期警政科毕业，后又入中央军校特别研究班深造，是特务处下的重要骨干和行动专家，因为在暗杀行动中十分狠毒，后被人们称为"辣手书生"，与赵理君、沈醉、王天木三人并称为军统"四大金刚"。陈恭澍在行动方面有着丰富的经验和很强的能力，经过细致的准备和精心的策划，暗杀小组展开了行动……

1934年11月9日下午，陈恭澍率领行动特务吕一民等人来到国民饭店，分头到达自己的位置。摸清饭店的内部结构之后，特务们开始进入饭店内侦查吉鸿昌所在的具体位置。根据事先了解到的情报，特务们开始逐层搜索。38号房间里的动静引起了他们的注意，经过一番仔细甄别，特务们确定了里面的声音，认为吉鸿昌就在里面。原来，当时吉鸿昌、王化南、任应岐、李干三等正在房间内打麻将。四人玩牌玩得正在兴头上，房间里不时传出谈笑声。牌桌上时间好像也变短了，一会儿的工夫已经四圈过去，四人起身准备换位搬庄。就在这个时候，特务们朝着牌桌的方向拔枪就射，只是当时没辨别清楚，误将王化南当成了吉鸿昌，子弹飞出去后打在王化南身上，王应声倒地，当场死亡。后来杀手又连开了几枪，子弹打在墙上后弹了回来，将吉鸿昌擦伤。特务们一见时间已经来不及，便连忙沿着事先探好的路线逃走了。

国民饭店里一阵慌乱之后，法租界巡捕房巡捕赶到，将吉鸿昌带走了。后来，特务们回来汇报后，蒋介石得知了具体情况，便提出引渡吉鸿昌，将他押送至北平，关押在"北平陆军监狱"，由军事委员会北平分会委员长何应钦审讯。吉鸿昌承认自己是中国共产党党员。他自始至终忠于自己的信仰，为国家之安危、民族之存亡而奋斗，坚贞不屈，于11月24日英勇就义。

刺杀石友三失败

民国时期，各路军阀、各地方派系虽然大多数都在国民党政府的统领之下，有着自己的头衔和番号，但实际上却各自为政。有的地方实力派军人雄踞一方，割地称王；有的势力较弱的小军阀则左右逢迎、到处讨好，借此来壮大自己的势力。在这样的背景下，军队之间时而联手反蒋，时而相互内讧，派系之间分分合合。纵观当时混乱的局势，很难看清谁有坚定不移的立场，谁有矢志不渝的信念，他们所有的，只是眼前的利益。

因为利益，民国时期是一个"城头变幻大王旗"的时代，各路军阀倒戈时有发生，跳槽也屡见不鲜。他们始终以自己的利益为先，今天还属于这一派，隔天就又拜在别的系下，只要看透时局中利益的变化，就不难发现他们变化的规律。如果说因势而动是人之常情，那么在各个阵营之间频繁变幻，短短的时间里就几易其主，则实在是让人咋舌。其中就有一个人，曾三度投奔冯玉祥又三次背叛冯玉祥，投阎反阎，投蒋反蒋，投张（张学良）反张，联共反共，抗日投日，在民国时期中国境内的各股势力之间周旋，其行为毫无军人应有的气节，甚至连做人的基本道德都没有，变化之频繁堪比"变色龙"。他就是石友三，是民国时期出了名的"倒戈将军"。

石友三，字汗章，籍贯吉林长春。1912年，石友三投入冯玉祥部下，由马夫一路升迁，官至营长。1924年冯玉祥任西北边防督办，将石友三提拔为第八混成旅旅长。后来，国民军在与奉系、直系、晋系交战时，石友三与自己负责交锋的晋系达成停战协议，故而其部在国民军溃败之时实力反而扩大了。1926年10月8日，国民联军总部迁至包头后，他又叛离阎锡山而编入国民军联军，再度投靠冯玉祥。

1928年，石友三所部在国民政府的军队整编中被缩编为国民革命军第二十四师，并于次年3月蒋桂战争爆发之际，受命冯玉祥先是进军襄樊支持桂系，桂系兵败后又开赴武汉宣布拥蒋。5月，蒋介石与冯玉祥之间爆发战争，石友三又被蒋介石拉拢。同年秋天，石友三因为不愿南下执行蒋命讨伐桂系，转而支持唐生智反蒋。唐生智于不久后被蒋介石击败，石友三看到自己的靠山倒台，便通电再次投靠阎锡山，躲过了蒋介石的惩罚。

1930年，冯玉祥与阎锡山联合反蒋，石友三再度回归冯玉祥麾下，率十万大军进攻陇海线。9月18日，张学良通电拥蒋，石友三一看情形对自己不利，立即通电响应张学良。此时，石友三已经在各派之间多次跳槽了。石友三在张学良的麾下仍然感到不满，图谋整个华北地区的控制权。1931年7月18日，石友三又投靠汪精卫的广州国民政府，出兵反张。石友三此举无疑是自不量力，仅仅10余日，所部就在蒋介石和张学良南北夹击下全军覆没。1932年，石友三秘密前往天津与日本特务头子土肥原贤二接洽，接受其支持在河北东部组织军队。次年5月，《塘沽停战协定》签署之后，石友三的伪军被收编为河北战区保安队，驻守玉田一带。他借助日本人的势力，出任国民政府冀北保安司令，此后却又与日本人不时往来。

易涨易退山溪水，易反易覆小人心。石友三的汉奸行为让国民政府为之震怒。终于，蒋介石命戴笠将他列为暗杀对象。特务陈恭澍、王文继1934

年11月制造天津国民饭店枪杀案后回到北平，便又有了新的行动目标——刺杀汉奸石友三。

接到刺杀石友三的命令之后，陈恭澍和王文就开始商量起暗杀计划。首先，他们开始积极收集情报，以此掌握石友三的日常作息和行止规律。经过严密监视，特务对石友三的大致情况有了了解：1934年，石友三开始参与土肥原贤二在华北筹建伪政权的活动，平时就住在天津日租界秋田街一幢深宅大院里。石友三知道自己之前立场摇摆，在各派之间跳来跳去，很多人对他恨之入骨。这样的背景下，石友三知道自己的安全是个重大问题，于是在防卫工作上费尽心思。石友三平时防范甚严，家里不仅有2名日本宪兵，还有侍从副官5人。此外，石友三对自己的住所更是花了心思，不仅在设计上处处考虑，在细节上更是做得滴水不漏，使得整座宅院没有可被突破的薄弱环节。石友三将自己的宅院选在日租界秋田街，也是经过了深思熟虑的。这一带是日本人出入比较频繁的地带，倘若有人想要对自己下手，必然会惊动周围。如果警方迅速作出反应，这一处的交通状况又让人逃无可逃，只能束手就擒。

根据情报分析，想要趁石友三在家时动手，机会实在是微乎其微。既然在其家时无法对其下手，就只有等他外出时寻找机会。石友三一直在秘密谋划华北地区伪政权的建立，因此经常外出与日本人会面。他每次活动都十分谨慎，事前从不对任何人透露自己的行踪，甚至自己身边的亲信对他的出行也不能够全部掌握。而且，为了保证自己的人身安全，即使是外出也尽量将活动范围控制在日租界范围之内。石友三认为，只要躲在日本人的大本营，必然万无一失。

这样一来，趁石友三出行再采取行动似乎也行不通了。明刀暗枪的刺杀行动实施起来都有困难，王文一时也想不到别的办法，整日愁眉不展。他每日情绪低沉，默默无语，眼看着时间一天天过去，心里越发着急。于是，王文又回到北平，与陈恭澍、白世维一起商量对策。三人都是特务处负责行动工作的行家里手，此前还曾执行过各种暗杀任务，虽然遇到过很危险的处境，却每次都能找准机会对目标下手。然而这一次，情况却完全不同，任务的危险性提高了不止一点，以至于无法找到合适的时机展开行动。既然强攻不下，那就巧取。陈恭澍突然想到，要取石友三的性命，可以使用投毒的方法。陈恭澍刚刚说出这一计，便引起了王、白二人的共鸣。王文此前在思索行动方案的时候，一直想到的都是使用武器直接对石友三造成伤害，致其死亡，因而也就钻了牛角尖，没能及时想到其他办法。现在，陈恭澍提出了投毒的计策，正好可以一试。陈恭澍将原天津站站长王子襄生前送给他的一瓶毒药交给了王文，并交代他一定要谨慎使用，务必达到效果。王文知道此事关系重大，投毒时必须保证在剂量、用法上的万无一失。他事先在动物身上进行实验，在确认药可以达到预想的效果后，开始部署具体的行动计划。

要想让石友三不产生怀疑，顺利地将毒药吃下去，就必须利用他身边的人来执行计划。因此，如何打通石友三身边的关系是关键。石友三的5名侍从副官中，有一位名叫先鸿霞。王文跟他交情颇深，两人此前已经义结金兰。于是，王文想到了利用他做突破口，逐个拉拢收买石府的人做内应。首先，他开始物色秘密的接头地点，作为向先鸿霞交代任务、获取情报的场所。经过反复考虑，终于将联络点定在西开三益成杂粮店——这家杂粮店是王文宝坻同乡所经营，大管事刘兆南又是王文少时的同学，因此，这个地方还是比较安全的。紧接着，王文向先鸿霞说明了石友三完全无军人气节可言，不仅在各派系之间反复投叛，现下又与日本人勾结，其汉奸行为令人发指，跟随他必然遭人唾弃。先鸿霞回想此前石友三的行为反反复复，便答应了王文的提议，同意趁机将石友三除掉。先鸿霞与王文达成一致后，又秘密联络石友三的另一名侍从副官史大川，并将其说服。先、史二人身为石友三的侍从副官，在石府虽有机会与石近身接触，但是却没有合适的机会进行投毒。于是，先、史两人又约定王文，在杂粮店商量具体的行动计划。王文认为，要想让石友三在没有怀疑的情况下将毒药服入体内，就必须从他的饮食方面入手。他从先、史处了解到石的饮食一直是由褚某负责，便指使二人将褚某说服，参加对石友三的暗杀行动。

回到石府后，先鸿霞向褚某提出了暗杀石友三的计划，并说出了具体的行动步骤。褚某想到平日里石友三对人总是疑心很重，对此犹豫不决。先鸿霞看出了褚某心中的顾虑，连忙在边上说道："老褚，石友三的饮食一直由你负责，平日也没有过问多少，说明他还是对你很放心的。你在这次行动中是最重要的一环，如果你成功了，事情就圆满顺利；否则，就功亏一篑。石友三是个没有立场的人，现在正与日本人狼狈为奸，密谋叛国。你如果成功将他杀害，也是为国锄奸，是民族英雄！"先鸿霞这样一顶"高帽子"给褚某戴过去，褚某的态度果然出现了松动。又过了一会儿，褚某提出了自己如果参与行动，肯定要留有后路，如果能够给他一点本钱今后开个小饭馆做点营生，他便答应在饭菜中做手脚。先鸿霞一听，心中大喜，立即将这个消息回报给王文。王文见行动最为关键的一环已经打通，随即答应了褚某提出的条件，简短叮嘱了一些注意事项，就将毒药交给先鸿霞带回去。

当晚，先鸿霞便将毒药交给褚某，准备按事先预定的计划行动。褚某特意做了石友三最爱吃的火锅，并小心翼翼地往里面加入毒药。待一切准备就绪，开饭时间已经到了。石友三坐等厨师上菜，无意中却发现了厨师神情紧张，便察觉出其中异常。在发现菜中有毒之后，石友三勃然大怒，当即将先鸿霞和褚某绑送日本宪兵队。

原本周密的计划最终还是在最关键的一环上出现问题，至此，刺杀石友三的行动以失败收场。

杀害杨杏佛

20世纪30年代，整个中国社会都处于动乱之中，混乱的时局让身处其中的人们几乎时时刻刻都感觉到岌岌可危。中国刚刚结束了几千年的封建君主专制统治，却又被置于帝国主义列强的殖民统治之下；国民政府刚刚建立，军阀之间却依然纷争不断；蒋介石上台，各地依然为各个派系势力所控制……

这样一个社会，几乎每天都有各式各样的新闻出现。日军攻入中国境内之后觊觎冀东土地，因而选定张敬尧作为其伪政权的傀儡，这位卖国求荣的大汉奸没过多久就死在国民党特务的枪下。这样的新闻让人振奋，它让人看到了当局抵御外敌的意向，让人看到了国家好转的迹象。然而好景不长，没过多久，上海租界的一桩血案又将国人从美好的憧憬中拉回了现实——南京政府中央研究院总干事杨杏佛先生惨遭杀害。这样的一反一复让人觉得世事的无常，为什么背叛国家的无耻之徒得到应有的报应之后，爱国志士却也要遭此厄运？唯一的解释是，时局动乱不堪，唯有一点是永恒不变的，那就是当权者的利益。为了保障自己的利益，南京政府可以将枪口对准民族的敌人；为了巩固自己的统治，蒋介石也可以毫不犹豫地向爱国人士举起屠刀。

杨杏佛名铨，字杏佛，江西玉山人士。中国民权保障同盟总干事兼副会长。早期曾跟随孙中山先生参加革命，后任南京临时政府总统府秘书，在被杀害时，任南京政府中央研究院总干事。那么，是什么原因致使他成为国民党特务的暗杀目标呢？理由其实很简单，他的一些行为让国民党政府感到不满，他所从事的事业触犯了蒋介石政权的利益。中国民权保障同盟成立于1932年12月。"九一八"事变后，南京政府对爱国人士和抗日运动的镇压变本加厉，许多的爱国人士被以政治犯的罪名逮捕，在这样的背景下，一批知识分子、国内外有识之士组织成立了中国民权保障同盟。同盟以"公开竖起了人权的大旗，与国民党法西斯统治做斗争"为宗旨，为了营救政治犯而积极奔走，并广泛宣传，将国民党的一些卑鄙手段揭露出来，让广大百姓认清了蒋介石政权黑暗统治的本来面目。此外，同盟还积极声援抗日救亡运动，对国民党针对爱国人士的打压进行抗议；利用公众人士的影响力在社会上进行宣传活动，以维护人民的公民权利对抗统治者。同盟的活动让南京政府感到十分不自在。每次收到特务关于同盟的活动报告时，蒋介石都气得咬牙切齿，恨不能马上将其除掉。

中国民权保障同盟的建立由宋庆龄发起，该同盟聚集了一大批国内的知名学者和文人，这些人大部分都在社会上有一定地位的公众人物。蒋介石认为，如果能够将其中的成员除掉一两个，则必然对同盟产生震慑，其活动也就会有所收敛。以恐怖行动迫使同盟停止活动的计划敲定之后,另一个问题随之而来——在同盟之中的众多成员里,谁才是最合适的暗杀对象?考虑到暗杀的目的是敲山震虎,那么目标的位置肯定不能太小;在同盟之中的各个成员里,很多是在社会上具有很大影响力的人物,所以目标的位置也不能太大。同盟由宋庆龄发起,她是孙中山先生的夫人,如果以她作为目标,则等于是与全社会为敌。同盟副主席蔡元培是国民党的元老,在同盟中有着举足轻重的地位,如果将他作为目标,则将要承受的恐怕不只是来自社会上的压力,连国民党内部都要引起轩然大波。南京政府中央研究院的总干事杨杏佛在同盟中任总干事,杨杏佛一下子给了特务们很大的想象空间——他是国民党系统的人,同时在同盟中也身居要职,如果能对其下手成功,瓦解同盟组织的目的将自然达成。就这样,杨杏佛进入了特务们的视野,被列为暗杀目标……

1933年四五月间,杨杏佛刚从北平回到上海不久,恰在此时,蒋介石的忠实部下戴笠接过了刺杀杨杏佛的命令。接到命令之后,戴笠奔赴上海布置具体的行动细节。

为了寻找下手的时机和地点,特务们开始密切监视杨杏佛每日的生活起居。通过观察,特务们掌握了杨杏佛的作息规律:杨杏佛住在中央研究院楼上,平时有骑马散步的习惯。他养了两匹骏马,经常会趁早上的空闲时间骑马漫步,一般每次的骑行时间在一两个小时,主要地点是在大西路、中山路一带。特务们经过分析认为,杨杏佛骑马的时间都会较长,如果在这个时间段动手的话,可以保证行动不会仓促,完成任务的可能性也会很高。根据这样的分析,特务们开始进入实际准备阶段。

戴笠对自己的这个方案感到非常满意,于是将行动计划报告给蒋介石。蒋介石看过特务处讨论通过的方案,并不满意。戴笠在制订计划的时候只考虑到暗杀行动的成功率和操作便利性,却忘了执行这次行动的本意——通过暗杀震慑中国民权保障同盟。蒋介石向戴笠表达了自己的意见:暗杀杨杏佛并不只是为了将他除掉,而是要以此来达到恐吓宋庆龄的效果。可以说,杀杨是手段，恐吓宋才是目的。因此，如果杨杏佛不是在租界被杀，不但威胁宋床龄的目的无法达到，国民政府的安全保障工作反而会因为杨杏佛的死而被质疑。这样一来，戴笠只好加紧对杨杏佛的观察，希望能够从获取的新情报中找到实施行动的突破口。

中央研究院坐落在法租界内，因大多是民宅，所以人流量并不是很大，杨杏佛平时除了骑马之外，还喜欢在这一带散步。此外，因为同盟的事务，杨杏佛有时还会前往宋庆龄的寓所。特务们经多日观察，发现这是杨杏佛平时相对固定的两项出外活动——虽然他的活动范围都在租界内，实施暗杀的难度也比在他骑马时要高得多，但却已经是十分理想的机会了。

确定了计划实施的大概轮廓，戴笠在人手的安排上也经过反复的考虑。担任此次暗杀行动的是华东区行动组，组部设在法租界迈尔西爱路一幢三层楼房里，具体由来组长赵理君负责，他住在法租界霞飞路中段巷内德丰俄国大菜馆楼上。参与这次行动的还有另外五人，包括行动组副组长王克全在内的几个组员则住在组部。在执行任务的这6名凶手中，最为阴险毒辣的自然是行动组组长赵理君了。黄埔军校五期的赵理君，毕业后就进入军统上海部门，专事行动工作。在抗日战争期间，赵曾担任军统局本部行动处行动科科长。成为戴笠的部下之后，因为能够出色地完成各项任务而受到器重，暗杀杨杏佛这样的任务非同小可，戴笠自然就把他作为任务执行者的首选了。

作为国民党特务系统的成员，暗杀行动组的组员平日就被戴笠灌输了对党国要绝对服从，执行任务要绝对保密的思想。在执行任务前，他们就集体宣誓："不成功便成仁！"

戴笠深知这次行动的重要性，在每个环节上都不敢大意。除了人员上的安排，他还在6月初亲赴上海指挥具体行动。时间很快就到了六月中旬，6月17日，特务们清晨便出门，他们沿着制定的路线到达了中央研究院附近。就在他们埋伏好的时候，一辆法巡捕房的巡逻警车刚好在此停留，这样的状况特务们当然不好下手，于是只有一直守候。警车还没走开，一队换班的巡捕又从此经过，眼看着机会出现了却无法下手，特务们只得作罢。

第二天早上，刚到六点赵理君等就赶到中央研究院附近，静候下手的时机。特务们将汽车停在亚尔培路和马斯南路转角，赵理君坐在车上观察动静，其他四人则分散于中央研究院附近，两个方向都有人望风掩护。行动组各个成员各自就位后，只等杨杏佛了……

经过一个多小时的守候，杨杏佛于八时左右出门了。他带着自己的儿子杨小佛走到院中，两人往汽车走去。特务们发现后走近门前准备动手，却发现杨父子二人又从车上下来了。特务们以为对方有所察觉，几乎要冲上去的时候，杨杏佛领着儿子又登上了另一台汽车。

两人坐定之后，汽车启动，缓缓驶出了亚尔培路32号。就在汽车车身刚出大门的时候，四支手枪同时开火，朝着车内就是一通乱射。枪声响起时，杨杏佛马上就明白过来。早在一个多月前，他就收到国民党特务寄给他的子弹和恐吓信。危急关头，杨想到的首先是保护自己的儿子，他用自己的身体护住小佛，特务们连开十多枪，将杨杏佛和司机打死。杨杏佛的儿子因为被护住，只是腿部中枪，并无生命危险。

乱枪之下杨杏佛当场毙命，特务们见任务完成便立即撤退。赵理君在车中听到枪响便命司机发动汽车，只等其他组员上车。慌乱之中，过得诚跑错了方向，等到他反应过来时远处已经响起警笛。赵理君见过得诚当时离车还有很远一段距离，如果返回搭救则全体组员都无法逃脱，便指使司机立即开车。想到过得诚如果落入警察手中可能泄露秘密，赵理君朝着过得诚开了一枪。

过得诚看着远处已经没影的汽车，自知已经无法逃脱，只好自裁。他身上刚中了自己人一枪，忍着剧痛又自己开了一枪。子弹从胸侧贯穿，虽然当时他已疼得不省人事，却被巡捕捉住，与杨氏父子一起被送往医院救治。杨杏佛身受重伤终于不治，凶手过得诚经过处理却醒了过来。巡捕房向他问话，他只是透露了一些加入特务系统后的伪造信息，真实情况他却一点也没说。

其他特务顺利脱逃后，立即向戴笠复命。戴笠知道杨杏佛已被击毙后心中大喜，但是过得诚未能逃脱被巡捕房抓住的消息却让他十分气愤。戴笠通知在法租界巡捕房任华探的特务范广珍，让他想办法接触过得诚，并将其灭口。当晚，范广珍便带上一包毒药进入过得诚的病房，没多久过得诚便"重伤不治"了。

第二天报纸就报导了杨杏佛遇害的新闻，在提到整个经过时，只有凶犯"高德臣"的名字被刊出，报道中描述，在行刺过程中凶手四人曾互相对射，最终同伴被打中一枪。这篇报道让戴笠觉得事情办得十分顺利，于是，他便回到南京，向蒋介石复命讨赏。

杨杏佛先生的遗体被送到万国殡仪馆入殓，有许多社会上的进步人士参加了追悼会。鲁迅、何香凝、沈钧儒、李四光等人都前去祭拜，但是特务们关注的还是宋庆龄。华东区一些担任情报工作的特务陆续前去侦察监视，将参加祭奠和发言的人都做了仔细的记录。在面对记者采访的时候，宋庆龄并没有畏惧来自暗处的压力，面对统治者的黑暗压迫她也没有妥协，即使当时就有国民党特务在场，她仍然发表声明，向世人揭露了这一事件的真相，让人们看到了国民政府的卑劣行径。她表示不会被这种卑鄙手段吓倒，抗日救亡的运动也一定会进行到底。

杀害史量才

史量才是在中国新闻史上极具影响力的人物，他对中国报界做出了极大的贡献。1912年，史量才接办《申报》后，便致力于报纸的商业化运作，将当时并不被看好的新闻出版业经营得有声有色，成为为数不多能与当时其他实业巨头相提并论的大资本家。

《申报》在史量才的管理下运作有序，从一份普通报纸发展成国内知名的大报，这不仅是因为史量才在经营上特有的商业头脑，而且与他对报纸舆论恰到好处的控制有关。当时的时局十分复杂，媒体在言论自由方面权利的缺乏通常是众多报纸经营上的主要障碍。史量才在接办《申报》后坚持自己的办报理念，一方面致力于打破国内被国民党党报覆盖的单调局面，一方面又努力实践着自己通过经营报刊来实现盈利的计划。在他的管理下，《申报》的发行量越来越大，不仅读者的数量在增长，读者的人群覆盖面也在扩大——原本只是达官贵人和少数知识分子关注的报纸，现在成了包括学生、商人等众多职业者所关注的事物。《申报》发展的良好势头让史量才对报纸的前途充满了希望，进而增办了《申报月刊》《申报年鉴》。《申报》就像一艘航行于中国舆论界的航母，而这艘航母的船长，就是报界奇才史量才。

《申报》作为当时国内有着巨大影响力的舆论平台，其犀利的言论常常让蒋介石的国民政府头疼不已。媒介的宣传特性被《申报》充分发挥出来，广大的民众在国民党黑暗统治之下不仅通过《申报》获取到许多当局有意隐瞒的真相，还通过它接触到国内一些有识之士的全新观点和进步言论。这种反映真实社会现状的姿态被国人广为接受，同时却将史量才推向了国民政府的对立面。充当民意的喉舌为民怨奔走疾呼，又经常一针见血地指出当局的无所作为，《申报》一开始还只是让蒋介石感到不满，随着针砭时弊的深入，以及与爱国人士之间的往来愈加密切，蒋介石日渐将其视为威胁其政治统治的心腹大患。在与南京政府的几次针锋相对中，《申报》从几个不同的角度对其进行了批判。

"九一八"事变后，日军加快了向我国领土的军事力量派遣，其侵华野心已经昭然若揭。国难当头，《申报》开始积极地利用自己传播信息的便利性，大力呼吁国人奋起抵抗外来的入侵。与此同时，面对南京政府采取的不抵抗政策，《申报》也先后发表了一系列文章来抒发自己的愤慨：在《国人乎速猛醒奋起》《抗日救国运动中军人之责任》《正告政府与国民》等文章中，这些观点都被反复提出："我退至山海关，日本人亦逼至山海关，设我退至北平，退至上海，退至南京，而日人节节进逼，我其将始终退让毫不抵抗耶？""若毫不抵抗，则人为刀俎，我为鱼肉，此种现象一旦出现，实为国家民族之耻！"这些观点的表述充分说明了作为一家媒介机构，《申报》具有强烈的社会责任感。而"一·二八"抗战爆发后，它对南京政府的不满在言辞上则更加激烈了。《申报》曾批评南京政府所谓"忍辱负重,暂时屈服"是"一片谎言"，而对国民党所谓"共赴国难"，则评价为"如放烟幕弹，使人民被笼罩于云里雾中"。

在政治主张上,《申报》也明确提出了自己的观点。当时的国民政府内部堕落腐败,在民不聊生的社会环境中统治阶层还对劳苦大众进行压榨剥削,官员腐败与当时的社会现状极为不相称。这样状态下的国民党依然采取的是官僚政治、军人政治,在政治合理性上无法令国人满意。对此,《申报》发挥了自己舆论监督的作用,向国民党提出宪政和廉洁政治、民主政治的主张,并对政府现状可能导致的可怕后果作出了理性的分析:"国民党主政,迄今五年,……国事日非,民生愈困,迄至今日,更岌岌不可终朝,则负此误国之责者,应为整个国民党。"

国民党的黑暗统治致使国内劳苦大众不堪重压,而共产党代表工人农民及广大劳动人民的利益,这些人都饱受压迫,一旦形成规模,势必会动摇国民党的统治地位。这样的后果让南京政府感到不安,在对共产党的态度上,国民党采取了血腥镇压的政策,这样的行径不仅没有让他们取得"肃清匪党"的目的,反而招致国人的愤懑。《申报》曾发表评论道:"今日举国之匪,皆黑暗之政治所造成……所剿之匪,何莫非我劳苦之同胞,何莫非饥寒交迫求生不得之良民。枪口不以对外而以之剿杀因政治经济两重压迫铤而走险之人民。""政治黑暗如此,蚩蚩之氓,如注地狱,是正即所谓官逼民变。官逼民变,民安得不变?既逼民变,复从而剿之。事之可悲,孰逾于此!""故今日剿匪为扬汤止沸。""共产主义,今已成为一种根深蒂固之学说,""吾人认为今日之'匪'绝非'剿'所可'灭'……""绥靖之道,如其有之,应亦不过残民以逞耳!"

其实,在"九一八"事变之前,史量才对南京政府的态度并非处处针锋相对。日军入侵之后,蒋介石在民族危难之际依然一意孤行地坚持打压共产党,而对国难置之不顾,在各方面对人民实行残酷地统治,对于文化事业上的禁锢也让报业生态环境急转直下。在这样背景下,《申报》采取了许多措施来表明自己的立场和态度,如对国民党政策进行抨击,聘请爱国人士加入《申报》编辑工作等。这种种对国民政府的不利让蒋介石如芒在背,如何对待史量才也成了他经常考虑的问题。

起初,蒋介石采取了比较缓和的方式,对史量才委以多种职位,以期能让他站到自己的一边。然而,《申报》的倾向不但没有因此而改变,反而因"中大"事件而彻底与国民党决裂:1930年,朱家骅任中央大学校长期间曾累欠经费,后段锡朋接任此事引发的纠纷终于爆发,学生与校方发生冲突后被打伤。《申报》在报道此事时将矛头直指国民政府和教育部,此事经朱家骅和时任上海党部主任的潘公展上报蒋介石后,蒋介石当即作出禁止《申报》邮递的批复。无法邮递不仅影响信息的传递,而且报纸的发行量也将大大缩水。史量才为此通过各种关系进行疏通,却被蒋介石提出以中央宣传部派员指导为条件进行交换。如果当局的官员介入报纸的编辑过程,则言论的自由性势必受到影响。史量才对蒋介石提出的条件予以拒绝,这件事情的发展受到了舆论的广泛关注,在这种情况下,蒋介石也不得不同意恢复《申报》的邮递。

但是此时,史量才与国民政府之间积怨已久,蒋介石更是将《申报》视为眼中钉、肉中刺,恨不得将其除之以后快。言论的威力不容小觑,许多进步人士正是通过《申报》这块阵地不断向国人传播先进的思想,而思想对人们的影响却是武力和有形的控制所不及的。只有让史量才和他的《申报》不再发出声音,蒋介石才能保证在言论影响上不再有异于自己的声音。在这样的前提下,暗杀史量才的计划被提出。

蒋介石是一个敏感而多疑的人,他在对国民党、政府甚至整个国家的统治上都要求人们对其保持绝对的忠心,为了时刻保持身边人对自己的忠心,整个党、政府甚至国家都被笼罩在一张巨大的监视网内。对蒋介石不满的人,随时都可能是这张网里的猎物。作为蒋介石左膀右臂,军统头目戴笠责无旁贷地承担起为蒋扫清一切障碍的任务。

戴笠接受了蒋介石布置的暗杀史量才的任务。通过监视,上海的特务打听到史量才经常去往杭州,且每次都会在自己的别墅秋水山庄静养。得到情报后戴笠立即计划实施暗杀的具体细节。首先是下手的地点。他曾亲赴上海布置，想要在租界内动手，但是想到暗杀杨杏佛时，凶手因为在租界没能顺利逃脱而惹了许多麻烦，就只好另想他法。第二个可能的地点是杭州，但是杭州警察局局长是自己人，如果案子破了，就会牵出自己的人；否则，杭州警察局就会落个查案不力的骂名。因此杭州也不是理想的选择。就这样，最后将地点确定在了沪杭两地之间的公路上。

经过密切监视，特务们掌握到史量才的行程：他于11月6日去杭州疗养，13日返沪。

1934年11月13日，史量才一行6人乘坐防弹汽车踏上了返沪的旅途。汽车上除了司机还有5个人，史量才的儿子史咏庚及其同学邓祖询坐在前排，史量才夫妇和一位亲戚坐在后排。下午3时许，当车开到翁家埠站北约二华里处时，路边出现了一辆别克牌轿车，在车子边上站着一些人，他们看起来像是在修理汽车。就在两车慢慢接近，只有一丈远时，只听得一声呼哨，别克车边上的人就纷纷拔出枪来。一时间，子弹横飞。特务们首先将枪口对准了前排的司机和史咏庚的同学邓祖询。混乱之中，车上的人纷纷夺门而出，史咏庚一路狂奔，终于逃到了翁家埠。史量才跑出了一段路之后，随即闪入路边一户农家，追击的特务发现了他，于是从屋外前后包抄。史量才想着从后门逃离，刚出后门便被守在那儿的特务一枪击中脚部，他跟跟跄跄地挣扎着继续奔命，最终还是被特务追上，头部被特务打了两枪，当即死亡。

史量才被暗杀后，特务们迅速乘车逃走。幸免于难的史咏庚在枪声停下半小时后才战战兢兢地返回出事地点，将父亲、同学以及司机的尸体运回杭州。

完成任务后的戴笠忙不迭向蒋介石报告，蒋介石对戴笠的表现十分满意，立即发5000元奖金以示犒赏。另一方面，蒋介石却又作出姿态，电令警察局系统迅速将凶手缉拿归案，并以国民政府的名义向史量才的家属致电表示慰问。

蒋介石的又一个对手就这样被除去，而帮助他达成这一目的的，正是他的忠诚部下戴笠。

恐吓宋庆龄

19世纪90年代，宋庆龄在上海一个牧师兼实业家的家庭诞生。她少年时代便远涉重洋，赴美国接受了"欧洲式的教育"，在人生的较早阶段便广泛接触民主主义。当孙中山领导的辛亥革命以浩浩荡荡之势在中国这片古老的大地上建立起一个全新的国家框架时，她便将国家的命运与自己紧紧地联系起来。革命让国家的命运有了一个全新的开始，然而其果实被袁世凯窃取，共和国在摇篮中被扼杀。此后，日本开始了对中国的侵略。当侵略者的野心不断膨胀，中国开始面对帝国主义列强强大的军事威胁。宋庆龄在此时提出"国难当头，应该尽弃前嫌。必须举国上下团结一致，抵抗日本，争取最后胜利"的主张，并始终坚持中国人民应当"抵御入侵，统一战线，共同抗战"的立场。

蒋介石在抗战问题上的对日妥协让广大爱国人士对国民党失去信心，他的反共政策也让许多人士感到不平，其黑暗统治下的劳苦大众也渐渐将国家的希望寄托到与人民联系更加紧密的共产党身上。蒋介石的政治主张与宋庆龄的观点存在着重大分歧，为了避免国家沦丧的悲惨命运，为了扫清国家民主道路上的障碍，宋庆龄积极投身国家进步事业，坚持反蒋立场，矢志不渝。

每每蒋介石有一些大的举动，宋庆龄都会态度坚决地表示反对。宋庆龄从蒋介石在政治上的表现不得民心，对待异己甚至采用暗杀、私下报复等手段，已经能看透他的本质，而蒋介石又生性多疑，对身边的人总是缺乏信任，与其相处并不是一件容易的事，因而，在蒋介石与宋美龄结合的时候，她就表示了强烈的反对。1929年，为了纪念八一南昌起义两周年，宋庆龄给柏林反帝大同盟拍发电报。宋庆龄的做法让蒋介石如芒在背，如若是旁人他早已将其除去，可是宋庆龄是孙中山的夫人，又是宋美龄的姐姐，他拿她丝毫没有办法。

宋庆龄屡次在公开场合发表反蒋言论，又对共产党表示支持，这让蒋介石对宋恨之入骨。然而，宋庆龄的身份却让他无法展开行动。宋庆龄贵为国母，在海内外都享有极高的声誉，如果轻举妄动，必然会带来各界人士的责难，社会舆论的监督也会产生巨大的压力，政府将无法承受。于是，蒋介石冥思苦想，终于想到了一个计划。宋庆龄在社会上公开发表的言论相当犀利，首要的任务就是让她"闭嘴"，从舆论界削弱她的社会影响力。

1929年8月10日，戴季陶带着夫人，来到上海莫里爱路，拜访宋庆龄。戴季陶刚一见到宋庆龄，还没开口，宋庆龄便知道他此行是来给蒋介石当说客的。一阵简短的相互寒暄过后，戴季陶掏出一张纸，递到了宋庆龄的面前。宋庆龄定睛一看，这正是她给反帝大同盟拍发电报的手稿！

宋庆龄看到自己准备发表的手稿此时却由戴季陶拿了出来，立刻明白了其中的内情。自己的言论自由已经被国民党控制，这让她大为光火："这份手稿怎么在你这里，为什么没有发表？"

"这稿子果真是您的？宋先生，您是一国之母，在党内也是德高望重，怎么可以不与党国保持一致呢？"

"我要让人知道的是事实。你们将稿子截获，还造谣说是共产党人捏造！"

"宋先生，这份电报是在攻击政府！即使政府有错，您也是党内人士，不用这样去公开诘难啊！您这样是无视党纪！"

"党纪？"听到这两个字，原本神情激愤的宋庆龄开始放慢语气，面色凝重，"你们真是宽宏大量，把我放进你们中央执行委员会中。现在，我连说话的权利都没有了，在你们眼里，不就是一块儿欺骗群众的招牌？你们这样扭曲事实，欺瞒人民，总有一天，被压迫的民众会跟你们算总账的！我的电报代表着千千万万劳苦大众的心声，你想要劝我与你们沆瀣一气，那是根本没必要的。"

宋庆龄的政治立场坚定不移，一番慷慨陈词后，戴季陶已经没有了刚才的镇定，脸上不停滚落的汗珠显示出心中的慌张。戴季陶颤抖着拭去额头上的汗珠，勉强定了定神，作出了最后一次努力："宋先生，您还是不要再发表宣言了吧！"面对戴季陶的劝阻，宋庆龄立即回道："刚才我已表明了我的立场，如果你们想要让我不再说话，办法只有两个，把我枪毙了或是将我监禁起来。我做事一向光明磊落，希望你们也不要用那些下作的手段，搞什么侦探、围堵。"这一席话说得戴季陶哑口无言，只好匆忙道别。

果然，宋庆龄送走了戴季陶后，蒋介石便开始计划下一步的行动。既然说客不足以改变宋庆龄的行为，蒋介石就召来戴笠，命令特务机关以他们的方式来"劝导"宋庆龄。

戴笠从事特务工作，素来以不择手段、凶狠残暴闻名。戴笠认为，宋庆龄虽然是领袖要对付的目标，但是却有着极高的地位，因此不仅行事上要谨慎小心，不留痕迹，而且要将尺度掌握好，不能对宋庆龄造成任何伤害——蒋介石同宋庆龄意见不合，如果宋庆龄出了问题，社会上肯定会认为一切系蒋介石所为。

1932年12月，宋庆龄联合当时社会上一些进步人士和知识分子，组建起中国民权保障同盟，揭露蒋介石政权的独裁统治。蒋介石本就对宋庆龄非常气愤，现在宋庆龄又组织起声势浩大的反蒋组织，于是想出了一招"杀一儆百"的计策。蒋介石指令戴笠设计，将中国民权保障同盟总干事兼副会长、南京政府中央研究院总干事杨杏佛残忍杀害，以此来恐吓宋庆龄，让她意识到自己的生命安全正受到威胁。不料宋庆龄却不为所动，不仅在公开场合露面，还在杨杏佛的追悼会上慷慨陈词，表达自己的悲愤之情。此后，又积极投入了民权保障同盟的工作之中。

蒋介石见宋庆龄依然没有退缩，又命令戴笠加紧对宋庆龄采取措施。戴笠派特务每天在宋庆龄的寓所外进行监视。后来又派出一名女特务接近宋庆龄的女佣，送给她不少东西，然后打听宋家客人来往情况。然而，这名女特务很快引起宋庆龄的注意，她叮嘱女佣不要再和这个女特务来往。这一招失败之后，戴笠又试图通过宋家邻居的女佣打入宋庆龄公寓内部，结果还是没有成功。

一个又一个计划相继宣告失败之后，戴笠又开始命人匿名向宋庆龄寄送恐吓信，直至在信中放入子弹，以示威胁。宋庆龄收到带子弹的信后，对保姆说：“不要害怕，蒋介石只要不取我性命，他便休想达到目的。”宋庆龄面对恐吓、威逼、利诱都不为所动。蒋介石想要通过这样的手段来让宋庆龄闭嘴，宋庆龄不但没有沉默，反而言辞更加犀利。

反复数计均未见成效，蒋介石又频繁施加压力，戴笠一时间愁眉不展。一日，在上海负责行动工作的特务沈醉到南京找戴笠汇报工作，当他走进鸡鹅巷53号戴笠的办公室时，戴笠问道："我们对宋庆龄威逼利诱，各种方法都用了个遍。她的命当然是不能动的，关于恐吓她一事，你有什么好办法？"沈醉听闻之后沉思片刻，提出了制造"车祸"的办法。沈醉说道："宋庆龄经常外出活动，利用撞车对其造成伤害切实可行。而且汽车是由人驾驶的，行动可以控制，到时将宋床龄撞成重伤，送进医院，既不会有性命之虞，又能让她失去活动能力，一直躺在床上过完一生，自然就无法再在社会上活跃了。"

沈醉的建议引起了戴笠的兴趣，这个方案竟然和他之前的想法有异曲同工之处。于是戴笠一拍桌子："你的想法我也考虑过，再说详细一点。"沈醉接着解释道："要是驾车去撞击对方的车，就必须保证汽车的坚固。德国车的质量一向不错，可以考虑使用，此外，车祸发生后对驾驶员造成的伤害一般来自前挡玻璃，所以要将前挡玻璃换成不易破碎的保险玻璃。这样一来，驾驶员再穿上一套避弹背心，再在驾驶时注意掌握，安全上就有保障了。"

戴笠对沈醉一阵称赞后，又为他主动申请承担这次任务而高兴，接着问道："那么具体实施的时间和地点呢？"沈醉知道自己的计划十有八九已经被戴笠默许了，就接着说道："宋平日在租界内居住，因此必须在租界下手，等宋的车在红灯处停稳后，方可调整方向，狠狠地撞上去，这样就能将车撞出很远，而且车内的人会受伤，但却不会是重伤。"戴笠听过之后，又问道："行动过后如何善后才能不被人发现？"沈醉成竹在胸，有条不紊地解释道："撞车之后，可马上将车内的制动器破坏，这样既可以减轻行动者所要承担的责任，也能掩人耳目，不被人怀疑是刻意为之的。"戴笠听过沈醉一番叙述，觉得的确合情合理，反复考虑之后，的确没有破绽，就决定采纳此计划。

一个月后，戴笠便从杜月笙那儿弄到了一台德国轿车，轿车结构十分坚固，前挡玻璃也依沈醉的建议换成了保险玻璃。沈醉见过之后十分高兴，为了能顺利执行计划，还对宋庆龄的行踪进行监视，将几条马路的地形做了仔细的分析，只等戴笠一声令下就去执行。

此后，每次戴笠去上海，沈醉都要询问任务是否执行，戴笠却总是让沈静候通知。一年过去了，戴笠依然没有发出行动的信号，反而要求沈醉将汽车还给杜月笙。事后，沈醉才了解到，戴笠经过思索还是认为撞车在行动上的控制实在困难，如果稍有差池，宋庆龄即有生命危险，那样的话，后果不堪设想。这件事情因为戴笠的反复考虑，最后终于取消了。

第五章
特务处上海区大显身手

特务处上海特区

抗日战争爆发之前，上海一直是戴笠眼中的战略要地。1932年4月特务处刚刚成立，蒋介石就立即布置了两项任务：反共和排异。作为共产党的发源地，戴笠早早便看重了上海这块宝地，特务处成立之前就把手伸了出去——翁光辉、陈志强、王昌裕等特工先后被派去上海各个部门开展活动。他们利用国际租界做避风港，再假以正常工作掩护，与特务处总部各自保持单独联系。

翁光辉担任上海区第一任区长的时候，区部组织很简单，只有书记、司书、事务、交通各一人。手下三四十个特工被分为3个组：第一组由陈志强担任组长，陈志强是上海人，黄埔三期生，在上海流氓帮会中无人不知，无人不晓；第二组组长王昌裕是广东琼州文昌人，黄埔军校五期毕业；第三组组长是徐昭骏，四川人，黄埔军校三期毕业。他们在上海的南市、法租界、英租界和闸北一带活动，主要任务是搜集共产党的情报。蒋介石希望这些特务能设法打入共产党在上海的地下组织，因此整个上海区上上下下想方设法拉拢中共党员或潜入相关组织。比起对付其他民主党派和反蒋集团来说，这个任务要艰难得多。因此，上海区每年上报年终总结时，都要受到南京总部和戴笠的责骂。戴笠虽然反复强调这场斗争要志在必得，但是一直到抗日战争爆发，中共中央安全迁往江西苏区，特务们依然一无所获。为此，区长、书记、组长等几年间也一再撤换，戴笠对此也是耿耿于怀，每次对上海区的属下训话都不忘斥责这段不光彩的历史。

由于刚刚组建，上海区的活动经费每月仅有200元，除去在刺斐德路、吕班路和西门路的房租，"直属通讯员"的经费，各种会议费用之外，只能剩下不到100元。这笔钱被用来购买照相器材等工作设备，以及支付全职特务的月薪。经常是一年的正式经费几个月就花得精光，不足的只能额外向戴笠打报告申请。

翁光辉在上海区担任区长的时间并不长，不久便因为企图越级呈送情报被戴笠撤了职。翁光辉离开后，由原南京和杭州训练班教官余乐醒担任上海区区长。余乐醒是湖南醴陵人，曾在法国勤工俭学，后又去了莫斯科中山大学学习秘密保卫工作，并以优异的成绩学成归国，戴笠对他自是寄予厚望，余乐醒到任后便化名"金鸣三"，南京特务处则化名为"杨柳青"。

随着情报需求的增加，特工活动的范围和活动内容都亟待增加，于是戴笠命令将上海区扩大为华东区，并增设第四组和行动组。第四组成员全部从杭州特训班甲班中选拔，组长为张人佑，浙江温州人。行动组则由赵理君负责，副组长由王克全担任，组员有李阿大、过得诚、施芸之等十余人，这些人大多都有杀人越货的经历。行动组在行政上受上海区和南京总部双重领导，暗杀工作由戴笠或南京总部直接指派，人事、经费等亦直属南京，在上海地区的绑票与秘密逮捕等活动则受区长领导。

上海区扩充成为华东区原本是为了增强特工活动能力，然而旗下的浙江、福建、徐海等地区里没有几个单位愿意接受领导，因此以上海为主的华东区有名无实，没过多久又重新分解为上海特区。

这样一来，到抗日战争爆发之前，一组仍然在陈志强领导下，二组组长由沈醉担任，王昌裕和张人佑分别负责第三组和第四组。1934年9月，吴乃宪成为华东区区长，下令给每个组分配专门的区域：一组变为"南市组"，二组变成"法租界组"，三组成了"国际租界组"，四组成了"沪西组"。

在成立的最初几年里，为了防止新成立的特务区被共产党组织察觉并进行报复，区部除了几个组长有权往来以外，一般组员甚至都不知道区部的地址，每天进入自己的上级组织也是万分小心，生怕被人跟踪。工作联络一般都通过邮局信箱，一星期联系一次。如有特别的事项或收集到的情报，就用隐形药水誊写整齐，然后伪装成普通邮件寄往南京特务处总部。直属通讯员必须与区长见面时，需要几经辗转，先由特定人员传达清楚，然后临时带他们到旅馆开房间或公园茶酒馆等候区长。有时为了排除跟踪甚至需要再换地方，或是坐车在市里绕来绕去，转到别处。因此有些通讯员也都提心吊胆，生怕说错话被带到南京去，且一去不返。

同样，南京总部如果需要与特别重要的人联络，便委派梁干乔、唐纵、张师等人从南京赶赴上海约谈。这种情况就更为复杂，程序安排也愈发烦琐，谈话过程也有警卫在附近守护，防止发生意外事故。有些区部认为比较可靠的通讯员，他们与上级往来就相对自由得多，区长和区书记往往也直接去找他们联系，但始终不敢把区部所在地和电话告诉他们。

随着特务工作的深入开展，情报越来越多。到了1934年，南京总部开始每天派信使前往上海收集情报，特务站和特工之间的联系也逐渐增多起来。外勤特工大多是各方面向戴笠或区长推荐的，试用合格后便可转为正式通讯员。这些人平时以正常职业为掩护，如律师、教授、银行职员、记者，以及一些夹在民主党派中伪装进步的人。

华东区再次分解为上海特区和其他几个区站之后，南市组负责监督和保护老城区的业务。组长陈志强利用他的人脉疏通渠道，为执行任务扫清障碍，同时他也依靠与警察及政府的关系为自己的毒品生意行了极大的方便。戴笠对此也有所耳闻，但是碍于没有足够的证据，加上陈志强的情报内容翔实，戴笠也就一直睁一只眼闭一只眼。

沈醉当上了法租界组组长。沈醉从家乡出来"投身革命"的时候才十八九岁，最初被分到通讯组，负责秘密特务站和通讯员之间的交流。因为年纪尚小，大家都拿他当孩子看，每次收取情报都再三叮嘱注意安全。沈醉与戴笠的儿子年龄相仿，又聪明伶俐，因此深得戴笠的喜爱。他被提拔为法租界组长后，还负责了一段时间的通讯组。

国际租界组的主要任务在公共租界收集情报，王昌裕在国际租界碰到自己的黄埔同学，便谎称自己反蒋并因此被排斥，深得同学的同情。于是他便借机在反蒋的圈子里拉上了一些关系，获得了对戴笠的人事控制十分有用的消息，也为广东籍的特务发展了极为活跃的关系网。王昌裕拉拢来的人大部分都住在环境复杂的虹口，他们在谋生之余结识了社会上各色人等，有些人甚至与广东的军阀、"新国民党"以及各民主党派都建立了密切关系。这让戴笠非常满意。

沪西组驻扎在西摩路静安寺一带，它名义上的责任范围是闸北、虹口和沪西，但实际工作平平，没有其他三组那么活跃和出色。负责人张人佑绞尽脑汁四处拉关系，却始终不见起色，他虽然毕业于杭州警察学校的秘密特务训练班，但是在上海城内没有什么关系网，所以开展工作比较困难。

上海区的秘密特工

像张人佑这样缺乏实际经验和公共网络的特工，大多是从杭州训练班毕业后抽调过来的。他们对上海并不熟悉，也没有人际关系网作为基础，因此只能凭借自己在训练班学习的技能从事一些类似社会调查和监视等实质性的活动。这些工作的间谍性质并不明显，然而随着特工队伍壮大和活动经验的积累，还是有一部分精锐力量日渐凸显，成为这个组织里的关键人物，程慕颐就是其中之一。

程慕颐是浙江义乌人，杭州训练班毕业，因为肯吃苦，长期混在沪西工人区中居住，发展了一定的关系网，因此获得了可观的情报。后来张人佑因多次向警备司令杨虎借钱大肆挥霍，被戴笠撤职，程慕颐便被提拔为沪西组组长，专门从事发展与共产党有关的线索。1935年，他根据掌握的关系破坏了江苏省委组织和一个地委组织，杀害了共产党江苏省委的几个领导成员。

另一个关键人物是重要军事学校毕业的陶一珊。陶一珊在整个吴淞地区有非常好的人际网络，由他提供的当地社会局势和商船学校里的情况报告曾受到戴笠的高度赞赏。从日本人手中夺回上海后，陶一珊便被任命为淞沪警备司令部稽查处处长。

随着上海站活动的扩展，各个小组的活动已经无法局限在原定的范围了，而是跟随他们的目标在城里各个区域间穿越。比如沈醉领导的第二组负责监视共产党、民主党派人士和反蒋集团分子，这些人经常在二组负责的法租界内寻求庇护，但是他们的活动范围却不仅限于此了，结果经常是二组的特工在上海城的其他区域里跑来跑去。沈醉手下只有20多人，因此他们的运作不得不依靠"外界力量"：每个特务都发展了几个乃至几十个"眼线"，这些助手可以替他们做些跟踪、盯梢等简单工作。沈醉自己也利用一些关系从事各种情报活动。

特工组织是一个鱼龙混杂的群体，里面各色人等一应俱全，有律师、教授、银行职员、记者、无业流氓，甚至还有帮会头目，他们以各自的经历为背景承担相应的工作。以沈醉的二组的成员为例，便可知其中复杂。

苏亚光，湖南新化人，曾经参加过共产党，也参加过民主党派，因此他当特务后便专门负责民主党派活动。尽管历任区长都希望他能再深入一些，潜伏共产党内部，但是几年下来一直没能达到这一目的。他平日里满口进步言论，大骂蒋介石反动派，并在一些报刊上发表灰色文章对时政进行抨击。这些伎俩也曾经骗取了部分人的信任，但是时间一长，人们便逐渐识破了他的阴谋。

毛仿梅，《上海晨报》摄影记者。他利用公开的记者身份活动，除了监视新闻界的进步人士外，也协助翻拍和传递特务们从民主党派内部偷出的文件。他自己的眼线也大多是新闻界的工作者。

贾谨伯，四川人，平日靠出版界的人脉替人携带禁书到华界去，以取得一些进步人士的信任，许多不明真相的人还常把书刊寄存在他家中。他除了以这些书报传单为工作业绩缴送讨赏外，也从中发现了不少线索。当时，戴笠对生活书店和内山书店极为重视，他便顺势介绍一个特务的儿子去那里当学徒，希望长期潜伏，慢慢深入了解生活书店与共产党的关系，以及邹韬奋先生的活动情况。内山书店因为鲁迅先生的关系引起了特务们的注意，但是他们一直没有机会打入内部，贾谨伯为此受到过多次的责备。

范广珍从做巡捕起就在法租界警务处工作，直到荣升探目。因此他不仅熟悉情况，还有众多眼线，他自己还是个帮会小头子，社会关系非常复杂。他虽然投靠在军统帐下，却对法国殖民统治更加忠诚。戴笠也知道他的如意算盘是两面讨好，因此对他也不过多要求，只有必要时才用上一用。他的情报数量虽然多，可是有用的却很少。

阮兆辉是戴笠在黄埔军校的同队同学，毕业后在南京总务处当交通员。戴笠信不过范广珍，便通过他花了500元在法租界巡捕房为阮兆辉谋得一个包探职务，名义上他是范广珍的公开助手，在军统方面则是范广珍听命于他，由他来转达工作安排。阮兆辉借助范广珍的社会关系网工作，监视居住在法租界的进步人士，偶尔也能参加法租界所举行的各种集会。

组长沈醉平日也做些情报工作，他化名陈仑或陈沧，以湖南湘光通讯社驻沪记者的身份挂着照相机游走街头，四处"采访"拍照。同时他还利用大学同乡和亲戚关系四处打探情况，发现可疑的人或进步组织便深入了解。

其余各组的情况也都大同小异。尽管戴笠对上海区极为重视，但是在薪酬方面却并不大方。特工每月工资从30元到100元不等，外加一些奖金和补贴，组长还另外有100元的特别费。但是因为特工工作不分时间和场合，有时跟踪任务一跑就是几天，花销很难预算，也很难控制，因此常常入不敷出。沈醉也向戴笠抱怨过几次，但是戴笠总是一本正经地表示，革命事业是不讲条件的，应该承受所有的艰难困苦，这才是英雄本色。

上海区的活动

蒋介石给上海区布置的任务中，最麻烦的就是全面监视。在蒋看来，这既是一种社会控制方法，也是一种惩罚手段。如果某个人物在政治活动中表现出与他抗衡的意图，上海方面立即就会接到校长的急令："把他监视起来！"当然，这些命令都是由戴笠下达的。上海区相关的小组会在第一时间组织起来对此人进行全天候全方位的监视。然而当时的人力条件并不充足，每个组只有十几名外勤特工，他们为了工作把自己的亲友都拉进来做帮手，却还是难以满足需要。因为政治斗争十分复杂，各种言论如雨后春笋层出不穷，往往是眼前的监视命令还没有解除，下一个目标就已经出现了。每一次活动都是风风火火地开始，断断续续地进行，虎头蛇尾地结束。为了不让蒋介石和戴笠知道实情，特务们不得不想办法蒙混过关。他们根据跟踪的情况判断此人的问题是大是小，同时揣摩校长和老板的意思，看哪个目标嫌疑最大，或是最受他们的关注，便着力监视此人，其余的就执行阶段性的监视，记录和报告则酌情伪造。

沈醉的法租界组曾经负责监视黄炎培先生。黄炎培出生于川沙镇内史第，早年致力于教育事业，辛亥革命后任江苏都督府民政司总务科长兼教育科长，后任江苏省教育司长。1931年"九一八"事变后，黄炎培积极投入抗日救亡运动，创办《救国通讯》，宣传爱国主义，组织上海市民维持会(后改为上海地方协会)，支持淞沪会战。蒋介石对黄炎培的政治立场十分不满，却又没有合适的罪责，只能暗中派人守在法租界华龙路环龙路口的"中华职业教育社"外暗中监视，想顺藤摸瓜，探出与这位著名教育家兼记者接触的"反革命分子"来。此外国民党内部的将领也有遭此"礼遇"的，国民革命军中将方鼎英就是其中之一。方鼎英曾是黄埔军校入伍生部部长，是蒋介石身边的得力助手。"九一八"事变后，方鼎英和徐谦、朱蕴山等联合组成抗日同盟会，联系各界志士仁人团结抗日，秘密发行《晨曦》《怒潮》等刊物，从事救亡宣传，引来了蒋介石的大怒，遭到贬黜，也因此在很长一段时期内成为被监视对象。

薛笃弼，山西运城人，毕业于山西法政学校，早年参加过辛亥革命，任河东军政分府主办的《河东日报》社长。后来陆续担任过北洋政府司法部次长、国民政府甘肃省省长、民政部部长、内政部部长、水利部部长等职，因为不满政府的妥协态度而愤然辞职，到上海从事律师工作。他对建立抗日统一战线的赞同招致蒋介石的防备，蒋介石在他法租界金神父路金谷村的住宅和爱多亚路的办事处周围安插眼线，还隔三差五地派人到他那里以爱国之名寻求支持。

除了执行监视任务之外，上海区还受指派向书籍出版和文化活动方面渗透。本来这是"CC"派的任务，但是以戴笠的野心，是不会把这块蛋糕轻易让给别人的。戴笠虽然想在此分一杯羹，但是一直苦于无处下手，直到在上海递上来的报告中看到二组的特务贾谨伯关于出版界的情况汇报。这份报告引起了戴笠的极大兴趣，特别是关于在邹韬奋的"生活书店"内安插眼线的计划，以及对内山书店的关注。尽管这两个计划最终都没有达成，为此戴笠也经常抱怨"煮熟的鸭子飞了"，但是仍有其他特务顺着出版界的脉络开展渗透工作。

崔万秋，上海《大晚报》副刊《火炬》主编，同时效力于上海区特工二组，利用文化界的情报网工作，还招募了一批记者专门撰写拥护蒋介石和政府政策的文章，并给他们提供特别津贴。

在蓝衣社时期，上海地区的中学和大学都在不同程度上被成功渗透。如今的上海区却没有那么幸运，只控制了几所学校，其中肇和中学是杨虎创办扶植的，因此学校里有一部分教师直接为戴笠的特工工作。上海区本想把自己在法租界建立的无线电通讯学校也作为工作站点之一，但是戴笠坚决反对，他执意将该校用来训练无线电报务人员，而不是用来搞特工，特工人员也不能用它来作掩护。

招募学生加入特工组织的工作也很不顺利。1934 至 1935 年间,在秘密特务眼里最不"安分守己"的就是暨南大学,于是他们特意在学校门口开了一家咖啡店作为掩护地,偷偷拉拢一些南洋华侨学生为他们工作。

复旦大学也被视为一个"反革命"活动据点,想打入内部十分困难。除了二组吸收的历史系教授姚名达和他的几个学生外,并无太大进展。

1934 年吴乃宪任上海区区长的时候,曾向进步人士大举进行渗透。吴乃宪本人是黄埔一期生,因为背叛邓演达而深受蒋介石器重。蒋介石和戴笠想利用吴乃宪与"中国国民党临时行动委员会"建立关系,企图利用这个"第三党"抵消党内对手的力量,并以此来靠近仍与统一战线中的老"左翼"有联系的共产党地下组织。为保险起见,这类活动一般都是由南京特务处总部控制。

上海区的书记张师原来是共产党员,戴笠希望通过他的地下工作经历策划出打入共产党核心的方案,为此还特别增加了 50% 的经费,增派一名区"督查"。吴乃宪和张师都不能吃苦,他们不愿为了每月几百大洋费力冒险,为此,他们把办公处从法租界迁到了国民党控制的南市老西门,而自己和身边的亲信们都住到法租界环龙路上的一座秘密住宅里。这样的领导班子,自然是做不出令戴笠满意的成绩的。

1935 年初,戴笠终于从蒋介石手中接过了"淞沪警备司令部侦察队"的指挥权,吴乃宪被任命为侦缉大队长。但是,吴乃宪的行政职务只是个名义头衔,如果没有自己人在"督察"的位子上加以稳定和扶持,这把交椅是坐不长久的。很快,吴乃宪的位置被翁光辉取代,翁光辉深知安插自己人的重要,因此他特意带了四名特务处的人员走马上任,这四名"督察"就是沈醉、程慕颐、林之江、倪永潮。这批人在把警备司令部的侦探大队变成秘密警察半军事的政治机构的计划上遇到了障碍——常务副队长彭伯威和普通侦探都相当抵触,不肯合作。这样,戴笠的计划就受到了极大阻碍。等到王兆槐接替翁光辉做大队长的时候,戴笠便找了个理由把彭伯威挤走了,改由一组组长杨凤歧接替。那些常规侦探一直把军事稽查作为维持地方法律和秩序的工具，眼下戴笠竟然要把这个执法部门变成恐怖和暴力的工具，用非法绑架代替拘捕权，用刑讯代替正常审讯程序，这是他们不能容忍的。戴笠曾经想过将他们赶走，但是这样做虽然清扫了"门户"，却也带来了麻烦。因为这些普通侦探平日与法租界的警察和上海市警察发展了密切的工作关系，利用这些便利，特工们在租界里逮捕嫌疑分子就方便得多了。

逮捕共产党人

1933年5月14日下午4时左右，上海虹口区昆山花园路由西向东走来一名头戴帽子、身穿长衫的男士。他低着头慢吞吞地走着，像是在思考问题，任凭擦身而过的路人行色匆匆。昆山花园路并不长，只有十几个门牌，当这个人走到七号的时候，忽然抬起头四下一瞥，确认无人跟踪后一转身溜进了这幢红砖洋房，三步并作两步地穿过庭院进了门，奔向楼梯。就在这时，早已守候在楼梯两侧的秘密警察一拥而上，将他团团围住。来人见无路可退，便徒手与他们展开一场殊死搏斗，最终因寡不敌众，在三楼的窗口被特务推下，坠楼身亡。

死者是应修人。他是浙江慈溪人，字修士，笔名丁九、丁休人。现代作家。早年在上海福源钱庄当学徒，五四时期受新文化运动的影响，在《少年中国》《晨报副刊》《学灯》上发表新诗作品，成为新诗创作活动中最早崭露头角的优秀青年之一。1925年，应修人加入中国共产党，先后在广州黄埔军校和武汉国民政府劳工部工作，1927年受党组织委派赴莫斯科中山大学学习，3年后回国从事革命工作，后来受友人邀请加入了中国左翼作家联盟，参与左联机关刊物《前哨》创刊号装订与发刊工作，并以丁休人为笔名在《文化月报》上发表革命童话《金宝塔和银宝塔》，表现了苏区人民对革命政权的无比热爱和信任，具有很高的思想性和艺术性。

1932年1月，应修人被党组织调到中共江苏省委宣传部任秘书，后来又担任宣传部长一职。同期以丁九为笔名在中共中央机关刊物《红旗周报》上连续发表了多篇政治文章，揭露国民政府消极抗日、积极反共和残酷镇压革命群众的反动本质。1933年,丁玲因叛徒出卖而被捕,国民党在丁玲的寓所昆山花园路七号蹲守前来联系工作的同志,应修人没能逃脱厄运,坠楼牺牲,时年34岁,成为上海左翼文化界第七个被秘密警察非法杀害的人士。

行动组是国民党特务处上海区专门负责逮捕和暗杀活动的机构,他们得到关于目标的确切消息之后便制定和实施逮捕或绑架计划,必要时秘密警察也会加入其中。

不过,想要接触到共产党员或进步人士也并非易事,这一点许多跟共产党地下特工打交道的特务们都深有体会。当他们越是企图与以前认识的共产党人结交的时候,就越有可能陷入了被当作叛徒的危险。一旦这些人被识破,轻则挨打,重则被杀,上海区行动组副组长王克全就经历过这样的情境。

王克全1906年出生于江苏徐州,1924年加入中国共产党,参加过五卅运动。1927年参加上海第三次武装起义,后任上海工联党团书记、江苏省委常委、江南省委常委兼宣传部长等职。1931年2月因参加罗章龙等人的分裂活动被开除党籍,转而投敌,加入了复兴社特务处,任华东区行动组副组长,参与刺杀杨杏佛、史量才的罪恶行动。

一日,王克全上街办事,行至浦东工厂区时遇到在中共工作时的下属。当时戴笠正在为无法打入共产党内部而苦恼。如今自己的属下竟然"主动送上门"来,王克全便动了说服他们加入特务处的念头。他找了个借口把二人带到一个僻静的胡同,想通过详谈说服他们叛变。结果二人听明来意后不但没有同意,反而恼羞成怒,用枪把他给打了个半死,直到巡逻的警察听到动静赶来制止,二人才丢下王克全逃走。王克全在医院里躺了足足半个月才勉强恢复。这件事在许多"叛徒"心中都留下阴影,他们为了保全自己,再也不敢轻易与以前认识的共产党员接触了。

那些一开始就投身国民党特务机关的人,也对此充满了恐惧。1935年夏天的一个晚上,第二组组长沈醉获得情报,有一部分共产党员在江湾地区一间民房里召开秘密会议。就在他带领十几个特工接近目的地的时候被共产党员发觉,于是一场恶战就在荒郊野外展开。尽管共产党员没有做充足的武装准备，实力薄弱，但是他们拼死搏斗的气势让国民党特工不寒而栗。一阵枪响过后，沈醉胸部中弹，特务组被迫撤退，把组长送到德国人开的宝隆医院接受手术治疗。

沈醉痊愈后不久，又得到一个新的任务：去曹家渡逮捕一名有共产党嫌疑的作家。沈醉考虑到目标是个手无缚鸡之力的文人，应该比那些会舞刀弄枪的党员好对付，于是只带了两名特工随行。

事先他们已经收买了房东，在房东的协助下于黎明前轻轻撬开大门，悄悄摸到嫌疑人住的三楼门前。一个特务装作找人，用力敲门并大声叫喊。那人以为是普通的百姓，便起身披衣开了门。沈醉见对方没有丝毫防备，便放松了警惕，带着两名特务强行挤进门，将此人围住。

"我奉劝您识相一点，让我们动手可就不好看啦！"沈醉得意地说。

那人依次看了看三人，低头沉默了几秒，说："请坐，让我穿好衣服再走。"

一名特务立即上前抢先摘下挂在墙上的衣服，上上下下摸过一遍，确认没有武器后才扔到他面前。这人也不反抗，默默拾起落在地上的衣裤，一一穿好："冬天冷，我要戴帽子才能出去。"

沈醉看了看挂在门后的帽子，抬了抬左手表示同意。

那人径直走向门后取下礼帽，突然从里面掏出一枚手雷，迅速打开保险，举起胳膊大吼："别动，不然就同归于尽！"

沈醉他们没料到他会使出这一手，不由得吓呆了。

"别冲动，别冲动，有事好商量，有事好商量！"沈醉赶忙作出一脸讨好的笑容，瞪着眼睛结结巴巴地说。

"都呆着别动！"那个人举着手雷慢慢退到门边，突然"喀哒"一声拉灭了电灯。沈醉等人以为他扔了手雷，吓得一闭眼，慌忙卧倒。等到回过神来才发现原来上当了。他们恼羞成怒，起身追赶，谁知一拉门，门却纹丝不动，原来那人已经将房门反手锁上，安全逃离了。

根据沈醉被捕后的供述，他在上海的6年中没有任何渗透到共产党组织成功的例子，这也一直刺激着戴笠的神经。每次他莅临上海，都不忘为询问这方面的进展，然后又无一例外地对军统无力渗透到共产党组织大发脾气。他曾生气地说："照这样搞下去如何对校长交代？别说你们，就连我都要吃不了兜着走了，你们这群窝囊废，怎么连一个共产党的组织都打不进去？"在座的人都低头不敢言语。

"怪西人案"

1935年8月24日，上海《申报》上出现了一则要闻："上海怪西人，又称神秘西人之约瑟夫·华尔顿，前因勾结刘燧元、萧柄实、陆海防等组织机关，刺探中国关于政治上及军事上之秘密，报告第三国际案发，经淞沪警备司令部于本年五月五日派探将陆海防捕获，继由陆自首指供，先后捕获该西人等，分别以危害民国紧急治罪法起诉，开庭审判。"

这条奇怪的新闻里所指的"怪西人"名叫约瑟夫·华尔顿，之所以称他怪，是因为他在被捕后一言不发，在整个审讯过程中始终保持沉默的姿态。国民党军警特务绞尽脑汁也未能证实其确切身份，案件陷入了僵局。

约瑟夫·华尔顿真名叫罗伦斯，早年投身布尔什维克革命，担任过红军上校，是共产国际联络部经验丰富的特工人员，聪明机敏又仪表堂堂，会讲德、俄、英、法四国语言。1933年受苏联红军情报部派遣来到中国，接替他的前任、"红色间谍"左尔格的工作。在上海，他的公开身份是法文和德文教授，实际上在妻子的协助下负责共产国际执行委员会、中国共产党、共产国际远东局的组织部以及远东其他共产党之间所有的联络通讯，包括密码电报、信件、包裹、非法印刷品等。

当时正值国民党军队集中全力"围剿"苏区红军，罗伦斯按照苏联红军情报部指示搜集有关情报，以协助中国工农红军粉碎敌人的"围剿"。罗伦斯凭借自己的特殊身份和出色才干，精心编制了一张以上海为中心，逐级渗透到蒋介石的武汉行营、北平行营、南京警备司令部等要害部门的情报网。由于情报工作的迅速发展，需要的人员数目庞大，审查工作便有所松懈，时间长了，情报队伍难免鱼龙混杂，良莠不分，终于出了一个给整个情报组织带来灭顶之灾的叛徒——陆海防。

陆海防是湖南岳阳人，北京高等师范的学生，投身革命后在国民革命军第十一军政治部任职。1930年，在上海偶遇第十一军政治部的同事于生，经于生介绍加入了情报组织，每天负责将中国报纸上刊登的有价值的材料译成英文。1933年，左尔格和于生相继调离上海，临行前于生将自己负责的一部分情报关系转交给陆海防，让他直接受约瑟夫·华尔顿的领导。

于生之前的情报关系中，有一个极为重要的人物刘燧元。刘燧元的公开身份是蒋介石武汉行营第五处上校法规专员。众所周知，武汉行营是蒋介石"围剿"大别山区、洪湖地区、湘鄂赣边区各路红军的大本营。在这个大本营里，想要搜集有关"围剿"战况的报告及"剿匪"方针、政策、措施等情报易如反掌。于是刘燧元利用自己的合法身份作为掩护，将搜集来的情报通过交通员转交给罗伦斯。

1935年4月中旬，罗伦斯联系陆海防，要他派交通员给刘燧元送一封信。不知陆海防是疏忽大意还是对此不以为意，竟然鬼使神差地打发自己的弟弟陆独步携信前往武汉。陆独步曾在上海劳动大学念书，在周围学生的熏陶下养成了玩世不恭的作风，平日衣冠不整不说，还蓄发不剪，粗枝大叶，在人群中十分扎眼。国民党特务对这种人非常注意，陆独步一上船就被他们盯上了。等到船到码头，陆独步一只脚刚踏上码头，还没站稳就被捕了，随身携带的德文信件也被搜出。在严刑审问下，陆独步交代了来武汉的任务和接头地点，但是他并不是正式的内部人员，只知接头人的代号，不知接头人的真实身份和面貌。武汉行营的特务马上组织出动，严密监视陆独步说的接头地点——汉口太平洋饭店，准备逮捕接头人。

约定时间过去两分钟后，刘燧元出现在太平洋饭店门口。根据多年的经验，他一进饭店就察觉到气氛的异样：客人稀少，"茶房"和"伙计"个个贼眉鼠眼、举止猥琐。他定了定神，平静地走到角落，趁无人注意销毁了随身携带的情报，从侧门撤出饭店，穿过两条胡同找到电报局，用密电通知身在上海的罗伦斯。罗伦斯立即另派专人乘飞机去武汉，协助刘燧元及其家属转移。经过商议,刘燧元决定和妻子分头行动,到上海会合后再定行止。当夜,刘燧元以去广州探望病重的父亲为由,取道天津转赴上海。途中为了甩掉跟踪的特务,不得已转奔泰安,上了泰山,在冯玉祥将军的掩护下脱险。

于此同时,上海站的特工们悄悄住进了陆独步的房间里。第二天,陆海防见弟弟没有音讯,便不顾原则径自去了旅馆。陆独步的房门并未上锁,陆海防轻轻一推,便顺着缝隙看见了蜷在椅子里熟睡的特工,他当下一愣,随即反应过来,轻轻把门带上,转身疾步下楼准备逃跑。怎奈隔壁房间里的特务早就发现了他,见到手的猎物要飞,也立马跳出来在后面追。陆海防出了旅馆,转身混进了拥挤的先施百货公司,他本想借人群作为掩护,但是狡猾的沈醉就躲在边门旁,当陆海防企图从边门溜走时,沈醉猛地扑了上去,两下就制服了他,给他戴上了手铐。

出乎特工们的意料,陆海防竟比他弟弟陆独步招供得还要快,被捕的当天,他先被带到上海工部局警务处的老闸捕房,几个小时后又被引渡到警备司令部的侦查队。戴笠刚刚出现,他就马上表示要"坦白"了,接下来的几个小时里,陆海防不仅出卖了自己的战友和上级,还无耻地表示愿领特务去抓捕他的上级领导约瑟夫·华尔顿。

罗伦斯被捕后软硬不吃,一言不发,简直就像个哑巴,特务们搞不清楚他的身份,也不敢滥用私刑。他凭借着沉着机智,为情报人员和机密文件的转移争取到了相当的时间。

罗伦斯在法租界的秘密住所只有几个亲密助手知晓,这样的助手有三位:一位是法国人,负责无线电通讯工作;一位是波兰人,担任技术机要员;还有一位苏联人,负责莫斯科和上海的联络交通。这一情况陆海防并不清楚,因此特务们也就无处搜寻资料核实他的身份。罗伦斯消失几天后,三位助手猜测出了意外,为了保护上级组织,他们冒险破门入室,连夜将房内的机密文件和器材转移了出去。

继罗伦斯之后,国民党当局又根据陆海防的口供陆续逮捕了苏联红军情报部人员陈绍韩、黄维祐、汪默清、胡克林、俞瑞允等人。

"怪西人案"让国民党当局又惊又怕，他们千方百计寻找线索，想搞清此案的背景和组织情况，进而一举捣毁这个情报组织。与此同时，中国共产党对这件事也极为关注，后来得知日本情报系统掌握了此案内幕，便急忙向"左联"求助。在关奚如等人的请求下，鲁迅先生通过内山完造和其他日本友人打探案件的详情。3天后，胡风拿到了关于此案的汇报材料，为了防止更大的损失，共产党立即配合其他设在中国的国际革命组织采取紧急措施，协助情报人员及时转移。

1935年8月24日，湖北高等法院开庭审判"怪西人约瑟夫·华尔顿"，审理的过程中，由于证据不足，遭到旁听群众的质责，最后不得不以判处罗伦斯有期徒刑15年草草收场。抗日战争爆发后，蒋介石有求于苏联。为了得到帮助，蒋介石于1937年将罗伦斯释放。

改组上海区

侦察队和交通警察的人马都收入麾下之后，上海区的工作量和责任都急剧增加。王新衡担任区长之后，着手对上海区进行重新规划，并实施改组。

王新衡是浙江宁波慈溪人，国共合作时期被国民党选派至莫斯科中山大学留学，他主张工人阶级先锋的马克思主义理论，反对斯大林主义和社会民主主义，强调废除斯大林主义的官僚统治，倡导战斗性的工人革命。这个现象引起了王明等人的注意，并以此为由要处分王新衡等人。

1930年，王新衡被遣返回国，投身国民党军界。他在南京创办了苏俄评论社，出版《苏俄评论》月刊，撰写了不少关于苏联共产主义的文章，有"苏俄通"之称。1934年1月，张学良就任豫鄂皖三省"剿匪总司令部"副总司令职，王新衡便投奔了张学良，虽然二人地位相差悬殊，但却成了好朋友。

1933年，国民党最早的特务组织"南昌行营调查科"成立，王新衡以"苏俄专家"的身份加入。1934年，南昌行营调查科被戴笠接管，王新衡也就转入特务处。戴笠见他既通理论又懂实务，很快便对其委以重任，派他担任上海区第四任区长。

在上海做生意的宁波商人很多，王新衡利用自己宁波籍的身份很轻易地便打入这个圈子，并利用成员广泛的人脉关系构建自己的关系网。那些商人也知道他的区长身份，都愿意仰仗这棵大树乘凉。另外王新衡还有一个身份让他们不敢造次——杜月笙的密友。

杜月笙是上海青帮中的著名人物，也是当时最富有传奇色彩的人物之一。他从一个小瘪三混进上海滩十里洋场，一跃成为上海最大的黑帮帮主，1925年7月，他在租界与军阀当局庇护下成立"三鑫公司"，垄断法租界鸦片提运，日进斗金，势力日趋壮大，很快成为与黄金荣、张啸林并称的"上海三大亨"之一。同年又进军政界，担任法租界商会总联合会主席，兼纳税华人会监察。杜月笙的交际手段十分高明，无论是黑帮各派势力的关系，还是军阀之间的恩怨，他都能巧妙周旋于其中，不得罪任何一方。对于这些关系的经营，他也是十分大方，那些贩卖鸦片，开设赌场聚敛的钱财转手就被他用来笼络社会上各种形色人物，毫不吝啬，因此无论政治要人、文人墨客还是帮会骨干都愿意和他打交道。王新衡也是这样和杜月笙认识的，但是与其他人的面上文章不同，二人虽然出身不同，却在很多想法上不谋而合，王新衡佩服杜月笙的侠义心肠，杜月笙则欣赏王新衡的远见卓识，有什么事也愿意找他商量，一来二去，便成了无话不谈的好友。

王新衡与杜月笙的关系传到各界人士耳朵里，大家便心照不宣地对王新衡越发客气起来，对王新衡手下的人也是睁一只眼闭一只眼。于是，本来形势复杂，难以管理的上海区反而在他手上有了起色。

王新衡依靠自己的关系，尽可能吸收新生力量到他的组织内部，其中包括一些到苏联留过学的学生，还有商人、工人阶层的头面人物、帮会分子、上海邮政总工会的成员、作家和艺人等。另外他还利用和杜月笙的关系，发展了一批帮会分子作为特务，负责做一些特殊渠道的工作。这些人的加入，一方面补足了人手，另一方面也拓展了特务执行任务的范围。

上海区特工组虽然一直在戴笠的重视和支持下大量开展工作，但工作效率和准确程度并不尽如人意。从组织架构上来说，按区域划分行动组本身就存有弊病,虽然可以有效锁定目标,但是却容易因为跟踪而跨入其他组的控制范围,特务们又总是伪装成反蒋的激进派,因此很容易被误认为是"猎物",有时直到抓捕前才知道是自己人。从工作内容上看,虽然上海区成立时间已经不短,但是一直没做过什么技术上的规划和提高,常常只是做些简单的跟踪监视或绑架活动。王新衡是共产党的叛徒,对苏联和中共的特工活动有过切身的体会,经过考量,他对上海区的组织架构做了一番调整,在保留原有各组不变的前提下新增了虹口区、闸北区、沪南区几个组,专门负责潜伏工作,还有十多个独立工作站,以及战地随军调查组,负责军队中的动向。此外,他还配合戴笠,陆续掌握了淞沪警备司令部侦查大队、沪杭甬铁路警察署、上海市警察局警士教练所等公开特务机构,10多个独立的"站"与军事调查组挂上了钩,通过一个大无线电站互相通讯联络。经过改组,上海区足足扩增了5倍,人员也从100增加到了500。

王新衡任上海站头目一直到抗战爆发前夕,因为他和张学良的关系密切,戴笠便派他去先当西北区区长,结果就在即将出发的时候,"西安事变"爆发了,戴笠被搞得灰头土脸,虽然亲自前往救驾成功,但是面子上也过不去,因此借口王新衡"耽误了行程",以失职罪把他关进监狱,直到淞沪抗战爆发才将其放出来,转派到香港任香港站站长,上海区则由周伟龙接替。

抗日战争结束后,国共两党对峙局面日益紧张。1945年9月10日,戴笠决心扩大上海区,将上海直属站、沪郊指挥站、为忠义救国军指挥部调查室、东亚政治经济研究所、汪伪中央税警团政训处合并成立军统局上海特区,区长由王新衡担任,副区长由刘方雄担任。同时他还责令在上海市政府设立了调查处,用来掩护上海特区的活动。上海特区下设情报编审科、总务科,第一、第二、第三、第四站,京沪、沪杭两路特别站,直属第一、第二、第三、第四组,侦查组、学运组、工运组、国际组、浦东组、苏州组、松江组。

1946年7月,军统局又改组为国防部保密局。同年10月,军统局上海特区也更名为保密局上海站,下设3个科、11个直属组,站长王新衡,副站长刘方雄、王方南。

第六章
西安事变：戴笠押宝成功

西北地区的特工形势

　　特务处的活动范围虽然覆盖了全国，但是西北地区的特工工作却没有达到与其他地区、尤其是南方的水平。特务处刚刚成立的时候，在戴笠的主张下，特务处的活动主要是在长江流域和东南各省开展，华北各省的特务机构建立起步较晚，西北地区就更加落后了。直到1934年左右，戴笠才开始着手建立第一个西北地区的省级特务站点——陕西站。陕西站站长是陕西华阴人马志超。马志超原本是蒋介石的嫡系八十师团长，因为在权力的争斗中失败而转投戴笠。对于马志超的投奔，戴笠也给予了热情的回应。马志超是黄埔一期生，在戴笠那里，但凡是黄埔人来投奔，无论其能力强弱，资质优劣，都一律收入麾下。戴笠这样青睐黄埔同学，一方面因为自己有黄埔情结，另一方面也是想用黄埔这块招牌给自己装点门面，抬高身价，笼络人才。马志超在特务工作方面是个外行，为了不至于影响工作，戴笠又抽调黄埔六期生、河南籍特务岳烛远任陕西站书记，协助马志超开展工作，并负实际责任。

　　戴笠在建立了陕西站之后，一直未将其作为省级站重点发展建设。后来，随着国民党在南方的势力渐渐得到巩固，尤其在红军向西北地区迁移之后，蒋介石为了将红军余部赶尽杀绝，要求戴笠加强华北和西北地区的特务力量。蒋介石此举的目的很明显，将红军和张学良、杨虎城一并监控起来。蒋介石期望戴笠能动员张学良、杨虎诚执行中央的命令，按照中央的部署与中央军形成配合，同避居西北一隅的红军作最后一战，将共产党彻底剿灭。当时共产党的部队在中国南方受到国民党的残酷迫害，为了进行休整和保存实力，向西北地区实行战略大转移。

蒋介石一向视共产党为心腹大患，在其黑暗统治下，国民党特务机构对共产党进行了残酷地迫害。蒋介石处理特务工作向来黑幕重重，就是对戴笠、陈立夫或徐恩曾分配任务时都是单独见面，就更不用说找到关于他特工思想的文字记录。然而，为了加强针对共产党的特务工作，蒋介石却破天荒地于1935年元旦在杭州浙警校做了一次以《特务工作人员之基本修养》为题的讲话。蒋的讲话篇幅较长，但是中心思想却只有两条：一是要绝对服从命令，二是不自作主张。这次讲话是西北地区特工工作形势的一个转折点，戴笠根据"特务组织就是领袖的耳目和手足"的精神，进一步加强了西北地区特工组织的建设和部署，并将其作为工作的重点。

经过思考，戴笠有了对西北地区特务工作开展的大致安排。他将整个计划分为3个部分：首先，集中各地特务机关吸收的共产党叛徒，将他们调到西北一线和中共作战，"以共制共"；其次，调特务处反共专家、上海区区长王新衡接任西北区长一职，负责指挥工作；最后，调西安军警宪联合稽查处中校秘书毛人凤任特务处机要室秘书，专事西北区方面的情报搜集和活动，提高特务处总处对西北区业务处理的效率。在西北区加强了力量调配后又派遣了特务处精英领导，在总处和区站之间的联系也得到了加强。基于以上种种，西北区虽然在特务机构里成立较晚，却发展神速。

红军经过两万五千里长征，于1935年10月到达陕北。对此，蒋介石也加紧了"剿共"的进度：蒋急调湖北境内的十几万东北军开赴西北，又集结了杨虎城的西北军、胡宗南的中央军共30万大军，由张学良任"西北剿共"副总司令坐镇指挥，与红军作战。为了配合军队，戴笠在特务机构的建设上倾注了不少的心血，迅速成立了特务西北区、榆林站、晋南站、太原站等特务组织，指挥陕、甘、宁、青四省的特工活动。戴笠在设备和技术的配置上也进行了大量的投入，在西安建立了无线电支台，在西北各省站建立无线电分台，各地特务组织配置的电台总共有30座左右。正是这一时期的投入，使得西北区的特务工作在较短时间内取得了较大的进步。

西北区的机构设置、人员配备、技术设备都悉数到位，戴笠便为下属组织标定了工作对象。第一，特务处将红军作为自己的首要目标。特务人员是一股"看不见的力量"，他们一方面透过各种途径搜集红军军事情报，为蒋介石提供决策参考；一方面在西北各大中城市和后方搜捕中共地下工作人员、爱国人士和进步青年学生，压制红军的宣传和维持社会秩序的稳定；第二，密切关注张学良以及东北军的动态。张学良的部下里有一批具有抗日救国思想的高级将领，特务们对他们进行监视，以防他们在对待"剿共"上出现消极态度；第三，对中央军的监视也被戴笠作为任务分配下去，但是胡宗南的第一军是个例外。

杨虎城和十七路军也是戴笠的特务组织在西北区的工作对象。其实，戴笠对杨虎城的担心并不只是他思想左倾、政治上关系复杂。杨虎城和张学良之间的关系一直是蒋介石的忌讳，如果两人联手要求抗日，消极"剿共"，则蒋介石的"剿共"大局将会被打乱。为了避免两军形成合力，戴笠指示特务西北区要利用东北军和西北军下级军官之间的不合制造事端，挑拨离间，分裂两军。特务们将情报传到特务处，再经过层层递送，呈到了蒋介石的面前。蒋介石看到之后对戴笠的工作表示满意。但是，张、杨二人都是国民党军队中极有政治头脑的高级将领。他们深知东北军和十七路军之间是一个"合则共存、分则同亡"的关系，因此，张学良一方面派自己的朋友高崇民到西安，介绍与杨虎城认识，为双方中上层关系的沟通牵线搭桥，一方面又将计就计，利用特务们想要制造两军分裂的计划，对两军下层官兵之间的矛盾视而不见，以此混淆西北区特务的视听。通过这种"上通下不通，暗通明不通"的办法，掩护了双方的关系。这一举动不仅骗过了特务处，甚至复兴社、"CC"系、政训处的特务也没有察觉。戴笠虽然老奸巨猾，在这件事情上却被张、杨二人巧妙地骗过。

杨虎城是位让戴笠头疼的人物，在对各派人物的监视中，特务们对他的关注度仅次于共产党。为了获得杨虎城的行动消息，戴笠用金钱美色、高官厚禄去收买杨虎城的妻妾和身边的亲信，但是却迟迟不能突破。正在戴笠为此发愁之际，一个偶然的机会让他有了新的发现——杨虎城派驻南京、武汉的办事处长胡逸民的姨太太向友新在社交场合十分活跃。这位女士在他眼前闪现之后，他心中也生出了一条计策。

为了接近向友新，戴笠请出武汉市警察局长蔡孟坚夫妇，不久，二人便与胡逸民、向友新交上了朋友。随后，蔡孟坚又制造机会让戴笠与向友新见面，两人一拍即合。戴笠将向友新吸收进特务处，从此打通了获取杨虎城情报的渠道，关于杨虎城的情报也就比以往更丰富、详细。戴笠一面下令西北区、陕西站加强对宋绮云等杨虎城身边人员的监视，更加清楚地掌握杨虎城的活动情况，一面又暗中将扬虎城手下的办公室主任、军需处长、宪兵营长、兵工厂长等逐次收买。

1936年12月初，蒋介石往返于洛阳、兰州、西安、太原、济南之间，与各方军政要员商谈如何军事部署。在此过程中，蒋介石多次敦促东北军与十七路军，速速开赴陕北，展开对红军的作战。就在这个时候，戴笠获取了一份重要情报："根据西北区长江雄风的紧急报告，张学良正与陕北红军的某一负责人进行秘密接触。"这样的事情非同小可，戴笠于是马不停蹄地从南京赶赴洛阳，面见正在国民党中央军校洛阳分校小憩的蒋介石。

蒋介石认为此事可大可小，如若属实则后果严重，遂命戴笠复查此事，务必将实情弄清，并注意过程的保密。戴笠带着蒋介石的嘱托回到南京，立即指示江雄风对这份情报进行深入细致的调查。不久，江雄风得到从张学良身边亲信传出的情报，称张学良、杨虎城二人将采取"兵谏"方式领导抗日，逼迫委员长停止"剿共"。

此时蒋介石即将赴西安，戴笠见状立即亲自飞报蒋介石。蒋介石认为张学良为人忠义，对自己又很迷信，绝不会存此异心，更何况之前的情报都显示张、杨二人关系紧张。蒋介石认为戴笠所提供的"兵谏"情报不足以为信，于是对其弃之不理。

戴笠虽然平时小心谨慎，对待情报工作总是仔细入微，却受到了蒋的影响。另一方面，他同张学良私交甚好，便猜测"兵谏"之说有可能是张学良手下的异端分子捏造出来的，便没有再深究下去。然而，就是这样一次疏忽，让蒋介石经历了西安事变，成为戴笠从事特务工作以来最为严重的一次失误。

与校长共生死

1936年12月12日，是中国历史上一个值得铭记的日子。这一天凌晨3时的西安，一场影响中国历史发展趋势的大事正在发生——张学良、杨虎城率部发动兵变，将蒋介石及数十名军政大员扣押。

戴笠是蒋介石手下的一员爱将，在隐秘的战线上，他总是能够为蒋介石排忧解难，完成公开机关部门无法完成的任务。当时决定西安之行，戴笠原本是要随蒋介石同行的，但是因为其他公务的原因，并没有成行。

戴笠虽然没有亲身经历与西安方面的正面摩擦，却并没有感到丝毫的庆幸。事变发生的当天，南京与西安的所有通讯联系突然间中断，无论是特务处陕西站，还是"CC"系特务设置的秘密电台，无一例外地全部没有了信号往来。

令人感到惊讶的是，南京方面最早获得西安事变消息的，并不是国民党内拥有发达的情报网络、处处设立眼线进行秘密监视的特务机构。"CC"系特务系统的西北区没有得到消息，陕西省特务室没有得到消息，甚至连戴笠特务处的西北区和陕西省站也没有得到消息。有关西安事变，最早的电报是当天下午3时来自驻守潼关的七十九师师长陈安宝发的，全文仅13个字："西安发生兵变，委员长消息不明。"最先看到电报的是国民政府军政部长何应钦，可是，他在收到电报后却立即对外封锁了消息。宋美龄是从行政院副院长孔祥熙那里得到消息的，而戴笠则一直被蒙在鼓里。

宋美龄连夜从上海赶回南京，刚刚到达便找来戴笠问询情况。这时，戴笠才得知了委员长被囚的消息。

校长被扣，这对戴笠来说无疑是晴天霹雳，他内心极为难过。想到自己能够拥有的一切都是蒋介石给的，若是蒋介石此次在西安遭遇不测，唇亡齿寒，自己失去了坚实的靠山，眼前的一切也将不保。戴笠自问平时对校长忠心耿耿，校长对他也是十分信任，君臣之间有着相当难得的默契。而今，西安之行因为自己的原因却没能陪同校长，校长在西安的遭遇自己也需要负起不可推卸的责任。一想到这些，戴笠便无法抑制自己内心的悲伤。

悲伤之余，戴立也感到异常的懊恼。不但事前自己一点消息都没有听到，事后，自己在电讯总部做了整整一天，不停地向西安的秘密电台呼叫，却什么音讯都没有。好在第二天，戴笠收到了潜逃出来的江雄风用西北区掌握的其他秘密电台发来了一封密电，其大意是：张杨叛变，校长被扣，生死未卜。江雄风发送过这一次情报后也失去了联系，当时西安的形势十分紧张。

戴笠失去了冷静分析的能力。事变发生之初，他每日不是如困兽一般号啕大哭，让旁人见了都心神不宁，就是像失了魂魄一样呆坐着一言不发，抓耳挠腮却一筹莫展。只要见到黄埔同学或是手下的大特务，他都会抱住对方哭诉，悲叹校长这次吉凶难测，性命堪忧。事变发生后南京城内乱成一片，几乎处于失控的状态。戴笠面对眼前的混乱，无计可施之下甚至生出想找一名侠士赴西安救蒋介石的荒唐想法。他泪流满面，啜泣着对手下的特务亲信们说："目前的情况如此混沌不清，西安城内防守严密，而校长又身处其中，我恨不能寻一飞檐走壁之侠士，潜入西安城内营救领袖。请各位想出办法。"

戴笠自己没了主张，便急切地想知道各方对此事的态度如何，可是，各方意见却存在很大的分歧。国民政府方面，宋子文和宋美龄兄妹主和，认为一旦双方开战，有可能使张、杨二人受激而要了蒋介石的命。何应钦主战，还成立了讨伐集团，妄图利用西安事变置蒋介石于死地，尔后取而代其位。南京的黄埔军校学生见蒋介石危在旦夕，便纷纷向亲日派何应钦的讨伐集团靠拢。复兴社内也存在同样的分歧，由贺衷寒、邓文仪、桂永清等人领衔的阵营属主战派，郑介民、梁干乔等人则组成了主和派。

这样的局面更让戴笠感到六神无主，如无头苍蝇一般到处乱撞。随后，他又召集特务处副处长郑介民、书记长梁干乔、参训班教官余乐醒、政治指导员文强等高级特务开会，讨论特务处的对策和方案。众人一时拿不出切实可行的办法，便开始分析战与和的利与弊。戴笠对此也是没有头绪，只是凭自己的分析说道："政治从来都是以武力做后盾，如果没有武力支持，谁又愿与你谈？但是真打的话，校长的处境岂不是更危险？不打都生死未卜，一旦开战还不是万劫不复？夫人认为主战派是别有用心，但是主和却也不能完全不考虑战。毕竟谈是目的，打是手段，只要大军压境，对张、杨二人施压，对方肯定会有所顾忌。共产党虽然也在其中挑拨，但此刻他们已穷途末路，作用不大。"听过戴笠的分析，大家也便无甚可说。

这期间，戴笠一方面保持与胡宗南的联系，掌握西安的形势；一方面每天晋见宋氏兄妹，了解与西安联络和谈判的进展。

12月21日，宋子文从西安飞回南京后与宋美龄商定次日同赴西安，与张、杨谈判。戴笠得知消息后，想到之前领袖对自己的恩泽，便决定冒死赴西安一行。戴笠认为，虽然此去西安注定前途凶险，但是造成这次西安事变，张、杨能够有机会行动，确是自己事先失职，未能做好情报工作。如今事变发生，无论结果如何，自己终无法逃脱误国之罪。况且，此次去西安虽然九死一生，却也不是铁定的死局。从张、杨的谈判决定以及张学良与宋家的关系看，张学良是不会把蒋介石怎么样的。张学良的夫人于凤至是宋美龄母亲倪桂珍的干女儿，张氏父子与宋氏姐妹关系甚密。就是自己，想必张学良也会念及这些年的交情，而对自己手下留情的。

可能是西安事变的打击太大，一下子让戴笠变得患得患失，反反复复。戴笠在下决心时又犹豫了起来。想到自己毕竟是个特务头子，平日里见不得人的残忍勾当干得太多，难保自己不是一入西安便走了麦城，被张、杨二人亲自手刃。戴笠思前想后，顾虑重重，犹豫不决，难定主意。考虑之时戴笠突然想到了自己的挚友胡宗南，于是请他为自己分析。

胡宗南阐释了自己对当时局势的见解，认为西安事变中张、杨之所以发动兵变，主要目的是要逼蒋抗日，洗雪亡国亡家之耻，目的并不是针对蒋介石本人。因此，西安问题和平解决的主动权其实是掌握在蒋介石的手中。若蒋介石亡则国乱，张、杨不但不能实现自己的初衷，反而成了千古罪人，张、杨是极具政治头脑的人，肯定不会出此下策。如此，蒋介石肯定不会有生命危险。既然蒋介石的生命安全得到保证，那么其部下又何谈性命之忧？戴笠此去西安，不但不是一次赴死之旅，反而是一次勤王护驾的好机会，一旦把握住了，不但不会被蒋介石责骂，反而会更加受到器重。

戴笠因为胡宗南这一番话坚定了信心，随后便请求宋美龄同赴西安营救校长，决心与校长同生共死。宋美龄虽嘴上对此表示反对，认为其特务身份肯定会招致对方的厌恶，但是心里却十分感动。同时，戴笠又与宋子文取得默契，宋子文认为戴笠与张学良有私交，又在张学良身边有不少人，对营救行动会起到很大的帮助。宋美龄思虑再三，最后勉强同意了戴笠的要求，但是却明确规定戴笠不得乱来，以免误了谈判。

戴笠交代后事

身为特务头子，戴笠对危险的感知比任何人都更加敏锐，他对西安之行的危险了然于心，虽然他也有些胆怯，而勇气还是战胜了一切。戴笠此行是抱着必死之心的，所以他借着临行前的宝贵时间，着手安排自己的后事。

12月21日，宋美龄与端纳几经商讨，决定第二天飞往西安，宋子文和戴笠同行。就在这一天的晚上，戴笠将自己的重要部属都召到南京曹都巷特务处大礼堂。他与大家痛饮一番后，传达了自己将赴西安之事。他异常沉重地说："今西安发生异变，校长被张、杨叛逆扣押，生死尚不明朗，是我们未能事先明察造成的。校长今日受此苦难，特务处难辞其咎，唯今之计，只有亡羊补牢，竭力营救。明日我将与蒋夫人、宋部长飞赴西安实施营救行动，此行吉凶不测，到达西安，我愿与校长同生死，共存亡。同时，你们在家，也要将后方工作做好。"说完这番话，戴笠就开始着手布置特务机关的各项具体任务。他命军统与当地军警宪机关密切配合，保障南京的安全；同时他命密电研译室，密切注意各派系的动向，监视他们对西安事变的态度及行动，一定要将情报工作做好。最后，戴笠又郑重嘱咐郑介民，要他随时与胡宗南保持密切联系，同时还提醒他要提防复兴社内部的主战派，一切事宜都要等蒋夫人和宋部长从西安回来后再定夺，千万不可轻举妄动。

戴笠将军统之事安排好后，就怀着沉重的心情回到了鸡鹅巷53号。在这里，他也要向家人交代后事。戴笠首先去看望自己的老母亲蓝老太太，他一进门就跪在母亲面前，泣不成声。老母亲有些不知所措，不明白发生了什么。在她的极力追问下，戴笠才逐渐平复心绪，道明缘由，最后叮嘱道："唯望老母保重，勿以儿为念……"老太太守寡多年，为了抚养戴笠吃尽了苦头，心性十分坚强。她并没有落泪，反而平静地安慰儿子放心去做自己的事，不要担心她和家人。接着戴笠又去见自己的原配夫人毛氏，并向她交代，若是自己一去不回，就将母亲接到乡下居住。最后，戴笠还将自己唯一的儿子戴藏宜火速从上海接回。

交代完家人，戴笠就到自己的办公室，打开抽屉，拿出两把崭新的美式小手枪，分别藏在腰间和裤袋里。接着，戴笠还见了一个人，这个人就是曾被蒋介石关押的政治犯郭增恺。郭增恺与张学良很熟悉，他原来在西安主张抗战，结果惹恼了蒋介石，被抓到南京。这次戴笠亲自将他接出来，并安顿在中央饭店细心招待。戴笠如此做，是想从他这里套出张学良的情况，好评估一下自己西安之行到底有多大的风险。郭增恺对戴笠的心思也是心知肚明的。

戴笠在郭增恺面前直言不讳自己的担忧，对前途很悲观，他甚至还拿出手帕毫无忌讳地擦眼泪和鼻涕，他还哽咽着说："不知道委员长这个时候在西安干什么，堂堂总司令竟遭此灾难……"郭增恺见他如此伤心，长叹一声，说道："不必把这件事想得太远了。西安事件，实属政策争执，委员长必定安全。他老先生今天的意外，也并不是出乎意料的。"戴笠从郭增恺这里对蒋介石的安全又多了一分信心，但还是没有确定自己的前途。第二天，他胆战心惊地跟随宋美龄等人飞赴西安了。

出人意料的结局

西安事变中，爱国将领张学良和杨虎城为了逼蒋抗日，采取非常手段挟持蒋介石。蒋介石受到控制，不得不宣布对日作战。

张、杨二人一直将蒋介石软禁在西安。为了解决问题，1936年12月22日，宋美龄、宋子文、端纳、蒋鼎文、戴笠，另有宋美龄的侍女、厨师，一行共7人，登上了飞往西安的飞机。

西安机场，前来迎接的张学良早就等在了那里。经过空中一段时间的飞行，飞机在西安机场缓缓着陆。飞机刚一停稳，张学良便主动登机迎接。宋美龄与张学良简短寒暄后走出机舱。宋美龄看到机场上满是荷枪实弹的士兵，不免有些疑惑和紧张，在同前来迎接的杨虎城握手之后，对张学良说："汉卿，我的行李你可以放心，希望你不要检查了。"张学良对宋美龄十分尊重，回答道："夫人的行李，我不敢检查。"说罢将他们请上汽车，行李也一并装好后，离开机场。其间，只是戴笠携带的两支手枪被没收了。

车队一行先是开赴位于西安市东门里金家巷的张学良公馆，众人小憩之后，张学良将宋美龄、宋子文、端纳三人送到仅一箭之隔的高桂滋公馆，安排他们与蒋介石见面。张学良特请黄埔系著名的"扩大哥""西北剿总"政训处原处长曾扩情作陪，请蒋鼎文、戴笠在自己公馆用晚餐。并于当晚将戴笠软禁于公馆地下室内。

地下室里的一夜，戴笠未曾合过一下眼，他心中早已将当下各种可能预演一遍，也不管接下来将是福是祸，只愿能够尽早得到机会突破这种不确定的情形。

第二天，戴笠想到张学良是此次事件的关键人物，要想弄清事情发展的线索，必须摸清张学良的想法才行。于是，他便积极寻找与张学良单独相见的机会。他请人找来"西北剿总"二科科长陈昶新，希望他能够陪同去见张学良。陈昶新向张学良转达了戴笠的请求，获得同意后领着戴笠去见张学良。戴笠见到张学良后便长跪不起，声泪俱下地哀求道："请副总司令千万保全委员长性命！"张学良见状便告诉戴笠，委员长的食宿都很好，现在状态非常好，并称戴笠可以亲自去看蒋介石。戴笠凭张学良的语气判断，认为并没有伤害他的意图，于是迫不及待地要去见蒋介石。

张学良拗不过戴笠的百般请求，只好派副官谭海拿着自己的手令护送他去见蒋介石。戴笠因能够马上见到领袖而心情激动，刚一进门却被蒋介石破口大骂："娘希匹！该来时你没来，现在来干什么？给我滚出去！"戴笠没有料到，蒋介石竟迎面泼了他一盆冷水，只好战战兢兢地候在门外。

……

12月23日开始，双方展开谈判。一方是代表蒋介石的宋氏兄妹，一方是张、杨和中共代表周恩来形成的组合，双方进过谈判，蒋介石被迫接受了西安方面提出的6项条件。与此同时，戴笠也受命蒋介石同西安方面具体讨论了6项条件中"释放上海爱国领袖及一切政治犯"的具体事宜，并对张、杨等军官的生命安全作出了秘密保证。

第二天晚上，张学良设宴招待蒋介石夫妇、宋子文以及蒋方军政要员。戴笠则提前回了南京。

12月25日下午5时许，蒋介石、宋美龄一行已经离开西安，到达洛阳，下榻在洛阳西工第一分校。此刻控制权已转入蒋介石手中，他嘱咐洛阳军分校主任祝绍局与戴笠联系，指示26日软禁张学良的具体细节。当天晚上，戴笠再次召集张严佛和刘乙光，做细节上的部署。戴告诉张、刘二人，次日委员长将与张学良分乘两架飞机到达，届时飞机将降落明故宫机场，前后时间间隔是10分钟。张学良的飞机一到就要做好准备，刘乙光负责和宪兵联系，到时调一个排的人手到机场负责警戒。蒋介石的飞机将会先到，护送蒋离开后，除了宪兵和特务队，机场不要留下其他人。张学良下飞机后会直接上戴笠和宋子文的汽车，直接去宋公馆，刘乙光负责警卫，乘汽车尾随。当晚，刘乙光就从特务队挑出10人，并将他们全部送至宋公馆，做前期准备。

12月26日终于到了。下午3时，蒋介石和宋美龄飞抵明故宫机场后，国民政府主席林森率一批军政大员等候迎接，在一阵欢迎之后离去。

20分钟后，张学良的飞机也顺利着陆。张学良一下飞机就被宋子文、戴笠拥上汽车，径直送到北极阁宋公馆。张学良被安置进宋公馆后，立即由刘乙光率特务队特务监视起来。

西安事变和平解决后，戴笠开始彻查特务处在此事变中信息失灵的原因。原来，马志超担任陕西站站长的同时，还兼任西安警察局局长，他为了做到兼顾二职，就将陕西省站的内勤机构包括电台一起搬到西安警察局内合署办公。很显然，马志超的做法与特务处的"公开和秘密单位必须绝对分开"的工作原则相悖，岳烛远对此表示强烈反对。但是马志超却一意孤行，丝毫听不进岳烛远的意见。鉴于马志超是上级，岳烛远也只好服从了。可是，这样一来，陕西特务工作就暴露在光天化日之下了，也就造成了西安事变之初西安警察局被十七路军城防司令孔从周率部包围，秘密电台被收缴，消息传不出去的被动局面。

戴笠弄清情况后，对马志超进行了处罚，并给予岳烛远奖励。

西安事变的和平解决让戴笠悬着的一颗心终于放下了。

彻底得到蒋介石的信任

蒋介石从西安回到南京后，开始分析"西安事变"发生的原因，对其中的相关责任人员一一清算。

蒋介石曾向张学良身边安插自己的人，原本是想通过他们监视张学良，来了解张的一举一动，并设法阻止他与杨虎城之间走得太近，关系过密。可是这些人却没有发挥他们的作用，事变的发生，他们是首要的责任人。蒋介石首先想到的就是"西北剿总"参谋长晏道刚、政训处长曾扩情。这两人本是蒋介石棋局中最重要的两颗棋子，到最后却什么作用都没有发挥，对张学良的动态没有察觉，一些与杨虎城的秘密往来也没有注意防范。不仅如此，曾扩情更是在任职期间被张学良策反，在事变开始时，积极响应张学良的要求，向全国民众广播，上书蒋介石，并致函黄埔同学贺衷寒、胡宗南等，表明支持张学良、杨虎城的抗日意愿，要求蒋介石同意张、杨的条件。自己派过去的人反而成了对方的忠实党羽，蒋介石怒不可遏，回到南京便大发脾气，并下手令一道，申斥"晏道刚不尽职责，曾扩情不知廉耻，着撤职查办，交由戴笠执行"。就这样，曾扩情被关进了特务处在南京羊皮巷的看守所内，成了戴笠的阶下囚。戴笠昔日对曾扩情颇为尊敬，曾称他为"扩大哥"，因此在曾扩情被监禁后，也对其给予了特殊的关照。戴笠向看守所所长交代，对曾扩情的看守要做到尽量宽松，除了不能外出，其他一切如他住在自己的家里一样安排，在与外界的联系上，曾的同学、同事、亲朋故友一律可以自由来访。

在诸多相关责任人当中，复兴社的高干、军委会政训处长贺衷寒也是蒋介石的重要处分对象。贺衷寒是复兴社的精英骨干，平日里刻苦钻研，勤于业务，但是无奈蒋介石对其始终存有偏见，认他不够忠心。自己付出很多，在蒋介石那儿却得不到器重，贺衷寒对蒋介石心怀不满。西安事变发生后，贺衷寒立即纠集邓文仪、刘健群等一批复兴社高干和桂永清等黄埔将领，与何应钦站到了同一条战线上，联名通电"讨逆"，企图置蒋介石于死地。

当时，蒋介石还在西安，以何应钦为首的主伐派态度强硬，他们欲以蒋委员长被困为由采取军事行动，出兵西安，与东北军、十七路军一战。其实，包括何应钦、国民党元老戴传贤在内的主伐派都知道，张学良和杨虎城本就是希望挟持蒋介石以令南京，如果与之硬碰硬，则有可能是对方有过激的行动，甚至威胁到蒋介石的生命安全。但是为了能够反蒋篡权，他们便明知故犯地采取行动，何应钦迫不及待地出任讨伐军总司令，戴传贤也是力主讨伐，这让蒋介石回到南京后大为光火。

在众多主张讨伐的军政人员里，何应钦和戴传贤因为身居要职又是党内元老，蒋介石也不好处置，只好强压着火气。

戴传贤平日里封建思想观念相当严重，认为宋美龄的作为尚不足道，她会发表那样的言论，必然是受了蒋介石的指示。受了这等侮辱，戴传贤也是气得大动肝火。

除了戴传贤、何应钦二人，当时贺衷寒、邓文仪、刘健群等人也对讨伐派有过积极的附和。蒋介石回到南京后，戴笠将自己在事变发生这段时间搜集到的关于复兴社、黄埔将领与何应钦勾结的情报一一汇报，蒋介石知晓后对他们大发脾气，还撤去了贺衷寒政训处长的职务，以出国考察为名把他打发了。复兴社自然也没脱的了干系，一年后被并入了三青团。

西安事变本是张学良、杨虎城二人共同发起的，蒋介石却将自己的怨恨全部集中于杨虎城一人身上。杨虎城当时正在西安带兵，蒋介石虽然急于对其进行处分，却也无可奈何，只得等待机会。回到南京之后，他着陈布雷起草训词责斥张、杨二人，并在其中提到："张汉卿年幼无知，西安所发生之一切，责不在其身，而在杨虎城。杨为实现自己的目的，利用张天真、阅历浅之特性，使张出面。戴笠几次报告，杨虎城曾几次想要加害我，幸得张汉卿派遣卫队前来保护，我才得以平安。"

杨虎城自然知道蒋介石的真实用心，为了缓和与蒋介石的矛盾，1937年3月，杨虎城两次主动到杭州拜见蒋介石。蒋介石终是咽不下那口恶气，每次都指桑骂槐，训斥杨虎城。宋子文、顾祝同出面调解也不成。

光是骂还不解气，1937年4月16日，蒋介石使出打发贺衷寒的方法，通过西安行营主任顾祝同指令杨虎城"辞职出洋"。6月29日，无可奈何的杨虎城偕夫人谢葆贞及儿子、随员等，带着军委会拨给的15万元出国考察旅费，从上海港乘"胡佛总统"号轮船，赴欧美考察。

蒋介石使出一连串的动作，对西安事变的相关责任人员进行了一次大的清算，心中极为舒畅。凡涉及事变的人员都被关、撤、赶、骂，只是这其中最为重要的责任人戴笠，却享受到截然不同的待遇。蒋介石从西安回到南京后，不但没有追究戴笠的责任，反而对其更加恩宠了。蒋介石对戴笠之所以有着与对别人完全不同的态度，这里面固然是有戴笠在事变发生之前呈送关于"兵谏"之说情报的关系，更为主要的是戴笠冒死赴西安进行营救，这是蒋介石意料之外的。在西安见到戴笠，蒋介石虽然面色充满怒气，心中却为戴笠的行动所感动，开始重新审视戴笠的作用。

西安事变之后，蒋介石得知戴笠患慢性肠炎在上海英租界宏恩医院动手术，还特意叫宋美龄前去看望。宋美龄在医院见到戴笠后仔细询问了他的身体状况，并亲自关照医院，一定要对戴笠悉心照料，等痊愈后才可出院。得到这样的殊荣，戴笠心里更是又感动又高兴，他知道，如果不是因为西安事变中自己的冒险举动，这样的恩宠是完全不可能的。

从另一点也可以看出蒋介石对戴笠的行为颇为感动。蒋介石十分看重特务工作，并且经常亲自过问，但是却从不在公开的文集和讲演中有所提及。就算是戴笠，也鲜有公开露面的机会。然而，西安事变后，蒋介石却在《西安半月记》中破例提到了戴笠。后来，宋美龄在《西安事变回忆录》中也提到了戴笠。

戴笠本人也颇以西安事变为荣。在与郑介民等大特务们见面时，戴笠都会十分自豪自己的西安之行。他自认为救主有功，因此也常常以第一功臣自居。

蒋介石在西安事变后对戴笠的信任也更为加深，将自己的警卫工作全部交由戴负责。得到蒋介石信任的戴笠开始接管侍从室一处三组，并推荐黄埔学生陈善周担任该组的警卫股长，黎铁汉担任特务股长。其间，侍卫长蒋孝先被打死、王世和调离后，陈善周曾两次代理侍卫长。由此，戴笠已掌握了蒋介石的警卫大权。

这样深深的信任，戴笠知道是因为自己赴西安护驾有功才得来的。蒋介石对戴笠的印象大大提升，这既让戴笠感到高兴，也因此倍感压力——如果之前有什么纰漏被蒋介石查出来，不但自己现在得到的关怀将不复存在，甚至会连之前的一切都将不保。于是，戴笠开始认真地反查之前关于"兵谏"情报的每个环节。他发现，这则情报虽然是自己的特务机构获取，却一直没有确实证据，如果被蒋发现，自己就有可能因为情报工作不利而像其他责任人员一样被处分。这样的疏忽必然需要有人出来承担责任，谁该为此负责呢？自己肯定是"不可能"这么粗心的，在众多当事人中，首要责任人是西北区长江雄风，但是江雄风是黄埔学生，与胡宗南的关系又极好，况且，他对西安的情况也曾作出了准确的预报。思来想去，戴笠忽然想到西安事变前一个多月，上海区长王新衡曾被调令任西北区长，只是西安事变爆发，王新衡的上任也就耽搁了下来。眼下必须有一个人出来做替罪羊，那么关江不行，就只好关王了。王新衡就这么无端代人受了几个月的牢狱之灾。

当时戴笠的手令是这样写的:"西北区长王新衡渎职失责,交特务队查办,着即撤职,即刻执行。"淞沪抗战爆发后,戴笠将王新衡放了出来。

西安事变中戴笠赴死救主,事变后一方面向蒋介石充分表明了自己的忠心,一方面将手下找来为自己扛下了黑锅,由此获得了比从前更甚的恩宠。

第七章

抗日:黑暗人生的亮点

庐山训练团的演说

1937年7月7日晚,戴笠到达庐山海会寺,参加庐山训练团第一期毕业、第二期开学的典礼仪式。参加该团的是全国党政军以及教育界中上层干部,是国民党系统内的主要成员。蒋介石开办该班,主要的目的就是在全国范围内统一对抗战政策的思想。第二天早晨,报告卢沟桥事变的电报就从北平市市长秦德纯处到达了庐山,蒋介石当即致电驻守华北的国民党第二十九军军长宋哲元:"宛平应固守勿退,并须全体动员,以备事态扩大。"

蒋介石的回电显示了他对日作战的决心,卢沟桥事变的发生也在庐山产生了极大的震动,云集庐山参加典礼的各省党政军大员也都开始纷纷讨论起这件事来。戴笠是蒋介石身边的亲信,又是特务处的头目,蒋介石制定的许多机密决策,戴笠都有一定的了解甚至参与。这样的身份吸引了许多军政要员,他们纷纷围拢戴笠,想要听取他对形势的分析。戴笠虽然没有掌握实际兵权,在官位上也与这些"同学"不能相比,但是蒋介石亲信的身份让他此刻感到了极大的殊荣。戴笠说道:"这一次,我们真的要打仗了。"许多大员又追问道:"为什么要打呢?"戴笠接着分析道:"'九一八'之后,日本人先后逼我们签订了《淞沪停战协定》《塘沽停战协定》,一个个条约的签订显示了日本人的狼子野心，我们一再退让，日本人就得寸进尺、步步紧逼，直到今天，如果不打，就再无退路了。况且，面对亡国的危险，民众又会对领袖作何感想？"紧接着又有人问道："我们要用什么去打？"戴笠回答道："我们中国有两个不亡的道理，一个是'置之死地而后生'，一个是'哀兵必胜'，这在中国五千年历史文化上，可以证明。"这番言论显示了戴笠对当时形势的认识，其见解也给在场的许多军政要员留下了很深的印象。

通过这番言论可以看出，当时的戴笠已基本站在了主战的一方。可是，在1937年2月，也就是国民党五届三中全会在南京召开的时候，蒋介石将其政治重点由反共和对日妥协转向和平民主和抗日时，戴笠却仍然坚持不战的一贯想法和做法。

对于蒋介石态度的转变，戴笠是这样想的：蒋介石始终坚持一个领袖一个党的政策，一直将反共当作矢志不渝的目标。蒋介石突然宣布国共合作，联合抗日，这并不是他最为真实的想法。蒋介石对反共十分执着，但是却知道既已诏告天下，便不能再出尔反尔。鉴于这样的认识，戴笠明确了特务处接下来的工作方针——反共活动依然是特务处最重要的工作目标，但是因为大环境的改变，必须在工作部署上有所变更和掩饰。

为了让特务处根据变化做出变化，戴笠多次召集特务处高级特务进行研究。在对特务骨干进行训话时，他首先针对一部分特务对国共再度合作感到疑惑不解进行了训诫："我们是特工人员，所谓特工，即领袖的耳目，执行特殊的工作，即为领袖分忧解难。一切行事，都要以领袖的命令为准，至于政治，特务处本身并非政治集团，因此也没有政治主张。"

对特务们的思想疑惑一一解答后，戴笠又对具体行动方案做出了指示。首先，国民党掌握了广大的地区，在人力财力和军队数量上都占据着优势，眼下国共合作的政策已经宣布，以此为掩护，不仅可以利用高官厚禄对共产党进行收买拉拢，还可以利用合作的机会打进拉出，渗透到共产党组织内部，对其进行瓦解分化。对于公开的共产党员，可以进行侦查监视、威逼利诱；对于没有公开的地下党，可以以逮捕汉奸的名义公开拘捕、囚禁、杀害。在谈到反共活动方面，戴笠曾说："共产党员大多生活艰苦，没有官位，只要我们从生活上腐化他们，舍得出钱，给他们封官，就一定能搞垮共产党。当前的形势是国共合作，这对于我们来说是个好机会，一定不能放过。"

就这样，特务处从政策到行动上进行了一系列改变，就此进入了一个反共的新时期。3月下旬，中共中央副主席周恩来去杭州会见蒋介石，国共双方展开谈判。期间，周恩来经常回上海做短暂停留，下榻于北四川路新亚酒店。周恩来是中共方面的的重要领导人，戴笠认为，如果对周恩来进行监视，肯定能够获取重要情报。于是他指令特务处上海区长周伟龙调动大批特务进行监视跟踪，在周恩来居住的酒店房间周围开好房间，实行全天候监视。为了帮助辨认，戴笠还叫黄埔一期毕业的大特务吴乃宪去帮助指认。结果，上海区特务虽然对周恩来进行不间断监视，却一无所获。

可是，令戴笠想不到的是，就在他坚持对共产党进行打压的时候，局势的发展却朝着国共之间关于抗日合作逐渐加深的方向发展。七七事变爆发了，国民党和共产党在民族大义和国耻家难面前站到了同一条战线上。此时，戴笠意识到自己的判断已经和最新的形势出现了偏差，抗战已经成为全国一致的大事，于是，他再度调整特务处的工作重点，将对日情报和行动工作的重要程度逐渐提升，开始与主流形势趋向一致。

参谋本部战地调查勘测组

庐山训练团毕业典礼之后，戴笠知道一场大规模的抗战即将来临，便匆匆忙忙开始为接下来的工作做准备。为了家庭安全、减少牵挂，戴笠将母亲蓝氏和夫人毛氏送回江山县保安村老家，并致电弟弟戴春榜，让他回家照料母亲。当时戴春榜正在甘肃省景泰县当县长，戴笠在电报中让其"景泰县长不必做"。将妻母二人安顿好后，他又建造一座戴公馆，以减少后顾之忧。身边没了牵挂之后，戴笠便全情投入到特务部署工作中去。针对部分国土已经沦陷，他首先指示特务处各区、站、组迅速布置潜伏组织，尤其是华北和东南沿海地区，各大城市已经被日军掌握，要对潜伏工作加快落实。战争即将爆发，他又规定特务处的工作要转入战时体制，在一线加强人员力量的配备，提高办事效能，适应作战需要。

1937年8月13日上午，上海的局势已是箭在弦上，一场大战在所难免。事关重大又情况紧急，戴笠当天便亲赴上海（与其随行的，还有特务处的大批骨干——余乐醒、谢力公、潘其武、毛人凤等人），在一线指挥上海的特工力量积极发挥作用，配合中国军队对日军顽强作战，以坚决的态度遏制日本侵略者全面发动侵华战争的势头。

8月14日，淞沪抗战全面爆发。因为战时前线作战任务吃紧，各类军事专业人才亟待补充，对此，戴笠立即做出反应，进行人员的紧急调配。戴笠电调参谋本部乙种参谋业务训练班中校政治指导员文强，命其即日起程赴上海报到，出任特务处驻上海办事处上校处长，专门负责特务处与国军首脑机关的联系业务，同时以上海三极无线电所所长的职务为掩护，成为"八一三"淞沪抗战期间戴笠的主要助手，协助戴笠主持对日秘密特工活动。随后，戴笠又指示该班班主任郑介民提前结束该班业务，将所有在班受训的现役谍报参谋人员，急调原保送部队服务。

三极无线电所原是特务处进行无线电技术干部培训的场所，坐落在法租界拉斐德路枫林桥。抗战开始后，戴笠决定以该所的公开用途为掩护，秘密开展各种对日特工行动，而无线电所作为培训机构，则迁向武汉续办。

8月20日深夜，三极无线电所二楼办公室里，戴笠正召集全体特务骨干谈话。这次谈话的主要内容是传达蒋介石的命令，成立参谋本部战地调查勘测组，对川沙至金山卫及杭州湾一带的海岸线进行勘测调查。会上，戴笠告知特务们，战前，日本军曹大山勇夫于8月9日下午5时驾驶摩托车闯入虹桥机场捣乱，企图制造事端。对此，我方已经做好了与敌人拼死一战的准备，当场将闯入机场的日本军曹处死。此事系日方有意挑衅，日军在其军曹被处死后也就"顺理成章"地挑起了战事，随后便发起了大规模进攻，淞沪战役由此打响。为了鼓舞士气，戴笠告知在座的特务，此次战役南京当局态度已经十分明确，日军已经逐步加快在华军事扩张的脚步，如果不遏制敌人日益张狂的野心，国土将会沦陷，到那时，国人将沦为亡国奴。为此，国军决定不惜一切代价，同敌人决战到底。因为所说内容均系机密，戴笠交代特务们要严守秘密。

战事紧急，争取时间就是争取赢得胜利的先机。戴笠将勘察组组建完毕后，限令该组必须在4天之内完成全部勘测任务。勘测组成员了解戴笠的行事风格，知道任务十分紧急，便于当晚做好出发准备，第二日清晨立即出发。对于当地情况，特务们不甚了解，戴笠便指令余乐醒等人去找杜月笙的恒社社员、上海市总工会主任委员朱学范，请他负责解决向导问题。该组成员对此次担负的任务十分重视，全程不敢有半点懈怠，工作起来不分昼夜，仅用四天四夜的时间就完成了川沙县至金山卫及杭州湾一线的调查勘测任务。勘测组对勘测所获得的结果进行归纳后，总结出一份详尽的勘测报告，对这一带海岸线的敌军力量、敌谍活动、敌军企图、滩涂港湾、地质地形、水域深浅以及海匪湖盗等情况进行了详细记录。其中，勘测组还对勘测结果进行了细致的分析，并据此提出了5条建议。其中有一条是关于金山卫硬滩地带的地形考察，分析称该地带因港湾水深，对登陆作战是有利条件，应该派重兵把守，谨防日军由此处突破。11月7日，日军果然派遣优势兵力从金山卫登陆，造成中国军队的溃败，印证了勘测组的报告。这份报告后来由戴笠及时呈送至蒋介石及淞沪战役中国军队首脑机关。

这次调查勘测对这一带海岸线的信息收集相当详尽。在勘测过程中，余乐醒、文强等人了解到太湖里有一股十分剽悍的湖盗，平日里为非作歹，欺压过往船只，使得百姓怨声载道。这帮湖盗虽然规模并不庞大，却因为作风凶狠，桀骜不驯，难以收服。是时，其首领丁锡山因犯杀人案被囚于奉贤县监狱，已判处死刑，尚未执行。如果能够将其正确引导，也是一股可观的武装力量，因此，调查组向戴笠建议，由杜月笙出面保释丁锡山，命其戴罪立功。戴笠知道后作出批示，事情按照调查组的计划办理后，不仅这股盗匪被顺利收编，还引得其他海匪湖盗纷纷投诚，从而壮大了江湖抗日势力，为淞沪抗战作出了一定的贡献。

淞沪抗战期间，蒋介石为了挫败日军中央突破、速战速决的战略意图，先后从中央军及粤、桂、川、湘、云、贵等省的军队调集约70余师投入战斗。蒋介石投入重兵进行抗日，意在取得全面抗战初期的战场主动权，逐步改变此前对日不抵抗的妥协政策所带来的不良影响。然而，蒋介石一方面需要统领全国的军队进行作战，一方面却又对手下的将领心存芥蒂，尤其是杂牌军队。因此，战役初始，蒋介石就电令戴笠组建战地调查组，在搜集战场情报的同时，秘密监视参战部队的各级将领。

因为参战部队的数量庞大，而且来自各个不同派系，人手方面一下成为亟待解决的问题，为了应对繁重的任务，戴笠先从特务处机关、特务处上海区抽调一部分特务，后又从中央军校毕业生调查处招收了许多失业军官，临时组成许多战地调查组，分赴江湾、吴淞、罗店、浏河、大场、杨行等地活动。因为调查组的组员大多是军校出生，在军事常识方面的积累得到了实际运用，每日搜集的情报不仅包括战斗状况、阵地消长、人员伤亡、官兵士气、友邻关系，而且对官兵对蒋介石的忠诚尤其做了细致的记录。为了保持战场与后方信息的畅通，调查组都配备有小型电台，以便每天及时向上海区报告战地调查结果。

坐镇上海区的戴笠得到各处战场情报后，会连夜派专人专车将整理后的情报送到南京或苏州，呈送蒋介石。很多时候，为了保证特别重要的情报的安全，戴笠还会亲自去送情报。

潜伏虹口失败

上海是长江入海口，其战略位置十分重要。日本人将上海作为进入中国的一个重要突破口，紧锣密鼓地布置着对上海地区将要采取的军事行动。为了及时搜集日军的一举一动，1937年7月中旬，戴笠亲赴上海指挥对日情报工作和潜伏组织的部署。当时，吴淞、江湾、虹口和闸北4个地点是展开情报活动的重要据点，戴笠召集上海区组长以上的十余名骨干特务，就四地潜伏组的建立和人员配备进行讨论。虹口和闸北地区是当时日本人集中居住的地区，在此之前，虹口东有恒路一家当铺的老板朱松舟是专门负责对日情报事务的，在谍报活动中也曾获得过一些重要的情报。戴笠认为这是一个很好的突破口，提出要组织一支十人的行动组，配备一部电台，迅速潜入。

然而，七七事变后，日本海军第三舰队云集上海，将整片海域全部封锁。日军在各个哨所关卡构筑工事，加强戒备，并频繁开始演习。同时，日侨开始陆续撤离上海。一时谣言四起，紧张的形势让整座城市都人心惶惶。这个时候，虹口区的中国人开始全面撤离。这样的情况下要进入虹口就已经十分不易，逆势而动不仅容易暴露目标，而且此时上海城内已经出现汉奸，一旦被他们发现，随时会有生命危险。

潜伏行动是高危险性的工作，上海区长周伟龙提出了两名组长人选后，他们立即表示此前都是负责行动工作的，身份已经暴露，不适宜进行潜伏。无奈之下，周伟龙只得推荐沈醉出任组长。沈醉本身也是行动特务出身，潜伏活动对他也并不适合，但是他尚未开口，戴笠就已经对其大加夸赞，并勉励道："你是湖南人，一向胆子大，不怕死，你是最合适人选。"沈醉见已无回旋余地，只好答应了下来。

第二天，沈醉便开始组织人员，经过一阵劝导，终于拉起一支14人的潜伏组。临出发前，沈醉还曾向戴笠请示潜伏组是否要将共产党同时作为监视目标，戴笠沉思了片刻，认为当前形势还是要以对日情报活动为重，如果发现共产党的行动，也可将其记录下来。

沈醉受命后，开始向虹口地区渗透。他当时接受任务时就十分勉强，加上他本人不是黄埔学生，没有系统的军事技能和知识，潜伏组在他的指挥下，活动时经常出错。此时，虹口地区的日军已经组建起严密的管制网络，他们在进入时已经错过了最佳行动时机。最后，终于因为一次失误被日军赶了出来。

1937年8月底，各处的调查组已经组建完毕奔赴前线，只剩罗店、浏河两处的调查组依然缺少人手。这时，恰逢沈醉带领的虹口潜伏组暴露目标被日军赶出。沈醉恐怕自己办事不力而被处分，战战兢兢地向戴笠汇报工作情况，不想戴笠却对情况早有预料，不仅没有对他进行严厉训斥，反而表扬他能够在紧张的局势下保证全体成员的安全，并从危险中撤出。然而，周伟龙却不甘心，逼着沈醉再次返回虹口。沈醉不想做徒劳之举，坚决不肯执行周伟龙的命令。戴笠知道后，训斥周伟龙不珍惜爱护部下的生命。然后，戴笠命令沈醉参加罗店、浏河调查组。8月29日，沈醉率虹口潜伏组全体成员分为两队，改为战地调查组赴罗店、浏河前线执行任务。直至10月13日，两地潜伏组由罗店、浏河间的徐家行后撤，他们一共潜伏工作了43天。

一场高水平的间谍斗争

在中国的版图上，上海是一座极为重要的城市。从地理角度上来说，无论是经济发展还是军事行动，上海都具有极为重要的战略意义。为了争夺对上海的控制权，日本人投入重兵，与中国军队展开激战。为了不让上海落入敌人手里，国民党政府也志在必保，蒋介石不仅向上海战场一举投入70万兵力，甚至将从黄埔军校走出的优秀军官也全部调上前线。由此可见，上海在蒋介石心中有多重的分量。

日军选定上海为突破口，目的之一便是将上海攻占后实施"中央突破，速战速决"的作战方针，加速占领中国的脚步。日军在战场上，面对的是中国军队里最精锐的力量，因此其作战人员消耗也非常大。为了能够达到自己的军事目的，完成既定的作战方针，日军方面也持续向上海投入兵力，两方交战，战局一时进入白热化状态。

一边是日军久攻不下却不愿放弃，一边是蒋介石的精锐之师在不断消耗，双方进入相持阶段，时间转眼就到了9月底。淞沪战役时刻牵动蒋介石的神经。随着时间的推进，战局的走向变得越来越不明朗，这样的结果显然不是蒋介石想要看到的。对战场的投入只会造成兵力的消耗，而战争持续的时间越久，对国民党政府的军队就更是一个考验。蒋介石开始考虑这场战争的其他可能。

战争已经持续这么久，如果此时撤出淞沪战场，则国内国际对抗战的信心都将动摇；如果继续拼下去，70万精锐尽数战死疆场就能扭转战局、取得胜利吗？如果能够在这场战争中将日军击败，这样的投入也算有了价值，但是如果结果相反，那么日军攻破中国国门，在中国国土长驱直入，届时甚至连守军都没有，又谈何抗战？

就在蒋介石一筹莫展的时候，宋子文向蒋介石提供了一条谋略：1922年2月6日，美、英、法、日、意、比、荷、葡和中国北洋军阀政府在华盛顿会议上签订的《九国关于中国事件应适用各原则及政策之条约》，如果依据《九国公约》请欧美列强介入，从中调停，干涉日本，则可对战局产生改变的力量。

宋子文提出请《九国公约》签字国出面解决中日争端后，德国驻华大使陶德曼纷纷出面调停，这的确让日本一时处于被动。形势的变化让国民党内部分高层欢欣雀跃，认为这一招有效遏制了日本人，就连戴笠也产生这样的看法，认为上海有救，和谈就能胜利。这时，大特务文强提醒了戴笠："要谨防敌人的缓兵之计。"这一观点让戴笠很快想明白了事情的玄机。

日本方面对这样的结果自然不愿接受。为了获取情报以制订下一步计划提供参考，日军统帅部急调活动在华北的间谍老手南本实隆少将秘密潜伏上海，主持上海方面的特工活动。日方在上海的特工活动主要有两个目标：一是伺机暗杀动员外交调停的核心人物宋子文，二是窃取中国统帅部对日作战的部署。

戴笠似乎具有与生俱来的特务嗅觉，南本刚刚到上海，他便通过打入日本军方的谍报人员知道了。南本实隆长期在中国进行谍报活动，不仅能说出一口流利的中国话，还对中国社会相当有研究，是一位名副其实的中国通。他外表看似忠厚朴实，内心却奸诈异常、诡计多端。南本虽然与戴笠未曾正面交锋，却屡次破坏戴笠在华北、内蒙古和东北等地的特工组织，而且打死、逮捕特工人员数百。戴笠对其恨之入骨，甚至直呼其"毒蛇"。

南本在华北活动时，戴笠多次设计想要将其除掉，却总被南本逃走。此次南本到上海，戴笠已在同文殊院和日本虹口海军俱乐部安排好内线，下决心一定要将其干掉。有了内线策应，南本的行踪并不难掌握，难的是缺少一个能够充当杀手的人去执行这项任务。戴笠深知这次任务危险而艰难，便在上海的特务中反复筛选。考虑到此人必须有不怕死的作风、沉着冷静的举止，又要保持对校长的绝对忠诚，不能够临阵变节，想来想去，文强进入了他的视野。文强是湖南人，作风顽强，有在浙警校特训班和南京谍参特训班工作的经历，特工业务和行动技术都很精通。选定文强来执行此次行动，戴笠也很满意自己的决定。

接下来，戴笠便计划将文强说服，让他能够不带抵制情绪地接受这项任务。戴笠打电话让文强去自己保密最为严格的寓所，这样的行动让文强感到了戴笠对自己的信任，便欣然前往。两人见面之后，戴笠先是一番鼓励，然后又给文戴上几顶"高帽儿"，说道："念观兄，你辛苦，文友社这出戏唱得不错，你还得再唱一出全武行的苦打戏，我考虑由你出马最为妥当。"不等文强开口，戴笠又连忙补充了南本各方面的资料，并将事先准备好的枪支弹药推向了文强。这时，文强面露难色，戴笠知道自己对方态度游移，于是把又一顶"高帽儿"戴到文强头上："你平时负责业务多，很忙，我理解。但是再忙你也不要推辞，要做关云长，过五关斩六将，不要被困难吓倒。"这样的话让文强心中倍感温暖，欣然接受了任务。

4天后，南本到达上海开始活动起来。出乎意料之外，南本并没有在外围慢慢试探，而是直入心脏部位——以重金收买其日本士官学校时期的同学、国民党原八十七师参谋长杨振华，要杨振华为其提供中国军队的情报。杨振华知道此事关系重大，如果答应了日本人自己将背负汉奸的骂名，而且自己还有一个身份是戴笠身边的别动队参谋长，考虑再三，他开始当起了双料间谍，一面应承日本人，一面又将日本人收集情报的信息向戴笠做了报告。

此时，戴笠正在思考对日谍战的切入点，杨振华的报告恰好让他想到，不如将计就计，让义强此时露面，与日本人正面交锋。于是，戴笠第二次在自己的密宅召见文强。戴笠向文强分析其当前的形势："'毒蛇'此次露面，肯定是要在公约国开会之前攻陷上海，所以和谈是虚，进攻才是实。现在日本人企图收买王敬久手下的前参谋长杨振华，是一个很好的机会。如果把握住了，让杨振华金蝉脱壳，推荐你与南本见面，则可以掌握他的三魂六魄，使他落入陷阱。"简短的一段话，戴笠已将大致情况向文强交代清楚了。戴笠清了清嗓子，顿了一下又开始说到行动的细节："'毒蛇'要杨振华约你晚上八时赴静安寺路100弄10号会面，你的化名已取好，叫李文范，到时有一女仆开门问你是否李先生，你答是便可进去。为了降低日本人的戒心，这次行动将不会有人暗中保护你。但是南本既已约你在其家里会面，说明他已经信任你了。这信任全是因为杨振华的介绍……"戴笠将所能涉及的细节都向文强交代一遍。

终于，中日双方间谍进入交手阶段。

第一次的见面，日本人并没有询问什么，只是确认了对方的身份，并约好两天后在虹口海军俱乐部再见面。临分别时，南本送给文强一大捆东西，被文强带回了苏浙行动委员会办公楼。戴笠知道后，立即提高了警惕性，召来行动技术专家余乐醒进行引爆试验，结果却发现里面是一万元法币。

第二次见面，南本实隆终于开门见山，提出了想要获取的四方面情报：第一，中国统帅部抗战决心如何。第二，中国军队的兵力规模如何。第三，由《九国公约》签字国出面调停是否是宋子文部长设计。第四，对陶德曼奔走和谈持何看法。南本如戴笠事先预料的一样，果然提出了问题。文强按照戴的部署，提出下次作答，双方约定了两日后第三次会面。

第三次赴约，戴笠交代文强在接触时一定要表现自然，做到以假乱真，防止"毒蛇"脱钩。对方如果提出什么问题，就说明他有亟待满足的需求，此时就应依计解决。同时，别动队人数过万，若能顺便从对方手中骗到一笔款项，则两年粮饷解决了。

文强经过思考，写出了4个问题的回复并请戴笠审改，后又留存底稿报校长备案。果然，第三次会面，文强回答了第二个问题，让日方作出了200万元的支付承诺。日本人一向吝啬，这次却如此干脆豪爽，戴笠认为钱款兑现肯定有变。

很快，第四次会谈到来了，日本人没有兑现200万元的巨款，只是商定了四个问题总价400万元的最后价格。第五次会谈,文强拿到了40万元现款,余款南本提出要交出其他3个问题的答复才可兑现。戴笠认为40万元胜得并不痛快,遂决定将会谈延长到下一次。

第六次会谈在赫德路原特务处特务刘戈青租住的一间房里进行,戴笠事先布置好埋伏,等着南本钻入圈套。南本赴约后,开出了支票,但是却限定在3天之后才能按九折取出。这一次,南本又提出要文强作为内应,伺机暗杀宋子文,答允过百万酬劳,并先行支付10万元。文强当即应承了南本的要求,回来报告戴笠。

南本说出了他的真实意图,戴笠便和文强商量起是否要收场。因为日本人说出了刺杀的阴谋,戴笠一方面提高了对蒋介石、何应钦、宋子文的安全戒备,一方面认为杨振华可能在背后会向南本透露了部分情报,这样下去行动将越来越不利。最后,戴笠交代文强决定利用第七次会谈,在赫德路会谈地点除掉南本实隆,外围则吩咐赵理君、王兆槐来处理。

第七次会谈中文强又骗到5万元暗杀宋子文的酬金,并约定在原址第八次会谈。

文强归来后向戴笠做了汇报,而此时的淞沪战场上中国军队已处境艰难,调停也希望渺茫。戴笠赶紧到银行查询支票,却发现兑现还要一个星期,400万元只到账46万元。戴笠此时已经感觉到其中有诈,不该一直贪财,早在第七次会谈时就应该将其干掉。

第八次会谈,戴笠已布下天罗地网静候南本,结果文强等人却一直没能等到对方,只好撤退。

这场中日之间最高水平的谍战,在戴笠和南本实隆这样一流水平的特工之间展开。南本确是一流的特工,在紧要关头对形势作出了准确的判断,并巧妙地溜走。

上海沦陷前部署潜伏计划

自日本发动八一三事变以来,国民党军队就和日本军队几十万人在淞沪地区展开了残酷的拉锯战，日本人叫嚣着"在三个月内灭亡中国"，他们像疯狗一样向国民军进攻，国民军和在上海的其他武装力量进行着殊死抵抗。但是双方力量上的悬殊使得战争形势渐渐明确起来，国民党军队终于支撑不住了。

淞沪会战持续3个月之后，日军仍然盘踞在上海，久攻不下，国民党军队虽然损失惨重，但仍在殊死抵抗着。出现这种局面的原因很简单，日本虽然单兵作战能力强，武器装备比中国更先进，但是日本毕竟是个岛国，物产资源非常有限，同中国比拼耐力和韧劲明显处于劣势。

为了能够尽快地啃下上海这块硬骨头，日本人多次向上海增兵，但仍久攻不下。10月底，日本军部对对华作战部署做出了调整。日本人在分析了淞沪地区的战局后认为，国民党已经拿出了大部分的精锐在这一地区和日本军队火拼，所以蒋介石不可能再投入更多的军力。日本人决定将继续增兵上海，同时在长江沿线寻找其他突破点。到11月初，日军在淞沪地区的兵力已经达到27万，海陆空三军轮番发动疯狂进攻，俨然一副决战的架势。

其实戴笠早已经预料到了淞沪战事的结局，他对中日双方的力量对比心知肚明，在日本人开始谋划在金山卫登陆之前，戴笠已经在开始谋划着在上海密织潜伏组织了。他命令在策应正规军作战的上海特务组织秘密转移到地下，将上海作为最主要的潜伏区秘密地进行对日破坏活动。戴笠任命周伟龙为上海潜伏区的负责人，领导上海沦陷后的特务行动以及情报的搜集和传递工作。

为了能够更好地做好上海沦陷后的特务工作，戴笠决定双管齐下以保障上海的特务网络有效地运作。他还在上海秘密地成立了特务二区，由姜绍谟任负责人。戴笠将上海的特务工作一分为二，让这两支国民党特务力量在沦陷区相互制衡、相互监视。

在埋下了这两颗隐蔽炸弹之后，戴笠悄悄地和杜月笙见了一面，他建议杜月笙将自己的青洪帮门徒中狡猾、老练的留在上海一部分，以配合特务处的秘密行动。杜月笙对戴笠的指示心领神会，不仅开始着手在上海安插自己的"眼线",更是和自己在工商界的好友约定伺机破坏沦陷之后日本人在上海建立的经济秩序等,"让日本人过不上安生日子"!

戴笠精心策划的"沦陷区间谍网络"初步成形,这个体系完全听命于他一人。此外戴笠还在上海的租借区成立了租界特别分站,由廖公勋为分站站长。这个分站的办事处设在法国租界,以法租界警察局为掩护,秘密开展工作。这个分站的主要任务是清除特务处内部的叛徒、共产党地下分子和卖国贼。

1937年11月5日早,日军司令长官柳川平助亲自率领三个半师团的主力军在舰炮的掩护下从杭州湾北岸的金山卫附近登陆,登陆地点有三处:漕泾镇、全公亭、金丝娘桥。这样,日军迂回至中国作战部队的侧翼发起进攻,中国军队腹背受敌,逐渐失去了在战略上的优势。

就在这个时候,日本的第16师团在江苏太仓境内的白茆口成功登陆,与先前到达的前锋部队在京沪铁路附近集结,与东边登陆的日军从东西同时进攻,逐渐形成了对上海合拢之势。上海苏州河北岸的日军6个师团于10月31日强渡苏州河后,亦迅速向两路登陆日军靠拢,淞沪地区中国70万大军顿陷危险境地,再不撤退将成瓮中之鳖,很容易就会被日军一网打尽。

万分紧要关头,国民党军方高级官员方寸大乱,一时间在退和守的问题上难以统一。蒋介石却还对"国联"抱有不切实际的幻想,期望能够有列强出面调停中日之间的冲突,他迟迟不肯下令后撤。

11月8日晚,蒋介石通过中央军事委员会下令,命国民革命军全面撤退,所有部队撤出上海战斗,分两路退向南京、苏州、嘉兴以西地区。有些部队不愿意从坚守的阵地上撤下来,有的部队接到命令后"拍拍屁股就离开了阵地",还有的部队耗在原地观望。就这样,参差不齐的撤退开始了。日本人当然不会给国民党军队任何喘息的机会,他们紧跟其后,利用飞机、大炮毫不吝惜地进行着密集的轰炸。数日内,国民党军队在上海战场出现了大溃败。这样的溃败是在蒋介石预料之外的,其结果就是本来想"退守",却演变成了"退败",就连原本打算坚守的吴福线、锡澄线、乍平嘉线和海嘉线一带的坚固国防工事都成了不堪一击的摆设，国民政府首都南京便门户大开。

于是，蒋介石迫不及待地将首都临时迁到了重庆，将南京弃之不管，只留下极少的军队驻守。戴笠这时也已经在考虑将特务处搬迁的事情了，经过缜密地考虑，戴笠决定先将特务处迁往武汉，以汉口为中心构建情报辐射圈，然后将情报搜集范围扩展至湖南的长沙等地，并以长沙为中心设置情报站。

同时，戴笠还在上海沦陷前初步部署了南京的潜伏计划，命50多名部下留守南京，任命钱新民为南京潜伏区负责人，负责南京沦陷后的对日情报和破坏工作。之后，他又调派尚振声到南京任副区长。

坐镇上海应变

1937年10月26日，戴笠收到了战区副司令顾祝同命令上海闸北地区驻军八十八师撤退的消息。八十八师师长孙元良向蒋介石建议留下一个团的兵力死守咽喉地"四行仓库"，这个仓库位于闸北，地处要道，能够坚守阵地一分钟就是为撤退的大部队提供了一分钟生还的希望。蒋介石答应了孙元良的请求，并指派戴笠率领别动队的陶一珊所部——第五支队配合正规军队守住南市，以响应闸北的五二四团在四行仓库战斗。

为了能够随时向戴笠汇报南市的战况，第五支队在戴笠的授意下从西门子驻上海分公司搞到了4部西门子电话。电话在平时的上海并不是稀罕物件儿，但是战事起来以后电话就成为了稀缺品了。电话中的一部由戴笠亲信文强亲自转交给驻守四行仓库的谢晋元，另三部则转交陶一珊。

此时的上海，炮弹横飞，爆炸声时不时就在身边响起，文强和周伟龙为了能够顺利地将这4部宝贵的电话送至目的地，他们不顾生命危险，连夜驱车赶往南市。几次炸弹就在他们的汽车周围发生爆炸，所幸没有炸到汽车的关键部位。就这样，他们两个各自驾着汽车在炮火中艰难地到达了目的地，将电话安装好，接通了信号。

此时，战壕以外的地方几乎全部被炸成了平地，炮弹、子弹交加，像冰雹一样纷纷落下来。这样的情景下，驻守的陶一珊决定让文强留在战壕里，等炮火稀疏一点之后再离开。可是文强告诉陶一珊自己的包里还有一部电话要转交给谢晋元时，陶一珊呆在了那里："现在那个地方就是一个送死的地方，躲还来不及，你往那儿干吗去啊？""这是戴长官亲自吩咐的任务，必须完成！"文强坚定地对陶一珊说，说完就再次飞奔到已经破旧的车里，飞驰而去。

当文强把电话送到谢晋元团长团部的时候，谢晋元正在组建敢死队，这就是历史上有名的"四行仓库八百勇士"。谢晋元为这八百勇士做了战前动员："兄弟们，上海我们是守不住了，但是就是撤退，我们也要在撤退之前狠狠咬小日本儿一口！"他用自己高亢的嗓音大声对自己仅存的八百兄弟喊着，他的声音和炮火的声音交叉到一起，让文强深受鼓舞。

当文强和他的副官驾驶着已经破旧不堪的汽车来到戴笠面前时，戴笠激动地握着他的手，拉进办公室，亲自为他们二位倒上茶水，并关切地询问战事情况。文强向戴笠汇报："报告戴长官，我已经将4部电话顺利地送往了目的地，请长官放心！"

文强镇静一会儿之后，就把自己的所见所闻都向戴笠做了汇报，戴笠首先对文强表示了赞许，然后对五二四团组建八百敢死队表示了崇敬之情，并让秘书将谢晋元携八百勇士与敌军"有我无敌，有敌无我"的战斗精神综合上海的战事向蒋介石做了电话汇报。

谢晋元五二四团八百敢死队固然让人动容，但是国民党军在上海的溃败之势已经无法逆转。日军在金山卫抢滩登陆之后，国民党在淞沪地区的军队就开始了全线的溃败。一夜之间，近百万中国军队被日本军队赶得落荒而逃，四处逃命，长江沿岸更是死尸无数，血流成河。但是此时的戴笠仍然镇定地在上海部署着自己的特务潜伏工作，他决定要在上海埋下无数颗炸弹，让被占领后的上海成为日本人的流血场地，让日本人在上海不得安生。

戴笠宣布由刚刚执行任务回来的文强任前敌办事处负责人，负责将在淞沪战场上被打散的军队和别动队集中起来，重新组建武装队伍；然后令上海特务总部机关、苏浙委员会总部机关迅速向南方方向转移。在转移的过程中，戴笠又下了一条命令，令周伟龙任上海潜伏区总负责人，负责协调已经安排下来的潜伏人员。

文强将自己负责的文友社向王树人做了工作交接，然后带着一些残兵败将掩护诸多机关单位撤退，监督将不能带走的文件、档案销毁，将准备做逃兵的特务人员做了严肃的处理。为了能够更好地进行对日的谍报工作，戴笠将自己刚刚"考验过"的亲信程克祥、彭寿悄悄地安排在了上海潜伏区，负责对日本军方的谍报工作，同时开展对日的反间谍工作。

日本人也不甘落后，他们也已经开始部署间谍网络了。就在戴笠命令上海特务处总部机关开始撤出上海的前一夜，日本就已经将自己的间谍派出，针对国民党展开了多种多样的间谍战了。据悉，这次日本人的进攻目标是攻克国民政府首都南京。这个消息已经被程克祥、彭寿得知，于是他们向戴笠请示建议成立专门的对日反间谍组织，戴笠同意他们两个的建议，并为他们精心挑选了得力干将，以配合他们开展工作。在戴笠的主持下，程、彭二人和南京潜伏区负责人钱新民进行了沟通，这样，上海和南京的特务处就联袂开始对日反间谍工作。

布置各沦陷区潜伏组织

抗日战争的形势瞬息万变，转眼间国民政府首都南京已经危在旦夕。当时驻守在南京城的军队在蒋介石的命令下纷纷撤出城，向西南方向撤离；城里有钱有势的人家也纷纷购买飞机票、船票、火车票打算尽早离开；只有贫穷的普通市民和从沪宁沿线跑来的难民仍然在守望着这座几乎成为空城的"首都"，他们中的一些人甚至以为留守的国民军队可以将日本人压制在南京城以外，却不知这个城里剩余的军队根本就不可能挡住日本人的疯狂进攻。

戴笠在接到蒋介石下达的撤离南京的命令后，随即安排一千人等的撤退工作，当一切安排妥当之后，戴笠离开了南京，前往香港。到达香港后，戴笠立即通知自己的随行人员召开特务会议，这其中包括在戴笠之前已经到达香港的部分特务处核心人员。戴笠在此次会议中提出，如果南京陷落，那么上海、广州等大城市会很快被日本人攻占的，国民党军队在东南沿海的控制力量就变得微乎其微了，所以香港的作用就变得十分关键，因为香港是英国人的地盘，日本人还没有到和自己的"盟友"撕破脸皮的时候。另外，国民党在香港的特务网络也日渐成熟，能够为特务活动提供一定的条件。

戴笠还指出，要将香港打造成情报工作的中转站，不仅要做国内的情报工作，还要谋划好针对日本人和其他西方国家的情报工作，其中包括日军的军事情报、沦陷区的汉奸情报，以及日本国内的政治动态情报等。此后，戴笠就开始为将香港打造成打击日本情报人员的桥头堡谋划了。

为此，戴笠专门安排得力干将组建了国民军事委员会特务处香港区，担当过香港区负责人的先后有郭寿华、李崇诗、王新衡等。

这时的中国已经是风雨飘摇，蒋介石将首都迁往了远居西南的重庆，称为"战时陪都"，国民党的大股军队也基本撤往了西北、西南等偏远地区。为了能够更全面地把握大局，蒋介石十分重视情报工作，因而对自己的爱将戴笠也是十分器重，时常发报或打电话问询特务工作的开展情况，对此戴笠则是"感激涕零"。

戴笠在香港短暂地待了几天，就匆匆地赶回了南昌。在港期间，他马不停蹄地梳理了香港特务网络，并频繁地约见一些香港名流，希望他们"能够配合国民政府，和日本人拼死一战"。这次赶回南昌的主要任务是在蒋介石暂居的随节组建特务网络，以为蒋介石的警卫工作服务。然后和毛人凤碰头后共同转战到杭州一带，布置钱塘江地区的特务情报工作。

戴笠总是能够准确地判断形势的变化，并适时作出战略战术的调整。当南京的特务处到达武汉的时候，已经是11月29日，冬天已经悄然降临，南方的湿寒渐渐地开始弥漫整个长江沿线。远征的日本军人不适应这样的气候，风寒病已经在他们的军营中传播开来，戴笠据此判断，在日军侵占南京之后会有一段时期的休整期，最起码在来年开春前不会再有像淞沪会战一样的大规模的会战发生。这样相对稳定的几个月正是他部署特务工作的"黄金时期"。

特务处大部分人被戴笠调往了湖南长沙，因为他认为武汉的失守会在长沙之后，将临时总部设置在长沙可以维持一定时期内特务工作的稳定状态。特务处大部人马到达湖南后，戴笠指示他们到距离长沙东门五里的朱家花园落脚，因为这里有100多间宽敞的平房，又是深宅大院，远离城区，所以不会太引人注意。但是当一行人到达朱家花园的时候，朱家的主人对他们的到来并不表示欢迎，于是戴笠下令将这片老宅"抢了下来"，并将这位主人"好生看管起来"。

根据蒋介石的明确要求，戴笠需要将特务机关的指挥中心设置在距离蒋介石不远的地方，以便及时获得指示，时时做出战略战术的部署。戴笠选择了汉口作为特务处的指挥中心。戴笠来到武汉之后就深刻地感受到了武汉老百姓对于战争的恐惧。武汉城内，人们谈论最多的话题是南京的战事，报纸上的大标题也在一个劲儿地渲染战争的血腥气味儿，人们开始盘算着往哪里避难……

戴笠将自己的得力干将梁若节、邓葆光、陈浩等人从长沙调往了武汉，并在武汉设置了国民军事委员会特务处武汉大区，任命李果谌为武汉区区长，唐新为副区长，辅佐李果谌的工作，同时由唐新负责具体的行动工作。戴笠还在武汉大区下设了许多的小组，其中包括宋岳带领的"汉奸侦查组"，邓葆光带领的"经济侦查组""法租界组"，叶文昭的"电台组"，施文棣为首的"交通组"、武昌组、汉阳组……

特务处在武汉设置的特务组织可谓天网恢恢，如果真能像预想的一样发挥出相应的作用，那在武汉活动的人，无论是日本间谍还是普通市民都已经被置于了戴笠的特务处的监视之下。"一段时期内，武汉的稳定得到了保障！"戴笠这句话得到了部分印证，但是如果南京陷落，那么日军就可以沿着长江径直向武汉而来，到时武汉就面临像南京一样的命运。数百万的武汉市民心里在打鼓，就连深处国民党核心的特务处处长都在嘀咕："武汉还能太平多久呢？"

这样周全的特务网络部署在抗日战争的初期确实发挥了一定的作用，在和日军的情报战中还屡有收获，对日本人的情报工作造成了一定的破坏作用。同时，战争初期特务处对于汉奸的惩治工作，对那些想做汉奸的败类们造成了一定的震慑，但是随着抗日战争进入战略相持阶段，戴笠的特务工作就慢慢地将重心转移到了针对共产党上来，失去了它原来的作用。

武汉保卫战

1937年12月13日，南京陷落，日本军队在南京城内进行了为期近一个月的大屠杀。据不完全统计，日本军队在南京屠杀手无寸铁的普通市民和缴枪的俘虏多达30余万。

南京沦陷后，一次意外给戴笠部署的对日反间谍工作带来了巨大的"灾难"，那就是南京潜伏区负责人钱新民的叛变。钱新民叛变后，将戴笠在上海、南京地区布置下的天罗地网全部告诉了日本人。这样的灾难让戴笠在宁沪地区的特务网络几乎全军覆没。

特务处内部高层人物这个时候出现叛徒，对于整个长江沿线地区的特务工作是个致命的打击，戴笠感觉前方的路会变得越来越难走。

就在南京陷落的前几天，全国抗日战场战败的消息屡屡传出，其中最让人感到震惊的是傅作义在太原的战败。国民政府已经在1937年11月20日宣布迁都到重庆，蒋介石逃到了偏僻的西南一隅。12月20日，国共两党的高级领导人在武汉会谈，面对民族危亡的情境，两党摒弃前嫌，协商共同抗日。

这一时期的武汉主要存在几大问题，其中最为重要的是民心问题，其次是经济问题和政治问题。

当时，老百姓的生活面临着空前的困难：由于长江下游已经被日本人封锁，而北部的中原地区也基本上被日本人控制了起来，武汉的生活物资变得奇缺起来，衣、食、住、行的价格都在上涨，加上国民政府在经济控制上的错误决策，让普通百姓家的生活步履维艰。

雪上加霜的是，沪宁一带的难民潮涌到武汉城内，他们衣衫褴褛，夜宿街头，半夜冻死、冻伤的事情经常发生。从1937年8月到1938年夏天，短短不到一年的时间，进入武汉市区的难民数量就多达30多万。由于这些难民的缘故，武汉市区的治安状况更是每况愈下，刑事案件频频发生，屡禁不止。

这个时期，最令人恐惧和担心的并不是这几十万涌进武汉城的难民，而是已经攻陷南京的日本人。

戴笠将自己的办公场所和居住的场所都安置在了武汉的日本租界内，日本租界内的情况要好得多，冲进租界内的难民也基本上被军警驱赶了出去，所以这个时候戴笠对武汉市区的混乱情境的了解基本上还是通过手下们的汇报和报纸、广播等。当然，对于时局的情报搜集，没有人能比得上戴笠渠道多，速度快。戴笠将自己从长沙带来的得力干将都安排在了特务工作的一线，他相信自己的手下能够将交代的任务完成得很好，所以他在武汉期间的主要工作就是整合传来的情报，然后再向蒋介石汇报。

南京沦陷后一周，1937年的12月20日，远在延安的中共中央派遣周恩来为代表到武汉和国民党的高层进行交流，就抗日民族统一战线的问题交换了两党的意见。这个时候武汉又刮起了一股政治风潮，报纸广播都在宣传国共合作之利，宣传抗日救国的希望在于国民政府的坚定决心……一时间武汉市民的抗日情绪高涨，学生们纷纷举起小旗子涌上街头，号召市民为抗日事业做出贡献。

面对如此复杂的国内军事、政治、经济形势，戴笠深知特务处的重要性，在某种程度上，戴笠和他的特务处就是蒋介石的眼睛和耳朵，蒋介石收到的相当一部分信息都是来源于戴笠的特务处，这为蒋介石的政治、军事决策提供了重要的依据。当然，戴笠和他的特务处也是蒋介石安插在武汉的一个棋子，他希望戴笠能够在武汉起到稳定时局的作用，在政治上惩治汉奸、经济上打击投机倒把、军事上截获日军情报……

第八章

借抗战创立特务武装

军事委员会苏浙行动委员会

民国时期的上海,各种力量相互交错,繁华的背后也暗藏着诸多的混乱,而黑帮势力在其中扮演着重要的角色。早在北伐时期,蒋介石就已经和上海的黑帮势力进行了密切的接触,四一二反革命事件之时,蒋介石更是借助黑帮势力在上海大肆残杀共产党员。因此,蒋介石在上海下的这盘棋,黑帮势力则成为重要的棋子,而杜月笙率领的青帮则是这些棋子中最强势的一颗。

戴笠在两广事件后被蒋介石派往上海辅佐宋子良组建税警总团。八一三事变之后,上海战事骤起,蒋介石调集大量军队在淞沪地区和日军展开了大规模的军团作战,而戴笠则抓住这次机会向蒋介石提出建议,希望能够在上海建立民间抗日组织,一则可以辅助正规军队作战,二则可以针对日军开展间谍活动,三则可以肃清汉奸、维护社会治安,如果上海沦陷,这支武装力量还可以在敌后开展对日的破坏活动。

这个时候,蒋介石肯定不会忘记自己的老相识杜月笙。他的帮会网罗了一大批的军阀政客、买办官僚以及形形色色的地痞流氓。他在上海具有巨大的能力,是最好的合作伙伴。经过充分的考虑,蒋介石于1937年9月4日从南京总统府致电戴笠,建议戴笠和杜月笙进行接触,尽快组建由一个师兵力组成的民间武装力量,协助正规军的正面作战。很快,戴笠就兴致勃勃地开始了组建工作。组建武装力量一直是戴笠的梦想,机会难得,戴笠希望能够通过这次的行动证明自己的能力。

在和杜月笙进行正面接触之前,戴笠和自己的亲信进行了细致的准备工作，他们对杜月笙及其所领导的青帮做了详细的分析，甚至连杜月笙的个人爱好、习惯等都搞得十分清楚，做足了准备工作。一天晚上，三部汽车从上海特务处出发，前往黄浦江边法国租界的刘志陆公馆进行秘密会谈。而杜月笙早已接到蒋介石的密令，带领自己的爪牙刘志陆、陆京士、朱学范、陶一珊、梅光培、向松坡等人提前到达了约定地点。就这样这场会谈开始了。

杜月笙深知戴笠的身份，而戴笠也早就对这位黑帮老大有了更全面、更深入的了解，双方开门见山，直切主题。国民党特务处和杜月笙合作是为了能够抵制日本的疯狂进攻，而杜月笙则是出于保护自己在上海的既得利益，当然二者都不愿意做亡国奴，这是他们共同的基本出发点。

谈话进行得很顺利，双方都同意共同组建一个由帮会力量组成的民间武装组织，国民党特务处负责为他们提供武器和战略的支持。杜月笙深知这次合作只不过是蒋介石对自己的利用而已，只是自己无法拒绝，也不想拒绝。这时民族危亡，他不想做亡国奴，况且他的家业和势力全部都在上海。

会谈中，他们决定组建了一个特务武装组织——苏浙行动委员会，由杜月笙任主任委员，由戴笠代表国民政府负责对这个组织的调遣和指挥，而戴笠的亲信周伟龙为执行指挥官负责具体的协调工作。不久，戴笠在这个委员会内设置了几个行动队，由刘志陆为军事总指挥，第一队由何行健任队长，其他4个队分别由陆京士、朱学范、张范等出任。这个组织大约招纳了近2万人加入，绝大多数是上海青洪帮成员，这些黑帮分子在国民政府的装备下俨然一副正规军的模样，在上海遭受猛烈攻击的初期曾和日本军队进行了数次激战。这也是戴笠可以引以为荣的事情之一，至少他也曾经指挥过军事作战。

为了表示诚意，戴笠在会谈前已经为杜月笙抹平一些烦琐的"小事儿"。首先，他密令上海警方暂缓杜月笙的吗啡案，让这位青洪帮头目保住了"盛名"；其次，他将杜月笙门徒徐懋棠的长兄徐懋昌投机倒把的案件巧妙地隐瞒起来，给杜月笙解决了一件头疼的事儿。

就这样，戴笠批给了杜月笙5000支先进的美式手枪，并配备了电台和密码员，这支队伍就组建起来了。戴笠还向蒋介石请示，建议派遣600名军校毕业的军官到这支队伍任职，以提高这支队伍的作战素质；从南京中央警校挑选100名政治教员加入，以加强这支队伍的政治建设；另外他还建议南京特务处派遣高级特工负责对这支队伍进行特务训练。

关于这个组织的命名，戴笠自己拿了一次主意，连蒋介石也不知晓其中的玄机，杜月笙也不解其中安排，但是又不好深入地询问。一个由上海青帮组成的特务武装力量，为什么叫"苏浙行动委员会"呢？组建行动队的目的明明是从侧面支援参加淞沪会战的正规军队，为什么不叫"淞沪委员会"呢？原来，戴笠有自己盘算：他早已经判断出淞沪会战的结果了，他认为凭借国民政府当时的军事实力根本抵挡不住日本人的猛烈攻势，迟早会败下阵来。他将这个组织的地域限定为"苏浙"就是为淞沪会战后的转移做准备，而将组织定性为委员会则是为了能够灵活掌控这支武装力量的行动范围。事实也证明了戴笠的判断，淞沪会战后，他果真将这支武装力量的活动范围进行了扩张，在浙、苏等地区都曾经出现过他们的身影。

上海沦陷后，行动队退守到江浙一带，分布于浦东、苏南、浙江西部地区。由于在作战中伤亡惨重，加之部分队员流氓习性不改，纪律涣散，这支近2万人的队伍在几天内几乎解散殆尽，仅余残兵不足8000。戴笠将这些残兵整合成立了"忠义救国军"，隶属于国民革命军事委员会，由军统直接领导。到这时，戴笠的武装特务组织正式组建，此后这支队伍俨然成为了真正的特务武装部队了。

之后，戴笠将这支队伍一分为二，一支驻守苏南，另一支在上海浦东郊区进行游击作战。而上海沦陷后的杜月笙则逃至香港避难，居住在香港告罗士大酒店的706房间。为了商议方便，戴笠将第一次"忠义救国军会议"安排在香港铜锣湾湾景楼7号，而这里正是军统特务陈质平在香港的居所。这次会议，戴笠将队伍的中高层干部悉数邀请到，并请杜月笙进行了简短的讲话。

此后，戴笠还邀请过美国的军事专家对"忠义救国军"进行了系统的训练，期间戴笠更是多次亲自前往为自己带出的武装力量演讲，鼓励他们刻苦训练，奋力杀敌，早日将日本人赶出上海……

这支由三教九流各色人等组成的抗日"救国军"，并不是戴笠搞的一个"面子工程"，这支队伍在淞沪会战中浴血奋战，为抗日战争作出了卓越的功勋。

别动队

在蒋介石的推动下，戴笠和杜月笙密切合作成立了"苏浙行动委员会"，这是一支特殊的特务武装，也是1912年之后的第一支特务武装，其武装队伍定名为"苏浙行动委员会别动队"。为了筹备这支武装队伍，戴笠与杜月笙在上海的三极无线电学校内成立了筹备委员会，其中筹备委员包括广东省政府主席吴铁成、金融工商界的吴祖贻、钱新之，军界和警察界的吉章简、蔡进军等，而戴笠和杜月笙为筹备委员会联系人。

1937年9月，蒋介石为这个组织"钦定"番号，然后公布了这个委员会的委员名单：杜月笙、戴笠、刘志陆、俞鸿钧、吴铁成、宋子文、张治中、杨虎、吴祖贻、钱新之、吉章简、蔡进军、俞作柏、张啸林等，其中戴笠为书记长，负责具体事务。委员会组织下设了机要、总务、侦谍、军事、技术、调查、交通、宣传8个部门，各个部门的负责人都是戴笠手下的得力干将、特务精英。

别动队由刘志陆担任总指挥。总队下设置5个支队，第一队队长由杜月笙得力门徒何行健担任，其成员主要由青帮分子组成，拥有两个团2000多人；第二、第三队由陆京士、朱学范负责，人数和第一支队相当，成员主要由工人组成，其中包括上海邮务工会、海员工会的会员；第四队为戴笠在京沪沿线上的特工，由戴笠亲信张业为队长；第五队由军训队的高中生为主，队长是陶一珊。蒋介石亲授国民革命军事委员会为这支武装队伍配备高端武器。

别动队是武装特务组织，在军事指挥人员的确定上，戴笠和杜月笙产生了分歧，杜月笙推选的是刘志陆作为最高指挥官，而戴笠推荐的则是同为黄埔出身的大师兄王敬久（八十七师师长），一开始戴笠和杜月笙真是剑拔弩张地争执了好长时间，最终在国民党中央军事委员会的斡旋之下他们各退一步，相互妥协，决定任命刘志陆为总指挥，任命王敬久为总参谋长。戴笠和杜月笙平分秋色，握手言和。

戴笠一直没有真正地做过军人，没有带兵打仗的经验，但是这次在别动队的命名、人事安排、各方面力量的协调上，他都显示出了优秀的军事才能，"如果我在黄埔毕业后进入军界的话，可能我会是一个驰骋疆场的将军了！"戴笠曾经对自己的手下这样说。

当别动队成立的时候，中日在上海的战事已经打得不可开交。"别动队"这支武装力量刚刚组建，其成员大多是没有经过军事训练更没有上过战场的"菜鸟"，唯一受过训练的是戴笠手下的特务们，但是他们接受的是特务训练并不是军事作战训练。在别动队驻守的营地里，三教九流各色人等无所不有，打架滋事、喝酒赌博等不守军规的事情时有发生。面对这么一群"乌合之众"，如何让他们能够全身心地投入战斗，并且形成一定的战斗力，这才是真正让戴笠和杜月笙头疼的事情。

戴笠和杜月笙合计着要将别动队的战斗力提升上去的办法，但是一番苦思冥想之后还是一头雾水，根本无从下手。

戴笠和杜月笙商议之后，向中央军事委员会提出了几个建议，包括为别动队从黄埔军校分配毕业生作管理干部、政治辅导员等。另外，戴笠还和王兆槐合理解决了从外地进入上海外国租界的审核问题，不久他向蒋介石申请的近2000名军政干部就一一到位了。

青浦特种技术训练班

"苏浙行动委员会别动队"成立之后，为了整合这数千人的"乌合之众"，戴笠和杜月笙煞费苦心，他们向中央军事委员会申请调来了数千名军事和政治干部，并从黄埔军校派遣了一批毕生生来充实"别动队"，以提升这支队伍的作战素质。就在这时，戴笠在这支队伍中发现了新的问题。

虽然经过他们的一番努力，懂得军事作战的中高级军事干部在这支队伍内部已经占到了相当大的比例，但是外来"长官"与"别动队"在相处上存在很大的困难，生活习惯、饮食习惯、风土人情等各个方面都存在着较大的差异。后来，戴笠在浏览"别动队"人事档案的时候意外发现在这支队伍中有相当数量的青年知识分子、中学生、大学生，戴笠拿着卷宗呆呆地思索了一会儿，然后高兴地走出办公室的门。他想出了一个令自己满意的好主意，他要迫不及待地去落实自己的构想。

第二天，在"别动队"驻扎的营区，由总部张贴的一纸通告已经悄然地挂在军营门口的白色墙壁上：

党国历来爱才、惜才，鄙人为党国效忠当然更要爱才、惜才。近来鄙人发现"别动队"卧虎藏龙、人才济济，故昨夜久思未眠，今日决定广邀具有一技之长或能言善辩、知书达理之士参加鄙人精心打造的"青浦训练班"，一则可以提高有志之士的军事作战素质，避免因指挥不利、作战不当带来的伤亡，二来为有能力之人提供一个学习的机会，以期今后更好地为党国效忠，为抗日而奋斗！

上海特务处：戴笠亲笔

戴笠雷厉风行，说做就做。很快，在戴笠的授意下，"军事委员会苏浙行动委员会青浦特别训练班"组织委员会挂牌成立，这个训练班既是戴笠和杜月笙为提高"别动队"作战素质而设，也是戴笠自己谋私利之举，他试图在这支队伍内部发掘具有从事特务工作潜质的人才，以期经过这期培训将这些人领上"道儿"，壮大他精心打造的"特务王国"。

青浦特种技术训练班由余乐醒任副主任兼教务主任，并全权负责筹办。余乐醒是湖南醴陵人，曾是早期的中共党员，具有赴法勤工俭学经历，攻读化学与机械专业。归国后一直任军校教官，1927年被中共派赴苏联莫斯科中山大学学习，专门学习情报业务和秘密保卫工作。毕业后叛离共产党投降国民党，经戴笠介绍加入军统。他是军统元老，戴笠视其为智囊，对其十分器重，这次更是将自己想出的"创意"交与他去落实。

就这样，青浦训练班开始选拔、招收学员，设计各类课程。几天后，戴笠又在松江开办了一个几乎完全一样的培训班。这次戴笠决定由谢力公出任副主任兼教务主任。谢力公是广东梅县人，1930年5月南京中央军校第八期学员，抗日战争结束后曾任国防部保密局香港站少将站长。

两个训练班都由戴笠自己担任主任，足以看出戴笠对训练班的重视。训练班教员和管理人员确定之后，戴笠开始着手在"别动队"内选拔合适的人才。

这次，戴笠选择了自下而上的选拔方式，先由班内投票选举，然后按照排、连、营、团的顺序依次竞赛，最后由团部确定参加训练班的人员，按照"别动队"总部分配的名额对选拔出的人员再进行遴选，将名单上报总部，总部会随机抽取部分人员进行信息的核实。

戴笠建议将训练班分为侦察、行动、爆破、刺杀、窃取等几个小组，他还在每个小组都安插了自己的亲信，让他们仔细观察，将发现的人才及时记录并上报"上海特务处"备案，以备后用。

经过会议讨论，上海特务处决定将培训期定为3个月，但是由于后期组建"忠义救国军"、参加淞沪会战等原因，这两期培训班仅仅持续了不到一个月就草草地结束了。青浦训练班举办的地点是青浦县的西溪小学，开课的日期是1937年9月27日，前后共有408名学员前来学习和训练。在10月4日举行的开学典礼上，戴笠驱车赶往，亲自主持，并做了长达5个小时的演讲。

培训期间，戴笠前后数次赶往西溪小学观摩培训和训练，并和具有潜质的学员单独谈话，还为一些学员签名，嘘寒问暖，以显示他对人才的尊重和爱护。10月中旬，戴笠还饶有兴致地专程来到培训基地讲了一门政治课。在这堂课上，他大肆鼓吹国民党式的爱国主义，号召有识之士能够投身到为党国服务的行列中来，投身到为保卫国家和民族尊严的战争中来，"在这烈火般的熔炉中锤炼自己，让自己百炼成钢"！

此后，戴笠曾经效仿"青浦训练班"在全国各地举办了许多培训班。在戴笠以后的军统生涯中，"训练班"时常出现，并在戴笠的棋局中扮演着重要的角色。

青浦训练班草草收场之后，"别动队"就被拉上了淞沪战场。在这场战役中，"别动队"显示出的战斗力让戴笠和杜月笙都十分吃惊，当然他们很清楚这支队伍能够发挥出惊人战斗力的原因：其一，虽然这些人没有经过太多的正规军事训练，但是戴笠和杜月笙已经在他们中间安插了足够的组织力量，军官所占的比例甚至比正规军队都要高出许多；其二，日军进攻上海，蒋介石已经派出重兵和日军在淞沪地区展开大规模会战，但是难掩溃败之势，战场上的节节败退激起了全体中国人民的不满，"别动队"自然也不例外；其三，虽然为这支队伍配备的武器杀伤力并不是很强，但是他们配备的是"手枪"，队伍中作战能力强的基本上是"青洪帮"的成员，他们平时就经常会因帮会之事进行"火拼"，他们对上海的地形、建筑分布十分熟悉，所以在作战中显示出了足够的灵活性。

淞沪会战别动队损失惨重

1937年七七事变后，日本帝国主义占领平津，接着就对上海发动了大规模的进攻。8月13日，日军以租界和黄浦江中的军舰为作战基地，炮轰闸北一带，中国军民团结一心，奋起抗击侵略军，淞沪会战正式打响。这是中国人民抗日战争的第一场重要战役，也是抗战中规模最大、战斗最惨烈的战役，前后持续了3个月，直到11月12日上海沦陷。淞沪会战中，日军投入30多万人，死伤7万多人；中国军队投入了近70万人，伤亡达15万多人。除了正规军外，戴笠和杜月笙等人组织的淞沪会战别动队也死伤惨重。不过也正是有了全体军民的顽强抵抗，浴血奋战，才粉碎了日本"三个月灭亡中国"的狂妄计划，对坚持长期抗战起了重大作用。

戴笠身为军统局长，按理不应该参加正面战场的作战，可是在淞沪会战中他也大显身手，为抗日发挥了巨大的作用。戴笠领导的万人别动队是淞沪会战开始后才开始组建的，期间得到了上海滩的风云人物杜月笙的大力支持，这支鱼龙混杂的队伍由军统特务、青帮成员、上海工人及青年学生组成。蒋介石批准戴笠筹建别动队的初衷在于：淞沪会战开始后，将近70万中国军队陆续开赴上海，日军的兵力也在不断增加，这让蒋介石意识到，战争可能会持续很长时间，这样近70万人的后勤保障就是一个大问题，他对此很担忧。戴笠此时提议用上海本地人组建游击队来配合正规军正面战场的作战，正合他的心意，自然爽快应允了。

别动队成员大多是本地人，他们熟悉地形，从哪里去袭击日本人，从哪里撤走，都了如指掌。虽然戴笠也曾派人对他们进行专门训练，但毕竟时间太短，很多人都是没有经过任何训练，甚至根本不会用枪就直接上了战场。在这场抗战历史上最惨烈的战役中，别动队的绝大多数成员都发挥了高昂的爱国热情，以英勇无畏的气魄顽强抗击日军。

11月5日，日军的10万精锐部队突袭守卫薄弱的杭州湾金山卫，并成功登陆，向守卫淞沪南线的中国军队包抄过来。自此，中国军队就开始全线溃退，战场逐渐推进到了上海市区。蒋介石为了保存实力，决定放弃上海，并于11月8日晚正式下令全面撤退。为了掩护政府军主力顺利撤离，戴笠指示别动队全体留守作为掩护。

别动队员从11月8日夜掩护主力撤退开始，一直坚守到11月11日主力军大部都撤离。当时，掩护的中方军队都被日军围堵在南市。南市街道纵横，最适合别动队的巷战。队员们和其他掩护军一起英勇作战，战斗从11日打到13日，持续了三天三夜，在大家的顽强抵抗下，日军始终没有攻下南市。13日下午，国民党政府发布全部队伍撤离上海的命令，军委也通知别动队员撤离。可陶一珊却坚持不退，说没有接到戴笠的命令。这样别动队员们越来越少，当天晚上，戴笠终于发来撤离命令。

淞沪会战后，军统派出了6个收容小组，四处收容失散的别动队员。原本万人的队伍，最后收容到的仅有1/5，其余绝大部分人都在这场战役中牺牲了。牺牲的人中有很多都是杜月笙的门徒和戴笠的军统骨干，所以他们二人对此非常痛心。上海沦陷后，二人商量后决定解散别动队。杜月笙拿出20万法币作为遣散费，这样，成立不到3个月的苏浙别动队就基本解散了，其中有些残余力量，汇入安徽和浙江一带的其他抗日队伍，成为后来的忠义救国军。

军事委员会忠义救国军

忠义救国军的前身就是当年在淞沪战场和日本军队浴血奋战的"别动队"，别动队在完成掩护大军撤退后就实施了分兵策略，撤退到山区潜伏起来。这支队伍是由许多爱国青年和上海帮会成员组成的，最初组建的目的是组织普通的上海市民加入到抗日中，以壮大抗日的力量，这支队伍在撤出上海之后也曾数次和日军交火，甚至多次截取过日本军方的重要情报，在和日军进行的情报战中做出了很大的贡献。但是后来，随着形势的变化，忠义救国军开始在江南地区执行蒋介石的剿共策略，与驻地的新四军摩擦不断，慢慢发展成为了"假抗日真反共"的反动组织了。

上海陷落后，戴笠接到蒋介石的密令，要求他负责布置在上海及其附近地区的潜伏工作。这一天深夜，戴笠接到蒋介石的密令，然后急匆匆地驱车赶往了杜月笙的住所，和杜深谈至天亮。谈话中，戴笠向杜月笙表达了蒋介石的两个意思，其一，为了能够成功地掩护参与淞沪会战的国民党军队撤离，蒋介石令杜月笙等人组织一些可靠的力量将追击的日本军队阻截在长江沿线的要塞之处，其中最重要的就是针对日本军队舰船的破坏活动，即将日本人征用的中国舰船炸毁；其二，蒋介石希望杜月笙能够发挥他在上海的影响力，将一些上海有头有脸的人物尽快转移出上海，最好能够转移到陪都重庆，因为这些人在上海具有着强大的影响力，所以蒋介石要将这些人物保护起来，以备后用。

抗日战争初期的香港，是一个相对平静的地方，所以许多避难的知名人物都躲在这块"弹丸之地"。蒋介石嘱托杜月笙将上海的名流巨亨转移出上海，杜月笙也通过戴笠向蒋介石拍了胸脯，但是这次杜月笙并没有完美地完成任务，因为蒋介石点名要杜规劝转移的黄金荣、张啸林并没有买杜月笙的账。杜月笙这时候才明白，蒋介石并不是担心包括自己在内的这些上海名流的人身安全，而是担心这些人会做日本人的汉奸。于是，杜月笙迅决定迅速离开上海，而他给自己的理由是：陆京士、朱学范等门徒一再规劝，自己为他们的孝心所动"才忍痛离开自己奋斗半生的上海滩"。

数日之后，杜月笙已经将手头的事务处理完毕，将沦陷后青洪帮的一些事务都向相关人等做了安排，临走之前还向上海的记者做了简短的演说，演说的内容基本上是向蒋介石表明自己的忠心："此次离开上海，鄙人心痛欲绝，但是为了能够更为长久地进行反日活动，我不得不离开自己深爱的上海，此行鄙人将至香港暂时避难，伺机继续抗日，如有反水之心，人人皆可诛之！"是日，杜月笙携俞鸿钧、钱新之、王晓籁等人乘客轮前往香港。

1937年11月9日，上海完全陷落，此时的戴笠仍然在为别动队谋划着今后的道路。经过淞沪会战后，别动队损失惨重，还有一部分人被日军冲散。其中第二支队从上海的浦东撤退到了江苏南部；第四支队撤退到了位于皖南祁门县的历口镇，这支队伍实力保存相对较多，人员伤亡较少，武器装备也基本健全，主要是军官损失极少；第五支队从南市的战场上撤退下来之后，就被陶一珊带往了江苏的江阴附近。另外，苏浙行动委员会直属的一个独立大队退守到了浦东地区。

最让戴笠担心的是他在青浦和松江搞的两个特工训练班的撤离工作。这两个训练班是戴笠早期尝试进行特务选拔和培训的试验品，他绝对不愿意看到自己辛苦训练出来的"精兵强将"被日军冲散或者破坏掉。因为青浦的训练班被安置在了上海的郊区，远离戴笠的"藏身之地"，所以戴笠一时不知道如何和他们取得联系，以商定撤退计策。后经过一番周折，终于取得了青浦训练班的临时电波，在电波里，戴笠向青浦训练班下达了撤退的命令。

青浦训练班的学员简单地收拾了下行装就星夜上路了，他们也不知道自己要被带到哪里去，只是有"长官"在催促他们"抓紧时间赶路"，并不断地为他们加油呐喊："赶紧撤退，前面就到目的地啦！"这种望梅止渴的方法让这支队伍长途跋涉，渐渐在日军的观察范围内"消失了"。

在撤退的途中，这支队伍显示出了令教员们想不到的纪律性和组织性，他们连夜赶路，口干舌燥，却很少有人叫苦；他们步行几百里，却没有抱怨路途遥远，也几乎没有学员做"逃兵"。在到达太湖附近时，戴笠下令撤销了原来的"苏浙行动委员会"，将其地位提升一位，直接由国民党中央军事委员会管理。

戴笠对这支队伍在撤退过程中的表现十分满意，他决定重用自己的这些"弟子们"。后来，戴笠命令青浦训练班转移撤退方向，往南京、长沙方向撤退。他还从训练班中挑选了数十人前往南京去执行特务任务。

日本人在攻占上海之后并没有停下来整顿，而是分兵三路径直向南京而来。青训班的队伍前脚踏进南京城，南京告危的消息就悄悄传来了。还没等青训班的学员和教员们歇歇脚，戴笠让他们再次撤退的命令就已经到来了。

此时，戴笠携众多特务抄小路已经撤离了上海，而负责殿后的150名后勤人员却被大部队远远地丢在了后面，带队的刘启瑞和何之园心急如焚。后来他们得知南京的招商局搞到了一艘轮渡，正准备从南京撤离。于是，在戴笠的授意下，刘启瑞亲自带人将招商局的轮渡抢了过来，乘船从水路撤离了南京。

青浦训练班在余乐醒的带领下，再次踏上了撤退的路途。这次他们要经芜湖、荻港、铜陵、安庆、九江到达华中重镇武汉。戴笠后来再次下令改变行军路线，"要折返九江后撤向安徽南部"。于是，一行人等又调转方向，前队变后队，打算休整几天后继续向皖南进发。

在行军途中，青浦训练班的前头暗哨发现了一股急行军的队伍，于是就向余乐醒发送了紧急戒备信号。余乐醒带领一个班的学员悄悄地跟上了这支"陌生"的队伍，准备探清他们的来历。这时，余乐醒在这支队伍中发现了一个熟悉的人，这个人正是自己的老同事谢力公。"这正是松江训练班的队伍啊！"余乐醒大喊一声。谢力公听见身后的树丛里有动静，就命令"全体停止前进，原地警戒"，然后带着几个人摸了过来。

老同事相见真是难得，况且又是在这荒山野岭。后来余乐醒得知，松江训练班的学员们在从松江撤离的途中不幸遇到了一股日军突然袭击，一番战斗之后，双方几乎战成平手，谁知日军竟然出动了轰炸机，这下松江训练班的学员们开始顶不住日军的疯狂进攻了。他们一边打一边撤退，最后终于逃出日军的炮火包围圈，但是伤亡惨重。这次松江训练班共伤亡400多人，逃散的也有相当一部分，所以最后这支队伍仅剩不足50人，连一个加强排都不够了。

这两支由戴笠钦定的国民党特务培训班就这么在荒山丛林中相遇了，原来有1000人的队伍经过一番番折腾后就剩下不足500人。两支队伍合并后，开往祁门县的历口镇，在那里，他们和别动队的第四支队会师。

这时，戴笠也授意文强组建收容队，沿撤退路线收容被日军打散的别动队员。他们从南通的天生港出发，经过苏州、句容等地跋涉近千里，收容别动队员近2000人，另外还趁机收容在淞沪会战中溃散的军人以及伤兵共8000人。这样，将近一万人的新队伍拉起来了。

戴笠命令手下人将这前后几批来到历口镇的近万的游兵散勇整合成为一支由特务处统一管理的队伍，就地整顿，按照青浦和松江培训班的模式进行临时特务培训。这支队伍在淞沪会战后的集结也宣告了隶属于戴笠的第一支特务武装力量正式组建完毕。这支队伍的人员比之前的别动队更为复杂，其中包括帮会成员、学生、工人、知识分子、军校高材生、溃散的正规军人、特务处特务、国民党军事委员会的高级军官，等等。

戴笠对这支队伍十分重视，他特地给蒋委员长打了一份请愿电报，电报中称，特务处想要将这支鱼龙混杂的队伍打造成为职业的特务武装力量，蒋介石自然欣然同意了。收到蒋介石的回电后，戴笠随即赶往队伍的集结地历口镇。在历口镇，戴笠精神饱满地检查人员的住宿、饮食状况，并前往临时医院探望受伤的战士。随即，戴笠进行了演讲，并对这支队伍的发展提出了自己的期望和要求。

戴笠接到蒋介石的电文，电文称要将这支队伍命名为"军事委员会忠义救国军"。戴笠将在历口镇集结的队伍命名为忠义救国军教导第一团,戴笠自任团长,由俞作柏任副团长主持日常事务。

韩复榘、刘湘之患

韩复榘,1890年出生。1904年,年仅14岁的韩复榘在父母的安排下和高艺珍成了亲。1910年的时候,韩复榘参军,他的长官营长正是冯玉祥。辛亥革命后,韩复榘跟随冯玉祥参加滦州起义,起义惨遭失败后他回到老家养伤。1912年伤愈后他再次投向冯玉祥所带领的部队,冯玉祥对他十分器重,让他做了自己的贴身机要秘书,后来又将他调到部队基层去锻炼。

1926年,冯玉祥在直奉战争中落败。冯玉祥退守至宁夏时,韩复榘离开了冯玉祥,转而投向了山西军阀商震,官升一级任晋军第十三师的少将师长。同年9月,冯玉祥在五原发动了著名的"五原誓师",韩复榘听闻这个消息后很是兴奋,于是再次举家投奔自己的老首长冯玉祥,这次他的军职是援陕军第六路军的司令。之后,他在陕军中屡立战功,出任过河南省政府主席,在军队中的官职也是一再变迁。1930年,蒋桂战争爆发,冯玉祥委任他出任讨逆军总指挥,率领所部出征山东,取胜后出任山东省政府主席。从此之后,韩复榘就成了在山东、河南地界上的土皇帝,他肆意杀害共产党员、镇压参加暴动的工农武装。抗日战争全面爆发后,蒋介石委任他出任第五战区副司令长官,全权负责山东的军政事务。

1937年12月中旬,戴笠成功地将杨虎城"渐进式"地软禁了起来,这让蒋介石微微松了一口气。但是全国的抗战形势很不乐观,最让蒋介石揪心的有两件事情:其一,长江中下游的战事结局已明,自己进入川地已经迫在眉睫,而川军头目刘湘向来对中央军的态度不明了,这次中央军入川刘湘能否全力配合,蒋介石心里没谱;其二,北方战场上的地方军能否拒日军于黄河以北,从而保住山东、河南等中原战略要地,这对于全国的战局都有着十分重要的影响,这其中韩复榘、宋哲元等人是关键的因素。

蒋介石把调查刘湘的任务交给了戴笠,要求他密切监视刘湘及川军的一切"风吹草动"，再动用"一切手段"调查刘湘对"国民党中央"的态度，为中央军撤退四川的安全做准备工作。

同时，蒋介石命令韩复榘、宋哲元等北方地方军将领"和日本军队血战到底，守住黄河天险"，他还令戴笠派人密切注意这些"土军阀"的动向，以防这些地方军在日本人的猛烈攻势面前弃城逃跑。蒋介石在给戴笠的信中写道："要防止地方军不服从国民党军事委员会的命令，更要防止这些地方军将领相互联合，拧成一股绳来对抗中央军。"

戴笠深知这件事情的重要性，所以不敢怠慢。他回到武汉的特务处分站之后，就投入到这项任务的布置工作中去了。据调查，自国民政府宣布迁都重庆以来，韩复榘和刘湘之间的书信、电报来往就开始变得频繁起来，但是他们之间的交流都是加密的，戴笠使尽浑身解数都没有成功破译。如果真的是韩复榘、宋哲元、刘湘密谋着要造反的话，那可是几十万大军啊。现在外有强掳入侵，内有民忧，再加上兵患的话，那日本肯定会趁虚而入，后果真的不堪设想了。

面对复杂的形势，戴笠制定了详细的应对方案。首先，他将手下能调动的人手分为三路，一路人手负责继续对韩复榘等人的监视，尤其注意韩复榘和宋哲元的第一、第三集团军的动态；第二路人手则设法渗透到川军内部，从内部搜集川军的情报；第三路则主要负责对刘湘的监控。

三路人马经过一段时间的秘密工作之后，刘、宋、韩的关系渐渐清晰起来。根据戴笠的判断，他认为如果这三人的联盟确实存在的话，那么刘湘无疑是这个联盟的核心人物。因为刘湘在国内的影响和地位明显高于宋、韩二位：刘湘是四川政府主席、安康绥靖公署主任，另外他还是国民党第七战区的司令长官，在国民党内部刘湘也是元老级人物。

戴笠将刘湘作为这次任务的攻坚点。戴笠通过一定的途径了解到刘湘因胃病住在万国医院的第一号病房。第一号病房是这家医院的豪华包间，是医院里的加护病房，加上刘湘在周围安排了诸多的明暗哨进行警戒，所以要接近他并不是一件容易的事儿。

戴笠安排了特务伪装成病人住进距离一号病房最近的二号包间，同时安排一对特务在医院外围监视，就这样内外配合，将万国医院内刘湘的一举一动都尽收眼底。

经过一段时间的监视后，戴笠发现狡猾的刘湘似乎知道有人在暗中监视他，所以几天下去没有获取一点有价值的情报。戴笠抓耳挠腮，最后想出了一条妙计——收买刘湘的亲随。这时，戴笠注意到了一个人，这个人叫范绍增，原国民党川军师长，现在被刘湘罢了官，但是暂时在刘湘身边做亲随。戴笠和范绍增接触后，用重金和官爵许诺将其收买，帮助戴笠监视刘湘的行踪，向戴笠汇报刘的信件来往信息。通过范绍增，戴笠还收买了刘湘的贴身护卫刘翠英，直接掌握到了刘湘生活起居的所有情报。

这一天，戴笠正在午休，突然副官急匆匆地敲开了门："报告，有紧急情报需要您处理！"戴笠急忙拿过情报，脸上露出淡淡的微笑。原来，范绍增的老手下、川军团长潘寅久（此时已经升任第七战区的参谋长）获得一份重要电报，电报的基本内容是：刘湘秘密调动了川军的两个主力师前往攻取宜昌，而此时的韩复榘已经带兵到达襄樊，待刘湘攻取宜昌后，二军会取得联络，再谋下"一步行动"。

戴笠迅速将这封电报的内容向蒋介石做了汇报，不久蒋介石就命令戴笠加强对刘湘来往电报的破译工作。很快，破译工作取得了巨大的突破。

一日，戴笠获得情报称，刘湘正谋划着秘密回到四川，他此行选择的是乘坐从成都调来的军用飞机。戴笠暗中委派特务将从成都调用的飞机在途中炸毁，而飞机坠毁的原因是"机械故障"。刘湘得知后虽然很是恼怒，但是还算镇定，并没有选择在短期内再次回川，而是选择了"从长计议"。

另一路负责监视韩复榘的人称，近一段时间韩复榘频繁和日军华北特遣军总司令小矶国昭接触，并且和日军津浦段指挥官西尾造、日军间谍土肥原贤二等人取得了联系。很明显，韩复榘此举肯定是为了向气焰正盛的日本示好，以获得日本的支持对抗蒋介石的中央军，最终实现"山东的自治"。

几乎就在同一时间，戴笠又获得了关于宋哲元的紧急情报。此时，宋哲元正在从河北南部战败回河南新乡、濮阳一带的途中。宋哲元在撤退的途中向蒋介石发了一封密电，电报中称韩复榘曾经秘密派人游说自己，欲联合反蒋。具体的行动方案是：韩复榘带兵攻取南阳、襄樊、汉中，而宋哲元则需要攻取潼关以西的地区，这样三军在四川的西北、东北呈"金三角"的态势，即使中央军也会无计可施，再加上日本人的支持，"这片地区将会是刘、宋、韩的天下"。

1937年底，日军并没有选择从华北直接向济南进攻，而是选择了从青岛登陆，由东向西进军。到12月20日，日军已经突破了黄河，兵临济南城下，蒋介石多次急电令韩复榘抵抗，韩复榘公然不听军令，按兵不动。几日后，日军攻占济南，并制造了骇人听闻的"济南惨案"。韩复榘则在一枪未发的情况下率部迅速西撤至位于鲁西南的菏泽巨野、曹县一带的山区。

韩复榘弃城而逃，置济南城芸芸众生于不顾，让国民甚为愤怒，蒋介石更是火冒三丈，叫嚣着"要韩复榘全家人的小命"。更糟糕的是，山东失守后，中原地区的大门就向日本人敞开了，徐州、郑州、武汉等中原重镇完全袒露在日本人的刺刀之下，这是蒋介石在战略上的失策，他万万没有想到韩复榘竟然"不作丝毫抵抗"。

韩复榘不作抵抗的事实让全国人极为震惊，蒋介石早就嗅到了韩复榘想借机杀掉自己的气息，只是一直苦于没有一个充分的理由可以置其于死地。这次韩复榘自己撞到枪口上了。

蒋介石决定敲山震虎，趁机除去这块坏了一锅粥的"臭肉"。于是，他密令戴笠制定周全的暗杀计划，确保刺杀韩复榘行动的万无一失。

戴笠在汉口的租借内紧急召见了特务处驻汉口的特务行动小组组长王兆槐，以及自己的机要秘书龚仙舫。戴笠坐立不安，这让王、龚二位很是纳闷：长官平时镇定得很，这次肯定是遇到棘手的问题了。

"韩复榘违抗委员长的军令，弃城而逃，将济南城几十万百姓抛给了残暴的小日本儿。校长已经决定将韩复榘转交军事法庭审判，我想听听二位的意见，你们都说说吧！该怎么处置这个王八蛋！"戴笠狠狠地拍了一下桌子。

王兆槐是黄埔四期生，和戴笠同是蒋介石的"学生"，曾经在戴笠身边做过贴身警卫以及陕西的警察厅厅长，1935年，戴笠提拔他到淞沪警备司令部任侦查大队队长。王兆槐身手敏捷，思维活跃而且缜密，是特务处公认的"稳、准、狠"高手。龚仙舫是黄埔六期，此人为人厚重、沉稳，又不失灵活，一直很受戴笠器重。

戴笠对囚禁杨虎城的"请君入瓮之计"十分得意，于是王兆槐再次建议戴笠使用这个计策。而实施这个计策的核心人物还是蒋介石，由他负责召见韩复榘赶赴南昌"开会或者商议要事"。"但是韩复榘不像杨虎城一样一心想着抗日才放松了警惕，韩本多疑，恐怕不会那么容易上当的。"龚仙舫沉了一下说："最好找个北方的城市约见韩复榘，这样会减少韩复榘的警惕！"

戴笠认为简单的"请君入瓮"不可能很容易地抓捕到韩复榘，于是他决定"变阵"，"只有变才能够迷惑对方，让对方不知我们的本意！"戴笠对两位助手说。

经过整整一夜的讨论，三个人最终确定了抓捕韩复榘的计策，"请君入瓮"和"调虎离山"融合使用：将韩复榘这只老虎调离他的地盘，然后引诱到已经布置好的天罗地网中来。

戴笠的捕韩方案

戴笠将第一步的重点放在了解除韩复榘对中央军的戒备之心。由第五战区司令长官李宗仁发电邀请韩复榘到徐州参加战略部署会议。徐州距离韩复榘的大本营不过百里距离，相信韩复榘不会过于戒备。韩复榘自认为自己的几十万大军英勇善战，可以无坚不摧，李宗仁又不是和蒋介石完全站在同一条战线上的人，所以他会很爽快地答应到徐州的。只要韩复榘到徐州，蒋介石就立即命令全国各个战区的正副司令官到距离徐州较远的开封参加"北方抗日高级将领会议"，这样就可以让李宗仁将韩复榘带到开封。到达开封后，韩复榘就得乖乖地听从戴笠的安排了。

其实，韩复榘离开山东境内时就感觉到了一股不祥的气息，但是他无法拒绝到徐州参加战区会议。到达徐州后，蒋介石命令他和李宗仁赶往开封，韩复榘就托辞军中事务繁忙不肯前往。经过李宗仁的再三邀请，韩复榘最终决定冒险前往开封。

此行，韩复榘携带了一个团的卫队，戴笠决定采用分而治之的方法将他的卫队分解，然后各个击破。当韩复榘带领大批卫队到达徐州城下时，李宗仁就以"城内住宿房屋紧张"为名，将卫队分到近10处安置；李宗仁将战区作战会议安排在晚上进行，这样黑夜中调动军队，可以迷惑韩复榘的卫队；开会时，紧急拉响防空警报，趁乱解除韩复榘卫队的武装，将韩复榘的随行人员全部抓捕、看管起来；同时，在开会地点周围安排重兵把守，将一切来往的车辆、人员隔离在2千米之外。这时，韩复榘距离他的大军不过百余千米，但是他已经成为了光杆儿司令，自己带来的一个警卫团人马全数被看押起来，没有一个漏网。在徐州城内，韩复榘举目无亲，加上李宗仁的"恳切邀请"，他不去开封都不行了。前往开封之前，将韩复榘的警卫队减少为一个排，然后在开封开会之前将警卫排的武装解除，最终实现韩复榘"单刀赴会"。

在开封的会议是北方抗日军官的高级长官会议，几乎所有的高级军事长官都到齐了，所以戒备森严不会引起韩复榘过多的警惕。进入会场的时候，李宗仁要求所有的与会人员都只带一位机要秘书，韩复榘当然不会例外，于是他将自己的贴身警卫排放在了2千米的隔离圈儿以外。他并不知道，当他进入会场的时候，他的警备排已经被解除了武装，关押进了大牢，其他的在徐州"暂时驻守的警卫团战士"也被看管得严严实实，失去了战斗力。

这次行动，戴笠坐镇汉口，执行完全由自己的两位手下指挥。当方案被蒋介石批准后，戴笠就指示王兆槐、龚仙舫二位迅速组建行动小组，实施对韩复榘的引诱、抓捕计划。

1938年1月7日，韩复榘到达了徐州，1月8日接到蒋介石密电，邀请他到开封参加会议，名单上有45名高级军官的名字，其中包括他和李宗仁，还有他手下的军长孙桐萱。1月9日，李宗仁携韩复榘、孙桐萱到达开封。

1月11日晚7时，韩复榘等45名高级军官进入会场。在会议室内，王兆槐早已经带领着一队特务潜伏了起来，就等着韩复榘进入会场的那一刻。

蒋介石出现时，在场的全体军官鼓掌表示欢迎。"列位仁兄，我等身负民族大任，抗日之事不容半点含糊，有些同仁在抗日的问题上存在严重错误，这次会议就要对他进行严格的考察和审问！"蒋介石开篇讲了这么一句话，这让大家把目光都投向了站在角落里的韩复榘。

蒋介石不再拐弯抹角，径直走向了韩复榘，对其"弃城而逃、动摇抗战形势，给全国、全民族带来了巨大的灾难"直言指责，而此时的韩复榘并没有被蒋介石压住气势，他用南京失守反问蒋介石说："要论对国家、对民族、对抗战，你蒋中正比我更应该有愧疚。南京城是民国的首都，你未作强有力的抵抗就抛弃城内百姓不管，致使城内数十万百姓生死不明，你就无愧吗？"

二人争吵中，坐在韩复榘身旁的豫皖绥靖公署主席、第一战区陆军督军刘峙站了出来："二位，二位，今天是开作战会议，还请二位以大局为重，至于其他的事情以后再说嘛！"然后对着韩复榘说："韩公旅途劳顿，先乘坐我的车回去歇息吧，大家明日再议，明日再议！"然后就拉着韩复榘往后院走，指着一辆轿车说："韩公先行乘坐鄙人的车回住处，明日再见！"

韩复榘气还没消，愤愤地坐上了这辆备好的小车。这时，他并不知道，刘峙这么做完全是蒋介石和戴笠安排好的，当韩复榘坐上车子的时候，王兆槐和另两位特务就猛地从后座窜出来将韩捆绑起来了。

"韩主席，您被捕了，请您配合我们的工作！"这时候，韩复榘才知道，自己中了圈套。原来这次的所谓"华北抗日高级将领军事会议"就是一个专门为自己打造的巨大"幌子"，其真实目的就是为了抓捕自己。

车子缓缓地开出了小院，这时韩复榘才想起自己带来的警卫排，王兆槐看出了韩复榘的意愿，说："韩主席，不用看了，您的卫队已经束手就擒了，现在在开封的军事监狱里喝茶呢！"韩复榘无奈地将头转向了车窗之外，这时候他才感觉到原来会场外众多负责警戒的宪兵是蒋介石、戴笠安排为抓捕自己而布置的。

小车径直开向了开封火车站，一路上三步一岗、五步一亭，戒备森严，韩复榘被蒙上了眼睛，然后送上火车。当韩复榘登上火车后，火车驶向了汉口。到达汉口后，火车站早已被完全警戒起来，大批的军警、宪兵、特务持枪站在月台之上，火车站内准备乘坐火车的人也早被清理出了候车大厅。火车站门口，一辆被重兵看守的小车停在那里，这是专门为接送韩复榘而准备的。小车将韩复榘载到了汉口码头，韩复榘又乘坐渡轮辗转到了宜昌，被关押到了特务处位于宜昌的一所二层小楼内。在这座小楼内，韩复榘曾经试图逃跑，但是都被警惕的特务们发觉，最终韩复榘选择了做"沉默的羔羊"，任蒋介石宰割。

　　韩复榘被捕后，刘湘有些坐不住了，他的病情"迅速好转起来"，他通过特殊的途径向戴笠请示，希望"放他回川"。戴笠肯定不会准其回老巢的，于是在刘湘注射的针剂里做了手脚，使其病情恶化，再次被推进了重症监护室。

　　1938年1月19日，宜昌组建了审判韩复榘的专门军事法庭。这一天，蒋介石还派何应钦专门赴医院看望刘湘，将韩复榘被捕的事情告知了刘湘，并故意透露拘捕韩复榘的原因是"私自调动军队前往襄阳"。刘湘深知事情败露，于是急火攻心，第二天开始吐血不止，傍晚时分在万国医院的手术台上去世。

　　经过3天的审讯，韩复榘被军事法庭判处死刑。1938年1月24日，王兆槐亲任督察，负责对韩复榘执行死刑。

　　韩复榘、刘湘死后，川军群龙无首，派系纷争出现，蒋介石趁机安插自己的亲信入川"执掌大印"，就这样，国民政府迁都重庆的心腹大患已经移除。

第九章
明里锄奸，暗里和谈

唐绍仪被砍死

唐绍仪，字少川，广东省香山县人，民国时期首任总理，著名外交家。他出生在一个商人家庭，优越的家庭环境使其年幼时期便有机会到上海接受良好的教育。23岁时，他获得了出国留学的机会。7年后，他学成回国，在政府部门任职。曾任驻朝鲜汉城领事、驻朝鲜总领事等。

官场的历练，锻炼了唐绍仪的政治才能。驻朝期间，他结识了野心勃勃的袁世凯。在袁世凯的大力支持下，回国后的唐绍仪又担任天津海关道、邮传部左侍郎等职务。辛亥革命后，袁世凯窃取革命胜利果实，出任临时大总统一职。在革命党人的推荐及袁世凯的任命下，唐绍仪出任民国第一任内阁总理。一时之间，他成为举国瞩目、享誉中外的政坛魁首。出任内阁总理后不久，唐绍仪就发现了袁世凯想当皇帝的真实意图，于是他愤然辞去了内阁总理一职。后来，他追随孙中山南下护法。1919年南北议和时，唐绍仪为南方首席代表。议和时他舌战群儒，充分显示了其非凡的政治才能和外交辞令。1924年孙中山改组国民党，实行联俄、联共、扶助农工的三大政策后，唐绍仪开始淡出政坛。蒋介石上台后，他更是对政治不闻不问。此时的他，以党国元老自居，只同意担任一些没有实权的闲职。

上海沦陷后，唐绍仪将妻子及其子女送往香港，自己则留居上海。这时，其显赫的政治声望引起了日本人的注意，他成了"以华制华"傀儡政权的最佳人选。日方制定了一个"南唐北吴"方案，计划由唐绍仪组织全国性伪政府，以此来取代蒋介石的位置。

为了做唐绍仪和吴佩孚的策反工作，日本特务首脑土肥原贤二还组织了一个对华特别委员会。频繁往来于唐府的日本特务和中国汉奸，使唐绍仪将出任伪职之说通过各种渠道传播开来。正在唐绍仪与各方暧昧不清时，其周围的一些亲朋好友为了自身利益，也借着唐的名义大做投敌卖国之勾当。这一行径，助长了其落水传言的真实性。内外两方面因素，将唐绍仪由一个"寓公"变成了处于风口浪尖上的风云人物。

唐绍仪若出面组织南北统一的伪政府，其显赫的政治声望会使一大批党国显要追随其后。如此一来，将有损于党国的威严，同时也会对蒋介石的地位造成严重的威胁。鉴于此，国民党方面对于唐绍仪只身滞留上海的行为甚为不满。为了巩固自己的统治地位，蒋介石对唐绍仪采取了"怀柔政策"。他以金钱和官职为诱饵，希望唐绍仪保持晚节，尽快离开上海这个是非之地。与此同时，广东抗日组织也派代表劝说唐绍仪尽快避祸香港，以免卷入这一政治旋涡之中。

历经政治风云的唐绍仪，当然深谙仕途之道。他对自己的荣辱得失，是有充分考虑的。身居日寇包围中的上海，他不想得罪任何一方。于是，他采取了明哲保身的暧昧态度。对于外面的流言蜚语，他不站出来反驳，只是以外交辞令回应道："一生政治活动中，对于外间任何谣传，皆视为痴人说梦。"对于国民党方面的劝阻，唐绍仪表态道："请诸位朋友放心，我唐某宁做亡国奴，不去当汉奸。若有机会，一定去港。"话虽这样说，但迟迟不见他动身离去的意思。

面对这样一个可能影响到蒋介石利益的政治人物，潜伏在上海的军统特务自然不敢怠慢。唐绍仪的一举一动，都在他们的严密监视之下。当时的戴笠，因锄奸和情报搜集工作不力，受到上司的批评。一筹莫展之际，其手下送来了唐绍仪与日本特务秘密接洽的情报。见这样一个举足轻重的人物可能落水，戴笠异常兴奋。他一方面将情报呈递蒋介石，一方面命手下人进一步加强对唐绍仪的监视。

戴笠曾根据蒋介石的意思，叫杜月笙从香港写信给唐绍仪，劝他离开上海赴港定居。结果这一劝说遭到了唐绍仪的拒绝。他由此推断，唐绍仪可能已经被日方策反。为了威慑异己，也为了永绝后患，戴笠在没有掌握确凿证据的情况下，便下达了刺杀唐绍仪的密令。

唐绍仪寓所位于法租界境内。出于自身利益的考虑，法国方面对其住宅采取了特别的保护措施。他们派大批警察往来巡逻，并在门口设岗放哨。未经允许，闲杂人等不得随便出入唐府。府外警察林立，府内保镖众多——确切地说，唐府并不是一个理想的刺杀环境。负责此事的周伟龙先后组织军统特务制定了几个刺杀方案，但都因某些原因而没有被采纳。唐绍仪是位性情中人，平时喜好收藏一些古董字画。得知这一消息，军统特务便决计以此为突破口。不多久，一个周密的刺杀计划诞生了。

一天，早已被军统收买的谢志磐带着两名化装成古董商人的军统特务开车直奔唐宅。谢志磐是唐绍仪故友的弟子，因而能随便出入唐府。门外，警卫人员照例搜身，但除了几件古董之外，他们并没有从来者身上搜出可疑物件。管家将他们一行人带到客厅之后，便将唐绍仪请了出来。寒暄之后，谢志磐便将几件古董逐一拿给他看。鉴定之后，唐绍仪便将这几件古董买了下来。成交之后，"古董商人"便扬长而去。原来，这不过是军统方面一次"投石问路"的军事演习。为了确保行动万无一失，他们又如是演习了几次。

1938年9月30日，一辆车牌号为6312的蓝色轿车停在了唐宅门前。轿车停稳之后，谢志磐、"古董商人"及其两名"仆人"从车内走了出来。见来者系为熟人，门外警卫人员便不再搜查，直接放行。"仆人"的手中拎着一个装古董的大皮箱，里面有一个南宋花瓶，一把抗倭名将戚继光所配之剑，另外还有其他的一些古玩。当然，里面的最重要之物便是藏在花瓶里的锋利小钢斧了。

见到唐绍仪，"古董商人"赵理君立即将宝剑呈上。唐绍仪接过宝剑，便仔细地玩味起来。他吩咐仆人给客人点烟。仆人在会客厅里找不到火机，便去储物室里去找。见时机成熟,赵理君便示意化妆成仆人的杀手采取行动。于是，杀手李阿大从花瓶中取出钢斧，悄悄绕到唐绍仪背后，对着其头颅猛然砍下。唐绍仪还没来得及呼救，便颓然倒在了地上。赵理君见刺杀任务成功，便招呼众人赶快撤退。出门时，他们大喊着："总理勿送。"然后就关上会客室的门，快速地走了出来。出了大门，他们坐上那辆蓝色轿车，风驰电掣般地驶了出去。仆人取火机回来，一眼便看到倒在血泊中的唐绍仪。他连忙招呼众人抢救，等保镖追出去一看，早已经没有了汽车的踪迹。只有几个仆人记得蓝色轿车的车牌号是6312。唐绍仪被火速送往附近的广慈医院进行抢救，但因伤势过重，送到医院时，已经奄奄一息。下午4时，唐绍仪因医治无效与世长辞。

法租界警察局得知唐绍仪被害的消息后，立即出动大批警察奔赴现场。另外，他们还在各个路口设卡，对6312蓝色轿车进行追踪。当牌照为6312的蓝色轿车被找到后，里面已经空无一人。当警察们找到谢志磐家时，早已是人去楼空。

第二天，唐绍仪被刺殒命的消息便被媒体报道了出来。一时之间，舆论哗然。于右任、张继等一批国民党元老对唐绍仪的被杀大为不满。他们认为唐绍仪与日伪虽有往来，态度也不够明确，但其终究还没有扮演傀儡角色，因而其落水当汉奸的说法并没有确凿证据。他们纷纷找蒋介石理论，并要求缉拿凶手。

面对舆论压力，蒋介石也觉得杀唐绍仪为之过早。但是，他并没有因此而责怪戴笠。他以自己的名义给唐绍仪的家属发了一份唁电。10月5日，国民党政府明令褒扬唐绍仪，拨发唐家治丧费5000元，责令国史馆为其写书立传以示悼念。一场血腥惨案就此画上了句号。

大汉奸张啸林的下场

张啸林，1877年生于浙江慈溪，民国时期上海青帮头目之一。张啸林原名小林，乳名阿虎，以"啸林"为号。少年时期的张啸林游手好闲、无恶不作，是当地有名的流氓地痞。

1897年，他移居杭州，在杭州机房学习丝绸技术。后来，他结识了上海英租界流氓季云卿，便同其一起移居上海。到上海后，他拜上海青帮"大"字辈樊瑾丞为师，成为青帮"通"字辈的一员。站稳脚跟的张啸林开始有意识地扩大自己的势力。他在沪杭一带广收门徒，并开始经营毒品，从中谋取巨额利润。羽翼渐丰的张啸林后来又结识了黄金荣和杜月笙，三人遂结为金兰之好，并称为"上海三大亨"。1920年，三人合伙开办了垄断鸦片市场的三鑫公司。这时的张啸林更是嚣张跋扈，无所顾忌。他开妓院、贩毒品、设赌城，被称为上海滩"三色大亨"。

1927年，蒋介石发动四一二反革命政变时，张啸林心甘情愿地当起了蒋介石的鹰犬。他组织"中华共进会"，率"敢死队"冒充工人，袭击工人纠察队并残忍地杀害了一大批共产党人和工人群众。鉴于其功劳，蒋介石任命他为陆海空总司令部顾问、军委会少将参议。

1932年，经杜月笙推荐，张啸林出任上海华商纱布交易所监事一职。

抗日战争爆发后，由于局势恶化，蒋介石准备放弃上海。为了防止"上海三大亨"被日本人利用，蒋介石曾极力邀请杜月笙、黄金荣、张啸林三人一起去香港避难。面对邀请，三个人做出了不同的选择：黄金荣称病留沪，但从此退出江湖，不再过问外事；杜月笙听从蒋介石的建议，乘飞机逃亡香港；张啸林则退居到莫干山的一处别墅里，悠闲避暑。张啸林之所以不去香港避难，是因为其别有用心。原来，"上海三大亨"地位的排列，原本是黄、张、杜。但是到了20世纪30年代中期，杜月笙后来居上，超过了张啸林，位居第二。对此，张啸林一直心存芥蒂。他比杜月笙出道早，资历较老，而且他还救过杜月笙的命。对于杜月笙的后来居上，他一直耿耿于怀。现在，"三大亨"一走一躲，正是他仰仗日本势力独霸上海的好机会。

日军占领上海后，为了维持稳定，便计划请黄金荣来出面主持大局，借此实现对上海人民的全面统治。黄金荣虽为青帮首领，但却不愿作为人所唾弃的走狗汉奸。日本人碰壁之后，便将目光转向了在莫干山避暑的张啸林。

上海沦陷后，日本方面立即派人前往莫干山与张啸林密谈，让其速回上海。这一邀请，正中张啸林下怀。本着"有奶便是娘"的原则，张啸林回上海不久便公然投进了日本人的怀抱。之后，他开始为虎作伥，充当日本人的走狗。张啸林指使门徒组织"新亚和平促进会"，然后以会长的名义派人四处为日伪收购粮食、棉花、煤炭、药品等军用物资。在收购过程中，强买强卖甚至武装掠夺的事情时有发生。这期间，他还广置门徒，大肆镇压抗日救亡运动，并残忍杀害了一批爱国志士。张啸林的投敌卖国活动，引起了国民党的极大不安。蒋介石意识到，张啸林的存在，会对上海的国民党地下情报人员及金融事业构成极大的威胁。于是，他便授命军统局长戴笠将其除掉。戴笠接到任务后，遂向潜伏在沪的军统上海区区长陈恭澍下达了制裁令。负责执行对张啸林"制裁"任务的是军统上海行动组组长陈默。

行动组长陈默接到任务后，立即着手准备刺杀行动。经过一段时间跟踪、调查，行动组很快掌握了张啸林的生活起居规律。他们对张啸林调查得很仔细，不放过任何一个细节，甚至对其外出时在车上惯坐的位置都了如指掌。

1940年1月15日，行动组得到消息，张啸林晚上将陪同老友俞叶封到更新舞台包厢看京剧名角新艳秋的演出。于是，他们决定混入剧场，乘机实施刺杀行动。但是，计划赶不上变化。这晚，张啸林因临时有事而错过了看戏时间，包厢里只有俞叶封等人。当剧情演到高潮处，观众热烈鼓掌喝彩。这时，行动组人员乘机冲入包厢，拔出手枪对包厢内的看客一阵乱射。听到枪声，整个戏院乱作一团。待巡警闻声前来查看时，发现俞叶封已经气绝身亡。

俞叶封被杀的消息，让张啸林胆战心惊。他知道，军统特务刺杀的对象是他，而俞叶封不过是做了他的替死鬼。为此，他一面庆幸自己的好运气，一面加强安全预防措施。枪击事件后，张啸林好长一段时间内都不敢在公开场合抛头露面，他只是在张家公馆里遥控指挥手下的门徒进行活动。

时间一长，张啸林便耐不住这份出不了门的寂寞。于是，蛰伏一段时间后，他又到大新公司五楼的俱乐部里聚众赌钱。行动组在探明其出行时间和所走路线后，便开始了第二次刺杀行动。一天晚上，当张啸林的车队来到一个十字路口时，恰巧遇到红灯。张啸林的司机正欲停车之际，埋伏在那里的行动人员一跃而起,举枪便朝张啸林的车内猛射。张啸林的司机阿四是个见过世面的人,他一看情形不好,便猛踩油门,车子一下子穿过路口,疾驰而去。这次,早已吓破了胆的张啸林又侥幸逃过了一劫。

得知第二次刺杀行动失败后,戴笠大为不满。他下令要不计一切后果地完成此次任务。对于那个行动不力的军统特务,戴笠下令要严惩不贷。戴笠的加压,使得负责此事的陈默不得不改变策略,从长计议。

遭受变故的张啸林,这次是真的足不出户了。他一方面继续为日本人效劳,一方面则加强了对住宅周围的戒备。他向日本人要了一个宪兵队,要他们在公馆前后门日夜巡逻、守卫。凡往来客人,须事先通报,否则一律不准入内。此外,他还雇用了20多位枪法娴熟的保镖。这样一来,刺杀张啸林的任务便更增加了难度。此时,如果再用其外出狙击的办法,恐怕难以奏效。于是,行动组组长陈默决定从张府内部打开缺口。

不久,张啸林的一个贴身保镖林怀部便被军统收买。陈默以5万块银元和除汉奸的民族大义劝其静候时机,乘机杀掉大汉奸张啸林。林怀部原是法租界的一名巡捕,绰号"五和尚",由人引荐给张啸林做私家保镖。因其枪法不凡,有百步穿杨的本领,故甚得张啸林的器重。1940年8月,陈恭澍与陈默一起秘密接见了林怀部。他们命其在近日内采取行动,得手后,军统总部将设法为其疏通,另外还安排他重回法租界做巡捕房捕办。

1940年8月14日,是林怀部准备下手的日子。这一天,吴静观前来拜访张啸林,二人在楼上的会客室里密谈。林怀部本打算趁着张啸林送客人下楼之际动手,但看到管家外出"叫局"的时候,他便改变了主意。因为这样折腾下来,恐怕要到深夜。想到此,林怀部想出了一个办法。他看见阿四正在院中擦车,便上去同他攀谈了起来。

林怀部说:"阿四,我有点私事,想同张先生请假。麻烦你到楼上跟张先生说一声。"

阿四摇摇头说:"张先生会客时不允许别人打扰,这个规矩你又不是不懂!"

林怀部见阿四不去，便故意激怒他说："你不是总说张先生很看得起你吗？怎么，这下子不吹牛了吧？"见他这样无礼，阿四火了，便同他激烈地争吵了起来。

听到楼下的吵闹声，张啸林一下子来了脾气。于是，他把上半身探出窗外，冲楼下咆哮了起来。他说："你们这几个龟孙子，一天到晚吃饱了饭没事干。老子多叫几个东洋兵来，到时候让你们统统滚蛋。"

林怀部见张啸林现身，认为机会已到，便故意和他顶撞了起来。这对于张啸林来说无异于火上浇油，愤怒之下，他命令阿四卸了林怀部的枪，然后将其赶出张家大门。见这一阵势，林怀部装出很生气的样子，他回应道："此地不留爷，自有留爷处！"说着，他将手伸到了腰间拔枪。就在大家以为他要缴枪走人的时候，林怀部却出乎意料地举枪射向了张啸林。一枪射出，张啸林还没来得及反应过来，便一命呜呼，直接到阎王爷那里报到去了。

怕张啸林侥幸逃脱，林怀部在大家还没反应过来的时候，提枪便飞奔上楼。到了楼上，他见张啸林仰面倒地，已气绝身亡。

确认张啸林已死，林怀部飞奔下楼，准备逃离现场。刚跑到楼下，林怀部就被张的保镖包围了。这时候，法租界的巡捕也闻讯赶到。见逃脱无望，林怀部大义凛然地把枪往地上一丢，从容被捕。

戴笠得知张啸林被杀的消息后，立即致电询问，并表示要发奖金庆祝。被捕后的林怀部坚持杀死张啸林乃个人恩怨所致，与军统方面没有任何关系。鉴于此，法租界判处他有期徒刑15年。抗战胜利后，林怀部被当局释放。

曾经不可一世的上海滩"三色大亨"，就这样退出了历史的舞台。

暗杀陈箓

陈箓，字任先，号止室，1877年出生于福建闽侯。早年的他，曾在福州马尾船政学堂学习法语。后来，他又转入武昌的自强学堂继续深造。毕业后，成绩优异的他留校做了一名法文教师。1903年，陈箓护送8名学生赴德留学，后其转赴法国，进入巴黎大学，攻读法律。1907年，获法学学士学位的陈箓学成回国。回国后，他参加了清政府组织的廷试，被授予法科进士的头衔。随后，他开始担任部制勘司主事、翰林院法律馆编修、外务部考工司郎等等职务。1912年后，陈箓被北京政府外交总长陆徵祥重用，担任外交部政务司司长。1913年，陈箓出任中国驻墨西哥公使。

1917年5月，陈箓奉命回到了北京。同年底，他开始担任外交部次长的职位。不久，外交部长陆征祥因出席巴黎和会而离开北京。这时，作为外交部次长的陈箓便代其行使外交总长的权力。

巴黎和会是中国以战胜国资格参加的国际会议。会上，中国代表提出了取消列强在华特权，取消中日"二十一条"不平等条约，归还第一次世界大战期间日本从德国手中夺取的德国在山东占有的各项权利等要求。但是，除山东问题外，中方代表的这些合理要求并没有被列入会议讨论的范畴。在《凡尔赛和约》上，规定把德国在山东的特权全部转让给日本。这样丧权辱国的条约，将中国北京政府推到了风口浪尖之上。当然，外交部更是首当其冲，陈箓的处境因此十分艰难。作为外交部次长，他甚至不敢到自己的办公室去办公。

巴黎和会后，"山东问题""福州事件"等中日矛盾接踵而来。这些事情搞得陈箓焦头烂额。于是，他向上级递交了辞职申请。

1920年9月，北京政府任命陈箓为驻法国全权公使。任职期间，陈箓一直按照北京政府的旨意办事，因而成了中国留法学生责难、攻击的对象。

第一次世界大战后，在华法教育会的撺掇下，赴法勤工俭学人员不断增多。当满怀梦想的中国学生到达法国后，却发现法国并不是梦想中的天堂。在这里，学生们无学可上，无工作可找，甚至连最基本的生活保障都无法维持。如此困境之下，华法教育会则发表声明，称要与留法学生断绝一切经济关系。无奈之下，学生们只好向中国驻法使馆申诉。身为驻法全权公使，陈箓几经交涉，才化解了使馆与留法学生之间的危机和矛盾。此事过后，在北京政府的指使下，陈箓、朱启铃等人又企图与法国政府签订借款条约，条件是出卖国家印花税、验契税，以及滇渝铁路、两粤铁路的建筑权。后来，在周恩来、蔡和森等爱国学生的反对下，借款计划才被迫中止。同年9月，陈箓与留法学生发生冲突后，一度支持和默许法国政府强行遣送学生回国。此事，使陈箓一时间成了留法学生的公敌。

1928年7月，南京国民政府解除了陈箓驻法公使之职。失魂落魄的他由巴黎回到了上海。为了安抚陈箓，南京国民政府曾让其担任国民政府外交部顾问和外交部谈判委员会副主席等虚职。事实证明，这些虚职并不能满足陈箓那权力欲膨胀的心。

1937年，抗日战争爆发。当时，陈箓已经退休，但是，他并不甘心就此退出历史舞台。于是，不得志又不甘心寂寞的陈箓变成了日伪拉拢的对象。沦陷后的上海，一度出现了两个汉奸组织：一个是苏锡文组织的大道市政府，另一个则是梁鸿志组织的伪政权维新政府。后来，维新政府搬至南京，与王克敏的伪华北临时政府相互呼应。这时，心痒难耐的陈箓再也不顾礼义廉耻，欣然接受了维新政府的任命，出任其外交部长。此时的他，为了自身的欲望，心甘情愿地当起了日本人的走狗。

显赫的外交经历，让陈箓成了一个举足轻重的政治人物。其投敌卖国行为，更助长了日伪在中国的嚣张气焰。为了杀一儆百，重庆方面决定除之而后快。于是，戴笠便向军统处上海区的特务下达了制裁令。负责此次刺杀任务的是上海站行动组组长刘戈青。此人原名刘国兴，毕业于国立暨南大学，后加入军统，被分配到上海区工作。经过周密的计划和准备，刘戈青决定在除夕之夜动手。

1939年农历除夕，陈箓专程从南京回上海过年、祭祖。这天下午，天空下着毛毛细雨，气温极低。晚上7时，雨下得更大了。这时的刘戈青，正带着几个人悄悄地朝陈府靠近。之所以选择在晚饭前行动，是因为这个时候正是沿途巡警和保镖换班吃饭的时辰。这个时候搞突袭，最容易得手。在接近陈宅时，透过蒙蒙雨雾，刘戈青见三个保镖正在岗亭里避雨、抽烟，一副悠然自得的样子。见这阵势，刘海山一个箭步上前，用枪对准了他们。刘戈青借机上前卸下三个人的手枪。随后，刘海山负责监视三个保镖，其余人则跟着刘戈青从后门进入，闯进了厨房。

除夕之夜，厨房里的几个男女正忙得不可开交。这时，刘戈青几人突然带枪闯入，吓得他们一个个瞠目结舌，说不出话来。刘戈青示意一个人留下看守，其余几人则随其由厨房冲进了客厅。客厅里，灯光明亮，桌上佳肴散发着诱人的香气。陈箓夫妇正在沙发上和来客闲话家常。见几个带枪人突然闯入，陈箓慌忙拿靠垫护住头部，顺势滚下了沙发。见此情景，刘戈青不敢怠慢，上去就给了陈箓两枪。陈箓中枪后，特务们怕其侥幸逃脱，便又顺势补了几枪。接着，刘戈青掏出事先准备好的标语，扔在了陈箓的身上。标语上写着："抗战必胜，建国必成，共除奸伪，永保华夏！"落款为"中国青年铁血军"。

事发时，陈箓的儿子正在楼上。听到枪响，他马上拿枪和保镖一起朝楼下射击。刘戈青等人一面还击，一面贴着墙下的射击死角向外撤退。由于不知刺客底细，保镖们没敢追出。

出门后，刘戈青几个人坐车逃到了杜美路。之后，他们扔掉枪支，分头离开。

事后，陈箓被火速送往附近医院，但终因医治无效而命丧黄泉。警务处接到报警后，立即派警察赶赴陈家。但是，刘戈青等人早已逃出大门，扬长而去。

陈箓死后，各大报纸竞相刊载特大新闻：铁血军破门而入，伪外长即登鬼门。为了表示哀悼，南京伪维新政府为陈箓举行了隆重的葬礼，沪、宁两地下半旗，陈箓家属也因此得到了10万元的抚恤金。

听到陈箓遇刺身亡的消息，上海市民无不拍手称快。负责此次刺杀任务的上海站行动组组长刘戈青也因此名声大振。

刺杀傅筱庵

傅筱庵，名宗耀，浙江宁波镇海人。早年时期，傅筱庵在上海浦东英商耶松船厂做工。因精通英语、善于逢迎，他很快被上级提升为领班，负责工人工资等事宜。当上领班的他，很快暴露出自己贪婪的本性。通过克扣工人工资、虚报冒领等敛财手段，傅筱庵很快完成了资金的原始积累。于是，他便在浦东购置房产，出租获利。

傅筱庵是个典型的投机分子。他先是投身显贵门第，借以壮大自己的经济实力。羽翼丰满后，他又倾心于政治上的投机。北洋军阀时期，傅筱庵便开始走上仕途。他身兼数职，可谓是官运亨通、春风得意。八一三淞沪抗战后，上海沦陷。日军占领上海后，便开始大力推行"以华制华"的侵略政策。为了实现其侵略政策，他们开始寻找合适的代理人。这时，年过花甲但在上海颇有影响的傅筱庵便进入了他们的视线。二者一拍即合，狼狈为奸。1938年10月16日，伪"上海特别市政府"成立。傅筱庵恬不知耻地出任伪"上海特别市政府"市长之职。

投靠日本人之后，傅筱庵开始卖力地为日本人服务。他残酷镇压爱国人士并大肆宣传汉奸理论。1940年3月30日，汪精卫在南京成立伪"国民政府"。汪伪政权成立后，傅筱庵又投入了汪伪政权的怀抱，并在日本人的支持下继续任市长一职。

傅筱庵成为军统刺杀对象，一方面是他作恶多端，另一方面则是咎由自取。早些年，他因支持北洋军阀而得罪了蒋介石，后来遭到国民党的通缉；抗战时期，他又自甘堕落，充当日本人的走狗。然而，这一切罪状并不是造成他被杀的直接原因。

1939年，戴笠派戴星炳和吴赓恕到上海着手筹划暗杀汪精卫事宜。先前的暗杀，让汪精卫提高了警惕，因而戒备森严，致使戴、吴二人无从下手。无奈之下，他们只得动用开滦煤矿驻上海办事处经理许天民的关系，让其去说服傅筱庵参加暗杀汪精卫的行动。傅筱庵与许天民交谈后，几经权衡，决定明修栈道暗度陈仓。他明着答应许天民的劝说，暗地里却将此事密报给汪精卫。于是，汪伪特工总部顺势逮捕了戴星炳等人。没多久，戴星炳便被汪精卫亲自批准枪决。

得知这一消息，戴笠十分愤怒。傅筱庵的出卖，不仅使他的"刺汪计划"

再次流产，而且使他损失了两名得力助手。戴笠将此事报告蒋介石后，蒋介石遂下令除掉傅筱庵，刺傅任务由军统局上海区的陈恭澍负责。

接到任务后，陈恭澍立即着手准备执行。通过调查，他们探知傅筱庵的官邸在虹口祥德路26弄2号，与日本海军陆战队驻地相邻。傅宅戒备森严，平日有20多个警察在房前屋后来回巡逻。除此之外，傅筱庵还雇用了12名保镖护守宅院。这种情况下，要想带枪闯入傅筱庵住处，难度可想而知。非但如此，老奸巨猾的傅筱庵出门时也格外谨慎。外出时，他乘坐装甲轿车，前后有四辆护卫车保驾护航。他的办公楼周围也有大量的警卫队负责保护其人身安全。如此严密的防范，让陈恭澍等人觉得无从下手。他们几次派特务狙击，都以失败告终。最后，陈恭澍不得不另辟蹊径，派人物色傅筱庵身边的人下手。

经过多方了解，陈恭澍把目光锁在了傅筱庵的仆人朱升身上。朱升，山东人，是傅筱庵在1927年被国民党通缉避居大连时所雇，负责照顾傅筱庵的饮食起居，随其走南闯北13年，深得傅筱庵的信任。此人对主人忠心耿耿，但却有着强烈的民族正义感。傅筱庵投靠日本人后，朱升多次规劝他辞去伪职，以免遭人唾骂，但傅筱庵根本不听。为此，朱升很是恼火，无奈的他只能借酒浇愁。

为了在内线打开缺口，陈恭澍派杜茂在傅筱庵住宅附近开了一家酒馆。一日，朱升在公馆觉得无聊，于是便来到了公馆外的马路上溜达。当他看见这家新开的酒馆时，一时兴起，便信步走了进去。"店主"杜茂一眼瞥见朱升，便热情地招呼道："老阿哥，小店刚刚开张，请多多捧场！"

朱升在酒馆吃过一次酒后，感觉很是称心，于是他便成了这里的常客。每次前来，店主都会以美酒佳肴热情款待。除此之外，还与他天南海北地聊天。久而久之，朱升便和"店主"杜茂成了很要好的朋友。一次，酒酣耳热之际，朱升把对主人的不满和盘托出。他说，主人不应该去当汉奸，更不应该出卖许天民等人。见时机成熟，杜茂便因势利导，劝他以民族大义为重，为民除害。杜茂承诺，事成之后，给他5万元的赏金，并协助他安全逃离。

经过激烈的思想斗争，朱升决定答应杜茂的要求——杀死傅筱庵。

1940年10月10日，傅筱庵从法租界亲友处赴宴归来后，已是11日的凌晨3点。傅筱庵回府后，朱升照例端给他一碗银耳汤。这时的傅筱庵边打哈欠边说："太累了，不吃了！"见他没有食欲，朱升遂服侍其睡下。

傅筱庵有独睡的习惯，因而独居一室，这给刺杀行动提供了很好的内部环境。朱升不会用枪，又考虑到枪声会招致警卫的注意，因而决定用刀。早上6点钟左右，天还没有大亮，这时的朱升便开始了自己的行动。他穿上做饭时的罩衣，把尖刀拢在宽大的衣袖里，便蹑手蹑脚地潜入了傅筱庵的房间。当他来到傅筱庵的床前时，发现他正在床上酣睡。借着窗外微弱的灯光，朱升对准傅筱庵的喉咙和脑袋连砍三刀……

傅筱庵还来不及呼救，就一命呜呼。见傅筱庵已死，朱升便关上房门，悄悄地从屋里退了出来。按照事先的约定，他拎一只菜篮，推一辆自行车，向傅家后门疾驰而去。在门口，朱升遇到了两个值班的警卫人员。他说："市长今天要回请客人，他让我去市场买几只新鲜的甲鱼回来炖汤。"警卫人员见他是傅筱庵的老仆人，因而也没多加盘问便放行了。路上，他遇到了一个女仆，便谎称辞职回家。很快，朱升便转入公共租界。在军统人员的接应下，他逃到了香港，后又辗转回到重庆。

天亮后，傅筱庵的姨太太听到傅的房间没有响动，入内一看，不由得大惊失色。原来，傅筱庵已经横尸家中。只见他身中三刀，一刀在眼部、一刀在下颔，一刀在颈部。伤势以颈部最为严重，头颅与躯干几乎分离，面部狰狞可怕。

傅筱庵被杀后，各大报纸争相报道。傅筱庵被杀当天《上海晚报》就刊登了他遇刺身亡的消息。10月12日，重庆《大公报》则详细刊登了傅筱庵遇刺身亡的事件。傅筱庵的死，轰动了整个上海。听到这一振奋人心的消息，上海市民无不拍手称快。日伪方面则极度地震惊与恐慌，他们一边打电话向伪政院报告，一边紧锣密鼓地缉拿凶手。为了搜捕朱升，他们曾开出5万元的赏金，并一度使京沪火车停运。由此可见，傅筱庵之死对日伪打击之重。

武汉区抗日锄奸团

武汉失守前，戴笠的大部分时间都是在那里度过，虽然偶尔也会离开武汉去湖南、贵州、重庆等地，但他很快就会转回武汉。这个时期，戴笠的主要工作就是一边搞情报工作，一边扩大自己的势力范围。

早在日军进攻武汉时，戴笠就开始着手组建军统局武汉区的工作。武汉会战时，戴笠安排军统特务唐新做潜伏的准备。他原打算在武汉建立一个站，任命王新为军统局武汉站站长。不久，戴笠便改变了主意。他认为，像武汉这样的一个大城市，站一级的组织规模远远不能满足其需要。为此，他决定将武汉站改为武汉区。就这样，武汉区在战火弥漫的武汉会战中成立了。新成立的武汉区以武汉为中心，辐射四周，连接湘、鄂、皖、赣四地。武汉区成立后，戴笠任李果谌为区长，唐新为副区长兼书记。武汉区有9个组，2个行动大队，组员200余人。除此之外，它还包含区直属工作人员41名、待命人员43名，掩护商店34处。武汉区规模庞大，可以与军统局上海区相媲美。区本部原来设在法租界首善里4号，后迁至立兴大楼四楼。

1938年10月，国民党当局决定放弃武汉，西迁重庆。放弃武汉前，蒋介石命令军统局局长戴笠、武汉警备司令郭忏二人"将凡有可能被敌军利用之虞的设施均予破坏"。接到蒋介石的命令后，戴笠便立刻着手准备"反资敌大破坏"活动。10月初，戴笠率部下王鲁翘、郭斌等人赶赴武汉。到武汉后，他们便对准备破坏的每一项公共设施一一视察。视察后，戴笠从临澧特训班中抽调了100名从事爆破任务的学员参加这项活动。"反资敌大破坏"任务具体交由湖北站站长朱若愚负责，武汉警备司令部稽查处处长赵世瑞协助执行。

武汉会战时，为了鼓舞士气，蒋介石坚持亲自在武汉指挥战斗。1938年10月25日，日军攻陷武汉三镇。此时，蒋介石才乘飞机由武汉起飞，赶往南岳。蒋介石走后，戴笠继续留在武汉布置"反资敌大破坏"事宜。此时，他带领着朱若愚、赵世瑞等人视察了全城30多个爆破目标，并在当晚召开了一个爆破工作会议后，才准备离开武汉。这时，敌人已经开始攻打武汉，戴笠一行本打算乘车离开，但道路已被日军堵死。无奈之下，他们只能改乘汽艇，从敌人的包围缝隙中离开武汉。在戴笠的安排下，军统特务对汉阳兵工厂、汉口码头、桥梁等多处设施进行了毁灭性破坏。

武汉沦陷后，驻武昌的军统局奉命和滞留在武汉的各中央机关一起西迁重庆。军统局武汉区的特务成员则在沦陷区秘密潜伏起来。1938年12月中旬，武汉区区长李果谌被日本宪兵逮捕。李果谌早年曾在莫斯科中山大学深造，回国后又到日本士官学校留学。从日本留学回国后，他便参加了中国共产党领导的广州起义。广州起义失败后，李果谌和共产党脱离了关系。后来，他被留苏同学邓文仪网罗，加入了国民党早期特务组织——南昌行营调查科。南昌行营调查科被军统（当时称特务处）合并后，李果谌被戴笠重用，其先后担任过特务处书记长、北京区区长、晋绥察区长等要职。李果谌的司机姜连文及勤务兵丁树修因对其个人行为不满，遂心生愤恨，准备报复。为了泄愤，勤务兵丁树修到日本宪兵司令部揭发了李果谌的身份。告密后，他又带着日本宪兵到军统特务在珞珈碑路特设的地窖中搜出枪支、弹药、汽油桶等"作案"工具。借此，日本宪兵队联合日海军日战队便将法租界封锁了起来。12月17日，李果谌在武汉区本部被日本宪兵和法租界巡捕逮捕。之后，杜矾、曾宪秋、张春蕙、曹师灿等人先后被捕。在这些人被捕的同时，日本宪兵队还查获了电台、密码等物件。至此，军统局武汉区遭到了第一次重创。

李果谌与时任日本宪兵队队长的五岛茂是日本士官学校的同班同学。在其被捕后，五岛茂便以同班同学的身份请李果谌单独吃饭，意在劝其投降。为了脱身，李果谌假意答应出任五岛茂为其提供的伪军司令官之职。打入日本宪兵队之后，李果谌便开始在伪政权内部进行分化瓦解工作。本来，这对军统局武汉区来说是一件因祸得福的好事，但是平素与李果谌有矛盾的唐新、朱若愚等人却趁此机会决意置李果谌于死地。他们向戴笠报告，李果谌被捕后已叛变投敌，现任日本宪兵队司令官一职。听到这一消息后，戴笠愤怒之极，他在没有详细调查的情况下，便认为李果谌是叛徒。为此，他决定对其进行惩罚。1941年7月，李果谌被第九战区的混城队开枪射杀。

一时之间，武汉区处于群龙无首的状态。为了改变局势，戴笠决定提拔副区长唐新继任武汉区区长之职。在武汉区遭受重创后，戴笠决定将区本部转移至郊区。为了避免投敌告密事件再次发生，戴笠对保存下来的成员进行了逐个审查。唐新继任区长后，将原有的行动人员合编成了行动第一队。随后，他又在西凉咀开办了一个培训班。培训班的学生结业后，便被编入了行动第二队。

遭受重创的武汉区经过重新整顿后，又具备了一定的反击能力。新任区长唐新在戴笠的授意下，很快制订了一个突袭湖北省伪省府的锄奸计划。他命军统特务张修文先行打入伪警察大队。等张修文在那里站稳脚跟后，他又派张志坚、赵云卿、李玉清、刘慎之等人混入伪警察大队。唐新计划等湖北省伪省长何佩召集伪省府高级人员开会时，由担任其警备工作的张修文等人趁机冲入会议室偷袭。

1940年5月3日，武汉区军统特工将伪湖北省财政厅长张若柏击毙于汉口特三区一德里。5月16日，伪湖北省高等法院院长唐炳炎在汉口花楼街洋台子被军统特务击毙。事成后，特务们在撤退的时候，担任掩护任务的许兴辉不幸被捕。许兴辉被捕后，行动队常满仓、朱建和二人也随即被捕。被捕人中，许兴辉与混入伪警察大队的王志坚是临澧特训班的同学，二人交往甚多。常满仓与李玉清也私交甚深。为了防止王志坚、李玉清二人身份暴露，唐新决定从伪警察大队将他们撤出。这样，筹备多日的锄奸计划便中途夭折。

在沦陷区，特工们的锄奸行动不同于正面战场上的拼死搏杀。有的时候，特务们的刺杀对象是以前的同事、朋友，这样行动队员就承受了极大的心理压力。被刺杀的人员，大多是充当汉奸的中国人，而玩弄"以华制华"伎俩的日本人却在幕后遥控指挥这些汉奸走狗。为此，沦陷区的特工人员要求在制裁汉奸的同时，也要诛杀日本人。于是，从1940年底开始，戴笠决定把军统区行动重点转向对日军的袭击。军统局上海区首先制定了行动方案。他们以身着军服的日本人为格杀对象，无论其军阶高低，职务大小，无须申报，得手就当场干掉，执行地点以日占区及其势力范围之内为限。

武汉区军统特工根据戴笠指示，也把行动重点转向对日寇的袭击。他们在行动之前，一般先要做周密的准备，这一点与军统局上海区的做法有所不同。1940年12月16日，武汉区行动二队发起了对驻蔡甸日军警备队的袭击。正式行动之前，副队长王志坚派了3名行动人员潜入警备队附近的昶记油坊。16日凌晨，伪装成商人的行动队员李崧苏及另外两名随行行动人员进入蔡甸街口后，将3名强行检查的日军哨兵击毙。随后，他们与潜伏在昶记油坊的行动队员一起向日军警备队投掷手榴弹。此次行动，共炸死日本官兵8人。16日晚，行动一队赵云卿率队员何忠炳、雷玉卿潜入武昌八铺街日本宪兵队驻地，待日军熄灯休息后，何、雷二人分别从前后门向其寝室内投掷手榴弹。遭受突袭的日军仓皇逃出。此时，他们又遭到隐蔽于暗处的赵云卿的扫射。这次行动，共击毙日寇8名。事成后，行动人员全身而退。

1941年1月21日，在汉口花楼街，行动二队队员用刀砍死日军少佐田梅次郎。2月18日，行动二队又在汉口的得胜街杀死了3名去妓院寻欢作乐的日本军官。3月2日，该队的一名成员又在汉口中山路新市场炸死17名日本兵。2月25日晚，行动一队的成员在汉口的三星街杀死7名日本士兵。4月19日，行动一队又潜入敌军飞机场，炸毁敌人一座油料库和两架飞机。

这一系列的袭击事件，自然遭到了日军的反击。每次行动之后，日军都会出动大批宪兵队进行疯狂报复。为此，当地的一些无辜百姓也被牵连其中。

第十章

玩弄反共新手法

中统和军统正式成立

1938年3月29日，蒋介石在国民党党代表大会上宣布，中央调查统计局成立，简称中统，隶属于国民党中央委员会办公处。这个全新的组织原是陈立夫主持的联合机构的第一处，徐恩曾出任负责人，其人员基本上都是原供职于国民政府的特务、特工、特勤人员。

与此同时，蒋介石为了特务工作上的制衡，将戴笠负责的调查处（原联合机构的第二处）重新命名为"军事委员会调查统计局"，仍隶属于军事委员会，简称"军统"。就这样，戴笠的军统终于正式成立了，一个响彻中国近代历史的特务组织登上了历史的舞台。

在军统的人事安排上，蒋介石想起了之前强行任命戴笠为特务处处长所面对的压力。一个非正式部门的职务任命尚且引发风波，更何况今日局长的职务？考虑再三，蒋介石决定任命他的侍从室第一处主任贺耀祖担任局长，把戴笠放在了副局长的位置上。后来局长一职都是由侍从室第一处主任兼任，林蔚、钱大钧等先后都在这把交椅上坐过一段时间，但是他们都非常了解蒋介石的意图，从不过问军统的活动和人事，所有的工作都由戴笠统揽，直接向蒋介石负责，也正是这个身份，让军统内部对戴笠的称呼发生了微妙的变化，下属提到这位副职上司的时候，均以"老板"相称。蒋介石迂回地任命戴笠为副局长，目的是让他在实际的工作中建功立业，建立起自己在党内以及军统内部的威信，待时机成熟时再将戴笠"扶正"。

"戴笠应该全权负责军统，许多事情不用我操心，他都能做得很好，让他放手去干吧，我相信他！"第一任局长贺耀祖这么评价戴笠。历任局长都只是在每年4月1日这一天来听取戴笠代表军统作的年度报告，简单走走过场之后，就离开了。国民党内的地方军政要员，有很多人都不知道军统内部还有比戴笠官儿更高的人物，在他们的眼里，戴笠就是军统的"领袖"，就是军统的"灵魂人物"。这样的情况一直持续到1940年。

戴笠经过近两年的磨炼，在特务工作中屡屡建功，不断受到蒋介石的褒奖，在党内的关系网也是越来越密集。1940年，蒋介石通过军事委员会任命戴笠为国民党军事委员会调查局局长。于是，戴笠开始大权在握，正式开始了在军统当家作主的生涯。

军统是一个很神秘的组织，刚成立时，只有4个"处"和2个"室"，全部人马也不过3000人左右，其中包括了总部文职人员和不到2000人的"行动小组成员"。

军统和中统都是经过了一番整合后出现的新组织，他们在工作性质、工作领域等方面都存在着或多或少的重叠。尽管两个部门都处于蒋介石的领导之下，危难之时需要二者的通力合作才能保证特务、情报工作的顺利进行。但事实并没有这么乐观，两个部门的争斗屡见不鲜。

陈立夫曾经这么说："中央调查局负责社会案件的调查，军统负责军队案件的调查。这样一种划分，很难界定出二者经办案件的现实区别，而且又如何界定案件的社会和军队性质呢？我们党本来就是党国不分、军政不分，搞这么两个特务部门，还做出所谓的分工，这不是自己抽自己嘴巴子吗？两套人马时常在办同一个案子，相互有些摩擦和不愉快那就在所难免。黑灯瞎火的，两个人都迅速地奔跑，不相撞才怪呢！"

两个组织的性质很容易界定，但是经办案件的性质却是难以确定的，盲目地将情报部门分为两部分，是十分不合理的。于是，在发生冲突时，双方都在向蒋介石告对方的状。状词基本一致，那就是"对方越权办理案件，扰乱了自己部门的正常工作"。

许多时候，递到蒋介石手里的告状文件都被搁置起来，蒋介石的"制衡手段"让双方的争斗愈演愈烈。

一些军事将领对陈立夫没有惧怕之意，对戴笠反而十分敬畏，生怕有什么破绽被戴笠抓住。所以中统和军统的内斗，呈现出的情景就是军统可以进入到中统的领地，而中统只能站在"军队大院儿门口"望洋兴叹，不敢越雷池一步。

"不碰军队"是中统的"第一诫"，即使中统得到了关于军队内的重要情报，一般的选择也是直接将情报转交给戴笠，让戴笠负责军队内案件的调查和取证工作，中统则撤出对此案件的所有人员。但是如果戴笠授意中统协助调查的话，中统的特务们还得屁颠屁颠儿地跟着卖力气。

在中统内部，对军统的霸道很是不满，但是敢怒不敢言；在军统内部，对中统的歧视观念也是相当严重。总之，两个部门之间的关系很是僵硬，高层互动很少，只是在地方的一些具体单位有着少许的合作。

在国民党军事委员会内部，军统的定位也不是很清晰：戴笠的军统可以过问所有部门的事务，而其他部门则无权过问军统的事务，这让许多国民党军队的元老很是不满。

无论是任副局长时的"实际掌权"期间，还是任局长时的"全面掌权"期间，戴笠都没有放松和中统之间的争斗。而争斗的关键则是通讯领域，这其中包括对电报和邮件的检查、控制，因为这是直接影响情报工作攻坚结果的"咽喉因素"，谁控制住了通讯谁就掌握了工作的主动权。在争斗中，双方不分高下，后来成立的"联合机构"，就是中统和军统相互争斗和妥协的产物。

改组重庆军统局

国民政府西迁后，戴笠的军统局也随之由武汉迁往重庆。戴笠一到重庆，便开始着手军统局的重建工作。经过一番考察，他决定将观音岩下罗家湾的一处警察训练所作为军统局的临时办公场所。之后，戴笠又先后将警察局游艺所、局本部大院对门的一幢三层楼房和军统局隔壁的花园公馆强行买下，作为军统局接待室、特务宿舍等。这样，整个罗家湾基本就是军统局的了。

之后，戴笠又以罗家湾为中心，不断向四外扩张，曾家岩 50 号成了他的公馆，磁器口缫丝厂厂房数间成了他的军统办事处，白公馆、松林坡、渣滓洞等地成了后来的中美合作所的场地。

在罗家湾安营扎寨之后，戴笠便着手整理军统局内部。军统局扩建伊始，戴笠便把书记室升格成了秘书室，秘书室下设文书科和译电科。后来，秘书室业务量增加，为了满足庞大的业务需求，戴笠决定改"科"为"组"。他将原来的文书科和译电科改为文书组和机要组，组下另行设科。除此之外，他还新增了许多处、室、科、股，一时之间，军统局人员大增。

戴笠还将原来的科、股逐渐升格为处、科。秘书处以下的各处，均以序号排列。军统局建立初期，只设立了四个大处。后来，随着机构的膨胀，原来的四个处也逐渐发展成了八个处。一处，即军事情报处，主管搜集和处理情报。该处是由原来的情报科发展而来的，其下设有军事情报科、军运科、策反科、谍参科、国际科。二处，即党政情报处，主管搜集和处理党政、社会、经济、文教等方面的情报工作。二处下设党政科、侦防科、航检科、中共科等，在诸多科室中，以中共科最为重要。这与蒋介石"防共、反共"的政策是分不开的。二处的经济科是一个权力较大的科室，其科长可以以局本部的名义指挥财政部缉私处、货运管理局等部门，权力之大，令人咋舌。三处，即行动处，主管警务、行动方面的工作。行动处由行动科发展而来，下设行动科、警稽科和司法科。四处，即电讯处，主管电讯业务和电讯监测、破译密码等工作。电讯处由电讯科升格而成，下设通讯科、机务科、工务科、考核科、电监科。由于该处工作特殊，故戴笠特将其安排在重庆的马鞍山上独立办公。五处，即司法处，由审讯科和狱管科两个科室组成。六处，即人事处，由人事室扩充而成。人事处由人事行政科、考铨科、福利科及卡片室等部门组成。七处，即经理处，由会计室扩充而成。经理处下设综计科、审计科、预算科、财务科及现金出纳股等部门。八处，即总务处，由总务科扩充而成。总务处下设庶务科、管理科、交通科等部门。除此之外，总务处还领导汽车大队、电话队、农场、官兵消费合作社等部门。

除了上述八大处外，军统局在后期还成立训练处、警务处和布置处等机构。训练处由训练科扩充而成，其主要任务是对军统局开办的数十个训练班进行督训。在督训的同时，训练处还担任着军统局内部刊物《家风》的发行工作和"抗日锄奸团"的领导工作。布置处是军统局成立的最后一个处，其主要任务是对沦陷区的潜伏和策反工作进行安排和布置。

在军统局，比处略小的机构是室及其委员会。督查室在特务处时期就有，只是后来戴笠又在督查室下设立了一个防奸股，用以防范军统内部的"赤化"现象。特种问题研究室是戴笠专为中共叛徒张国焘设置的，其目的是让张国焘用它来开展各种形式的反共活动。特种技术研究室是一个专业技术机构，其主要职能是研究杀人放火、投毒爆破等技术问题。

除了室，戴笠还在军统局内设置了名目众多的委员会机构。国民政府撤退重庆之际，许多帮会领导也随之一起流落到了西南边陲。看到这支庞大的社会力量，戴笠便想将他们收至麾下，为其所用。这一想法，得到了杜月笙的支持。1940年夏天，戴笠在香港宴请了包括洪门首领梅光培在内的众多帮会首领。席间，戴笠以"团结抗日"为口号，竭尽所能地游说这些帮会首领建立一个联合组织。在杜月笙的斡旋下，众人决定建立人民运动委员会。事成之后，戴笠即刻返回重庆，着手准备筹建委员会工作。后来，帮会首领唐绍武献出了其在重庆香水顺城街的一幢房子，人民运动委员大会便如期在此召开。大会上，杜月笙、杨虎、杨庆山等七人被推选为常务委员。七人之中，以杜月笙为首。人民运动委员会成立后，按照蒋介石的旨意，该组织被归到军事委员会的名下。这样一来，戴笠便顺理成章地成了幕后操纵者。此时，他指派心腹赵世瑞担任该组织的秘书长，与此同时，他还派徐亮、金玉坡等军统骨干人员协助其工作。这样，军统特务就成了人民运动委员会的实际领导人物。除了人民运动委员会，戴笠还另行设置了设计委员会、策反委员会、惩戒委员会等机构。

军统局组织机构除局本部及其所属的重庆特区、特务总队外，还有重庆卫戍总司令部稽查处、水陆交通统一检查处、兵工署警卫稽查处某机构。

重庆特区由原来的重庆站扩充而成，管辖重庆城区及川东十几个县的特工。据统计，1939年，其内外勤人员共280余名。渝特区在城区设有上城、下城、西郊、南郊等特务组，在川东设有万县站、泸州站等站组。除了监管特工人员，渝特区还负责收集整理中共方面的情报工作，因为中共办事处有很多在其管辖范围之内。

特务总队由以前的特务队扩充而成，其成员多是戴笠向其好友胡宗南、唐生明等人索要而来。特务队由三个武装大队和一个便衣中队组成，其职责是负责军统本部机关及戴公馆的警卫工作及监狱的看守工作。

重庆卫戍总司令部稽查处是戴笠在重庆控制的最大的一个公开特务组织。该机构由武汉警备司令部稽查处扩充而成。它名义上属于卫戍总司令部，而实际上不过是戴笠暗中控制的一个特务机构。该稽查处内外单位所主管的事物，几乎包含了军统局的所有特工活动。

兵工署警卫稽查处是戴笠和兵工署长合作建立的。该处于1940年左右成立，处下设总务、稽查、安全、司法等科。稽查处成立伊始，戴笠便指派军统特务张师担任处长，杨蔚任副处长。为了统一领导各兵工厂的警卫队，戴笠还增设了警卫总队部。

除了在重庆巧立各种机构和组织外，戴笠还运用一大批人员充当军统局的联络员与眼线。这部分人员或领取津贴，或充当义工，其足迹遍布重庆的每个角落。总务处长沈醉对此曾有过一段形象的描述。他说，假如某人出门后发现自己被跟踪了，其抢先一步跨上一辆即将开动的公共汽车，他以为盯梢的特务被甩掉了，其实车上的检票员或售票员也是特务的同党。当他跳下汽车时，车上的特务便将其行动踪迹报告给车站附近的一些特务。这样，便能继续跟踪。由此可见，戴笠的眼线无处不在。他之所以设立这么多的特务机构，其目的不外乎是对付共产党、镇压人民、维护统治者的既得利益。这样庞大的特务组织，豢养了成千上万的军统特务，一时之间，整个重庆山城都被他们弄得乌烟瘴气。

在外勤组织上，除了站、组相对稳定外，区及办事处一类的机构则经常处于变化之中。抗战时期，除东北外，其余各省均有站一级的外勤组织。

除了国内，军统局在海外的特工组织也逐渐发展壮大。军统局除了在美国、法国、英国设站外，还在越南、缅甸、菲律宾、泰国、印度、新加坡等地发展组织。

军统局的膨胀，让戴笠的实力大大增强。这样一支组织严密、调动灵活的队伍，超过了任何一支国民党的军队。这样的实力，也让蒋介石与戴笠的关系有了罅隙与猜疑。

重庆警察侦缉大队

重庆警察侦缉大队原是重庆特区的一个侦缉队，队长由特区的组长兼任。侦缉队的主要职责有二：一是为重庆特区做社会情报和行动工作；二是主管重庆地区的盗窃案件。1941年10月，为了响应蒋介石"防共、反共"政策的号召，戴笠决定将侦缉队扩充为侦缉大队。

为了控制这一组织，戴笠特意调派军统特务沈醉担任大队长一职。

戴笠在调派沈醉任职之前，曾给时任重庆警察局局长的唐毅写了一封亲笔信。信中戴笠向唐毅介绍了一下沈醉的情况，说他过去曾担任过常德警备司令部稽查处的处长，这次调至重庆是为了接替原侦缉队长蒲岗的职务。在信中，戴笠还要求唐毅将侦缉队扩充为侦缉大队，这样便于在整个重庆市内开展侦缉工作。

接到戴笠的信后，唐毅立刻打报告给内政部警政司司长酆裕坤，请求其更改侦缉队编制，批准沈醉担任侦缉队长一职。酆裕坤本是军统特务，其所在的警政司也由军统控制。在唐毅打报告之前，戴笠已经给其打电话通融此事，故沈醉不多时便拿到了大队长的委令。在夫子池来龙巷侦缉队门口的一家茶馆里，蒲岗与沈醉正式办理了交接手续。

侦缉队内部的编制简单明了，除了副队长沈夕峰外，剩下的就是一个书记、几个司书和事务人员。

沈醉在接任侦缉队大队长之职后，便开始了大刀阔斧的改组扩充。为迎合戴笠的"反共"心理和军统局的真正需求，沈醉决定按照其在上海所搞过和见过的模式进行。上任伊始，他就着手筹建了侦缉大队书记室，书记室主任由临训班学生邓毅夫担任。侦缉队原来的书记王秉钧是非军统人员，沈醉决定先让他担任书记室书记，等邓毅夫把情况弄熟之后，再将其撤换掉。在侦缉大队部里，沈醉新成立了督察、司法、总务三个股。随后，他任命临训班学生邵华、李湘、凌峻拔三人担任股长。之后，他又向军统局要求，把局里警犬室人员和警犬分一部分到侦缉大队。除此之外，他还向军统局指纹室里要了一部分人过来。在侦缉队改组和扩充的过程中，沈醉并没有考虑编制和法制的问题，只要符合戴笠的心意，他就一定会大力地支持。

对外勤单位，沈醉也进行了大力调整。他认为，抗战时期陪都所在地的侦缉大队，不应只以搜集社会情报和管理小偷扒手为主要任务。为此，沈醉把侦缉队中文化程度较高的几个人召集起来成立直属队，专门负责搞党政情报工作。直属队队长由李樵逸担任。李樵逸是"兰社"的管事，有"兰社"做靠山，其情报搜集工作便相对容易许多。除了队长，直属队其他成员也各有优势：有的人与新闻界联系广泛，有的人与大专院校师生往来密切，有的人在文化界方面有一些朋友……这些优势，正是沈醉所看重的。

直属队是一个清水衙门，远比不上管理小偷扒手之类的案件有油水可捞。于是，沈醉决定在生活待遇上对他们给予一定的倾斜。为了使其安心工作，沈醉许诺他们，只要能做出成绩，便可以得到奖金或提升。

直属队成立之后，沈醉又将侦缉队下面的分队升格为中队，小组升格为小队。为了不使工作脱节，沈醉决定升级后的各队保持原样——原有队长基本不换，所管辖地区也保持不动。这样一来，整个改组就得到了各队长的大力支持。升格后，第一中队仍以何玉昆为队长，负责城区工作；第三中队仍以黄俊良为队长，负责南岸工作；第四中队仍以江如山为队长，负责江北地区工作；第五中队仍以李文远为队长，负责化龙桥到沙坪坝、磁器口一带的工作。整个中队，只有第二中队的队长有所调换，因为其负责的下城区是个咽喉地带。在这个区里，除了军统局局本部外，还有戴笠住的曾家岩、蒋介石住的上清寺，以及中共办事处和军统局磁器口缫丝厂办事处等，这些地方，都需要特别注意。为此，沈醉决定派自己的亲信学生陶思清负责第二中队的工作。

沈醉的这些改革得到了戴笠的肯定，对成立直属队的做法尤为满意。为了投其所好，沈醉决定把直属队的工作当成侦缉大队的重点工作来抓。为此，他经常找直属队成员进行谈话，当面指示他们如何去开展工作。至于维护治安、抓赌防偷等一些警察日常事务，沈醉则将其统统交由副队长沈夕峰去打理。沈醉之后的历任大队长也都对直属队的工作相当重视。此后，直属队逐渐发展成了重庆的一个小情报单位。

煞费苦心，遏制共产党

特务处最初成立之时，虽然将活动重点主要放在了长江流域东南一带，但在陕甘两省也同时开始了特务活动。先是于1932年派出个别特务通讯员，后又逐渐壮大力量、发展组织，相继建立起特务小组。到了1934年，西安和兰州两地分别设立了陕西站和甘肃站，以策划陕甘境内的特务活动。

1935年10月，红军到达陕北。这一爆炸性的消息传到蒋介石耳中，令他食不知味、夜不能寐。反复忖度后，蒋介石即刻采取措施：火速调集仍在湖北奉命"剿共"的十几万东北军全力开赴西北，指挥东北军和原驻当地的杨虎城部十七路军及追击红军的胡宗南部等共30万余人共同"围剿"共产党。

作为蒋介石身边的心腹，戴笠自然视共产党为眼中钉、肉中刺，不遗余力地为"反共、灭共"献策出力。为了配合蒋介石"三分军事、七分政治"的剿杀政策，与西北"剿总"成立的同时，戴笠在西安亦设立了特务处西北区，并在"西北剿总"办公厅之下设立第三科作为掩护，由张严佛担任该区区长兼第三科科长。特务处西北区一方面负责收集陕、甘、宁、青的共产党情报，为边区军事防御和后方镇压破坏提供决策性的参考，另一方面负责派遣特务人员侦捕、刑讯、暗杀地下共产党员和进步人士，并以暴力、恐怖手段维持管辖区的治安。

由于之前陕西省站长兼西安警察局长马志超执意把陕西省站的内勤机构包括电台一起全搬到西安警察局内合署办公，导致西安事变初期十七路军城防司令孔从周率部包围西安警察局时将秘密电台抄走，随后特务处西北区和它的主要组织也都垮台了。过了一年，蒋介石又在西安设立军事委员会西安行营，戴笠趁机也恢复了他在西北地区的特工组织，仍派张严佛担任西北区区长，并在西安行营办公厅增设第四科以为掩护。1938年冬，西安行营撤销，成立天水行营，戴笠又在其秘书处建立第三科做掩护单位。1940年戴笠到兰州时，将兰州站扩大改组为西北区，以指挥甘肃、宁夏、青海、新疆、西藏五省的特务活动，而原西北区则改为晋陕区，负责指挥陕西、山西两省的特务活动。

这样，军统局就进一步加强了对西北地区的控制，两个区紧密衔接，对陕甘宁边区形成了钳形包围。1944年，日军渡河南犯，军统局在河南和全部华北地区的特务组织已陷入瘫痪，戴笠遂将晋陕区又改为北方区，表面上是用以指挥整个华北地区的特务活动，实际上却是支持、配合胡宗南的几十万大军，对陕甘宁边区继续进行更加频繁、更加残酷的阴谋破坏活动。为了提高情报供应的效率，自天水行营撤销之后，军统局晋陕区、西北区先后以胡宗南部第八战区副长官部调查室及第一战区长官部调查室的名义进行特务活动。到1945年日本投降以后，军统局撤销了以地区为级别单位的组织，在省内仍旧以省站为最高指挥机关。同时，鉴于长时期实际活动中所取得的经验教训，经再三权衡后，军统局不再以公开机关和各种名义作掩护，而是将所有特务组织和人员绝密地潜入地下，执行更为隐秘恐怖的特工活动。

西安事变以后，中国共产党领导下的包括农民、工人、城市小资产阶级和民族资产阶级在内，以及除了汉奸、大地主、大资产阶级投降派以外的一切政治力量联合组成了抗日民族统一战线。鉴于中日民族矛盾已上升为当时的主要矛盾，国民党被迫与共产党展开了第二次合作。而当时的中国共产党及陕甘宁边区政府已经取得了合法地位并成为照亮全民抗战之路的熊熊火把，因此蒋介石及戴笠便不可能再继续进行明目张胆的军事"围剿"，只得加大特务力量来暗地里打击破坏。尤其是戴笠，一直是坚决奉行蒋介石的"攘外必先安内"的反动政策，将反共视为最主要的工作任务而执行到底。

为了有效地同共产党进行斗争，戴笠从各个方面展开统筹安排，打算用这股所谓看不见的力量进行"防共、限共、溶共、反共"的活动。他不仅布置西北区的各省站大力破坏中共组织，监视中共党员，搜集红军和边区的情报，还在许多地点设立了专门的特务组织（如榆林的陕北站、汉中的西北特侦站、甘肃马栏镇的马栏组等），以配合胡宗南驻军对边区的军事和经济封锁，并进行抓捕倾向中共的进步人士和赴延抗日的青年学生的特务活动。

由于反共活动必须隐蔽地进行，"运用公开机关，掩护秘密组织"便成了特工活动最重要的一环。特务处则把警察局、侦缉队看成是打入下层、统治民众最可靠的工具。从一开始，戴笠就把警察局和侦缉队紧紧握于手中。上至警察局局长，下至侦缉队队长、警察训练所所长、巡官等各级机构的主管和要人，都尽量由特务来担任。他们动用各种人事社会关系，发展壮大特务力量，指挥布置阴谋活动，使警察局完全为特务处所控制。

1935年，戴笠设立西北区以后，西北区实际上成为其指挥西北方面特务活动的最高机关，而所有当地警察局都在它的统一领导下成为开展特务活动的依托。虽然西安事变之后，为了掩人耳目、平息民愤，西安警察局局长一职暂时让非特务分子杭毅、孙谋担任了两三年，但自1940年起又被军统局控制于股掌之间。

狡猾的戴笠本想采用里应外合的手段，一方面围绕中国共产党的大本营陕甘宁边区筑造一条无形的封锁线，把延安紧紧钳在其中，另一方面派出大批可靠的特务打入延安内部以内外夹击，从而彻底捣毁中共党组织，打一场连蒋介石动用几十万大军也无法完成的漂亮仗。然而实践证明他的如意算盘打错了。

"特种会报"制度

为了对付中国共产党和陕甘宁边区政府，蒋介石精心选派了一些意志坚决的反共分子担任西安党政军各部门的主要负责人。出于对这一共同使命的绝对认同，戴笠在西北地区的特务组织便与当地的党政军系统紧密勾结在一起，先是在西安共同创建了一种名为"特种会报"的组织形式与制度，随后又将之大力推广到全国其他许多地区和部门。

1937年10月，时任西安行营第二厅厅长的谷正鼎接到其兄谷正纲从重庆寄来的一封信，信的大意是质问西安当地的党政军特各部门对于许多国民党官员子女跑到延安的事情为何不采取有效措施加以制止。此时正逢接替顾祝同任西安行营主任的蒋鼎文要求行营二厅厅长谷正鼎，副厅长顾希平，行营政治部主任任觉五，军统西安方面负责人、行营办公厅第四科科长张严佛，中统西安方面两位负责人国民党陕西省党部书记长郭紫峻和陕西省民政厅厅长彭昭贤等向他汇报西北地区共产党和进步势力的相关活动情况，谷正鼎遂在汇报中表示对其兄所提之事不能坐视不管，并于11月初在其办公室与顾希平、任觉五、张严佛三人晤面，互相交换意见后向蒋鼎文提议，召集西安党政军特各部门负责人举行一次研究防止共产党活动和青年学生涌向延安办法的座谈会。

经蒋鼎文批准，此次会议不久就在他位于金家巷ABC大楼的公馆内举行。与会人员除谷正鼎、顾希平、任觉五、张严佛、郭紫峻、彭昭贤外，还有宪兵第一团团长胡毓英、西安警察局局长杭毅、第十六军军长兼西安警备司令董钊等20余人。会上，蒋鼎文首先给共产党积极开展抗日动员和统战工作扣上了"公开煽动"的帽子，污蔑这一救国行为不但引得"学生不安心求学"，还引起"社会秩序混乱，人心浮动"，并称流传于市的进步刊物实属"反动"，主张对外的进步人士"成分复杂"，可谓极尽诋毁之能事。在这种论调下，蒋鼎文得出的歪曲结论便是："我们要抓住一个总的根源，就是要防止共产党、左倾人物在后方破坏捣乱。"

鉴于以往在反共问题上各自为政、时起内讧的经验教训，谷正鼎提出在蒋鼎文的统一领导下，采取汇报的形式，把党政军特各方面力量结集在一起，以通力合作的精神齐指共产党。同时建议国民党中央及其领导下的全国各省市都采取这样的办法来对付共产党。经参会者一致同意,蒋鼎文决定在西安建立"特种会报"制度,并指定谷正鼎负责草拟具体办法。

几天以后,在蒋鼎文公馆出席了座谈会的所有党政军特各部门负责人又齐集于谷正鼎家中,对谷正鼎拟具的"特种会报"草案加以补充修正,并最终确定了其主要内容:在座的各位部门负责人即为"特种会报"的固定成员;每星期日上午在谷正鼎家例行集会;每周集会时,参会人员有责任将搜集到的关于共产党、民主党派、进步人士、青年学生等的最新动态以自由座谈的形式向大家报告;搜集情报的主要责任由军统和中统两个组织共同承担;会报必须由本人亲自出席、准时参加;商讨研究后的记录和决议由谷正鼎负责向蒋鼎文汇报,通过后即交由有关单位执行。随后,关于西安建立"特种会报"组织及建议中央仿效其法等项决议经由谷正鼎转报给蒋鼎文,又由蒋鼎文审批后以西安行营的名义上报给中央。

西安"特种会报"组织正式成立以后,通过西安行营和军统西北区分别向蒋介石和戴笠上报,二者均认为在国共合作的新形势下,此法不啻为"溶共、防共、限共、反共"的一招妙棋,因此都极为重视,并极力督促各省施行。不久,由国民党中央要员何应钦负责的联席会报秘书处在参谋总长办公室内设立,在其统一领导下,国民党管辖区内各省市县"特种会报"组织陆续建立起来。

西安"特种会报"制度的主要目标就是防止共产党统战各方、壮大实力,制止青年学生、进步人士投奔延安、发表言论。1937年10月,中共中央为了更好地开展全民抗战活动,在西安后宰门七贤庄设立了八路军西安办事处。军统特务们一向对共产党严加监控、处处设防,这一次也不例外。经过反复勘察,张严佛等人找借口在距办事处前门不远的地方加设了一个警察派出所,同时在其前后门加派了两个固定岗哨,用以密切监视中共主要负责人、来往办事处人员及进出物品等。有关来往人员的身份、进出、逗留时间,运往陕北的武器和军需用品的种类、数目、时间等一切可疑现象,均需严格按照指定日报表规格逐日填写并呈报派出所上属分局负责人李翰廷,再由其转报西北区。

1938年春，根据派出所所长的电话汇报——八路军办事处正将十几捆步枪及十几只像是装着子弹和无线电材料的重木箱装车并准备运往陕北，张严佛遂通知第十六军军长兼西安警备司令董钊和宪兵第一团团长胡毓英在西安城门口、咸阳、三原的哨卡处对八路军车辆进行检查。由此，西安"特种会报"出台了一项决定，即：八路军西安办事处开往陕北的汽车，在装车启运之前，由西安行营办公厅第四科负责监视；汽车行驶至西安、咸阳、三原等地，由西安警备部队和宪兵团共同执行检查；汽车所载武器、军用品必须配有西安行营护照，若无护照或所运物品数与护照登记数不相符合，将一律扣留。

对于从全国各地奔赴延安的青年学生，西安"特种会报"从1938年起亦采取措施，将之统统堵截扣留后交送胡宗南的西安战干第四团管训。在截扣过程中，军宪特多方互相配合，董钊的十六军和胡毓英的宪兵团负责紧盯西安、咸阳、三原通往延安的交通线；胡宗南驻部负责严防渭南、大荔、洛川、陇东、庆阳、环县一带；三原特务组长任鸿猷、宝鸡特务组长李樾村及渭南、大荔、洛川、陇东、庆阳、环县各地的特务组织则负责协助当地驻军和宪兵共同执行侦捕任务。

1939年冬，西安劳动营在西门外飞机场附近设立，由谷正鼎任主任，所有被扣留的青年学生，连同其他从西北和华北各地送来的共产党、进步青年都被专门关押在这里接受管制。到1942年，西安劳动营已先后收押1000余人。同时，谷正鼎在劳动营内开设了一个被服厂，经常强迫在押人员没日没夜、加班加点地为之劳动，而被服厂的进出账目却始终未对外公布过……

此外，西安"特种会报"还下令查禁进步书籍刊物，查封售卖书店。1938年，由《秦风周报》发展而来的《秦风日报》因报道八路军在抗日前线的英勇行为，主张扩大抗日宣传，发动人民援战并转载延安报刊文章，刊登抗日救亡作品等遭到西安行营第二厅查封。1943推出的《秦风·工商日报联合版》也因继续宣传抗日、伸张正义、关怀民生、抨击时弊而接连遭到国民党特务的恐吓和破坏。

配合胡宗南反共

戴笠军统特务组织的发展离不开胡宗南的大力扶植和积极配合。可以说，戴、胡二人交情之深，是蒋介石的其他文臣武将都不可比拟的。究其根源，正是忠蒋不渝、坚决反共和相互扶持这三点因素促使戴胡二人紧密勾结在了一起。

早在1925年东征之际，自认为是"领袖马前的一卒"的胡宗南就与贺衷寒联合发起组织孙文主义学会梅县筹备会，公然打出反共的旗号。中原大战之后，胡宗南一直参加"围剿"苏区红军的作战，尽管屡战屡败，但其反共的决心并未因失败而消减。而戴笠则早在黄埔军校"清党"时期就表现出积极的反共倾向，掌管国民党特务组织后更是以反共为第一要务。戴笠凭借蒋介石的宠信当上力行社特务处处长后，深知自己资历浅薄，必须在黄埔系军官中寻找强有力的支持者。胡宗南当时已是蒋介石的一员宠将，且在黄埔系军官中有着举足轻重的地位；同时胡宗南看到了戴笠的特务组织在国民党政权中的特殊地位及其对政治活动的影响，也急需拉拢戴笠助其在国民党官场的权势倾轧中取得优势，故而二人一拍即合。

1937年，因抗战烽火燃起，胡宗南曾一度离开陕甘，到11月，他率部十七军从淞沪战场撤出，二次入陕，回军西北。作为蒋介石的一张"反共"王牌，胡宗南不但从军事上对陕甘宁边区构成威胁，更自此与戴笠的军统特务组织互相勾结，荼毒西北十多年，干了许多罪恶的勾当。他在西北先后组建了西安战时干部训练团第四团、西安青年劳动营、西北特种拘留所。根据西安"特种会报"制度的指示，他将环县、庆阳、渭南、大荔一带投奔延安去的青年学生一律截查扣押，而军统在这些地区的特务组织则给予积极的配合，随后，被抓获的青年学生均交由西安战时干部训练团第四团看守管制。设在西安西门外机场附近的青年劳动营其实就是强迫劳役的集中营，其四周电网密布、哨卡林立、戒备森严，截至1942年，共关押了从西北、华北各地抓来的共产党员及进步青年1000多人。而西北特种拘留所实际上更是一座惨无人道的法西斯监狱，专门用来拘禁、残害共产党人和爱国进步人士，堪称魔窟。

在人事安排上，戴笠与胡宗南的手下更是相互调用、不分彼此。戴笠先后选派赵龙文、江雄风、俞墉等大特务到胡宗南所在的西北从事特务活动并担任要职，再加上主动请缨投奔的梁干乔等人，使胡宗南这个西北王拥了一支强有力的特务团队。为了保证胡宗南的安全，同时亦配合其工作，戴笠还于1937年特意从军统局杭州特训班将自己最得意的学生唐西园派往西安，担任胡宗南的警卫组长。此后，唐西园历任胡宗南随从副官、侍勤处长等职，深受胡宗南赏识，并成为其亲信特务头目。同时，胡宗南手下的高级军官调任到军统的就更多了，其中就包括军统局交通警察总局局长吉章简、中美合作所总务组长郭斌、兰州警察局长史铭、军统局经理处副处长林尧民等。1941年9月，军统一次性从胡宗南所部现职军官中调走营团级以上军官20人，派入军统局所属的忠义救国军担任大队长、支队长等职务，以充实在江南进犯新四军的特务的实力。1944年春，胡宗南派十几万部队开赴新疆，戴笠趁机在宋希濂任总司令的新疆警备司令部设立调查室，并派余万选担任主任，同时，又借机成立了新疆省站和省警务处，派胡国振担任站长兼警务处长，另派刘汉东为警务处副处长兼迪化（今乌鲁木齐市）警察局长。

对于军统特务而言，保守秘密就像保护个人生命一样重要，绝不敢走漏风声，尤其是那些逮捕、暗杀事件，特务们就更不敢泄露丝毫了。然而，军统的所谓保密机制在胡宗南面前却形同虚设。1940年5月，军统特务在成都逮捕了中共四川省委书记罗世文、中共川西军事委员会委员车耀先以及被认为和两人有牵连的另两名进步人士，戴笠亲自将四人从成都押解到重庆秘密监禁。可以想见，这在军统是何等机密的事情，但随后不久，两名进步人士就被转送到西安，并被安排到胡宗南负责的军校当教官去了。

张严佛受戴笠委派到西安后，第一时间把设立军统西北区、向陕甘宁边区安插特务及配合"西北剿总"反共防共的计划和监视杨虎城秘书宋绮云等情况向胡宗南作了全盘汇报。此后，胡宗南的西安东仓门1号公馆就成了张严佛等特务头子接头的场所。凡是特务组织获得的有关八路军西安办事处、陕甘宁边区的重要情报，以及在西安侦查共产党人车耀先和监视杨虎城旧部孙蔚如、杜斌丞、杨晓初、孔从周、赵寿山等的情况都会随时向胡宗南进行报告。据张严佛回忆说："我在西安几年，军统局西北区的公开掩护机关并不隶属于胡宗南，但我与他却比较接近。"由此可见，胡宗南几乎分享了戴笠所有的情报信息。

军统特务组织的任务，除迫害共产党、爱国民主进步人士和蒋介石的异己势力外，也负责监视国民党军队的军官，不过戴笠对胡宗南及其部属却总要网开一面。据张严佛交代，戴笠曾指示他及毛人凤、唐纵等人，但凡有举报胡宗南所部的情报，原则上不报军统局本部，而是直接呈报胡宗南处理，或先送戴笠亲自过目后再审慎处理；若有非报蒋介石不可的情况出现，则尽可能做到大事化小、繁事化简，对其不断加以包庇和掩护。

虽然戴笠和胡宗南受共同利益的驱使而相互勾结、狼狈为奸，但也绝非如他人所说是不可分割的铁板一块，事实上，他们都有着各自不可告人的野心。当时国民政府设立的行营、战区司令长官部等机构，均设有专门从事特务活动的第二处，其人员配备都是由戴笠从军统中选派的，而胡宗南在第一战区司令长官部设立的第二处，则只派自己的亲信负责，不仅从不让戴笠沾边，而且也不准这个处的人暗中加入军统。戴笠虽然在表面上十分推崇胡宗南的军事才能，他自己却也在千方百计地建立个人的武装力量，除了组建忠义救国军、别动队外，还选派多人到陆军大学、中央军校高教班等处深造，为自己的武力扩充储备人才。

密谋暗杀宣侠父

中共中央为适应抗日民族统一战线的需要，于1937年10月在西安后宰门七贤庄设立了八路军西安办事处，派宣侠父常驻此地以加强与国民党上层军政人员的联络，进一步开展统战工作。然而宣侠父一到西安，就受到军统西北区的严密监视，西安行营主任蒋鼎文还着重对西北区区长张严佛强调："这个人狡猾得很，共产党派他到西安来不简单，你们要特别注意他。"

宣侠父，原名尧火，号剑魂，1889年出生于浙江省诸暨县一个贫苦的教师家庭，早年曾公费留学日本北海道帝国大学，期间开始钻研马克思主义，后因参加留日学生爱国运动，于1922年被迫回国，不久加入社会主义青年团。1923年加入中国共产党。第一次国共合作时期，宣侠父考入黄埔军校成为第一期学员，由于反对蒋介石独断专行的军阀作风，不仅上书据理力争，还坚决不肯写悔过书，因此得罪了蒋介石并被开除出黄埔。

离开黄埔军校后，宣侠父到北京找李大钊，受李大钊派遣到西北军冯玉祥部任国民军联军宣传处长。北伐时曾担任冯玉祥领导的国民革命军第二集团军前敌总指挥部政治部主任，随军西征到兰州。后来几经辗转，由蒋超雄带到南京并推荐给蒋介石，被任命为军委会少将参议，派驻淮阴第二十五路军梁冠英部，又因反对梁冠英部到江西围剿红军，再一次与蒋介石决裂。1933年，宣侠父协助冯玉祥、吉鸿昌等人组建察哈尔民众抗日同盟军，并任该军中共前线委员会委员、军事委员会常务委员，兼吉鸿昌的二路军政治部主任及主力先锋第五师师长。抗日同盟军失败后，又联合吉鸿昌、南汉宸、方振武等人在天津筹建中国人民反法西斯大同盟，不久也遭到失败。1934年，宣侠父化名杨永清，在上海负责中央特科的工作。1935年，又化名宣古渔，到香港进行统战工作，推动李济深、蒋光鼐、蔡廷锴等人组织反蒋抗日的中华民族革命同盟。1936年西安事变爆发后，宣侠父奉周恩来、叶剑英"速来西安"的电报指示，到西安红军联络处工作。次年9月，他被任命为国民革命军第十八集团军（八路军）高级参议，主持八路军驻西安办事处的日常工作。

一方面，由于宣侠父有两次叛蒋经历，引起了蒋介石的极度不满，因此他到任西安后，深悉于此的戴笠便早早下达了密令，指使军统西北区的特务加强对他的监视。另一方面，宣侠父在西安的工作又进行得非常顺利，他凭借当年在黄埔的同学和同乡关系及超强的个人活动能力，在国民党高级将领、西安各界群众之间广泛宣传中国共产党的抗日民族统一战线政策，使党的统战政策深入人心，全民的抗日热情空前高涨，这就更引起了蒋介石的恐慌与仇恨，于是戴笠遂急令特务们通过设立监控点、流动跟踪、安插内线、拉拢同乡关系等手段，广泛搜集宣侠父在西安的活动情报，并及时向蒋鼎文和他汇报。

为了更好地监视宣侠父及中共在西安的活动，张严佛等特务头目安排特务及警察局以加强治安、保护居民为由，在八路军西安办事处驻地前后安插了固定的监视岗哨和派出所。张严佛要求每个监视人员必须认清宣侠父的体貌特征，对其一举一动都要严加注意，以切实掌握其在办事处的居住与活动情况。同时，为了防止被人发觉或识破，他还规定在派出所和岗哨进行监视的特务都只能穿警服，并且监视的范围也仅限于那一带，不得离岗进行跟踪监视，也不得与其他便衣特务进行正面接触，而其他便衣特务亦不能到派出所去。当特务们获得了有关宣侠父及八路军办事处人员、物品的进出活动情报以后，便以日报表的形式呈报给蒋鼎文、戴笠等人。当然，除了设立固定监视岗哨，特务们也专门组织人员对宣侠父展开轮番跟踪、流动监视。

此外，张严佛根据宣侠父在西安诸暨同乡及同学较多的情况，想方设法、挖空心思地动员他们和宣侠父接近，伺机侦查、监视。

从宣侠父到西安上任的那天起，戴笠就不断从军统西北区得到有关他的活动情报，并根据这些情报捏造了很多莫须有的罪名：宣侠父与杨虎城旧部赵寿山、杜斌丞等人勾结并挑唆其反叛蒋介石；以黄埔同学、同乡等特殊关系拉拢政府机关和部队官员，散播共产主义思想毒素以惑乱军心；广泛与西安各类左倾人员接触，打着抗日旗号煽动青年学生逃往延安，致使学生思想扭曲、不学无术；公开指摘蒋介石限制言论自由、镇压抗日救亡运动，散布中央不提供八路军物资补给等不利于抗战的言论；暗中指使中共地下党进行阴谋破坏活动等。在戴笠批将这些情报添油加醋地向上汇报后，新仇旧恨一起涌上了蒋介石的心头，他终于忍无可忍，将早已沾满血腥的魔爪伸向了宣侠父。

1938年夏秋，国民政府军事委员会西安行营主任蒋鼎文接到蒋介石的电报："着立即制裁宣侠父。"同时戴笠也密电军统西北区代区长徐一觉，要求其在蒋鼎文领导下完成"密裁"任务。蒋鼎文本来就对宣侠父深感头痛，此时接到蒋介石这封心照不宣的密电，便火速找来徐一觉下达暗杀密令。徐一觉与西北行动组长丁敏之、直属组长李翰廷等进行秘密策划后，决定由西北区直属组派3名精干特务对宣侠父进行轮番跟踪，伺机下手，但由于其行踪难以掌握，特务们一时也无法得手。

在戴笠和蒋鼎文的再三催促下，特务们又经过一场密谋协商，最终决定由蒋鼎文深夜致电宣侠父，待将其诱出后再行暗杀，而后把尸体抛入西安城内马陵地区的一口枯井中。这样，8月的某日深夜，蒋鼎文便在距八路军办事处约两里地的后宰门公馆里给宣侠父打电话，声称有要事相商，将宣侠父骗了过来，一直谈到凌晨1点多才放他回去。这个时间点正是蒋鼎文和徐一觉等约好的，此时的徐一觉早已带着直属组的人等候在宣侠父从蒋鼎文公馆到八路军办事处的必经途中了。为确保万无一失，特务们还特意安排两人从蒋鼎文公馆一路跟踪、监视宣侠父，同时又派人在马陵枯井附近负责警戒、接应。当宣侠父行至特务们埋伏的地点时，他们趁其不备突然跃起将其制住，宣侠父大叫一声，并开始奋力挣扎，但随即就被特务用棉花堵住嘴，再想喊人已经来不及了，接着就被押上汽车。在车厢里，李翰廷和徐一觉使劲扼住宣侠父的喉咙，将宣侠父凶残地杀害了。

宣侠父失踪后，八路军西安办事处多次向西安行营要人，要求蒋鼎文交出宣侠父，同时中共中央也向蒋介石提出抗议并要求放人。蒋鼎文处境被动，担心宣侠父尸体一旦被人发现，事情就会败露，到那时自己将无力担责，遂找到张严佛，催促其将宣侠父尸体尽快向他处转移。不久，宣侠父尸体就被特务们挖出，又埋到了西安城外远离道路的偏僻荒地里。中共中央一直在追查宣侠父的下落，并于10月向蒋介石提出严正交涉，即认定宣侠父已遭杀害，要求蒋介石给出明确答复。在无法推脱的情况下，蒋介石只好承认："宣侠父是我的学生，他背叛了我，是我下令杀掉的。"

第十一章
两统之争的得与失

争夺流亡青年

戴笠领衔的军统是一个神秘的组织，它处于国民党的军事分支序列之中，但又不是作战部门、后勤部门，更不是政治部门，它是一个隐蔽的专攻于情报和反情报的间谍机构。有这个组织的存在，让身处国民党高层的蒋介石等人在全国各地多了许多的耳目，更使得许多心怀不轨的阴谋家多了一层顾虑，在某种能够程度上，军统在国民党内部的相对稳定上发挥了重要作用。

战事骤起，全国各地都有众多的流亡学生和失业青年逃亡西北、西南等偏远的大后方。当时戴笠手下的大特务文强正组织收容队收集从前方溃败下来的士兵，见到这么多的学生后，文强就决定将这些学生也召集起来。于是文强给戴笠写了一封书信，向戴笠建议收容这些流亡的学生。戴笠收到信后，很是兴奋，他当然并不想让这些学生帮助收容那些散兵游勇，而是看上了这些学生的文化素质。

于是，戴笠给文强写信，让他尽量多的收容青年学生，要"先下手为强，尽量赶在中统之前"。1938年的4月，文强到达汉口，参加了原复兴社的秘密会议。戴笠在这次会议上提出的中心议题是如何处置这些流亡的学生，如何与共产党、中统等各方面的力量争夺宝贵的人才资源。"人才是影响战局胜负的关键因素之一，正所谓为国育才乃是百年大计，此事刻不容缓！"戴笠在会上说："我看这些逃难的青年学生就好比这桌上的白纸，很具有可塑造性，你涂写个什么颜色，它就是个什么颜色嘛！如果我们不抓紧机会，那么这些人才就会被共产党和中统那帮人抢了去，到那时后悔可就来不及了！"

会上，蒋介石的得意门生胡宗南开门见山提出了一系列的想法和建议，比如成立专门的机构、设立专门的账户、专人负责协调等。与会的诸多代表几乎都对此事十分感兴趣，一伙人激烈地讨论一番后，决定起草一份计划书由戴笠呈交蒋介石。

戴笠深谋远虑，向蒋介石夸大了和共产党争夺流亡学生的形势，并生动地描绘了这些学生的爱国热情。蒋介石自然是对戴笠的计划很是满意，很痛快地就全权委托戴笠负责统筹收容这些学生，"多多益善"。后来，在戴笠的协调下，桂永清创办了战时青年训练团，康泽也举办了多期的青年训导团，而胡宗南则从自己手下的军队中选拔出一支收容队，分赴各地学生集中的地方进行抗战宣传，"顺便"收容流亡的爱国学生。胡宗南先后设立了第七中央军校、战时干部教导团、劳动营、游击队干部培训班、政治工作干部训练班，以及特种兵联合军事训练班等花样繁多的机构，还令他的"宣传队"打出"青年将领"的招牌，在通往南方的重要路口设置关卡，向学生们宣传国民政府的抗日决心，并呼吁他们加入到"抗日救亡"当中来。

如此，戴笠领衔的军统趁机搜罗了大批的青年人才，通过举办特训班，戴笠训练出了大批的具有较高文化素质的特务。

借"东总"敲中统一闷棍

国民党内派系之争从建党之初就一直存在着，其中缘由和当时中国的基本国情是密切相关的。

国民党统一旗帜下，军阀派系林立，党争不断。军统和中统正式成立后，在国民党内部又多了一组斗争的"冤家"。

正当中统领袖陈立夫已经对戴笠挑头成立军统满腔怒火，准备给戴笠点儿颜色看看的时候，一个本来没有利用价值的情报让陈立夫眼神一亮，仿佛看到了战胜军统的机会。陈立夫得到消息称，在东北有一个激进组织叫"东北救亡总会"，而这个组织受到了戴笠在经费和政策上的支持，于是陈立夫就授意中统从这个"东北救亡总会"下手，寻找突破口，伺机给戴笠以致命一击。

在制定具体行动方案的时候，陈立夫犯了难，因为经过仔细的勘察，他们并没有发现戴笠在东北留下的任何蛛丝马迹。正当陈立夫不知如何决策的时候，资深的中统特务齐世英为陈立夫出了一个主意。

不久，一个秘密消息不胫而走："东北救亡总会"秘密勾结共产党，并且和发生在武汉的工人暴动、夺取汉阳兵工厂等一大串事件都有关。为了能够增加这个消息的可信度，中统竟然安排齐世英和韩韬伪造了"东北救亡总会"的印章，将盖有印章的几箱"会议记录"和"行动计划"呈交给蒋介石。蒋介石见到这些证据后，十分震怒，于是就责令陈立夫"严办此事，彻底清查与之相关的一切人等，绝不姑息"！狡猾的陈立夫委婉地向蒋介石透露了"戴笠可能也搅和在里头"，蒋介石犹豫了一下之后，表示无论是谁，都要严惩不怠。

当然，这个消息也瞒不过戴笠，作为蒋介石多年信任的"爱将"，他相信蒋介石不会这么匆忙地就对自己下手，他也猜出了这次对他下手的肯定是陈立夫，肯定是中统，于是他决定设法为自己"正名"。他回到了汉口的办公室，对前前后后发生的事情做了一个系统的梳理：如果"东北救亡总会"想要搞暴动，肯定是和共产党有关系，但是如果这个组织搞暴动的话，就不会故意留下什么会议记录、行动计划，戴笠这时想到了两个字——栽赃。

戴笠没有因此立即采取过激的行为，而是按兵不动，静观其变，伺机捉住机遇反客为主，狠狠地咬中统一口。几日后，戴笠将"东北救亡总会"的首领王化一召到了汉口。见到王化一后，戴笠开门见山地问道："王兄，你我多年交情，我希望你能跟我说出实情，要不兄弟我栽了也要找你做个垫背。最近有人向委员长提供情报说，'东北救亡总会'私通共产党，称你们的组织是共产党驻东北的分支机构。我知道你们根本不可能是共产党，平时可能因为爱国激情膨胀说话做事有些激进，这些我都理解，因为这些我还在蒋委员长面前为你们求过情。今天叫你来也没别的意思，就是希望你我兄弟二人能够真诚相待，我也好在蒋委员长面前解释！"

王化一对戴笠的这番话感到很意外，有些不知所措地说："您这是什么意思？"戴笠将中统交给蒋介石的证据摔在桌子上，大声喊了一句："你自己看吧！"王化一慌张地打开一摞厚厚的文件，仔细翻看了在上面的几张写着"行动计划"的纸，然后很疑惑地说："这些是什么东西？怎么会有我们'东北救亡总会'的字样呢？"戴笠有些无奈地看了看王化一，说道："我一直认为你们东北人很直爽，不会搞这些弯弯绕，看来我错了。先是张少帅搞了西安事变，然后是你私下通共，还坑害于我，我到底哪里对不住你啊？"

王化一紧张得额头上冒出了汗珠儿，再次拿起桌子上的文件，清了清嗓子说："这些很明显不是我们的文件啊，我为你提供三个方面的证据：其一，这些文件上有我们全部委员的签字，这是不可能的，因为我们还没举行过一次全体委员会议，全部签字是实现不了的；其二，在会议记录上盖上公章，这不是我们的惯例；其三，这些证明我们和共产党有来往以及说我们和武汉的多次暴动有关的证据都是伪造的，我们对此毫不知情。"

戴笠听了这一番话之后，就向王化一摊牌："现在这个事情搞得很复杂，我已经无法插手，因为委员长把此事全权委托给了中统，如果你不能尽快地将这件事情处理妥当，我估计很快你们这些人就会命丧黄泉了！事情如何发展，恐怕还得靠你们，如果我有消息会及时告知的，希望你能相信我，有困难也及时跟我沟通！"

王化一回到住所后立刻命人各方收集委员的亲笔签名以及印章，完成后差人送到了戴笠的府上。戴笠则邀请了权威的痕迹鉴定专家对这些笔迹进行对比鉴定。紧接着戴笠就密令特务处驻武汉的行动组长赵世瑞以搜查日本汉奸为名对齐世英、韩韬等人在武汉的寓所进行了突袭式的搜查，当场缴获了大小仿造公章十余枚，仿造文件的底稿近200余份。戴笠迫不及待地连夜将这些证据整理好，准备呈交蒋介石审阅。

第二天，戴笠带着一整箱的证据来找蒋介石，蒋介石见到真凭实据后，马上明白了这件事背后的猫腻儿。于是，在戴笠离开后蒋介石召见了陈立夫和徐恩增，对二人破口大骂，称他们是"破坏团结分子，早晚会为党国惹祸"。

得知蒋介石大骂了陈立夫，戴笠终于微微松了一口气。但是他并不放心，在事情结束一个月内，他还在派人调查"东北救亡总会"，并派大特务方超密切关注中统的动态，尤其是中统派往东北人员的动态。一个月后，各方传来的消息都表明"事情已经过去了"，戴笠才最终将这个案子"结案"。

陈立夫的栽赃计划落空了，"偷鸡不成蚀把米"，自己被蒋介石骂了个狗血喷头，他把这笔账都记在了戴笠的头上，并发誓一定要让戴笠"加倍偿还"。戴笠也不是有仇不报的人，他也在寻找机会教训陈立夫，没过多久，机会就来了。

这是一天傍晚，戴笠收到消息称中统的头目陈立夫、张道藩等人经常和国民党中央的一些重要人物在酒吧等娱乐场所厮混，有时甚至彻夜不归。戴笠得知这个消息后，决定亲自带人暗地里查访一下。当晚，戴笠就带着几个亲随去了情报里提到的那家歌舞厅，在那里，戴笠真的碰到了和陈立夫鬼混的几个国民党大佬儿，其中就包括了何应钦、陈公博、罗君强等人。戴笠随即起草了一份电报发给了远在南昌的蒋介石，称"陈立夫诱惑国民党元勋厮混于烟花场所，影响极坏"。不用说，陈立夫又受到了蒋介石的责备，并且对何应钦等人也提出了批评。

就这样，陈立夫在和戴笠的斗智斗勇中吃尽了苦头，戴笠则是步步为营。几个回合下来，中统都在军统面前败下阵来。一段时间内，看起来陈立夫似乎放弃了和戴笠的争斗，躲进了某个角落，不声不语地藏了起来。其实，陈立夫是在憋着劲儿和戴笠在打一场"恶战"呢。

唐纵出任侍从室情报参谋

军统和中统成立之后，国民政府的特工力量迅速膨胀，每天从全国乃至世界各地寄来的情报数量激增，蒋介石对这些情报很是头疼。每天无论大小情报都要向他汇报，许多文件和批文需要他签字、审阅，有时候半夜还有人敲开他的门向他汇报，因此，他谋划着为自己挑选一名情报参谋，专门负责将特务机关送来的情报进行分类整理并做初步的分析,根据情报"轻、重、缓、急"的程度每天定时向他汇报。戴笠很快就通过蒋介石身边的随从得知了这个消息,并悄悄地做起了准备。他绝对不容中统把这个名额抢走,但是选择谁去和中统竞争呢?这时,他想起了素有"老油条"之称的王牌特务唐纵。

唐纵是湖南酃县人,17岁时考入湖南的群治法政学校,23岁又考进了黄埔军校第六期。从黄埔毕业后,他被安排在国民党军队任文职工作。后在南京创办国民党刊物《建业日报》。因其处世圆滑、滴水不露又富有心计,戴笠将其调到了情报处任主任机要秘书。1932年时,年仅27岁的唐纵出任国民党复兴社总社副书记。1936年被蒋介石派到德国任副职武官,以外交官身份为掩护调查研究德国警察、情报组织及欧洲各国最新动向。

将唐从德国调回国内,戴笠是经过深思熟虑的。其一,唐纵在军统特务中具有很大的号召力和影响力,推举他出任蒋介石的情报秘书,军统内部不会出现反对之声,这样就增加了军统内部意见的统一;其二,唐纵出身黄埔六期,又在军队任过职,曾经领导过复兴社,人脉甚广,老友故交遍布全国,这就给军统竞争情报秘书这个重要岗位增加了砝码;其三,唐纵近5年来一直在欧洲从事情报工作,从洋人那里学到了许多情报工作的新鲜手段。

让戴笠没想到的是,在接到戴笠邀请回国的电报后,唐纵数次以国外工作尚未完成之名推脱,不肯回国。戴笠明白,唐纵是因为特务工作的高风险性故意推辞的,于是拿出了刘备三顾茅庐的耐心和姿态,多次发电邀请"唐纵兄紧急回国,有要事托付"。最后,唐纵实在无法再驳戴笠的面子,回到了国内。

唐纵回国后,先是被戴笠安置在了特务处,出任特务处的书记长,后出任武汉的特务处调查科科长。这次,戴笠"不见兔子不撒鹰",紧紧抓住了蒋介石的需求,为其精心打造了符合要求的"唐纵"。蒋介石了解唐纵的资料后,对他非常满意,于是在国内"休息"近3个月的唐纵走马上任,搬到了蒋介石的"总统办公厅"工作。

一段时间之后,戴笠却很是失望,因为唐纵虽然很得蒋介石的信任,但是却和军统越走越远。在几次重要的情报会议上,唐纵竟然公开批评军统的人做事太霸道。戴笠担心唐纵被中统收买,于是派人秘密地调查和唐纵经常接触的人,结果发现尽管中统也在使劲浑身解数拉拢这位情报参谋,但是面对唐纵"客观中立"的态度也无从下手。在戴笠看来,这并不是一个好消息,因为这个自己极力推荐给蒋介石的人既不是军统的人,也不是中统的人,他是蒋介石的人。这对于别有用心的戴笠来说是一个巨大的损失。

戴笠在表面上还是要拉拢唐纵的,以赢得比中统更大的舆论优势。唐纵也不是不知戴笠的引荐之恩,只是蒋介石已经对他放过话,让他"不要和戴笠靠得太近,也不要靠中统的人太近,要学着聪明点儿"。唐纵毕竟是老黄埔,对戴笠以及军统还是十分有感情的,反而和陈立夫所率领的中统有些格格不入。客观上讲,唐纵并没有试图为军统偏袒,但是鉴于和军统中诸多老黄埔的交情,还是在不自觉中优先照顾军统。这样,在接到蒋介石的命令后,军统总是能赶在中统前做出反应,因此蒋介石曾数次夸奖戴笠"反应灵敏、决断迅速",而中统也在不知不觉中吃了哑巴亏。

张超与陈仪交恶

抗战初期,蒋介石命令国民党军队在正面战场和日军展开大规模的会战,但是由于日军在武器装备上的绝对领先和参战人员战斗意志的疯狂高涨,中国军队不断溃败。

在国家危难、民族危亡的关头,国民党内部的纷争却没有偃旗息鼓,"内斗事件"接连发生,内斗的参与者中,一股很重要的力量就来自于军统特务机关。

1938年8月18日清早,戴笠吃过早饭正准备乘车赶往位于租界的办公室,这时他听到门口一声急促的刹车声,然后是一阵急促的跑步声,紧接着就是"啪啪"的敲门声。警卫员急忙跑过去,打开门一看才知道是特务处的通讯参谋。这位年轻的军官整了整衣冠之后,就被警卫员带到了戴笠面前。

"报告长官,福建闽北站站长严灵峰发来的特急电报!"戴笠急忙起身拿过这份电报。电报上称，特务处驻闽北站副站长兼省保安处谍报股股长张超昨日被福建省政府主席陈仪下令逮捕并于当日执行了枪决。

张超是福建本地人。出生于闽北的长泰县，在特务工作中一贯心狠手辣，并且对戴笠十分忠诚，因此他很受戴笠喜爱和器重。

戴笠喜爱的人很多，但是溺爱的没有几个，其中就包括这位副站长张超。

这次有人竟然偷偷地将自己溺爱的"大将"给悄无声息地杀了，怎么不令他痛心疾首呢？戴笠驰骋于复杂的国民党关系网中，之所以能够多年来毫发无损，很大程度上就取决于他的隐忍和不露声色。这次戴笠还是表现得很镇定，他把手里的电报纸拍在桌子上，然后拿起茶杯，呷了一口茶："通知下去，明天我要去武昌面见老爷子！"

当时，蒋介石正在武昌的珞珈山督战，戴笠去那里正是为自己的爱将伸冤，"告御状"的。戴笠深知陈仪在国民党内的地位和影响力，所以他决定选择曲折的线路，先套套蒋介石的口风。

陈仪是绍兴东浦镇人，清光绪二十八年（1902年）东渡日本求学。在日本求学期间，他进入士官学校第五期炮兵科，和蒋介石是同届同学。光绪三十三年（1907年）回国，在陆军部任二等文职科员。武昌起义后，他出了任浙江都督府军政司司长。后来，他出任陆海军大元帅统率办事处的军事参谋官。1917年，他再次东渡日本，进入陆军大学学习军事作战。1920年，他再次回中国，在上海经商，和杜月笙等上海大佬是"老熟人"。1925年孙传芳掌控了浙江，特意邀请陈仪为浙军第一师师长，之后又转任第一军司令、浙江省省长。1926年，北伐战争爆发，陈仪审时度势决定投向北伐军，之后被北伐军总司令任命为国民革命军十九路军军长。由于手下在部队中制造哗变，陈仪很快从十九路军军长的宝座上下台，被迫流亡国外，先后游历欧美，考察西方军事。数年后，陈仪回国，被蒋介石委任为兵工署署长，后转任军政部政务次长。1934年"闽变"结束后，调任福建省主席兼绥靖主任，负责整理福建军政。

陈仪是国民党的元老级人物，在全国各地羽翼众多，门生故吏数不胜数，又是学者出身,并且一直以"文学学者"自居,一直以来被国民党政学系公认为本系的"精神领袖",所以平时骄横的戴笠也不敢轻举妄动,免得给自己招惹不必要的麻烦。陈仪素来和军统、中统等特务组织来往不多,也基本上没有什么过节,他为什么要杀掉张超呢?这让戴笠疑惑起来,于是,他决定让自己的参谋全力调查这件事情。

事情的缘由可以追溯到1933年的"福建事变"。1933年11月20日,十九路军将领联合国民党内李济深等一部分势力,在福建福州南校场召开大会,决定成立中华共和国人民革命政府。1934年1月15日,蒋介石的军队攻陷福州。人民革命政府和十九路军总部分别迁往漳州和泉州,仅仅6天后,泉州、漳州相继失守,"闽变"宣告失败。

1934年初,蒋介石就将陈仪从军政部政务次长的位子调任闽省主政,任福建省军政主席。之所以让陈仪"受命于危难之际",蒋介石是经过周密考虑的。陈仪为人沉稳,一向谦和,人缘很好,做事情又十分负责,在关键时刻又能下得了狠心,是个能够担当大任的人物。蒋介石也正是看中了陈仪所具备的"高素质"才决定让他主政福建、收拾烂摊子的。

在福建期间,陈仪妥善地处置好了"闽变后遗症",又采取了许多经济和文化政策,使得福建基本恢复了先前相对的稳定状态。他能够力挽狂澜,将福建这湾浑水澄清,自然是得到了蒋介石的嘉奖,在国民党中的威信也日益膨胀。

按照蒋介石给军统确定的任务,对陈仪进行密切监视也肯定是免不掉的。戴笠曾经去电要求张超注意观察这位省主席的一举一动,但是戴笠绝未想到张超会因此送命。

张超恃宠骄纵,自以为有戴笠这层关系就胆大妄为,根本不把陈仪放在眼里。他在福建各地招抚土匪,暗地发展特务军事力量,并毫不掩饰自己的目的。在几次重要的宴会上,他竟然公然叫嚣要扩充特务处在福建的势力,并且要掌控一定的"枪杆子"。这就引起了陈仪的注意,于是暗地里调查这位"骄狂的激进分子"。陈仪知道张超是戴笠的人,所以开始时再三加以容忍。

然而张超却得寸进尺，不但不把陈仪放在眼里，而且密谋策划倒陈的军事暴动。这可触怒了的陈仪，他密令福建省会警察局长李进德多方搜集证据，伺机捕捉张超，"将他除掉"。

其实这个消息早就被闽北站站长严灵峰知道了，他多次向戴笠报告，但戴笠忙于其他事情迟迟未给出明确的回应，等到戴笠给严灵峰回电的时候，陈仪已下达了逮捕张超的命令。在逮捕张超的时候，军警在他的住处搜集到了大量的"倒陈"机密情报，即使是先斩后奏也让戴笠无法为自己的手下开脱罪过。

这次，老谋深算的陈仪先发制人，取得了最初的主动权。在将张超处置以后，陈仪立刻派人将张超"破坏福建稳定，暗杀谢荫德，组建武装力量抵抗福建省政府"的证据用军用飞机运到了武昌，交到了蒋介石的手里。更能显出陈仪老道的地方是，他还在证据中写了一封"请罪书"，行文间对一时冲动杀掉"破坏分子"深感愧疚，愿意接受"委员长的任何惩罚"。蒋介石当然明白陈仪的动机，但是他没有立刻给出答复，而是决定看看戴笠的表现再做定夺。

"秉承领袖旨意，体谅领袖苦心"

封疆大吏敢于直接下令枪杀军统的重要干部在陈仪之前还没有出现，一向争强好胜的戴笠肯定是咽不下这口气的，他决定要向蒋介石为自己死去的爱将伸冤，要求惩治刽子手陈仪。

戴笠将他认为的实情向蒋介石汇报说："陈仪在没有充足证据的前提下，没有和军统打一声招呼就把张超枪杀了，还暴尸三天。今天我是向校长申诉来的，希望您能为死去的张超、为军统主持公道！"

"你知道张超在福建都做了些什么吗？你还好意思到我这儿来胡闹？"蒋介石略显生气地说，"你都调查核实过吗？陈仪为什么要杀他，你没搞清楚就来告状，太不像话了！"

这时戴笠才明白，原来陈仪已经抢先一步向老头子申诉了。陈仪的这招

"先入为主"是戴笠万万没有想到的。

此刻戴笠的大脑在急速地运转着,他想尽快处理当前这个棘手的问题。蒋介石看出了戴笠的想法,于是想给戴笠一个台阶下:"难得的是陈仪那谦逊的态度,主动来向我解释,说明了具体的情况,如果说他杀张超有错的话,也就是杀得太急了点。"

戴笠眼睛一转,近乎恳求地说:"就算他张超犯了天大的错误,也应该由我戴笠处置,也应该由军统处置,陈仪没有权力处置我的人!"戴笠稍微停顿了一下继续说:"我知道您顾及陈仪的面子,所以您不想处置他,您把这事儿交给我,我去办!"

对于戴笠的二次"伸冤",蒋介石只是简单的说了句:"娘希匹,不治你的罪就算可以了,你还敢来反告一回?"然后对着戴笠大声骂了一句:"赶紧滚回去,给我面壁思过!想明白了再来找我!"戴笠迅速转身,从蒋介石的办公室退了出来。没走多远,戴笠又转身走了回来,他在门口待了大约1分钟,推门走了进去。

这次他什么都没说,"扑通"一声在蒋介石面前跪下,然后痛哭流涕地诉说:"张超千错万错,也应该由我们对他进行纪律制裁,他陈仪凭什么要抓便抓,要杀便杀,张超是我的人,是我手下最能干的特务,如果委员长对此事置之不理,不给我一个说法,我的工作真的没法干了。"蒋介石从裤兜里掏出白色的手帕,递给戴笠说:"一个大男人,哭什么哭,我都没见你哭过,为了一个张超就哭成这样,值吗?"说完,蒋介石轻轻拍了一下戴笠的肩膀说:"赶紧给我起来,别跪在这儿给我丢人!"

谁知这次戴笠竟然扑倒在地上,双手紧紧抱住蒋介石的大腿痛哭起来,用断断续续的声音说:"张超死得冤哪……他们凭什么杀我的人……校长您应该替我做主……替我做主啊!"蒋介石大怒:"丢人,丢人,赶紧给我滚出去!滚出去!来人,把这个没出息的家伙给我架出去,架出去!"

戴笠见蒋介石还是不肯松口,冷静了一下,用微弱的声音进一步说道:"校长,学生无能,并非无耻。今天也不是在这儿跟您演戏,只是学生认为自己领导无方，致使手下被人无端杀害，我无能，无法为自己的兄弟报仇，所以现在呈请校长准予辞职，我已经无脸再继续领导军统的工作了！"蒋介石以为戴笠在拿辞职要挟自己，于是随口说了一句："你不用写辞职报告了，我现在就准了你的辞职！"就这样，戴笠灰溜溜地从蒋介石官邸走了出去。

当天，戴笠回到汉口法租界的住处，果然写了份辞职报告，并当即差人给蒋介石呈送上去。在辞呈中戴笠写道：学生奉命接手特务工作以来，承蒙校长厚爱，算是有些小小的成绩，但是这些成绩都是在张超这样的得力助手的帮助下才取得的，如今手下被杀，我竟无法为其伸冤，所以，学生今日引咎辞职！

蒋介石看到戴笠的辞呈时，不觉心软下来。蒋介石肯定戴笠是舍不得离开的，他也不愿意失去一位忠诚的杀手。反过来想，陈仪也没有做错什么，他这么处置完全是可以理解的。那么怎么去做取舍呢？手心手背都是肉，割了哪一块都会疼啊。

1938年8月19日，也就是戴笠呈送辞职报告的第二天，蒋介石把戴笠召到武昌珞珈山官邸，开门见山地说："陈仪是对北伐乃至抗战有功的国民党元老，你不能这么和他针锋相对。再说，陈仪是政学系的领袖人物，在国民党内，许多元老都和他有着密切的关系，他们织出来的关系网坚固无比，'牵一发而动全身'的道理你会不明白吗？为了一个张超而让国难之际的党国受损失，值吗？"

见戴笠低头不语，蒋介石进一步说："这些人都是在北伐、反共中立过大功的，现在党内军官过多，极度地缺少文官，这情况你是知道的。而陈仪正是文官们公认的典范，你说我能动他吗？"

"你是黄埔的高才生，更是诸多学生中的佼佼者，我一直以培养出像你这样的学生而感到自豪，但是你们也要体谅我的一番苦心。你看这样怎么样？我现在就下令撤销福建警察局长李德进的职务，继续对他进行审查，至于陈仪，希望你以后不要再提，也不许有积怨。你也回去后好好冷静一下，好好当你的差，辞职之事，也不许再提。"

戴笠见蒋介石交了底牌,也就不好再继续争执些什么,反而被蒋介石的言语所感动。失去一位爱将固然可惜,但是戴笠这次真切地感受到蒋介石对自己的信任和挽留,看来蒋介石把自己当成心腹亲信已经确认无疑了。戴笠为此兴奋不已,回到寓所后,即兴写了"秉承领袖旨意,体谅领袖苦心"12个字。

从此之后,这12个字就成了戴笠的座右铭,他还以此训示手下说:"我们的一切,都以这12个字为出发点!"

用尽心机讨蒋欢心

戴笠在蒋介石的身边长达15年之久。在这15年里,戴笠为蒋家王朝立下了汗马功劳,战功无数。1942年后,蒋戴关系也发展到巅峰。

在蒋介石的一生中,特务、军队和财政是他控制得最为严格的部门。其中,特务又是重中之重。蒋介石老谋深算,控制特工的办法数不胜数,其中一个最主要的办法就是对特工给予特权,但却不给高位,所以戴笠出任军统头目近十载,到头来却还是一个军统局副局长。

戴笠之所以能得到蒋介石的重用,主要是因为戴笠将他的心思揣摩得很到位。戴笠对于蒋吩咐的所有事、下达的所有命令,都是察言观色、顺其好恶,所以10多年里,蒋、戴合作相当默契,几乎没什么隔阂。戴笠清楚,凭自己的资历和本事,必须借助蒋介石才能有所作为。因此他忠蒋、护蒋到了死心塌地的地步,花费了很多精力研究蒋介石的思想、行为、心理和性格。为了掌握蒋介石的爱好和生活习惯,戴笠费尽心机从蒋介石身边的侍卫人员打开渠道,即使是柴米油盐的琐事也给予关心。戴笠对蒋介石身边的侍卫非常敬重,平时对这些人毕恭毕敬,时时打点,所以每到关键时刻,戴笠要了解什么情况,呈送什么报告,这些人都为他开方便之门。

对于蒋介石的忌讳,哪些话该说,哪些话不该说,戴笠也掌握得一清二楚。蒋介石发号施令,一概用"手令"。他所下达的手令数量多如牛毛,内容涉及军事、政治、经济等各个领域。但是,由于特务工作的特殊性,为了安全起见，蒋介石很少下达"手令"。戴笠早就摸透了蒋介石的这一习惯，所以凡事坚持向蒋介石作口头汇报，对蒋介石的指令，他也都只记在脑中，从不笔录。

戴笠知道蒋介石喜欢干净整洁，要求属下注重着装和仪表，因此他每次见蒋介石时，都穿得干干净净，整整齐齐。那些由戴笠引荐的人，事先也受到戴笠的关照，因此大多也能得到蒋介石的重视。此外，蒋介石讨厌别人说话拖拖拉拉，因此戴笠回答问题总是干净利落，清楚明了。戴笠每次回答蒋介石的问题，都备有多套方案，因此很少不被采纳。

蒋介石是个脾气暴躁之人，经常呵斥下属，甚至动手打人。当然，不是心腹不打，挨打的人必有重用。蒋介石打过的人都是自己的嫡系黄埔生。很多黄埔军校的官员都因校长打耳光而感到脸上增光。戴笠作为蒋介石的心腹爱将，自然少不了挨打。如果戴笠做事出了差错，蒋介石轻则痛骂，重则拳脚交加。戴笠深知这项原则，所以每次挨打过后，非但毫无怨言，反而以此为荣。

伴君如伴虎，戴笠在与蒋介石相处时，也是小心行得万年船。就连对蒋介石的称呼，都经过反复考虑，也注意区别运用。比如说，对与他同等地位的人，他大都称蒋介石为"老头子"；对黄埔学生，他则尊称蒋介石为"校长"；对军政大员及杂牌军将领，他称蒋介石为"委座"；对国民党党务人员，他称蒋介石为"总裁"；对其他人员及在公开场合演说讲话中，他统称蒋介石为"领袖"。

对于部下，蒋介石有两点最为忌讳：一是拉帮结派，营私舞弊；二是贪污受贿。戴笠是聪明之人，多年来都是独来独往，从不参加任何派别的活动，以免招来蒋介石的猜疑。他还经常整肃军统小特务的贪污受贿行为，借此沽名钓誉。当时重庆的军政要员竞相乘坐豪华轿车，戴笠见蒋介石时却乘坐一辆旧车，借以表明自己的清廉。

由于戴笠总是能够迎合蒋介石的心理，他在蒋介石心目中的地位越来越重要，蒋介石经常把一些棘手的、微妙的问题交由他处理。戴笠虽然屡屡猜中蒋介石的心思，但也难免有碰钉子的时候。一来二去，戴笠又总结出一些与领袖打交道的经验。每逢蒋介石喜怒无常，不按常理出牌的时候，戴笠就装糊涂，不提意见，听凭蒋介石裁决，而这正是蒋介石想要的结果。

第十二章
戴笠与张学良和杨虎城

囚禁张学良

在西安事变中，蒋介石被张学良和杨虎城二人胁迫，不得不宣布抗日。蒋介石本以为张学良为人忠义，不会与自己的政见相悖，最后却被二人摆布，对此心存芥蒂，并暗下决心要对张学良还以颜色。1936年12月31日上午，国民政府军事委员会特别军事法庭宣布了对张学良的判决：张学良首谋伙党，对长官暴行胁迫，判处有期徒刑10年，剥夺公权5年。

所谓的宣判只是走个过场。1937年1月初，蒋介石先是做足表面文章，以"勇于悔改，自行赴京请罪"的名义对张学良予以特赦，而后便开始了实施报复的计划——张学良的随从秘书、警卫人员被宪兵三团团长罗友胜缴了配枪，张学良随后也被戴笠送到太平门外的孔祥熙公馆，从此被监禁起来。

蒋介石将戴笠召到中山陵官邸，对其面授机宜，以使其能够完全执行自己所规定的"严加管束"。蒋介石对此解释道，警戒工作必须绝对严密，对于张学良的来访者必须严加审查，没有蒋介石的批准不得擅自见张；对于张学良的起居行止，需挑选一名忠实的特务人员进行贴身监视，平时与张作息在一起，并将所见所闻秘密记录，悉数上报；对于张学良与外界的联系，可以准许其进行书信交流，但是必须对内容严格审查，不得使其与其他各派、尤其是东北军取得联系；张学良平时可以阅读一些书报，不过必须经过检查批准,不许自行订阅,以防他接受其他思想;软禁张学良的地点是重要位置,必须严格保密,如果有必要转移,更要做到秘密执行,不能让张学良趁机逃走。此外,还需要严加防守,兵力至少要有一个连的武装警卫。看守人员必须是确实可靠的人选,一旦发现有私通张学良的行为,立即对当事人执行枪决。戴笠对蒋介石的意思完全遵照,并在每个细节上都一丝不苟。

张学良被关在孔公馆二楼,戴笠负责监禁工作,并亲自安排督促、检查。他在孔公馆内外设立两层警戒,分别由特务处大特务周伟龙和宪兵司令部警务处处长丁昌负责。内线由周伟龙管理,王芳南担任组长,带有15名特务队员;在外围,丁昌带有宪兵特高组7名组员和一个排的武装宪兵,组长由中校处员欧阳湘担任。为了避免引起外界的注意,张学良被限制在公馆内不得外出,整个监禁也严格对外保密。

面对蒋介石对张学良的囚禁,曾经保证过张学良赴京安全的宋氏姐妹深感内疚。后来,宋美龄曾当着蒋介石的面嘱咐戴笠,要善待张学良。戴笠和张学良的私交不错,因此对其还是比较照顾的。

自从张学良被扣后,东北军、十七路军和红军对国民党的做法纷纷表示愤慨。西安方面反应最为强烈,甚至有意与中央武力进行对抗。蒋介石对此予以军事威胁,西安方面并未退让,积极进行军事部署,准备与蒋对抗到底。

一时间箭在弦上,局势十分紧张。西北的形势已经到了十分险恶的地步,内战一触即发。蒋介石对西安方面的威胁只是想其保持沉默,而非真的要进行武力震压。于是,他一边通过张学良向西安发号施令,一边指示戴笠让四维学会中的东北籍理事在南京与西安之间斡旋,以消除西安方面对抗南京的计划。

戴笠受命后,开始在各方间不停奔走。1936年12月31日,戴笠致电在武汉、北平、西安等地的"四维学会"东北籍理事王化一、阎宝航、王卓然、关吉玉、吴瀚涛等人,邀约他们赴南京共商解决南京、西安两方对抗一事。1937年1月4日,戴笠从溪口带回蒋介石关于处理西安事变善后问题的腹案,于当日晚间设宴请王化一、阎宝航、王卓然、关吉玉、吴瀚涛吃饭,并进行具体讨论。

席间,戴笠为了掌握主动权,开始施展自己的游说功夫。五位"四维学会"的东北籍理事就此事提出了之前商定的两个条件,一是中央无论如何不可出兵西北,二是必须释放张学良。面对5位东北理事提出的条件,戴笠作出了回应:"蒋委员长对西安之行的经历感到非常不快,但是想到张副司令也是以国家利益为重,便没有打算对其实施过重的惩罚。我和宋子文部长一同见委员长,也请求从宽处理张副司令。近日西安方面又有军事行动,两方关系十分紧张。今日在座的诸位都是张副司令的同袍好友,关系密切,请大家来也是为了此事。请大家一方面顾及'中央'威信,一方面保持和平,解决争端。南京方面就此已经在积极努力,希望各位也转达西安方面以及南京和北平的东北人士保持镇定,不要节外生枝。"

西安方面对于此次谈判的结果显然强烈不满。1月5日,西安将领由杨虎城、于学忠、王以哲领衔发表电文,再次要求释放张学良。对此蒋介石并不退让,迅速做出反应:任命顾祝同为总司令,刘峙为副总司令前往洛阳,准备对西安作战。

蒋介石虽然在明面上不肯向西安方面妥协,但是中央一旦对陕用兵必将出现不堪设想的损失这一点,他是十分清楚的。因此,蒋介石一方面摆出强硬的姿态,一方面又施展出缓兵之计。在这种情况下,经过权衡,蒋介石决定暂时同意5位理事提出的两个条件,并宣布由他与张学良同时出面和谈,阻止双方的军事接触。

1月6日上午,戴笠赴孔公馆将蒋介石的意思传达给张学良,向其征询意见。张学良听过戴笠的话后同意了方案,并提出修书一封交与王化一、吴瀚涛二人,让他们赴西安。在得到张学良的回应后,戴笠当晚就邀请王化一、吴瀚涛吃饭。戴笠向两位理事传达了张学良的意思,说明了张学良盼望见蒋并反对用兵的想法。

次日,戴笠又安排原东北军政要员莫德惠、刘哲到孔祥熙公馆会见张学良。张学良向二人表达了"战端将起,有违初衷"的想法,让他们劝阻何应钦用兵。当日,戴笠飞赴溪口面见蒋介石,报告了与王化一、张学良等人的会谈结果,次日便带上蒋介石给张学良和杨虎城及西安各高级将领的两封亲笔信回到南京。下午,戴笠陪王化一、吴瀚涛见过何应钦,在取得何应钦"绝对不对西北用兵"的承诺后又前往孔公馆见张学良。1月9日上午,戴笠把蒋介石和张学良的两封信交与王化一,并送王化一、吴瀚涛二人飞赴西安。次日,戴笠又飞赴溪口,安排将张学良转移到奉化雪窦寺的工作。1月11日,王、吴二人完成了传达意见的任务后,回到了南京。1月12日,戴笠返回南京,听取了王、吴西安之行的情况。

就在南京、西安局势紧张的这一时期,蒋介石回到了溪口。蒋介石就此躲开了为张学良开脱的说客,只是通过戴笠往返于南京溪口两地对事情进行指挥。蒋介石虽然一直未曾出面,但是却掌握着事情的全局,他吩咐戴笠,将张学良转移至奉化。

1月13日上午11时,张学良被安排飞往奉化,陪同的有戴笠、米春霖、贺耀祖。张学良到达奉化几天后,被移入雪窦寺。戴笠以军委会名义将建在寺侧的中国旅行社的十几间房屋全部包租下来,改称"张学良招待所",内称"特务处派驻张学良先生招待所特务队"。特务队内设有队长、队附、副官和事务员各一人,此外还有便衣警卫30人和一个连的武装宪兵。戴笠对特务队队长刘乙光仔细交代了看守的每一个细节,并特别叮嘱特务队和宪兵连必须全部是南方籍人员,避免东北籍士兵混入。

在溪口,张学良每次接见东北籍人士戴笠都会全程陪同,戴笠虽然允许张学良在东至宁波、西至新昌县的40千米范围内活动,但也必须严格"保护"。

戴笠与"放牛图计划"

自从张学良被扣留之后,东北军内就一直有人在积极奔走,为营救张学良而活动。陈昶新是东北军里的骨干,又是张学良一手提拔起来的,对张学良十分忠心。在营救张学良活动的东北军少壮派军人中,陈昶新的社会关系十分广泛,于是被众人推为营救行动的核心人物。

陈昶新与东北军六十七军军长吴克仁经过分析，认为当时软禁张学良的工作由戴笠负责，如果想实施营救，可以从戴笠那儿获取关于张学良的情报。陈昶新和戴笠平日里有着不错的私人关系，为了保证营救行动的成功，陈昶新经过反复考虑，专门制定了一套行动方案，因为张学良属牛，便以"放牛图计划"命名。

营救活动准备就绪后，方案正式启动。首先，陈昶新开始寻找机会接近戴笠。春夏间，陈昶新专赴南京拜访戴笠，此时戴笠已经在上海，陈昶新便又立即奔赴上海。两人见面后，表面上一派亲热祥和。陈昶新对戴笠十分恭敬，言谈之间尽是溢美之词；而戴笠对陈昶新的到来也表现得十分高兴，一见面便以老朋友相称，不仅将陈昶新奉为上宾，交流中更是毫不吝啬对陈昶新的赞美之词。其实，二人虽然相谈甚欢，私下里却有着不同的心思。陈昶新想要利用贴近戴笠的机会获取张学良的信息，戴笠又何尝不知道。戴笠常年从事特务工作，洞察力敏锐过人，陈昶新的想法自然逃不过他的法眼。为此，他命手下严加防范，对陈昶新的活动也要暗中监视。陈昶新经过反复设计，却连张学良的影子都没有见到，甚至连一点消息都没能得到。

八一三事变之后，抗日战争全面爆发，吴克仁的六十七军由河南商丘开赴上海增援，原驻武汉、洛阳的东北炮兵也调到浦东参战。虽然陈昶新此前实施营救计划未果，但营救张学良的想法却从未放弃，吴克仁所部开赴上海，正是一次营救的好机会。于是，陈昶新又来到硝烟四起的上海，"毅然"加入特务处，想再次以"放牛图计划"营救张学良。

陈昶新虽然掩饰得堪称完美，却仍然没能逃过戴笠的眼睛。这一次双方依然如故，虽然各自内心都有着自己的盘算，但是明里却是一片和气。陈昶新表现得泰然自若，完全一副诚心诚意为投奔戴笠而来的样子；戴笠热情客气，对陈昶新想要营救张学良的想法不去点破，装作浑然不知。陈昶新以此为机会，私下四处活动，通过不同的渠道想尽办法到处打听，在外积极搜集关于张学良的情报，这一切，其实都在戴笠的监控之下——戴笠指令手下的特务平日跟着陈昶新，对他的情报活动进行监视和防范，稍有情况便及时向戴笠汇报。戴笠严密布控，在暗中将陈昶新的一举一动清清楚楚地掌握住，陈昶新虽然每日积极活动，却始终没有什么大的收获。经过一阵前思后想，戴笠觉得陈昶新曾出洋留学，在东北军中又是骨干，这样一个人才如果不用也是浪费，不如收在自己身边。陈昶新被戴笠留在身边后，心中窃喜，认为自己接近戴笠的计划已经实施成功，为下一步行动取得了良好的开端。其实，陈昶新以为自己在一步步接近戴笠，却掉入了戴笠设下的圈套。此时，戴笠并不知道陈昶新脑中有个"放牛图计划"，但是在对陈昶新的防范上却丝毫不见松懈。

戴笠善待陈昶新，还有另一种打算。上海战事初期，戴笠就想建立一支由自己掌握的特务武装，以增强自己的政治实力。这是戴笠的心结，他认为虽然自己在特务处的下辖机构建设上颇有建树，让特务处的区、站、行动组遍布各地，形成了一个庞大的特务网络，但是，如果始终没有一支属于自己的武装力量，终归会让自己在实力较量时吃亏。可是，戴笠的想法却一直都没有得到实施，因为蒋介石怕手下的人势力壮大后威胁到自己，坚决不肯让戴笠染指军队。即便有平息两广事变之功，蒋介石也只允许戴笠协助宋子良成立了一个只有一个师的税警总团。

上海战事紧急，戴笠看准一个发展特务武装的机会，开始筹划组建自己的武装力量来。自8月下旬，相关部署已经开始进入实施阶段，就在其他部分都在有条不紊地进行的时候，精通军事和特工的双料人才却十分匮乏。军事方面的人才戴笠在黄埔的同学中就大有人在，而特务工作方面他手下更是人才济济，同时具备两项才能的人却让戴笠大伤脑筋。

陈昶新加入特务处，戴笠自然高兴，但是他却对陈昶新的防备大大提高了。陈昶新进入特务处后，戴笠便在暗中布置对陈的监视活动，严禁他接触与囚禁张学良有关的人和事。陈昶新为了搜集情报积极活动，却不知自己其实是在戴笠的眼皮底下行事，对于张学良的行踪和安危，仍然如同坠入云里雾里，完全摸不清头绪，"放牛图计划"也就无疾而终了。

西安事变后的杨虎城

杨虎城小名叫长久，号虎城，1893年11月26日出生于陕西蒲城县孙镇甘北村一户农民家里。父亲名叫杨怀福，母亲叫孙一莲，以务农为生，家境十分贫寒。他早年仅仅读过两年私塾，便出门为人做佣工。1908年，杨虎城的父亲杨怀福被晚清政府杀害，从此之后杨虎城开始仇视清政府。几年后，他秘密组织起四乡八村的贫苦农民，宣布反清，做了一些劫富济贫的事情。1911年，他响应孙中山，投身于辛亥革命运动。6年后，他率众参加了靖国军，不久后参加国民军。

1924年加入国民党，积极拥护孙中山联俄、联共、扶助农工三大政策。而后担任师长、军长、十七路军总指挥、陕西省政府主席、西安绥靖公署主任、国民党中央监察委员等职。1936年12月4日，蒋介石来到西安，连日召见张学良、杨虎城威胁利诱，要他们专心"剿共"，不成功便成仁。

杨虎城和张学良深知抗日救亡之迫切，于是发动"兵谏"，即"西安事变"。西安事变之后，杨虎城被迫辞职出国，流亡海外，而他在西安事变中的搭档张学良将军早在西安事变之后几天就被蒋介石扣留在南京，实施了"软禁"。

杨虎城流亡到欧美，每到一地他都大力宣传抗日救国，向当地的华人华侨宣讲抗日的严峻形势。卢沟桥事变后，中日全面开战。身在海外的杨虎城将军多次给蒋介石发电，表示愿意回国参加对日作战，"哪怕只做一个团长"，但是蒋介石都没有同意。

1937年10月下旬，杨虎城向蒋介石表示他已经决定回国参加对日作战，并将具体的回国行程向蒋介石作了汇报。他不顾可能存在的风险，毅然踏上了归国之路，在回答记者关于蒋介石可能对他进行报复时，他用"宁肯蒋负我，我决不负民族大义"表达了自己的报国之心。杨虎城以为自己以坦诚之心和爱国之心可以说动蒋介石同意他回国报效祖国，但是蒋介石并不是这么宽容，他早已经开始谋划逮捕杨虎城的计划了，而蒋介石选定的抓捕计划实施人正是自己的爱将戴笠。

到 10 月底，蒋介石已经在淞沪战场投入了近 70 万兵力，伤亡多达 15 万人，眼看战事局面开始走下坡路，蒋介石已经断定淞沪会战已接近尾声。蒋介石判断此时依靠自己在国内外的声望扣押杨虎城已无太大顾虑，于是对杨虎城回国的请求不再坚决回绝，而是采取了"打太极"策略，让杨虎城猜不透意图。杨虎城回国心切，也没做太多的考虑，就踏上了回国的路途。

1937 年 11 月下旬，蒋介石在南昌秘密约见戴笠，向其下达了逮捕杨虎城的命令，"密切关注杨虎城的归国行程，随时准备对其进行抓捕"！此时的戴笠正忙于应对上海胶着的战事和别动队在上海的军事行动，但是对于蒋委员长亲自分配的任务亦不敢丝毫懈怠。

戴笠差人和特务处驻法国巴黎站联络，要求他们想尽一切办法关注杨虎城在欧洲的动向。巴黎的国民党特务想出了一个主意，那就是在杨虎城身边安插一个眼线。正赶上杨虎城在招贴身翻译，于是巴黎特务站就派遣了一个法国留学生去应聘杨虎城的翻译，结果轻松获选，并随同杨虎城一同回国。这样，戴笠就可以足不出户掌握杨虎城的一举一动了。

当得知杨虎城将绕道香港回国后，戴笠密令特务处香港站，对杨虎城的一切行踪予以密切关注，如果发现杨虎城有乘坐飞机前往西北十七路军的迹象，就立刻将其扣押，并关押于香港特务处看守所，等候命令后再做下一步行动。为保证行动万无一失，戴笠还派遣应变能力强并且擅长于跟踪盯梢的得力干将陈质平前往香港，"迎接杨虎城将军到重庆"。陈质平此行的身份是"国民党中央军事委员会特派员"。总之，最终目的就是阻止杨虎城回到西北十七路军。

戴笠对执行这项任务很是用心，因为此前针对张学良的抓捕、囚禁行动就是由他派特务处去完成的，如果这次任务执行顺利的话，就意味着西安事变的两个主谋张学良、杨虎城都由特务处负责"看管"，这足以证明蒋介石对特务处的信任，或者说是对他戴笠的信任。这次戴笠的判断十分恰当，他认准这次行动的关键是阻止杨虎城与西北的十七路军发生联系，能够阻止杨虎城回西北也就意味着此次行动的成功。杨虎城也做好了随时在战场上牺牲的准备,但是他万万没有想到此次回国他会掉进一个早已拉好的"大网"里。

戴笠逮捕杨虎城的计划十分周密:首先当杨虎城到达香港后,就由陈质平负责对其进行监视;然后,戴笠亲赴长沙迎接杨虎城,带领杨虎城经由汉口到南昌与蒋介石会面,这样做是为了在长途旅行中将企图"抢夺"杨虎城的十七路军将领甩掉;紧接着,采取温水煮青蛙的渐进式方式慢慢对杨虎城进行软禁,让他无法在短时间内作出过激的反应。戴笠将此次行动称为"请君入瓮之计策",叮嘱执行任务的特务要十分小心,以免打草惊蛇。

为了保证此次行动的万无一失,戴笠还将亲自从特务处挑选的30名精兵强将派往南昌,负责执行南昌期间对杨虎城的监视工作。然后,戴笠携带蒋介石的密令,到城防司令部挑选了最为精良的一支部队负责配合特务队的抓捕和监视任务。

为了执行这次任务,戴笠几乎调动了华南地区所有大城市的特务站,而其他地区的特务站接到的命令都是"随时待命,准备抓捕逃窜到所辖境内的杨虎城及其家人"。另外,戴笠还派出了"监察专组"负责对此次行动的监督,以防出现叛徒。

一切都准备就绪,只等杨虎城踏上香港的土地就开始按照既定的方案实施行动了,戴笠还是对此次行动有些担忧,他再次亲自发报、打电话叮嘱每个小组的负责人,"不要放松对任何环节的警惕,确保顺利地完成此项任务"!

扣押杨虎城

1937年10月29日,杨虎城将军携带家人从法国的马赛港乘船出发,一周后抵达香港。杨虎城在出发前就接到蒋介石的密令,要求"杨将军前往南昌与我见面,共商国是",并称"蒋某人已经派戴笠在长沙专程迎接"等。杨虎城同时收到的还有戴笠发来的电报,电报中称"戴笠已在长沙恭候杨将军,待将军至长沙后共同赴南昌见蒋"。

杨虎城到达香港前,西北十七路军一七七师副师长王根僧已经抵港,他是专程来"护送、迎接杨将军的"。11月30日,杨虎城乘坐欧亚航空的班机飞抵长沙。到达长沙后，才知晓戴笠已经离开长沙前往了武昌。于是当天夜里，杨虎城就乘坐火车火速赶往了武昌。杨虎城并不知道，在武昌，戴笠已经布下了天罗地网。

第二天凌晨，戴笠接到了长沙特务站的特务发来的电报，电报中称杨虎城、王根僧已经星夜乘坐火车赶往武昌而来。当天下午3时30分左右，戴笠携100多名湖北省军政要员在武昌火车站隆重地迎接杨虎城，杨虎城下车后还亲切地接见了几位驻守在武昌的年轻将领。晚上，杨虎城被安排在湖北省政府下辖的胭脂坪招待所，招待的级别很高，招待所里的服务人员对杨虎城及其家人服务也十分热情。

12月2日中午，在戴笠的陪同下，杨虎城在汉口乘坐军用飞机直飞南昌。本来戴笠想设法在登机前将王根僧甩掉，但是王根僧深受西北十七路军的全体将士的重托，加上他本身也是身经百战，所以戴笠的一番周旋还是没能甩掉他。

杨虎城、王根僧到达南昌后，居住于南昌城二伟路1号的戴笠办公楼。杨虎城到达南昌后，每日都被安排在南昌城吃喝玩乐，无论他问谁、怎么问都没有人跟他提和蒋介石会面的事情。不久，杨虎城向招待所的接待人员提出要见戴笠，但是这样的要求也石沉大海，戴笠再也没有出现。很快，杨虎城开始发觉招待所周围的环境发生了变化：附近的街道突然变得冷清起来，周围出现的人基本上都是头戴毡帽的特务或者身着军装的宪兵。这天，杨虎城示意王根僧出门试探一下虚实，但是没等王根僧走出招待所的大门就被守在门口的特务阻拦了回来。这个时候，杨虎城才明白自己中了蒋介石的"阴谋诡计"。

1937年12月9日到10日，日军战机对南昌进行了疯狂的轰炸。杨虎城被转移到了南昌城外的"百花洲别墅"。百花洲别墅是江西省政府主席熊式辉的"别院"，是一所独门独院的花园式别墅，位于南昌市郊区的东湖西岸著名景点百花洲上。这里远离市区，环境僻静，没有任何军事目标，所以日军空袭较少，即使敌机来袭，周围茂密的丛林也适于隐蔽，关键是湖心岛的地理特征为看管杨虎城提供了很大的方便。

即使"百花洲别墅"拥有着巨大的地理优势，戴笠还是对于杨虎城的看管不放心，于是他又采取了新的保障措施。其一，他将特务处驻江西省站站长谢厥成和自己的发小王蒲臣调到百花洲，负责对杨虎城的看管。其二，戴笠从杭州浙江警察学校毕业的女特务中挑选了一部分到百花洲充当女佣，在生活起居上监视杨虎城及其家人的一举一动。其三，戴笠亲自安排特务队的李家杰分派人手担任杨虎城的内院警卫工作，而在百花洲的外围又安置了一个中队的宪兵。

杨虎城和他的家人、副官还有王根僧就这样被围在了"铁桶之中"，每日除了吃饭睡觉外，仅有的娱乐活动就是到东湖边钓钓鱼，信息来源也只有国民党的《中央日报》。在没有戴笠手令的情况下，任何人都不可以靠近杨虎城的住所，不能与其发生任何的交谈与交流，即使是特务处的高级特务也不例外。几日后，戴笠下令将王根僧秘密带走，将其送往汉口软禁。

1938年，日本人向西线的武汉、长沙发起总攻，蒋介石也从南昌前往武昌督战。这时，杨虎城被戴笠用火车转移到了长沙，囚禁地点就是特务处驻长沙的总部——朱家花园，几天后又转移至益阳的桃花坪。

西解张学良和杨虎城

戴笠的飞黄腾达是以西安事变为助力的。西安事变和平解决后，戴笠在蒋介石心中的地位陡然上升。随后，蒋介石便把囚禁张学良、杨虎城将军的事宜交由戴笠全权处理。

国民政府西迁重庆后，戴笠的军统局也由武汉迁到了重庆。戴笠在西撤的时候，也把张学良、杨虎城两位将军双双移解到了西部。

1938年1月，张学良被囚禁在湖南郴州苏仙岭。此时，远在汉口的戴笠得知在郴州街上发现了张学良的旧部，为避免节外生枝，他火速通知刘光乙将张学良移解至郴州林县。3月，戴笠又令刘光乙将张学良押解至湘西沅陵凤凰山。在张学良启程去沅陵的途中，戴笠电告军统沅陵办事处主任晏武，要其对凤凰山上的凤凰寺进行修缮，同时加强那里的警戒工作。戴笠将张学良由郴州迁往沅陵后，为了安全起见，他亲自到沅陵视察了一番。在对张学良住地的安全进行了一番布置和检查后，审慎的戴笠又在这里成立了专门对张学良往来信件进行检查的军统沅陵邮电所。不仅如此，谨小慎微的戴笠还任命军统特务黄家持担任沅陵警卫司令部稽查处处长协助刘光乙对张学良进行看管。

日军在攻陷武汉后，又乘胜逼近湘西一带。此时，沅陵告急。为此，戴笠决定将张学良、杨虎城两位将军移解至贵州中部。选定贵州中部，原因之一是这里地势险要，群山密布，这样的地理形势便于幽禁张、杨二人；原因之二则是川黔铁路横贯这里，便利的交通可以方便戴笠往来视察。

1939年11月下旬，张学良被迁移到贵州省修文县的阳明洞。1941年5月，张学良因盲肠炎进入贵州中央医院做手术，出院后被迁到贵阳黔灵山的麒麟洞。

秘密抓捕杨虎城后，戴笠先将其关押在距离南昌市区三十余里的梅岭别墅里。1937年，南京沦陷后，杨虎城一家被迁押在贵州息烽县阳朗坝看守所。这期间，蒋介石曾派戴季陶、朱绍良等人来向杨虎城诱降，哄骗他写"悔过书"，却被杨虎城拒绝。戴笠又亲自出马，在阳朗坝看守所备上一桌丰盛的酒菜，热情招待杨将军。酒过三巡，戴笠就不动声色地说道："将军不如写个声明，把共产党在双十二事变前欺骗、挑唆你的事揭出来，也就一了百了啦。"杨虎城听了戴笠的话，气得放下酒杯怒斥道："我和汉卿发动事变为了什么？还不是为了争取委员长停止内战，团结抗日？我有什么错？从国外回来，我无非是想当一兵一卒，上前线杀敌。到底要我悔过什么？到底是谁欺骗了我？"

戴笠见根本说服不了杨虎城，只好放弃。后来在戴笠的指示下，特务们在距离息烽县城十几里的深山里找到了一个"理想监狱"。这是一个位于半山腰的天然大山洞，高达十几丈，人称"玄天洞"。戴笠对此地也非常满意，遂令人将杨虎城一家迁押到这个山洞。

杨虎城一家一直生活在气候干燥的西北，对潮湿的山洞根本无法忍受，经常生病。他多次提出要搬到洞外居住，可特务们根本不理。最后，杨虎城只好自己掏钱在洞外盖房子。戴笠就授意特务队长李家杰揽下了盖房的活计。李家杰狮子大开口，向杨虎城索要了400美金，却只盖了一所非常简陋的房子。杨虎城又气又怒，却也无可奈何。没过多久，特务们又借口经费不足，不仅不为杨虎城等人提供新衣物，连伙食也越来越差了。

杨虎城被关押在玄天洞期间，戴笠曾去看过他一两次。在杨虎城的强烈要求下，戴笠更换了特务队长李家杰，从重庆派来龚国彦接替，同来的还有一个医官兼副队长张静甫。

杨虎城在这个山洞里生活了8年，因忧虑过度而苍老不堪，因为长期饮用玄天洞里杂质过多的泉水，患上了严重的胆结石，经常痛得满头大汗。1946年夏天，蒋介石将杨虎城等人迁往重庆杨家山继续囚禁。长期的身体和精神折磨，令杨虎城感到巨大的痛苦，他不知何时才能坐穿牢底。1947年，杨夫人因病去世。1949年9月，国民党败逃台湾时，蒋介石下命将杨虎城一家、杨虎城的副官阎继明、警卫员张醒民及秘书宋绮云一家三口全部杀害。

第十三章

军统出头，掀起反共高潮

忠义救国军猖狂挑衅

1938年，随着日本侵略者的进攻，苏南地区的百姓奋起反抗，纷纷组织游击队。比较有影响的是梅光迪领导的一支。中共上海地方组织希望与这支游击队联合起来，于是派何克希等到苏南江阴县，与梅光迪接洽。10月，新四军第一支队授予该游击队"江南抗日义勇军第三路"的番号，当时只有

200余人，分为3个连。

"江南抗日义勇军"简称"江抗"，是新四军江南指挥部领导的主力部队之一。1939年初，新四军第一支队参谋长胡发坚领导江抗第三路。后来，新四军第六团被编为江抗第二路，在武进县戴溪桥与江抗第三路会合，成立江抗总指挥部。第六团先后夜袭浒墅关火车站和上海虹桥机场，给敌占区的交通造成重创，在国内外造成重大影响。8月，江抗吸收了江浙一带的抗日武装，发展到5000余人，整编为4路，另有2个重机枪连。10月，江抗与新四军挺进纵队会合，规模进一步扩大。

江南抗日义勇军快速发展的同时，戴笠所掌握的忠义救国军也迅猛扩张。1939年，江浙、皖南地区的忠义救国军武装力量相当雄厚，有成员2万多人，16个小分队，枪支15000多支。然而，当时这部分地区均为新四军所占领，因此蒋介石指示戴笠以及第三战区司令长官顾祝同借助忠义救国军的力量对江南抗日义勇军进行挑衅，将新四军领导抗日武装力量赶出这一地区。戴笠也希望能借此机会在反共方面做出成绩，从而得到蒋介石的嘉奖。在戴笠的指示之下，忠义救国军与江抗部队不断发生摩擦。

1939年1月21日至30日，国民党在重庆召开五届五中全会。这次会议确定了"溶共、防共、限共、反共"的反动方针，成立了反共的"特别委员会"。特别委员会制定了一系列限制中国共产党的措施。在此前后，蒋介石曾一再宣称："抗战到底的目的，是恢复卢沟桥事变以前的状况；中日问题的解决办法，在于召集太平洋会议；对共产党的政策，目前是联共和防共，最后达到以三民主义溶化共产党的目的。"

1939年8月，忠义救国军总指挥俞作柏率领特务武装开始对江抗部队发动进攻，一直持续到9月中旬。这时，国民党正规军也开始对新四军施加政治压力。在两股力量的打击之下，新四军指挥部为了团结抗日，避免更大的冲突，决定让江抗撤出战略大三角地区。因此，江抗面对为忠义救国军的打压，并没有全力反攻，而是采取了退让策略，逐渐退到了江阴东乡的定山，但是忠义救国军对这一结果并不满足，继续追打，企图将江抗彻底消灭。

国共两党之间的冲突越来越频繁和激烈。国民党和地方势力试图挤入共产党掌握的敌后根据地，开始对陕甘宁边区和西部边界实施封锁，防止共产党的根据地进一步扩张。负责封锁的部队包括胡宗南率领的第一战区的国民党正规军。封锁阻碍了共产党势力的扩展。封锁的目的是尽量把共产党的军队限制在更小的范围内，因此，当封锁军进入解放区内部时，必然引起双方的冲突。在陕甘宁边界和绥德附近，爆发了激烈的战斗。国共双方都指责对方是进攻者，称自己是对无理挑衅的自卫。共产党为了加强防备，将贺龙领导的第一二〇师从晋绥根据地调回陕甘宁地区。

除了军事封锁之外，国民党政府还对边区进行经济封锁，中断了给边区预算的补助。边区与中国其他地区之间的贸易几乎全部中止了，陕甘宁地区很多基本生活用品不能自给。

尽管如此，中国共产党仍力求避免与重庆的国民党政府发生正面冲突。尽管共产党方面明白，这些军事冲突都是经过蒋介石同意的，但是在公开场合，中共一贯把这些军事冲突说成地方指挥官违背上级命令挑起的。蒋介石表面上仍主张联共抗日，当然不能否认这种说法。因此，在舆论上，共产党占了上风。

国民党还试图将共产党势力赶出河北、山西、河南、山东一带。1939年12月，国民党第二战区司令长官阎锡山制造了"晋西事变"，对共产党领导的"新军"发动突然袭击。

1936年9月，山西牺牲救国同盟会成立，简称"牺盟会"。表面上，牺盟会是阎锡山建立的，但是实际上由共产党领导。抗日战争全面爆发之后，牺盟会成立了山西青年抗敌决死队。开始时，只有两万多人，到了1939年发展到了七八万人。这支部队在共产党的领导下，按照八路军的制度编制起来，称为"新军"。

太原沦陷后，阎锡山失去抗战的信心，汪精卫叛变后，他也开始动摇了。但是，阎锡山的投降论调遭到新军的反对。这使阎锡山感觉到新军的势力是对自己的威胁，于是突然发动进攻，屠杀了500多名共产党员，逮捕了

1000余人。另一方面，在蒋介石的授意下，胡宗南率领第一战区的部队向陕甘宁进发，抢占了一些地盘，由此国民党顽固派在华北地区挑起了第一次反共高潮。

共产党迅速做出回应，从华北敌后根据地调回三五九旅部队，对胡宗南部队进行狠狠地打击，将其赶出陕甘宁地区，恢复了人民政权。在冀西南，八路军一二九师对国民党朱怀冰部进行反攻，将罪名昭著、投敌反共的侯如墉、齐明礼等部几乎全部消灭。同时，集中兵力，坚决打击石友三部，打死打伤3000多人。在八路军的奋勇反击下，这次反共高潮很快就土崩瓦解了。

面对国民党的无理挑衅，共产党仍以抗日大局为重，提出"坚持抗战，反对投降；坚持团结，反对分裂；坚持进步，反对倒退"的三大政治口号。

皖南事变

1940年春，为了进一步发挥忠义救国军在反共武装摩擦中的作用，也为了协调解决忠义救国军与第三战区的矛盾，戴笠亲自视察江西上饶第三战区，与顾祝同商讨编组忠义救国军的问题。

在对第三战区视察的过程中，战区参谋处负责搜集情报的特务给戴笠送来一份机密情报。情报中说，新四军准备声东击西，假装北上抗日，实际是准备向南向西挺进，继而占据黄山、天目山、四明山，以这三山为根据地扩大自己的势力。戴笠向来以防共反共为己任，看到新四军有此计划，当即向蒋介石密报。

项英确实曾提出一个"三山计划"的蓝图。1938年6月23日，中共东南局书记、新四军副军长项英曾给陈毅提出一个建议——在皖南建立一个根据地，这在战略上非常重要。将来在战争形势变化时，即可依靠这一支点，向皖南各县发展，并利用机会争取天目山脉和仙霞山脉。后来，他还把"三山计划"分解为三个计划：黄山计划、天目山计划、浙西计划。但是，执行"三山计划"要深入到国民党后方，中共中央考虑到国民党的反共倾向，并没有批准这项计划，而是命令新四军北上抗日。中共中央知道"三山计划"会引起国民党军队的不满，因此针对新四军的北上行动反复与国民党第三战区交涉，一再强调新四军的目标是打击日本鬼子。

蒋介石是一个疑心很重的人，而且他对新四军的疑忌之心由来已久。新四军在编制上虽然属第三战区的顾祝同领导，但是事实上却听命于共产党。因此，当蒋介石得到新四军"三山计划"的情报之后，立即紧张起来。他认为新四军是自己的心腹之患，不管它是不是真的北上抗日，都要把这支共产党领导的军队消灭掉。思考再三之后，蒋介石决定借日军和伪军之手，消灭新四军。

蒋介石决定密派国民党常桃（常德、桃源）警备司令唐生明到南京，打入汪伪政权内部，共谋反共。唐生明是戴笠的结拜兄弟。唐生明出发之前，戴笠反复向他说明此次任务的特殊性与重要性，"新四军是共产党的军队，它的力量越大，对我们的威胁越大。在同样的地盘上，忠义救国军的发展却收效不明显。你必须尽力帮助忠义救国军，打击新四军，完成领袖交给我们的任务。"唐生明的任务是到汪伪政权担任职位，以便联合汪伪政权对新四军发难。戴笠特别叮嘱唐生明注意和汪伪特工总部负责人李士群搞好关系，以便军统特务和汪伪特务联成一片，互通情报。唐生明到南京后，果然不负所托，在汪伪政权取得了军事委员会委员、清乡委员会军务处处长等职。此后，军统特务通过唐生明，顺利地将有关新四军的情报传达到汪伪政权的特务处，然后忠义救国军配合日军、伪军行动，大力打击皖南地区的新四军，使其遭到重创。

蒋介石对这一结果表示满意，但是彻底消灭新四军的目的还没有实现。为了消灭新四军的有生力量，蒋介石又掀起第二次反共高潮。1940年10月19日，在蒋介石的指示下，国民政府军事委员会正副参谋长何应钦与白崇禧给八路军和新四军的将领发出"皓电"，声称八路军、新四军"破坏抗战"，并命令黄河以南的八路军、新四军放弃原有阵地，在一个月之内全部调遣到黄河以北。12月9日，蒋介石密令第三战区司令长官顾祝同"围剿"新四军，要求对新四军赶尽杀绝，并提出生擒叶挺和项英。

共产党面对国民党的诬蔑，当然不会任凭国民政府调遣。1940年11月9日，中共中央以八路军正副司令朱德、彭德怀，与新四军正副军长叶挺、项英的名义，致电何应钦、白崇禧，据理力争，驳斥其"破坏抗战"的谣言。面对国民党的反共阴谋，中共中央仍以大局为重，同意将驻皖南的新四军转移到长江以北。

1941年1月4日，叶挺、项英率新四军军部等9000余人开始转移，计划从泾县经天目山到苏南，然后渡过长江。然而，令中共中央万万没有想到，做出如此大的让步之后，蒋介石竟然还是不依不饶，欲将新四军置之死地而后快。1月6日，新四军部队转移到泾县的茂林地区。蒋介石已经算好了新四军必然要经过这里，命顾祝同、上官云相率国民党军队8万多人埋伏在这里，在新四军到来的时候，以新四军"违抗中央移防命令，偷袭围攻国军第四十师"为理由，发动突然袭击。

项英事先缺少准备，没有做出正确的部署。他数次向中共中央发电报，请毛泽东与国民党交涉停火。叶挺率领新四军将士与国民党军队激战七天七夜，但面对数倍于自己的敌人，毕竟寡不敌众，很快就弹尽粮绝了，大部分人壮烈牺牲，只有2000多人突出重围。新四军内部还出现了叛徒，项英和参谋长周子昆被叛徒杀害。12日，毛泽东让周恩来与国民党进行严正交涉，即日撤围。13日，两党正式交涉。叶挺给上官云相写了一封信，表示愿意到上官总部协商。14日，他冒死前往上官处，结果一到那里就被扣押了。这就是震惊中外的"皖南事变"。

1月17日，蒋介石颠倒黑白，把叶挺交到军事法庭，宣布新四军为"叛军"，取消其番号，并下令追剿新四军江北部队。1月22日，中共方面严正声明这是一起严重的反革命事件，揭露了国民党反动派的险恶用心，要求惩办皖南事变的罪魁祸首，并恢复叶挺自由。责令国民党取消1月7日的命令，归还新四军的人员和枪支，并宣布重建新四军，命陈毅为代理军长，张云逸为副军长，刘少奇为政治委员。

"千古奇冤，江南一叶；同室操戈，相煎何急！？"周恩来到重庆后在《新华日报》发表了这句著名的悼词，并揭露国民党反动派的阴谋，向国民党当局提出抗议。共产党的严正立场得到爱国人士的拥护，国民党的种种劣行遭到爱国人士的反对。宋庆龄、何香凝、柳亚子等爱国民主人士纷纷致电蒋介石，要求联共抗日，撤销剿共命令。海外华侨陈嘉庚也要求国民政府停止对共产党的武力攻击，谴责蒋介石的倒行逆施。

国民党不顾抗日大局，蓄意挑起内战，不仅引起国人的强烈反对，还遭到了国际社会的不满。美国政府宣布，在中国内战危险没有消除之前，暂停对中国提供财政援助；英国政府劝告蒋介石，内战只会加强日本的进攻；苏联政府也表示反对国民党政府破坏国内团结。

1941年2月15日，中共中央为了表示抗议，拒绝出席第二届参政会。在共产党的坚决反击和国内外舆论的压力之下，蒋介石陷入了孤家寡人的尴尬境地。他不得不表示退让，在3月6日召开的国民参政会第二届第一次会议上，他宣布撤销对新四军的追剿命令，不再采取"剿共"的军事行动。

成都抢米案

1940年初，成都发生了人为的米荒，于是，国民党反动派借"米荒"为由，精心策划了针对共产党的"成都抢米案"。

成都素有"天府"之称，怎么会闹米荒呢？据调查，1938年和1939年四川连续两年农业丰收，只算新都和成都两地，贮藏起来的大米就不下数十万石。一方面，政府机关、各地学校和流浪的难民纷纷迁往四川，导致四川不堪重负。另一方面，连年战争导致货币贬值，物价上涨，那些有权有钱的官僚、地主纷纷抢购囤积粮食，牟取暴利，致使当地出现人为"米荒"。从1940年初开始，成都米价一天比一天高，2月每石43元，到了3月竟然飞涨到70元。米价飞涨，加剧了人们的恐慌，囤米的人越来越多，以致米店都卖空了。当地的穷苦百姓拿着辛辛苦苦挣来的钱却买不到米吃，饥民遍地，惨不忍睹。很多人为了维持生命，只好吃草根、野菜、树叶，还有吃观音土的。在市郊，发生了贫民群集抢米和"吃大户"的事情。国民政府在四川和陕西公路沿线设置了大量灾民配送站，用大铁锅熬稀饭赈济逃难的灾民。

尽管成都市政府三令五申，禁止囤积居奇，但是军阀和官僚却带头囤积。这种情况更加引起穷苦百姓的愤怒和不满。

这种混乱的局面，正好给戴笠领导的特务分子策划破坏四川共产党组织和地方实力派提供了机会。1940年初，特务头子康泽来到成都，召集大小特务开始秘密策划。3月12日前后，特务们放出谣言说，"八路军已来到四川到处抢米，以致米价上涨"，"八路军不顾抗战而在后方捣乱"等，制造舆论为对付共产党做准备。

到了3月13日上午，饥民不约而同地跑到簧门街重庆银行仓库外去闹事，人们纷纷叫喊："开门卖米啊！"仓库门被打开之后，成百上千人冲入仓库抢米。簧门街一带被围得水泄不通！

成都市政府立即派出大量军警，到簧门街维护治安。省会警察局调查股主任朱耀寰发现人群中有个年轻人在鼓动饥民抢米，于是把他抓回警察局，由司法科长谭齐进行审讯。原来这个年轻人叫朱亚凡，是成都《时事新刊》外勤记者。朱亚凡交代说："我出去采访新闻，走到老南门南大街时，看到一大批扶老携幼的人群涌向老南门外，我不知道发生什么事了，也跟着跑到簧门街，我没有鼓动人们抢米，只是站在人群中看热闹。"

司法科长谭齐、警察局长唐毅把此事报告给军统特务张严佛和中央调查统计室主任何培。张、何二人认为这是进一步夸大事态，嫁祸并镇压共产党的绝好机会。因为《时事新刊》是共产党办的报纸。于是他们将事先编好的口供和传单塞进朱亚凡的口袋里，诬蔑他是这次抢米事件的组织和指挥者，而共产党省委则是幕后指使者。他们把抢米事件说成是由共产党发动和领导的"春荒暴动"。唐毅回到省会警察局，又捏造了一份署名"道生"的所谓共产党秘密文件，文件内容大意是朱亚凡利用"米荒"之机，率领群众到仓库去抢米，从而"扩大群众对国民党的不满情绪……"

根据这些"证据"，国民党四川当局于3月20日将朱亚凡在成都行辕公开枪决。此后,军统特务组织成立了"四川省特种委员会",以"防奸肃反"作为该会的政治口号。戴笠把早已被成都中统和军统特务拟定抓捕的20余名共产党员和进步人士的名单密报蒋介石,获得批准后,先后逮捕了中共四川省委工委书记、川康特委书记、第十八集团军驻成都办事处主任罗世文,川康特委军事工作负责人、中苏文化协会理事长车耀先,以及"核心社"负责人郭秉毅、汪导予、薛庭恩等。

面对国民党顽固派制造的阴谋,中共南方局进行了针锋相对的斗争。为揭露国民党顽固派制造的"抢米事件"阴谋,中共南方局起草了《中国共产党成都市委员会为成都抢米事件真相告成都市同胞及全四川同胞书》,指示中共川康特委以"中共成都市委"的名义在成都、重庆等地散发。《告同胞书》揭露国民党顽固派在成都制造"抢米事件"是"有计划的阴谋活动",要求立即释放被捕共产党员及文化界人士,并郑重声明:"共产党既未领导此次暴动,也未参加此次暴动,相反,共产党始终坚持反对此种阴谋行为。"4月5日,在延安出版的党中央机关报《新中华报》以《成都某方唆使奸人匪徒抢米,企图以此嫁祸共产党》为题,全文转载了《告同胞书》,并于4月8日和4月12日连续发表两篇社论,否认中共参与此事,指出:成都"抢米事件"是破坏团结抗战的阴谋暴行,与共产党实行的政策完全不相符合。

4月15日,各报社记者到省会警察局询问被捕者审问情况,警察局长唐毅声称:"奉行辕命令,事关重要,不得发表,审问情形不得过问。"成都行辕则宣称,抢米事件是共产党指挥的,他们妄图趁米荒发动武装暴动。不久,国民党成都行辕又颁布了《川康防止奸党对策》,在四川各地大肆搜捕迫害共产党员和进步人士,使四川逐渐陷入了白色恐怖之中。

戴笠向来把反共当作第一要务,他听说"成都抢米案"之后,亲自来到成都了解情况。他对诬陷和逮捕共产党的情况感到很满意,对执行这一任务的何培和张严佛都进行了表扬和奖赏。

为了进一步扩大反共成果,戴笠指示张严佛对这些被逮捕的共产党员进行思想教育,让他们反共投降,提供更多情报,以图彻底瓦解共产党在成都的地下组织，"宁可抓错千人，不可让一人漏网"。戴笠还让张严佛多注意社会舆论和川康军人对此事的反应。

戴笠在成都停留一星期之后，命特务押解罗世文、车耀先、郭秉毅、汪导予随他的专机于5月初回到重庆。罗、车等人先被关押于望龙门看守所，继而转押于军统局息烽集中营。戴笠报告蒋介石批准之后，下令将关押在成都的一批共产党人处死。薛庭恩等4人被反动特务用刺刀戳死在龙泉驿半山腰，另外数人被活埋于猛追湾乱坟坝。

当戴笠领导特务积极抓捕共产党的时候，米荒仍在蔓延，抢米事件仍在各地时有发生。6月8日，成都市府发放贫民购米证，每隔三天才可凭证购买平价米一次。市民争相到有米的地方抢购。7月2日，全市几乎所有米店都已经无米可卖，米价涨至93元每石。7月11日，米价涨至115元每石。随后几天，情况越来越严重，到处都是饥民。到了9月，米荒仍未解决。连部队士兵的粮食都供应不足，军政部不得不下令每天只吃两顿饭。成都市民应对米荒的同时还要面对日本空军的侵袭，防空警报频发，市民纷纷向市府请愿，整个成都混乱不堪。

当时的四川主要由省政府秘书长贺国光主政。米荒发生后，贺国光对全市的大米销售进行统一管制，成立"成都市平价米销售处"。销售处的处长不是别人，正是贺国光的侄子。此人心术不正，为了谋取暴利，在米中掺入不少泥沙杂物，市民怨声载道，都认为罪魁祸首是市长杨全宇。杨全宇成了替罪羊，却无处叫屈。蒋介石为了杀一儆百，下令将他处死。

蒋介石当时兼任四川省主席，他以主席名义号召全省民众捐军粮，并发表《为实施粮食管理告四川省同胞书》："经这次告诫以后，如果还有囤积居奇或藏粮待价而不遵法令出售者，一定以妨害民生，扰乱社会论罪！"军事委员会到处张贴布告：以杨全宇为戒，胆敢囤积居奇，定从严惩治。

成都米荒问题一直没有解决，戴笠的反共政策也一直没有停止。1940年冬，在戴笠的指示下，成都军统、中统特务再次合作，发动了一次"年终大行动"，先后逮捕了二三十名共产党人和进步人士。1941年，由于叛徒的出卖，又有一些中共党员被捕，成都中共地下组织几乎被全部捣毁。1946年8月18日，罗世文、车耀先也在重庆军统白公馆渣滓洞内被秘密枪杀。

镇压军统内中共组织

为了把重庆建成反共防共的大本营，戴笠着实费了一番心思。然而就在他如火如荼地大建防共谍网的时候，张蔚林、张露萍等人组成的"七人小组"却如同一把出鞘的利剑插入了军统心脏——重庆电讯总台。这对戴笠来说，无疑是个巨大的讽刺和嘲弄。

原来，在军统局重庆电讯总台活跃着共产党的一个地下"七人小组"。该小组于1939年11月底成立，成立初期只有张露萍、冯传庆、张蔚林3人，后期又发展了赵力耕、杨洸、陈国柱、王锡珍4人。张露萍任该小组的党支部书记。"七人小组"直接归南方局领导，其任务是打入敌人内部，套取情报并伺机在敌人内部发展党员，扩大组织。

军统处报务员张蔚林，江苏无锡人，出生在江南的一个士绅家庭。1936年，张蔚林考入上海三极无线电学校学习。抗战前夕，他又转至杭州军统无线电讯班第八期接受培训。1937年抗战爆发后，他被军统派往皖南敌占区，担任潜伏电台景德镇分台长一职。1939年，他被调至重庆军统电讯处担任科员。在沦陷区，张蔚林亲历了日军的暴行，也见证了国民政府的腐败无能。这种情况下，皖南新四军英勇抗敌的大无畏精神深深地感染了他，使其思想发生了巨大的转变。

在重庆，张蔚林发现自己的上司、总台报务主任冯传庆也是一名进步人士。冯传庆毕业于上海南洋无线电技术学校，曾在交通部系统的威海电台、天津电台工作，后被戴笠调至重庆任军统电讯总台的报务主任。他为人谦恭、富有爱国主义热情，经常阅读一些进步书刊。

由于工作的原因，张蔚林与冯传庆时有接触。久而久之，两人便成了志同道合的朋友。他们一起畅谈理想，一起偷偷阅读《新华日报》，一起抨击国民党统治区的腐朽与黑暗。后来，思想不断进步的两人决定脱离军统处的控制，弃暗投明，奔赴延安。

1939年8月，国民党当局不断制造反共摩擦，并企图对陕甘宁边区及抗日军队进行军事围攻。看清国民党的丑恶嘴脸后，张、冯二人毅然决定投奔共产党。一天，二人秘密来到了中共南方局。见到南方局的办事人员，二人一致要求去延安参加真正抗日。南方局对此事非常重视，听说前来投奔的是军统处的两名军官，他们便立即派军事组的曾希圣亲自接待。经过详细考察，南方局发现此二人是真心归附中国共产党，于是便答应了他们的请求。鉴于二人的工作性质，南方局决定让他们继续留在军统内工作，以便搜集情报，揭穿国民党反动派的反共阴谋。后来，二人冒着生命危险为南方局提供了大量的军事情报。经过严格考察，南方局秘密发展二人为共产党员。

张露萍原名余家英，化名余慧琳，从抗日军政大学毕业后不久便被党中央派往重庆开展地下工作。起初，党中央派她回四川，是想利用她和川军师长余安民的亲戚关系做川军的统战工作。后来，出于工作的需要，叶剑英和曾希圣商量后，决定派她到国民党军统机关电台做地下工作。临行前，南方局交给她三项任务：一是担任张蔚林、冯传庆的领导工作；二是为南方局传递情报；三是伺机在军统局内部发展党员工作。

接到任务后，余家英立即着手准备开展工作：为了隐瞒身份，她化名张露萍，以张蔚林妹妹的身份与其进行接触；为了联系方便，她让张蔚林从军统宿舍搬出来，二人以"兄妹"的名义一起住进了牛角沱的两间平房里；为了避免特务跟踪，她和南方局的联系地点改在了四德里的一个小巷里。就这样，年仅18岁的张露萍和她的战友们，顺利地打入了敌人的内部。

"七人小组"的秘密工作，挽救了党的许多地下组织。一次，张露萍得知设在天官府街14号的中共地下联络站已被军统特务发觉，意识到情况紧急，她迅速前往该地通知那里的党组织迅速转移。等军统特务到达天官府街14号时，发现早已是人去楼空。还有一次，戴笠派遣一个"三人小组"，携带一部小型电台，准备秘密潜入陕甘宁边区。临行前，戴笠给胡宗南发了一封密电，要其在管辖区内对三人给予掩护。后来，这封密电被冯传庆破译，得知这一情况后，张露萍立即将这一密令报告南方局。结果，吴正伦三人刚一踏入陕甘宁边区地界，便被早已埋伏在那里的军民抓获。起先，戴笠以为是吴正伦等人行动不力，才会被共产党人抓获，后来，通过详细审问，戴笠发现此次行动失败是因为情报泄露所致。此时，他预感到军统局内部可能出现了共产党人。情急之下，戴笠立刻命令督察室主任刘培初对全局人员进行一次摸底排查，排查的重点则是机要室和电讯室工作人员。戴笠交代，所有人员都要接受排查，如发现可疑人员，则一律先拘后审。

1940年2月，"军统电台案"爆发，张蔚林、冯传庆等7人陆续被捕。一天，由于工作不慎，张蔚林将一台发报机上的真空管烧坏了。这时与张蔚林有私人恩怨的监察科长肖茂如便借此机会假公济私，说张蔚林是有意破坏，遂把张蔚林送到稽查处关了禁闭。

张蔚林以为自己的身份暴露，惊慌失措的他竟然从禁闭室里逃了出来。他径直跑到了南方局，请求组织帮助逃跑。组织上认为，其共产党身份并没有暴露，这点过错不过是工作上的失误。相反，如果乘机逃跑，反而会更容易暴露自己。于是，党组织让张蔚林赶快返回军统，然后找领导检讨此事。

张蔚林逃跑后，戴笠对此事产生了怀疑，于是他马上命人搜查其住所。经过搜查，特务们从张蔚林的住所中搜出一个记有军统局在各地电台配置和密码的记录本、张露萍的笔记及"七人小组"的名单。待张蔚林返回军统找电讯处副处长董益三求情时，便被守候在那里的特务逮捕。随后，赵力耕、杨洸、陈国柱、王锡珍4人也被特务逮捕。当时，正在报房值班的冯传庆觉察情况有异，遂越墙逃跑。在南方局的帮助下，冯传庆化妆成商人，连夜逃出了重庆市区。听到冯传庆逃跑的消息，戴笠气急败坏地命令各关卡严加缉捕。冯传庆渡江后，在通过青木关检查站时，被埋伏在那里的特务抓获。

"七人小组"身份暴露后，南方局立即给在成都探亲的张露萍发紧急电报，通知她就地隐蔽，暂时不要回重庆。可惜，戴笠已经先行一步。特务们在搜查张蔚林的住宅时，搜到了张露萍在重庆的通讯地址。于是，戴笠便命人以张蔚林的身份，给其发了一封"兄病重，望妹速回"的电报。接到电报后，张露萍一边用暗语向南方局报告此事，一边动身返回重庆。待南方局接到张露萍的信件时，她已经抵达重庆，被军统特务逮捕。至此，"七人小组"全部落入敌人手中。

张蔚林被捕后，想给四德里一处党的秘密机关通风报信。于是，他就用50块大洋买通看守所所长毛烈，请其代"友人"传信。毛烈与张蔚林认识，而且尚不清楚张蔚林案件的具体情况，收下钱之后，也就照办了。四德里的党组织得到张蔚林的情报后，迅速转移，等戴笠派人前去搜查时，那里早已是人去楼空。戴笠得知此事之后，勃然大怒，立即将毛烈扣押审讯。经过审问，毛烈如实招供，遂被戴笠下令枪决。

"军统电台案"发生后，戴笠极为震惊，他万万没有想到共产党竟然在不知不觉中打入特务大本营——军统局。为了肃清中国共产党在重庆的地下组织，戴笠亲自出马审问张露萍等人。但是，酷刑用尽，张露萍等人还是没有招供。最后，狼狈不堪的戴笠只得将7人判处死刑。当他将此事报请蒋介石备案时，蒋介石则将"死刑"改为"死缓"，责令戴笠将7人收押，留作日后反共之用。

1941年3月，张露萍等人由重庆转押至贵州息烽集中营。1945年7月，在策反无果的情况下，戴笠下令将7人杀害于贵州息烽快活岭。

企图打入延安

俗话说，堡垒最容易从内部攻破。戴笠深深知道，如果不能打入陕甘宁边区进行内部破坏，纵使在其周围广布特务组织，也难以实现获取真情报、打击共产党的目的。因此，他一直都把在延安安插特务、建立组织作为西北区的主要任务。1936年，戴笠指示西安站长兼警察局局长马志超在西安开办了一期"特警训练班"，专门用以培训日后派潜延安的特务。其中，南京调来的特务骨干娄剑如任队长，陕西站的舒翔、许开等人任教官，学员则由陕西和甘肃两省站共同选送，约五六十名。经过半年的训练，特训班先派遣了少数几个"高才生"前往延安，但很快就因无法立足而狼狈返回，这样，戴笠企图分批派遣特务潜伏并伺机建立延安组的阴谋也就不得不宣告破产了。

然而，计划的失败却并未使戴笠死心，相反，他更加想方设法、费尽心机地寻求各种建立内线联络的途径。1937年5月，获悉蒋介石将派军委会中将高参涂思宗率团赴延安访问，特务处便密遣共产党叛徒、军事科长杨蔚假借访问团团员身份，随同涂思宗混入延安搜集情报，结果同样收效甚微。1938年3月，陕西省电政管理局局长顾德明为巴结蒋鼎文而极力逢迎张严佛，在陪其喝酒打牌之际表示愿效犬马之劳。张严佛遂提出通过顾德明的关系派人到延安去当电报局长，当下便得到应允。喜不自禁的张严佛旋即与人事股长丁敏之决定派西北区无线电支台台长汪克毅担任延安电报局局长，同时向戴笠报告了这一"好消息"。汪克毅本来不太情愿，但迫于无奈也只好接受。行前，张严佛指定他与译电员杨宝璋约好通电密码及暗号，中间则由顾德明负责收转，并且给他规定如下任务：随时报告到延安后耳闻目睹的情况；设法将自己人调到延安电报局充当职员，特别是报务员；伺机在边区其他地方发展特务组织。

谁知汪克毅此去竟音信全无，搞得张严佛虽心急如焚却也不敢轻举妄动。5月底，汪克毅灰溜溜地从延安返回，一无所获。张严佛如同被泼一头冷水，所有的妄想顷刻间化为乌有。而戴笠得知这一情况后，亦感到非常失望，甚至为此气闷了许久。事实表明，戴笠手下的这些所谓"训练有素"的特务，无非都是些外强中干、色厉内荏之徒，一旦脱离了国统区这片可以让他们作威作福的温床，就必将深陷于革命的洪流和人民的海洋中而不能自拔，到头来也都无法摆脱走向灭亡的命运。

汪克毅失败逃回后，鉴于从正面派遣特务打入边区的难度较大，戴笠遂令张严佛设法利用行商小贩做工具到延安窃取情报，认为即使依然不成功，也不会引起过多的注意。这样，张严佛便布置在西安有些关系的李翰廷负责此事：其一，收买与延安及边区县镇商店素有往来的行商，要求他们混入边区收集情报，再回到西安作口头报告；其二，拉拢原本就在边区从业的商人，希望他们定期也能来西安作口头报告，把所了解的情况反映出来；其三，派插特务冒充商人混入边区作固定潜伏，抑或乔装行商与边区不定期来往。可是由于区外的行商根本无法打入边区，区内的商人又只肯跟着共产党走，所以这一尝试再次遭遇了失败。

军统局所派遣的打入延安和边区的特务，主要由设立在汉中的西北特侦站从汉中训练班结业学员中挑选。他们大多伪装成进步青年报考"抗大"一类的延安院校，入校后假装积极向上以骗取信任，随后再通过"合法"身份的掩护潜入延安和边区的一些单位和部门。这其中不乏有混入联防司令部、中共陕西省委、安塞兵工厂等重要军政机关者，还有打入中共军委二局、边区保安处等高层情报机构者。为了能让这些特务联合起来共同行动，1940年10月，西北特侦站站长程慕颐遂派遣总联络员赵秀和联络员祁三益、李春茂、杨超前往延安。本以为由此组织起来的秘密网络能够紧紧把控中共各方重要情报，却因原汉训班成员、陇东中学教师吴南山的主动自首而导致众多特务接二连三败露行迹，最终被一网打尽。

在被发现的军统特务中，除了杨超事先闻风而逃外，其他人几乎都被共产党情报部门控制并加以反用。这其中有些人已彻底洗心革面，走上了投身无产阶级革命事业的道路，但也有少数几人顽固不化、伺机逃跑。一直被蒙在鼓里戴笠、程慕颐一行人继续指示、联系这些手下，直到1943年春赵秀逃回西安后，才得知潜入延安和边区的汉训班特务们早已被一网打尽，他们再一次品尝了自酿的失败的苦酒。

第十四章
中美合作所：挟洋人以自重

梅乐斯访华

抗战期间，大量美国顾问进入重庆国民政府的各部门进行指导，唯独军统局没有外国的援助。军统组织日益庞大，急需枪支弹药和各种现代化武器装备，另外，军统成员也需要现代化的训练。戴笠曾积极寻求美国情报局的援助，但是没有引起美国方面的兴趣。直到珍珠港事件爆发之后，美国出于自身战略的需要，有了合作的意向。

促使美国海军方面与军统合作的另一个原因是他们想得到中国东南沿海地区军事、地质和气象等资料。1942年4月18日，美国16架B-25轰炸机首次对日本本土进行轰炸。这些轰炸机从距日本本土650海里的航空母舰"大黄蜂"号上起飞，完成任务后，预定降落在中国浙江衢州机场。但是，由于美国方面对中国东南沿海一带的气象、地形等资料不熟悉，轰炸机在浙江上空时遇到暴风雨天气，飞机上的75名空中袭击队员与地面失去联系。飞机耗尽油料之后，他们只得弃机跳伞。结果67名美国大兵被中方救起，另外8名落入日军手中。经过这次事件，美国海军为了更好地与日军作战，决定与军统合作，以尽快掌握中国东南沿海地区的水文、地质、地形、气象等情况。

美国情报部门一方面与肖勃加强联系，一方面命美国驻华大使馆武官迪帕斯上校与军统局直接接洽，以便取得他们所需要的情报。戴笠对迪帕斯表现出极大的尊敬，在曾家岩公馆设盛宴款待，并邀请军令部第二厅厅长杨宣诚、副厅长邓介民以及航空委员会主任周至柔等人作陪。

对戴笠来说，加强与美方的合作，一方面，他可以依靠美方的援助，提高军统的特工技术和力量；另一方面，他想借助美国军方的支持，谋取海军总司令之职。因此，戴笠对中美合作格外看重。在这之前，军统已经与苏联、英国成立了合作所，但戴笠分别交给周伟龙、郑介民负责，他并没有亲自管理。相比较而言，戴笠对中美与中英、中苏合作的态度截然不同。他从一开始就把与美方接触的权力掌握在自己手中，不让军统的任何人插手。

1942年4月5日，美国海军准将梅乐斯受太平洋舰队总司令金上将之命访华，他的任务是在中国建立基地，准备迎接海军在两年之内登陆中国沿海。

梅乐斯曾在哥伦比亚大学学习电机工程，取得硕士学位，曾在美国海军亚洲舰队服役，一度担任舰长。他对中国沿海的水域和海港非常熟悉，并且略通汉语。他与肖勃有8年的交情。在华盛顿的一次鸡尾酒会上，他们二人谈论了在中国沿海组织对日袭击，以及成立中美合作所的事宜。梅乐斯向莱希上将报告了这些建议，后者立刻予以准许。

当梅乐斯一行抵达重庆时，戴笠手下的一名特工把梅乐斯从旅客中拉到一边，问他是否认识肖勃。原来肖勃已经将梅乐斯来华的任务电告戴笠，并极力游说梅乐斯来华后与戴笠合作。因此，梅乐斯没有和使团的其他人在一起，而是被戴笠安排到了一个单独的旅馆。梅乐斯先去拜访了国民党军事情报头子杨宣诚将军，然后和杨将军一起拜访戴笠。他的一举一动都受到军统特务的监视。

当时，英国情报局刚被挤出中国，而美国使团来中国之前曾在英国的殖民地印度停留，因此戴笠对美国人可能会接近英国情报机构而感到担心。

戴笠为了对梅乐斯表示尊重，请他搬进自己所有寓所中最豪华的一座——神仙洞。几天后，戴笠把军统大小特务召集起来，举行了一次隆重的欢迎仪式。然后邀请美方代表参加了一次军统大会，会议的内容主要是向美方介绍中国的气象侦察、电台侦收和内陆水域的布雷情况。会议中，梅乐斯再次提出去沿海沦陷区进行考察，以方便向美国海军提供当地的地形和气象情况。

戴笠做了一系列安排之后，亲自带领梅乐斯一行人到福建省多岩石的海岸进行考察。白天，日本人控制那里的主要通讯线路和城镇；晚上，走私大军、海盗、地方抵抗分子和难民们开始活动。虽然在沦陷区的村镇里都是汪伪政权的爪牙，但是那里的警察一般也都与军统有瓜葛，很多人都参加过戴笠的警察训练班。尤其是浙江一带的"忠义救国军"，能够为戴笠一行提供准确的情报，一旦日本和伪军有所行动时，他们就能转移到安全的据点。

5月底，军统局沿海各地潜伏组织的负责人奉戴笠之命来到蒲城，毫不保留地向梅乐斯提供了沿海一带的地理、水域、敌情等方面的情报。有些问题他们不太清楚，戴笠下令立即发密电查询，极力讨好梅乐斯。

有一次，日本人得知美国考察团到了蒲城的一个小镇，于是派出空军在这个小镇上空狂轰乱炸，戴笠等人差点死无葬身之地。他们趁着夜色躲到了稻田里，逃过了一劫。此后，戴笠迫不及待地向梅乐斯提出建立中美合作所的建议。他指出中国有5万痛恨日本人的游击队，他们需要美国方面提供正规的训练和精良的武器装备；而美国方面同样需要这批人提供日军的情报，如气象情报、日军的行动、沿海情报等等。戴笠希望建立一支军队，由中美联合指挥，还试图给梅乐斯一个陆军将军的头衔。梅乐斯不想成为中国陆军将军，对训练游击队却很感兴趣。但是，美国军情局的代表路瑟并不赞同与军统头子戴笠合作，要求向华盛顿方面提出申请。于是，梅乐斯开始与华盛顿方面协调沟通。

此后不久，戴笠被蒋介石召回重庆，陪同梅乐斯考察的任务先后由赵世瑞和军统闽南站站长陈达元接替。梅乐斯从蒲城前往福州、厦门等地考察，为将来设立海岸观察哨和无线电台，以及选择美国海军登陆地点取得了很多地形资料，并拍了不少照片。

梅乐斯这次中国之行，不但与军统进行了密切的接触与深入的洽谈，而且跳出军统，与军事、行政、外交等有关部门进行了广泛接触，从各个角度对军统进行全面认识，掌握大量的材料和数据。他感受到了军统是一个庞大的组织，戴笠本人是在中国掌有实权的人物。梅乐斯回国后，立即向海军情报署报告了他在中国考察的结果，极力主张与军统建立合作关系。

在报告中，梅乐斯总结了他对军统的几个印象：军统的无线电设备虽然比较落后，算不上一流的先进水平，但是其破译技术确有先进之处，在有些方面甚至比美军的经验还要丰富，值得美军学习借鉴；军统在沦陷区和东南沿海地区有强大的影响力，潜伏组织对日军的情报工作做得很好，特别是东南沿海地区对美国海军来说，具有重要的战略意义；军统是世界最庞大的特务组织之一，几乎掌握控制了国民党政府的所有重要部门；军统是蒋介石进行独裁统治的重要武器，整个组织秩序井然，制度管理好，办事效率高⋯⋯

这份报告引起了美国海军部情报署对军统的兴趣。华盛顿方面开始考虑与军统进行全面合作。然而，一些华盛顿高层军事领导人，对在中国沿海建立据点，以及与军统合作的问题存在质疑。肖勃立即向戴笠报告这一情况，戴笠命令他与美国海军总司令金上将联系，并代表他向金上将表示："无论美国官员想到何处，我军统局敌后工作人员，必将与之合作，保证其安全完成任务。"戴笠的友好态度，加强了金的决心。他命令梅乐斯拟出具体"实施办法"。梅乐斯草拟的实施办法叫作"友谊合作计划"，主要内容是由美方提供技术、器械、枪支、弹药，由中方提供人力，在中国沿海地区建立水雷爆破站、气象测量站、情报侦察站及行动爆破队等，并设立电讯侦译机构。这个"实施办法"显然是为了满足美国海空军作战需要，因此很快得到海军部的批准。

中美特种技术合作协定

1942年9月22日，梅乐斯被正式任命为美国情报局远东协调员，再次来到中国，率领十几名电讯方面的专家开始筹备电讯侦译机构。梅乐斯来华初期，一心想获取军统掌握的密电侦译技术和经验，而向军统提供的援助，只是一些无线电制造器材。这并不符合当初蒋介石设想的美方提供武器援助和训练特工的愿望，因此他的合作态度冷淡，并且不让军统局将侦译技术告诉美方，也不允许相关的人才参与合作。

中美之间的合作毫无进展，而军统方面又急切地需要外援。英国情报人员看到这种情况后趁虚而入，要求与戴笠进行商谈。戴笠请示蒋介石可否接见。蒋介石考虑到戴笠与外国人士交往时卑躬屈膝，阿谀奉承，有损国格，因此做出批示："凡外国人，应由军令部交涉，你无此责任，以后不得再接见外国人。凡英美人士见过汝者，其在背后无不表示轻侮，汝须自知。"

不久之后，太平洋上的美日之战越演越烈，出于战争形势的需要，美国表示愿意与中方扩大合作范围。这次，蒋介石同意让戴笠出面接洽。1942年冬天，戴笠和梅乐斯之间的正式会谈在戴笠的磁器口别墅里开始。

戴笠不客气地提出军统这方面要求：通信设备、美国武器、交通工具，以及人员训练。梅乐斯同意了，让美国把气象人员和设备，连同武器（史密斯和威森左轮手枪、可特45口径自动武器、汤姆森冲锋枪等）一起带到了重庆。戴笠对美国人的速度和诚意感到非常满意，他觉得美国人比英国人大方多了。戴笠趁机表示中方也需要通讯和医疗设备，并反复叮嘱梅乐斯照管军统"武装特务部队"的训练。双方的合作范围不断扩大，合作人员不断增加，内部合作机构逐渐形成。双方决定把已经实行的合作项目和双方所提的要求以文字形式固定下来，签订一个正式的合同。

经过磋商，双方决定把合同的名字定为"中美特种技术合作协定"，并拟定了协定草案。协定规定在中国战时陪都重庆成立中美特种技术合作所。其工作人员由双方共同派出，正副主任以及各个部门的正副主管人员均由双方选派。原则上，中方派正主管人，美方派副主管人，但是需要互相征求对方的意见。所有美国工作人员来华后都享受外交人员待遇。

"中美特种技术协定"有如下主要条款：

第一条：在中国沿海和中国沦陷区，及其他日敌占领区，打击中美共同敌人。中美双方进行情报合作，组建一个情报机构，定名为"中美特种技术合作所"。

第二条：中方尽可能提供给美方有关日本陆海空军在中国沿海及大陆活动的一切情报。

第三条：中方尽力协助美方在中国沿海和内地指定地区建立气象和水文研究机构及无线电台。

第八条：在美国业已训练成熟，绝对可靠，并已宣誓对盟国效忠之缅甸、泰国、朝鲜、中国台湾、越南等地人员，经美方提出，华方认可后，准在本所指挥下参加工作。

第九条：本所设有远程空军侦查队，配有飞机器材，及研译判读照相人员，其目的乃在中国沦陷地区，及远东各占领地区内，摄制并判读敌人活动之照片，以便实施各种打击。除驾驶员外，以华方人员充任之。

第十条：为方便在中国沿海各港湾实施布雷，适时打击敌人船舶起见，由美方派飞机测量港湾情形，并由华方派人员参加。

第十八条：对于敌军海陆空三部分之电讯密码，实施侦收研译。

第十九条：在各地分期设立前进工作队，办理有关爆破、侦查、瞭望、气象、对敌宣传及其他相关事宜。

第二十一条：本所所需之爆破、无线电、武器、弹药、交通、摄影、化学、印刷、医药等，以及各项工作所需之一切器材，均由美方供给。

协议还规定，戴笠担任中美合作所所长，梅乐斯为副所长，两人都有对整体计划的否决权。中美特种技术合作所系因对日战争的需要而成立，如果对日战争结束，那么中美的合作即宣告结束，本协议所商定的事项，不论执行与否，均应立即停止。

1942年年底，宋子文起草了中美合作的协议草案。几天后，1943年1月初，路瑟把协议草案带回华盛顿。马歇尔将军将此次合作称为"友谊工程"。梅乐斯本来想把中美合作所归美国海军指挥，但是马歇尔将军却让他们在史迪威将军手下执行这个协议。考虑到戴笠和梅乐斯关系亲密，美国方面任命梅乐斯为情报署在中国活动的负责人。

1943年3月，戴笠的人日夜工作，准备了中文版的合同，把它递交给宋子文亲自审阅。由宋子文在美国进行最后的交换签字仪式。

与此同时，在华盛顿，梅乐斯和肖勃少校一起把协议草案带给马歇尔将军，马歇尔在上面签上了自己的名字。随后罗斯福总统也签字批准了。美国海军参谋长威廉·莱希给梅乐斯写一封信，任命梅乐斯为美方的直接领导人。

1943年4月15日，美方代表佛朗克·诺克斯和中方代表宋子文正式在关于中美合作所的协议上签字。杜诺迈和梅乐斯也签了自己的名字。1943年7月4日，戴笠在重庆补签上了自己的名字。

美国版协议提出，为了在中国沿海、沦陷地区和其他被日本人占领的区域打击日军，在中国组织中美特种技术合作所。目标是通过中美双方共同的努力，以中国战区为基地，采用美国的设备和技术训练在日本占领区里有效地打击日本海军、日本商船和日本空军，以及他们的矿区、工厂、仓库、车站及其他军事设施。

中方要求美国提供足够的武器来武装5个"特务武装部队"和80个"行动纵队"及"行动队"。中方将协助组织13个中美合作所训练班，4个情报站和一些气象台与无线电广播单位。

1943年7月1日，中美合作所在重庆磁器口正式成立。经两国政府分别任命，戴笠任主任，梅乐斯任副主任，李崇诗和贝乐利分别任中美双方的参谋长，潘其武和史密斯分别任中美两主任的秘书。中美合作所分设人事、军事作战、情报、气象、心理作战、行动、通讯、研究分析、侦译、编译、交通运输、供应、特警等十余个组室。徐志道、谢力功、余乐醒、乐干、陆遂初、刘镇芬、吴任君、倪耐冰等人分任各组室的主管。

早在1942年，戴笠就着手建立中美合作所。他把重庆近郊的歌乐山、松林坡划为特区，强行迁走那一带的居民，封锁了从步云桥到歌乐山的道路。特区内大兴土木，兴建了中美合作所大楼、大小礼堂、运动场、打靶场、军火库、监狱，还为美国专员的眷属修建了住宅区，并设有商店、餐厅、舞厅、银行、医院、学校、气象站、合作社以及各种娱乐设施。为了表示对梅乐斯的感激，戴笠专门为他修建了一座叫作"梅园"的别墅。这座别墅装修豪华，室内有舞厅，室外有花台。整个特区占地5250亩，整个合作所的人员共达6359人。

中美合作所的大门两侧各有一座石堡和一段高大城墙。城墙里面是一个封闭的世界，除非持有军统签发的特别通行证，任何人不得进入。当时，原国立第六中学初中部的四名学生游玩时误入特区，结果遭到关押，后惨遭杀害。

戴笠给美方开了一个账单，除了弹药、武器之外，还有大量医疗设备、车辆、气象测量设施等。美方很快就把这些东西运到中国。先后供给军统156座气象站的器材设施，可供1000张病床使用的全套设备和医药，9000余吨特工器材和武器。

气象测量设施主要布置在东南沿海各地，目的是为美国海军和空军提供详细准确的气象情报。特工器材则主要用于加强情报通信、侦译敌方电讯，及时截获敌人的密电，并破译出来，掌握敌人的动向。在东南沿海建立严密的情报网，及时提供情报供美军参考。中美合作所经过训练的特务除了维护治安之外，还有防奸防谍和摧毁敌人军事设施的任务。此外，还要为美军登陆做准备。

中美合作所在战争中发挥了多少作用，无人得知，但是梅乐斯对戴笠的支持，加上正式的协议，使戴笠在蒋介石政府中大受抬举。

梅乐斯巧妙地利用了戴笠的心理，一方面在美国宣传戴笠的种种传奇故事和他在蒋介石身边的地位，一方面怂勇戴笠去美国游历。梅乐斯这么做的目的无非是想永久地利用军统这一组织在中国从事特务活动。

杜诺迈来华

美国国防部非常重视军事情报，如果有人提供一个影响战局的重要情报，甚至能得到几十万美金的奖励。美国陆军、海军和空军的情报机构虽然由杜诺迈统一领导，但是一直各立门派，各自为战，并没有实现资源共享，而是把获取情报当成一个发财的机会。中美合作所成立之后，属于海军参谋部的梅乐斯把大量日军的情报送到海军参谋部。海军在陆军面前自然能够扬眉吐气了。

在美国军方的眼中，军统组织本来是蒋介石实行独裁统治的工具，只会干暗杀或镇压之类的事情，根本上不了台面。但是，自从海军方面与军统进行情报合作，建立中美合作所之后，海军方面从军统局得到很多关于中国战区的第一手情报资料，并且得到了极为珍贵的日本密码。因此，当分析太平洋战区和远东局势时，美国海军有了更多的发言权。陆军方面认为海军在中国方面占据了优势，海军独享军统局提供的情报是不公平的，要求共享中美合作所的成果。

戴笠的军统局一下子成了被美军各派争夺的对象，身价暴涨。他本可以保持沉默，在美国陆、海军竞相争夺军统的较量中待价而沽。但是，戴笠很感激梅乐斯当初对他的支持，与梅乐斯私交很好，并且指望梅乐斯支持他出任中国海军总司令，于是公然站在美国海军这边，拒绝美国战略情报局推荐陆军上校柯林为中美所第二副主任及派教官来华、在中国西北另行建立据点等计划和要求。

美国陆军只好向华盛顿求助，美军联合参谋本部强行发布命令，规定中美所的所有美军人员，必须直接接受中印缅战区美军司令魏德迈的指挥，梅乐斯也不例外。梅乐斯对此不服气，他和戴笠决定采取"软对抗"的办法，表面上接受魏德迈的指挥，但陆军的一切政策和命令在中美所如同废纸，没有任何作用，中美所的一切情报还是只报告美国海军。

魏德迈自然有他的办法，他毫不犹豫地对中美所进行打击。严密控制空中航线，断绝或减少美国海军对中美所的军事援助。海军准备自备飞机、车辆为中美所运输物资，但是魏德迈坚决予以制止。这一招釜底抽薪的做法，让梅乐斯感到无可奈何。

1944年秋，美国战略情报局局长杜诺迈为了协调此事，亲自到中国找戴笠进行交涉。戴笠为他举办了招待聚会。在酒会上，杜诺迈与戴笠进行了一次针锋相对的谈话。杜诺迈表示，如果中美合作所不为战略情报局提供情报，那么战略情报局的特工将单独在中国领土搜集情报。戴笠毫不示弱地说："如果美国特工在中国领土行动，我们不能保障他们的安全。"杜诺迈没有退让的意思，两个人不欢而散。

与戴笠的交涉不成功，杜诺迈又找梅乐斯到美驻华大使馆商谈，对他施加压力，试图让他听从指挥，将所有情报直接送到战略情报局，但是梅乐斯态度并不友好。为此，杜诺迈把梅乐斯关在大使馆，软禁了一夜。最后，梅乐斯做出了妥协，同意把中美所获得的情报提供给战略情报局。第二天他就乘专机飞回美国，向美国海军参谋部请示。至此，美国海军和陆军之间的矛盾就算解决了。

杜诺迈来华的另一个重要任务是代表美国总统与国民政府签订中美合作所的第二次合同。签订这次合同的美方人员有杜诺迈，中美所副主任梅乐斯、参谋长贝乐利；中方人员有戴笠、郑介民、唐纵、潘其武以及中美所各组组长，此外还有肖勃。

第二次合同补充了4项条款，补充的内容有：美方派出教官帮助中国训练刑事警察人员；美方愿为中国提供训练刑事警察的测谎仪和刑具等器材；美方无偿为中国提供武器和弹药，装备特务武装部队5万余人；美方无偿为中国提供2000辆十轮大卡车、200辆中小型吉普车，以及修理汽车的设备和各种零件及轮胎。

从1943年冬开始，中美所就已经抽调忠义救国军各纵队的人员到各地培训班受训。在签订补充合同之后，中美所在重庆专门成立了训练刑事警察的特警训练班。特警训练班成立之后，戴笠设宴款待杜诺迈。在宴会上，杜诺迈等人被哄得很开心，第二天，他在肖勃的陪同下参观了军统各部门。这可算是给足了他面子，因为戴笠向来重视军统的保密工作，从来不让外人参观。戴笠还召开军统干部会议，杜诺迈在军统大礼堂对700多人进行了讲话，内容无非是鼓励军统特务努力工作，为中美合作所做出贡献。

中美合作训练班

中美合作所成立之后，第一项重大活动就是开办各种中美特种技术训练班。从1943年6月开始，北起内蒙古，南至广东，中美合作所先后开办了十几个训练班。这些训练班一律由戴笠兼任主任。他派自己的亲信担任副主任，主管实际事务。教官和总教官由美国特工人员担任，采用美国的教学方式，传授美国武器的使用知识和特工技能。

中美合作所的第一个训练班设在安徽徽州以南几公里外歙县雄村的一座山庙里，称为"雄村训练班"。这个训练班1943年6月2日开办，郭履洲任副主任，美方先后派美国海军陆战队巴德·马德斯少校、巴尔金少校任总教官。到1945年2月，这个训练班共开办7期，先后调忠义救国军、别动军第七纵队、军统皖南站行动队、军统福建调查室行动队等共1.5万人受训。此后，娄剑如任副主任，开办第八、第九期，调忠义救国军淞沪指挥部阮清源部官兵受训。雄村训练班是开办时间最长，培训人数最多的一个班。

第二班——湖南洪江班义称南岳训练班。1943年6月开班，由副司令陶一珊任副主任，美方派班乃特上尉担任总教官。这个训练班有意选在湖区，离中国海军训练学校水雷制造站不远。美国人计划把包括海匪在内的中国内河水手和小型船只驾驶员吸纳进来，作为中国的海军力量。梅乐斯后来表示，由于戴笠对船只一无所知，而且他对中国海军的人没有控制力，所以美国人的计划一直没有得到实施。南岳训练班训练的军队有别动军第一、第二、第四、第五纵队和军统局粤汉路破坏队，以及在湖南招收的陈士虎土匪武装。到1944年6月，这个训练班共开办了3期，训练了2200余人。

第三班——河南临汝班亦称牛冬班。1943年10月开办，由文强任副主任，美方派杨格任总教官，地点在河南凤穴寺。这个训练班培训了别动军第五、第六纵队官兵。洛阳沦陷后，训练班前往镇平和陕西商县开班2~4期。随后，杨蔚任副主任，美方莫里梅少校任总教官，训练班迁到西安牛东开办第五、第六期。

第五班——广西南宁班是南岳训练班的继续，以别动军第三纵队司令徐光英为副主任，主要训练对象是别动军第三纵队官兵，共训练900余人。

1944年5月，梅乐斯接到美国联合参谋本部的命令，加强在中国东南沿海地区的部署，以策应美国海军陆战队登陆。戴笠再次陪同梅乐斯前往东南地区考察，策划开办第六、第七、第八、第十三训练班，加紧培训策应美国海军的武装力量。

第六班是福建华安班，设在福建漳州，建于1944年8月。闽南站站长陈达元任副主任，雷镇钟任第二副主任，负实际责任。美国哈柏林中校任总教官。

在此之前，中美合作所参谋长李崇诗陪同梅乐斯去了福建沿海地区，他们认为有必要在这个海匪和土匪出没的地区建立训练班。梅乐斯回到重庆后，立即要求戴笠亲自在7月前往建阳，与闽南站站长陈达元和闽北站站长王调勋见面。戴笠和两位站长见面之后，商讨建立"中美合作所东南办事处"，管辖上海、定海、福州和漳州四个军统情报点。

华安班建立之后，派系斗争不断，雷镇钟与陈达元不和，他们领导的纵队之间常常发生冲突。派系斗争妨碍了训练班的发展，美国教官们虽然想做出成果，但是无能为力。抗日战争结束后，华安班占领了厦门。解放后，陈达元带领这支队伍去了台湾。

第七班是福建建瓯班，由林超任副主任，美方史华兹上尉任总教官，训练对象是伪军张逸舟部官兵及部分知识青年。这个训练班开办了两期，受训人员有1400余人。这些人被编为教导第五、第六、第七营，派往闽江口一带潜伏待命。

第八班是浙江玉壶班，开办于1944年8月。由赵世瑞任副主任，后由郭履洲继任，美方史文索少校任总教官，共开办4期，培训忠义救国军浦东特种行动总队张为邦部1800人，毕业后编为教导第九、第十、第十一营和特务营。

第十三班是广东梅县班，这是广西南宁班的继续，由汤毅生任副主任，训练广东一带别动军第一纵队及粤汉铁路南端破坏队共1200余人，毕业后编为两个教导营。

除了这几个专为策应美海军登陆而开设的训练班之外，1944年10月，戴笠与美方商定就军统息烽训练班的设备开设第十训练班，由邓匡元、何峨先后任副主任，美方石格上尉任总教官。这个训练班开办了两期，共训练学员2000余人，编为两个教导营。

1945年7月，安徽林泉开办了第十一训练班，由周麟祥任副主任，招收学员925人。开学不久，日本就投降了，学员被编为两个教导营，开往徐州，编入交警第一总队。

第十二训练班原是第三战区中英合作所主办，中美合作所成立后则划归中美所管辖。地址在浙江淳安港口，张宝琛、毛森任副主任。该班共有7个学生营，毕业生被分配到中美合作所前进指挥部，由指挥员毛森领导。

除此以外，还有修水（江西）、东峰（福建）、焦岭（广东）几个战地训练点。最重要的训练班是设在离重庆约20公里的嘉陵江畔的中美合作所总部的第九训练班。

中美合作所还举办过一期助教人员训练班，从各个训练班毕业生中挑选出优秀学员，由美国教官施以特种技术训练，结业后分配到中美合作所各个训练班充当美国教官的助手。这个训练班由梅乐斯亲自担任班主任，学员结业后由梅乐斯赠送刻有"梅乐斯赠"字样的短剑。因此，学员称这个班为"梅乐斯训练班"。

这些训练班以培训武装特务为目的，训练内容有军事和政治两方面。军事方面由美国教官讲授主要科目，包括：美制枪械的使用、爆炸物及器材的使用、擒拿术训练、游泳术训练等。此外，一般的军事基础知识，比如队列、野外勤务、阵中勤务、射击、简单测绘、情报等由军统派遣教官教授。政治训练则由中方政治教官、班副主任、训导员等负责，其方式和内容与军统临澧训练班大致相同。只是增加了亲美的思想和蒋介石的《中国之命运》。

训练班表面上打着抗日的旗号，其实戴笠更加注重的是反共。1944年后，第二训练班成为训练军统长江单位所辖湘赣鄂边区行动总队的特务武装，目的是破坏中共在该地区的抗日活动。第三训练班迁往西安后，戴笠立即把它作为对抗陕甘宁边区的特务基地。1944年春，戴笠别有用心地在绥远陕坝开办第四训练班，由高荣和乔家才先后任副主任，美方郝拉德上尉任总教官。

这个训练班的目的一方面是提防与共产党和八路军相处友好的傅作义，另一方面用来对付共产党领导的大青山根据地和晋西北根据地。抗日战争胜利后，这个训练班的学员在与共产党武装争夺包头等地的战斗中，表现得非常卖力。

军统的息烽特训班

1938年，蒋介石把军委会调查统计局全部交由戴笠负责。至此，戴笠正式成为军统头子，他开始有计划地大办特务训练班，积极训练特务骨干，以扩充他个人的势力。

受蒋介石曾任黄埔军校校长的影响，戴笠兼任所有特训班的主任，所有受过训的特务都是他的学生，他把这些学生视为他的"嫡系"。后来，这些人成为军统各组织中科、股级的特务，有的成为独当一面的头目。

军统特训班始办于1938年，地点在湖南临澧，故简称临训班。1938年冬天，第一批临训班训练结束。因战局影响，迁至湖南黔阳开办第二期，即黔训班。1939年底，迁至贵州息烽办第三期，即息训班，由胡靖安负责。迁至息烽之后，需要建设很多基础设施，因此胡靖安指挥众人大兴土木。特训班建成之后，到处都张贴者"秉承领袖意旨，体念领袖苦心""创造光荣历史，发扬清白家风""要做无名英雄""要做领袖耳目"等口号。这些口号表面上是在讨好蒋介石，其实是戴笠为了方便驾驭军统特务。

1944年以后，美国与军统合办"中美特种技术训练班"来训练武装特务。为了节省开支，自1944年6月起，息烽特训班除原特训班电讯系改称电讯班仍归军统续办外，其他均改为中美班。

特训班对内反共反人民；对外勾结献媚，为蒋介石谋求帝国主义的支持。这就决定了军统特训班的训练主旨与要求，以及相应的训练内容。

虽然在特训班的课程里面没有任何反共的字样，但是反共思想始终贯穿在训练班的所有活动中。他们想尽各种办法使受训的特务产生对共产党的仇视心理。在战斗演习中，他们也把共产党员当成假想敌。

特训班受训特务有多个来源，有些是由军统各地区的秘密站吸收输送入班，有的是由军统掌握的忠义救国军在苏、浙、皖各地吸收输送入班，有的由三青团介绍保送入班，有的是以军统所控制的公开单位名义招考，有的是从国民革命军官学校选调。

进入特训班受训的人起初并不知道自己去干什么，只知道去上学，学习抗日的本领。当受训的人办过报到手续，就被分送到各学生队，然后编入各班。受训的学员还要填一份调查登记表，填写的资料包括姓名、年龄、籍贯、学历、家庭成员、家庭经济来源、介绍人等。还要写本人的经历、入班的经过、参加过哪些团体等。

在开学典礼上，受训学员要进行集体宣誓。表示"服从领袖指挥，遵守团体纪律，严守团体秘密，如果违反誓言，甘愿接受制裁"。

戴笠规定，特训班的女生不准与非军统的人结婚。无论哪个军统分子结婚，必须经过军统局批准。在抗日战争时期，除去派往沦陷区，因工作需要掩护可以结婚外，在国统区的无论男女一律不准结婚。

特训班分为前期教育和后期教育，前期教育以军事训练为主，为期半年，有多次实弹射击和战斗演习；后期教育以学习特务技术为主，分为4个系：即情报系、行动系、警政系和电讯系。各系除上述技术课程外，还有一些继续前期教育的政治课和体育、音乐、国术等。体育课的内容有球类、田径、器械操、摔跤等。此外，特训班还会定期举办文娱晚会和辩论会。

训练结束后，有些人被派到沦陷区去做特务工作，有的留军统局本部或留在特训班工作，有的被派到各省市军统秘密站、组、队工作，有的被派到由军统控制的公开机关，比如警察局、检查所、缉私处等。

军统东南特训班

1938年，军统局开始考虑在东南地区建立训练班，戴笠经过亲自实地勘察，决定把训练班办在福建建瓯的东峰。把训练班设在偏僻的山区，一方面可以尽量保守秘密，掩人耳目，另一方面，那里有共产党的闽北游击队活动,把训练班设在那里,方便配合国民党反动军队进行"围剿"。于是,1941年秋,军统特务王乐坡奉戴笠之命,带领上校秘书组组长姜朝龙等一批特务到达东峰,正式筹办东南特训班(以下简称"东南班"),至1946年春正式结束,历时4年多,前后开办二期。

东南班的全称本是"军事委员会东南特种技术训练班",但是本部门口的衔牌上写的却是"军事委员会东南训练班",而学生的毕业文凭上写的则是"中央警官学校特种警察训练班第五期"。

东南班机构庞大,班本部下设主任办公室、经理室、秘书组、教务组、政训组、总务组、军械室、电台组等。如此多的组室,需要的工作人数必然很多,日常消耗很大,但是地处偏僻,交通不便,这就给后勤供应造成困难。为了解决这一问题,戴笠等又在南平、永安、福州等地分设"东南班交通联络站"。临近各县被指派供应食物和生活用品,稍有差池,县长就会有解职的危险。

1942年初,东南班的筹建工作基本完成。戴笠照例任主任,王乐坡任副主任,主管日常工作,他派出骨干到浙江淳安,江西上饶和福建省的漳、泉各地设立招生办事处,开始招生。戴笠对生源的要求非常严格,不仅要身强体壮,而且要高中以上文化,年龄在18~24岁之间。此外,学生在政治上要绝对可靠,要有介绍人和保证书。不合要求者则不招收,宁缺勿滥。由于介绍人必须是军统特务,因此进入东南班的学员都是军统的亲属或朋友。

1944年夏,中美合作所在福建开办建瓯东峰班,与东南班合办,称中美合作所第七特种技术训练班,但一般人还是习惯称它为东南班,在东南班内部则称为第二期。此时,东南班再次招生,这次招生对文化程度的要求降低到高小毕业至初中肄业,不需经过笔试。

东南班的中外教官前后共有七八十名,其中近一半是美方教官。教授的内容主要是美式武器的使用方法、爆破技术、密写技术、通讯联络、气象观察等。

教官对教授的内容非常保密,不发书面讲义,只许做笔记,但是在学生结业前，这些笔记也要全部收缴。毕业生离开东南班之前，在大操场集合，由队职官和指导员将全部行李打开进行检查，连棉被、棉袄都要拆开，衣缝、口袋更不能避免。到了建瓯汽车站或轮船码头时，还要进行第二次检查。

第二期东南训练班隶属于中美合作所，由几十名美国特工进行教学，从服装到武器都是美式的，中国的教官对美国专家唯命是从。整个训练时间不到半年，日本就投降了。1945年4月底，训练班的学员由东峰开到南平整训，随后追歼由福州撤退的日军。

视察东南特训班

中美合作所成立之后，美国方面迫切希望得到中国东南地区的天气、地形，以及日本海、陆军分布和活动的情报，以配合美军在太平洋战场的行动。因此，梅乐斯与戴笠决定在东南地区建立中美合作所东南办事处，地点设在福建建阳，由中美所军统参谋长李崇诗担任办事处处长。

东南办事处主要有3方面的任务：第一，测量海域及陆区的气象资料；第二，搜集日本海、陆军分布和活动的情报；第三，训练、指挥特务武装，进行一些扰乱日军的活动，如炸毁敌伪桥梁、袭击日伪军队。为了完成这些任务，东南办事处先后在上海、闽侯、定海、漳州4个地方设立情报站搜集情报。此后，又在距沦陷区最近的浙江省于潜县乐平成立前进指挥所，戴笠任命毛森为军统东南特派员兼前进指挥所指挥官，美国方面派出皮尔上尉做毛森的助手。

这些情报站和指挥所成立后，东南办事处正式开始运作，并做出不小的成就。他们利用潜伏在沦陷区的特工和汉奸关系，搜集到大量高质量的日军情报。

看到东南办事处取得的成绩之后，梅乐斯要求戴笠把美国援助的大部分武器军火重点配发给东南沿海地区的特务武装，以进一步加强军统特务在东南地区的活动。中美所在贵阳设立了大型的武器仓库，目的是作为中转站把从昆明运到国内的武器运往东南沿海地区。此外，中美所加快了创建训练班的步伐，按照美方关于配合和接应美军登陆作战的要求，大规模地训练军统特务。除了在安徽省歙县雄村、江西修水、浙江瑞安等地举办训练班外，还在福建华安举办中美所第六特种技术训练班，此外还把福建建瓯东峰班改为中美所第七特种技术训练班，列入中美所的编制。

为了加强对东南各训练班和情报站的管理和监督，检查中美情报合作交流计划的落实情况，戴笠与梅乐斯决定亲赴东南地区视察。这是中美所成立前后戴笠与梅乐斯的第一次视察，戴笠对各项具体工作准备得相当充分。军统总务处长沈醉从1943年1月就开始为这次视察筹划。他日夜不停地忙碌着，为戴笠和梅乐斯的出行准备了丰富的物资。1月20日，第一批先遣人员出发，2月1日，第二批先遣人员乘车前往东南地区。

1943年3月2日，戴笠与梅乐斯一行从重庆机场乘飞机先赴广西桂林，然后经湖南衡阳，从江西进入福建，到达福建建阳。在建阳期间，李崇诗向戴笠和梅乐斯汇报了中美所东南办事处筹建情况。戴笠亲自视察了办事处，并指示李崇诗要迅速在沿海地区以及东南各省部署武装力量，进一步展开情报搜集活动，切实掌握日军在东南沿海和台湾海峡活动的情况，迎接美国太平洋海军的北进等。

此外，戴笠还对东南办事处的人事进行了调整。一方面加强监督制度，在各特工单位内部设立秘密轮值督察，由局本部督察室向各单位派出1名督察，暗中监视办事处大小特务的一举一动，另派军统老特务杜宜之到闽北站任督察，领导各单位的督察。另一方面扩大情报人员的规模，在军统的各公开机关设立情报组，所有军统分子都列为情报组成员，每个组员都有一个联络化名，由各公开单位主管人任组长，并规定了情报组的任务——每月至少要给闽北站提供一份情报。各情报组都有编审书记负责编汇情报，向闽北组汇报，并由闽北组考核成绩，以决定升迁奖惩等。闽北站将情报资料汇集整理之后提交给戴笠，然后经过军统局本部转送到中美所，再由中美所及时向美军海军部汇报。

3月中旬，戴笠与梅乐斯一行来到福建建瓯东峰特训班视察。根据梅乐斯的要求，训练课程中增加配合美军登陆作战等方面的内容。军统拨出巨款修建了一个设备极为新式完善的秘密靶场，由中美所供给大量的弹药供学生练习射击。此外，为了配合美军在东南沿海开辟第二战场，戴笠和梅乐斯还决定在东南训练班建立"巡察总队"训练班，组建一支全部由美式武器武装的特务部队。

1943年3月中旬，戴笠到东南班视察，主持第一期学生的分系训练。戴笠就入伍训练中的所有课程对全班学生进行考试，然后又找学生个别谈话，对每个学生的具体情况做出判断。同年3月底，东南班把学生重编为5个中队，分属情报系、行动系、邮检系、电讯系、政工系，开始分系专科训练。

戴笠视察东峰班的目的是主持第一期学生的分系评审。在这次分系评审中，戴笠挑选了100余名"成绩优秀""忠于党国"的学生，送往重庆"中美合作所特种警察训练班"进一步深造。戴笠想培养一批具有"万能情报员"水平的高级特工。

敌后合作行动

"在中国沿海与中国沦陷区，及其他日敌占领区，打击中美共同的敌人。"这句话明明白白地写在《中美特种技术合作协定》上。然而，中美合作所建立之后，戴笠热衷于借助美国的技术和设备训练军统特务，组建特务武装，却迟迟没有做出"打击共同的敌人"的行动。美方对此非常不满。

1944年4月13日，戴笠和梅乐斯到湖南视察南岳训练班的时候，召开了美国工作人员联席会议。会议上，美国教官布鲁基曼当场质问副班主任陶一珊："第三期学员已经结业了，为什么不把他们派到前线作战？"陶一珊回答说："正在准备中。"这个答案并不能让布鲁基曼满意，他说："这不是准备的问题，而是如何维持中美双方合作的问题。中美合作快3年了，你们天天说正在准备，却从来没有派人到敌后工作。别忘了，对敌作战，才是中美合作的目的，不作战，我没办法对我国政府和人民做出交代。"戴笠当时也在场，听了这番质责，感到非常尴尬，狡辩说："你怎么知道我们没有派人到前方去？我做事自有我的道理，我的工作并非只有中美合作一事，难道我有义务将我国的一切行动毫无保留地向你们汇报吗？"气氛一下子紧张起来，梅乐斯赶紧打圆场："我相信戴将军一定不会让中美双方失望的，但是不知戴将军想派什么人去什么地区，什么时候出发？"这一问无疑是将了戴笠一军。戴笠只好应付说："我已决定建立长江单位，由唐新同志负责，马上就要出发。"

这只是戴笠在被逼无奈之下临时做的决定，随同他一道视察的唐新感到措手不及。唐新曾经担任军统武汉区区长。1942年6月，武汉由区改为站，唐新以督察的名义潜伏在敌占区。1944年春，汤恩伯邀请他去河南训练一批流亡青年，他路过重庆时被戴笠留住，让他以顾问的名义陪同到东南视察，并许诺同去同回，绝不派他到敌占区工作。因此，当唐新听到戴笠宣布他负责长江单位的时候，大吃一惊，几乎要当场否认。

事后，戴笠向唐新解释说："我原本没有打算派你去前方工作，但是美方逼迫得太急了，只好派你去，因为没有比你更适合的人选了。这是中美合作所第一次派出工作单位，地区也非常重要，由你担此重任非常合适。"唐新知道，既然戴笠已经决定了，不管自己说什么都没有用，只好答应了。

戴笠随即在军统局人事处的任命书上批示了两点：一、工作单位名称定为"湘鄂赣边区"，兼办中美合作业务。二、负责长江中游敌后工作，由唐新拟订详细计划。

就这样，中美合作所在江西修水的漫江建立了第一个敌后工作单位——湘鄂赣边区，唐新出任区长。美方派出6名军官参加（后多次增派），由钱浦任队长。边区的基本武装力量由中美合作所南岳训练班的第二期毕业学员组成，由彭宜任大队长。

1944年7月10日，唐新来到漫江，但是第二期毕业生迟迟未到，为了对美国人有个交代，唐新向戴笠请示在梁塘建立一个短期的训练班，每期3个月，由周围各县选送中学毕业生，同时请示成立湘鄂赣边区行动总队。戴笠回电批准，任命唐新为总队长，并将唐新报请的3450名队员增加到9600名。

11月，梁塘训练班第一期学员毕业后，与南岳训练班的第二期学员编成第一支队，分为三个大队和一个直属中队。这支队伍主要在赣北和鄂南活动。1945年2月，梁塘训练班第二期学员结业，编为第二支队，主要在鄂南和湘北活动。第三期学员结业后主要在鄂南活动。每支队伍都配有美国军官和美式武器。这些队伍在戴笠指示下，陆续开展了一些敌后抗日活动，主要是一些小规模的袭击、布雷、破坏敌人的公路和桥梁等。

第一支队建立后，被派往赣北一带活动，前往赣北的路途中需要经过日本军队的一个据点武宁县箬溪。那里有很多碉堡，大概有500多人驻守。1944年12月29日，第一支队的副支队长郭挥日指挥队员对箬溪实施偷袭。他命300人埋伏在箬溪附近的山上，派葛文高和张宜庆率领两个大队绕道敌后担任伏击，命两个中队正面诱敌。两个中队越过敌人的碉堡，在山脚下与敌人正面交火，此时，葛、张二人率队从后面包抄，埋伏在山上的队员趁机向敌人发起攻击。战斗进行了一个小时，敌人伤亡百余人。第一支队全部越过了箬溪抵达赣北目的地。

1945年1月18日，第一支队得到消息，敌人有一艘大型货轮和一艘客货两用轮满载军用品，在一艘炮艇掩护下从武穴启碇开往上游。队长立即派出第二大队埋伏在富池口附近，并在江面设置水雷。午夜时分，敌船开到富池口江面，客货两用轮触雷爆炸，很快沉没，随后赶来的大型货轮见势不妙，转舵试图逃走，但是已经来不及了，两枚水雷转入船底爆炸了。这艘船在黎明时沉没了。轮船触雷沉没时，敌炮艇立即向南岸发炮，但是遭到埋伏在江边的第二大队的机枪扫射，很快就落荒而逃了。

4月7日，第二支队将粤汉路贺胜桥与官埠桥之间的横沟小铁桥炸毁。当天晚上，第一中队佯装冲击官埠桥牵制住敌人，然后用美制纵火弹燃烧枕木，趁敌人灭火之际，将横沟桥和附近的三座仓库爆破。

同年5月，第一支队冒充伪军，用民船转载炸药驶入钱家湖，炸毁满载敌方军用品的4艘运输船。

6月2日，第一支队炸毁了赣北的交通枢纽——瑞昌大桥。瑞昌城内驻有日军一个大队，城郊 4 千米处驻有伪军的一个团，伪军团长已经与行动总队暗中建立联系，表示协助第一支队对付日本人。6 月 1 日夜间，第一支队在伪军的掩护下向大桥靠近，到次日凌晨来到桥东碉堡，用 8 门火箭发射器发起攻击。另外两个大队趁机佯攻瑞昌城，派出主力攻击桥西碉堡。爆破人员趁双方交战涉水铺设炸药，炸毁两端碉堡，将大桥炸毁大半，打死打伤敌军近百人。

第三支队成立之后，也曾炸毁粤汉路上的赵李桥，敌人经过 9 天抢修才勉强通车。

美国第十四航空队为了获得情报，请求湘鄂赣行动总队设置侦察站。于是，湘鄂赣行动总队在湖口至城陵矶之间设立了 12 个侦察站，为航空队搜集情报。

1945 年 6 月，日军败局已定，开始纷纷撤退。日军第六十二旅团从福州向浙江边境撤退。盘踞在温州的日军黎冈支队南下接应，两部队在平阳会师后共同向北方逃窜。忠义救国军温台区指挥官郭履洲指挥训练班的 3 个教导营沿途围追阻截，攻占温州、海门之后，与独立支队继续北上追踪，一直追到宁海，攻城不下，反而遭到日军出城反击，只好退守宁海西南的桑州。此后不久，日军就宣告投降了。

第十五章

军统的集中营黑幕

戴笠的监狱系统

戴笠为他的军统局设置了独立的监狱系统和集中营，这些监狱和集中营遍及各地，用来关押和审讯抓捕到的"反动"分子。戴笠把这些监狱按等级分类，在众多的监狱和集中营中，最凶险恐怖的要数何辑生管理的益阳监狱和周养浩管理的息烽监狱。1927年，蒋介石发动四一二反革命政变，逮捕了一大批著名的共产党人和进步人士，囚禁于南京"军人监狱"。七七事变后，蒋介石依然消极抗日，积极反共，命令军统将这批犯人迁到武汉羁押，不久后又运至湖南益阳监狱，最后转到息烽。从此，息烽集中营成为抗日战争时期国民党军统特务机关的重要秘密监狱之一。

国民政府迁往重庆后，军统三所秘密监狱被戴笠以"小学""中学""大学"指称，重庆望龙门看守所称为"小学"，白公馆、渣滓洞监狱称为"中学"，规模最大、管理最严、关押人员"级别"最高的息烽集中营则被称为"大学"。显然，戴笠对他一手搭建起来的暴力机关十分满意，特别是息烽。

戴笠的监狱除了关押政治犯外，还是军统局内部惩罚制度的执行机关。凡是涉及特务的案件，从来不经过司法程序，而是在内部执行惩处。戴笠对军统局的家长式统治也沿袭到这一环节，他既不设立审讯制度，也不根据情节严重程度确定刑期，何时释放全由戴笠视情况而定。即便是羁押期间表现良好，也未必能减免刑期，反而如果情况需要，即使情节严重也可能随时结束惩处，即刻起用。

早在南京的时候，戴笠就秘密设置了一个特别监狱，派黄埔五期毕业生苏子鹄管理，并以"顾人道"称呼。到了1937年，南京已经有了3个秘密监狱，按级别和待遇划分为"甲地""乙地"和"丙地"。甲地是最高级别的监狱，设在江东门陆军监狱内，是个独立的院落，与旁边的陆军监狱分隔开来，待遇相对优厚；乙地设在羊皮巷一所旧式平房里，关在这里的人没有什么自由，彼此之间以代号相称，不准互通姓名，警卫森严；丙地设在老虎桥模范监狱内，阴森恐怖，专门羁押重刑犯。

这三个地方臭名昭著，连押送犯人的特务都心惊胆战，因为他们也极有可能在交接的时候连同犯人一起被关进去，然后在那里待上多年，秘密为组织收集政治犯的情况。戴笠这一招屡试不爽，因此被关进去的人也不计其数，就连周伟龙、余乐醒或谢力公这样的特务骨干也都最少被关过一次。

只要戴笠愿意,随时可能有人头落地的事情发生。1938年1月开办的特工训练班里,教官葛明达因为天气闷热下令四中队学生把蓝上衣脱掉,只穿短裤白上衣到广场集合就午餐,惹怒了总值星官杨清植。杨清植在戴笠面前添油加醋地告了葛明达一状,戴笠一怒之下把葛明达关进监狱,判处死刑。后来因为戴笠察觉此事背后有派系斗争作祟,便找了个借口将其释放,葛明达算是死里逃生,捡回一条命来。并不是所有特务都像葛明达这样有好运气。1940年,光是被戴笠下令处决的军统外勤特务就有26个。

大魔窟息烽营

军统特务机关的息烽集中营是抗战期间国民党坚持"消极抗日、积极反共"的反动政策而设立的关押共产党人和爱国进步人士的第一号秘密监狱,是蒋介石特务统治下的是一个惨绝人寰的人间地狱,与重庆白公馆、渣滓洞集中营、江西上饶集中营一起,为抗战期间国民党设立的四大集中营。

戴笠领导下的军统之所以要在息烽建立这个规模庞大的集中营,是因为过去在上海、南京一带所逮捕的共产党和进步人士太多。这些人本来囚禁在南京的"军人监狱",1937年七七事变后,日寇大举进犯,南京岌岌可危,抗战节节败退。这些人既不能全杀,也不能全放,因此就有集中转移、管理的必要。蒋介石令军统将这批人迁至武汉,不久又迁至湖南益阳,1938年11月,转移到贵阳息烽关押。

之所以选择在息烽,一方面因为贵州远在抗战后方,而息烽又处在山林掩映之中,比较安全,而且比较隐蔽;另一方面则因为此地距贵阳不远,且在黔渝公路线上,交通方便,易于控制。

息烽集中营坐落在息烽县城南的群山之中,由设于阳郎坝的本部和附近山中的玄天洞囚禁处组成。息烽营外有城垣式的围墙,在山坡上起起伏伏,可谓壮观。集中营本部位于山谷,面积约2平方千米,有几十座高低不一的碉堡式建筑,设监狱8栋43间。

国民党反动派为了美化自己,不叫集中营,而称之为"新监",以区别于其他的集中营。监房按"忠孝仁爱,信义和平"八字命名,称为"忠斋""孝斋""仁斋""爱斋""信斋""义斋""和斋""平斋",其中"义斋"为女监狱。

所有在囚人员终年被锁在黑屋子里,只有一个送饭的小口。就连这个小窗口,平时也是用黑布挡着,送饭的时候才把黑布拉开。囚犯向窗外张望一下都不可能,更别说出去放风散步了。加上贵州气候潮湿,经常下雨,被关押的囚犯没有一个不生病的。

息烽营的内部组织是相当复杂的,可谓五花八门。除了息烽营本部的几个行政单位办公处之外,还有可容几千人的大礼堂,以及大小教室、大操场、球场、合作社、菜园、工厂等处。监牢所占面积最大,最多可容纳上千人,但是由于军统抓捕的人太多了,监牢总是人满为患,所以一再扩建。

中美合作所举办的息烽训练班同样位于息烽县城内,它与息烽营虽然性质不同,但是都属于军统旗下的组织,所以息烽堪称一个典型的特务区,到处都是军统特务的天下,俨然一个独立王国。戴笠为了使这一区域完全在自己的掌控之下,对这里进行了周密的部署。息烽县城的县长和各乡镇的镇长全部由军统人员担任,至少是军统外围分子。息烽营的干部以及息训班的教官与学生,当然也都是军统人员。虽然在名义上与行政上,息烽县隶属于贵州省府,但是事实上贵州省府无权过问息烽营的一切事务。

息烽营拥有自己的武装力量,设有一个特务大队,专门负责保卫息烽营的安全,此外息烽营的行动组还配备大量便衣特务。息烽营的武装力量由息烽营主任直接调遣,在中美合作所的支持下,警卫人员都配有美式武装和特种武器。

息烽营外的每个山头都建有重重岗哨和碉堡,警卫特务日夜巡逻,任何人不得随便进出。至于集中营本部,重重围墙上还架设着密密的铁丝网,铁丝网通着电,贸然闯入者就会被电死。息烽营内道路曲折复杂,如果不熟悉状况,很容易迷路。息烽营内部同样三步一亭五步一岗,岗亭均为木制,除了靠墙的一面,三面各开一个洞口。警卫特务站在木制岗亭里,在息烽营内走动的每个人都逃不过他的眼睛。

由于息烽营机构庞大和关押人员的重要性，国民政府十分重视这个机关。戴笠亲自选派军统的忠实分子担当该营的负责人，即使是里面的一般干部和警卫人员，也是经过严格挑选的军统特务分子。

惊心动魄的"大学"生活

息烽营之所以被称为"大学"，首先，是因为它的规模比其他集中营大，管理也更加严格。其次，息烽营的等级也比其他集中营高，它是关押级别最高的一所，地位在其他集中营之上。那些被戴笠手下的特务分子抓捕归案的革命志士从"小学"转囚于"中学"，再从"中学"转囚于"大学"，特务们称之为"升学"。凡是各处集中营选送到息烽营的，一般都称为"升大学"。至于案情重大以至于被处死，则称为"留学"。凡是来到"大学"的人，或是被蒋介石或戴笠批下长期禁闭的人，随时都有"留学"的可能。

"大学"里，犯人不叫"犯人"，而叫作"修养人"。听上去颇为雅致，然而"修养人"接受的却是非人的待遇，军统特务将其称为"感训教育"。集中营里有很多标语，如"成功失败，稳操我手"；"天堂地狱，唯人自择"；"迷津无边，回头是岸，宁静、忍耐、毋怨、毋尤"。这些温文尔雅的标语让人们深刻体会到了什么叫作颠倒黑白。戴笠以此标榜自己为顺应天意，拯救迷途的神明，妄图通过心理战术打败与自己抗衡的力量。他还采纳监狱长周养浩的建议，根据"修养人"的特长和爱好，组织成立写作、绘画、篮球、京剧等兴趣小组，还适当改善伙食，想以此得到靠酷刑与杀戮得不到的东西，然而这些小伎俩在共产党员和爱国人士眼里却是那么幼稚与可笑。5年多的时间里，没有一人上当受骗、自首变节。面对这些"顽固分子"，戴笠的伪善不攻自破，他不得不收起这套嘴脸，露出残酷毒辣的本性。

与冠冕堂皇、道貌岸然的门面形成鲜明对比的是一个隐匿的岩洞，叫作"猫洞"。那里是军统特务对革命志士严刑逼供的地方，许多人在这里受到了非人的折磨，甚至被残忍杀害。由于该洞非常隐蔽，受刑者即使发出撕心裂肺的喊叫，外面的人也丝毫听不到。

凡是被送到息烽营的人都是案情较重，判刑三年以上或无期徒刑，还有一种不定期监禁。被关押的人中被判不定期监禁的人最多。所谓"不定期"几乎就是无期徒刑，大部分人都等不到被释放的那一天。很多人都是以莫须有的罪名被长年累月地剥夺人身自由，还有大批的人遭到集体屠杀。

有不少人在息烽营里面关了8年，仍无获得自由的希望。那些案情较轻的人，早已在"小学"阶段或"中学"阶段解决。从其他集中营转送到"大学"的人，已做好了随时"留学"的思想准备。

息烽营办公处所及交通要道虽然有电灯设备，但是在牢房那边，则阴森晦暗，到了晚上就是一片死寂。牢房内就一片漆黑，什么东西都看不见。只有在有月亮的晚上，牢房中的人才能透过狭小的窗户看到一点点光明。

休息号响过之后，囚犯便不许交谈了。但是，当犯人们按时休息之后，特务们却不能闲着，这正是他们紧张活动的时候。他们不仅要防范犯人越狱出逃，还要注意犯人们的言论动态，不仅要来往巡查，还要秘密潜伏在牢房门口或窗前，偷听室内犯人的谈话，并记录下来，向上级汇报。有的时候，息烽营主任甚至亲自出马到囚室窗前偷听。有些初次入狱的人不知道隔墙有耳，天真地以为到了晚上特务们就去休息了，于是大骂反动派，发泄心中的不满。结果这些反动言论被特务听去之后，就成了严刑拷打的重要依据。有的人竟因不经意的一句话，招来杀身之祸。

关在息烽营的很多囚犯的案子尚未做出结论。因此在息烽营的组织上，主任是兼任法官的，当然也有审理囚犯的权力。但是，对于一些重要案件。军统会直接派专员来处理，主任负责协助。审理案件的法官人数和审理时间不定。每当军统法官来息烽营清理案件时，必然引起全部在押囚犯的紧张情绪，谁都不知道下一个被"留学"的是哪一个。案件清理之后，军统法官则把案卷带回重庆，呈请戴笠裁决。案情重大的犯人都由戴笠本人裁决，有些特别的案件还需交由蒋介石批示。戴笠本人每年也要来息烽营视察几次，行程不定。

当戴笠将来的时候，囚犯们的心情更为紧张。因为往往戴笠一到，就会有不经审讯立即处死的人。这就使人人自危。戴笠一到，息烽营内外警卫加严，整个监牢如临大敌，囚犯连窗外都不准张望。这种紧张气氛，一直要到戴笠离去以后，才得慢慢平静下来。

在抗战之前和抗战初期，戴笠杀人，尤其是杀共产党员，可以先斩后奏，甚至可以斩而不奏，但是后来由于滥杀太多，不仅激起了外面舆论的攻击，而且被"CC"系状告到蒋介石那里。蒋介石虽然知道这不过是为争宠争功而起，但也注意到戴笠的权力越发膨胀，于是下手令，以后逮捕人犯，非经他本人批准，不得执行死刑。尽管如此，可是戴笠这个杀人狂魔并没有收敛，仍然随意逮捕共产党人，随时以各种方式秘密杀人。

地狱里的三阶段

每个被关押在息烽营的人，一般要经过3个阶段。第一个阶段是对囚犯的监视期和考察期，将囚犯单独囚禁。如果囚犯遵守监规则进入下一个阶段，在大监牢过集体生活。如果囚犯在第二阶段没有违规行为，则进入第三个阶段，开始参加生产劳动。

刚刚被送到息烽营的人，首先要把随身的所有物品缴出，比如现款、手表、首饰、钢笔、书信等。特务会对他们进行严密的搜身，然后编号，编号即息烽营中通用的姓名。犯人以编号互相称呼，不许互通真实姓名，更不许交谈案情，违者加重处分。

此后，囚犯要过一个月左右的单独禁闭生活。这段时间内，他们不能和任何人谈话，当然也没有放风散步的优待。每天除了吃饭、睡觉、排泄之外，唯一可做的就是闷在牢房里看规定的书，如《总理遗教》《总裁言论》。这段时间内，他们的一言一行都会受到警卫特务的监视。经过一段时间的观察和考核，如果特务主任认为没有什么问题，才能把新来的囚犯调到大牢房。

监狱里每周要进行一次大检查，此外还会不定时突击检查。如果发现违禁物品或秘密活动，视情节轻重予以处分，轻则关禁闭，重则严刑拷打。

这个魔窟白天静悄悄的，好像一个庄园，一到夜间就像进入阎罗殿一般恐怖。每到夜间，受难者就紧张起来，因为息烽营审讯囚犯通常在夜间，电灯彻夜通明。打骂、刑讯与痛苦呻吟之声不绝于耳。受刑的人昏厥之后被冷水冲醒，继续严刑逼供。受难者一边担心自己随时被提审受刑，一边听着特务分子的吼叫和遇难同胞的痛苦呻吟，恐惧、愤恨与同情交集，往往彻夜难眠。

通过第一阶段考核之后，息烽营的囚犯就搬进大牢房，进入了第二个阶段，这段时间长短不一，通常在3个月左右。大牢房住十几个人到几十个人不等。每间牢房有一个由特务指定的室长，室长表面上是管理室内的秩序和生活，实际则是特务的耳目爪牙，负责监视全室犯人的言行，并向特务汇报室内各个囚犯的动态，如果不及时反映，发生问题后须负连带责任。室长汇报的形式多种多样，可以口头汇报，也可以写书面文字，可以个别汇报，也可以集体汇报。有些军统的干部犯了错误之后，也被囚禁在息烽营，室长一般由这些人担任，他们为了立功赎罪，往往昧着良心捏造是非。在分吃的情况下，室长还担负分菜的任务。

有时，特务为了了解某人的情况，在长期侦讯、严刑逼供也得不到什么情报的时候，往往会派一个或几个特务耳目伪装为犯人，故意安排与某人同住。伪装成犯人的特务编造身份和历史，谎称自己是共产党，因为某件事得罪了当局，被抓起来了。进去之后，争取与某人接近，假装同情，借机刺探。反动派可以借审讯的机会随时找那些派遣的特务谈话，了解情况。特务分子得到情报之后，就假装好意，为他出主意，当事人如果掉以轻心，被他们的伪装所蒙蔽，很可能会越陷越深，误中奸计，使更多的人遭到毒手。特务分子十分擅长这种手法，即使是室长也不知道真相。

息烽营的囚犯过了一段集体生活之后，经过特务的监视和考核之后没有任何问题，就开始参加生产劳动。具体做什么要由自身的条件决定。年老体弱的人不能参加劳动，就留在牢房里，有写作能力的人可以申请写东西，报告核准之后才能领到纸笔，用完之后立即缴还。

在天气晴朗的时候，囚犯每天可以放风一次，放风时间为15分钟左右。

他们可以在院子里散散步，晾晒衣物、被褥。值日的人则利用这个时间清理马桶。这时武装的特务会加强警戒，除了便衣警卫在一旁监视，还有流动的武装卫兵参加警戒。

一般说来，进入息烽营半年之后，如果没有犯过监规或少犯监规，就能顺利通过两次考核。如果文化水平高，或者进监狱之前政治地位比较高，就有希望得到优待。他们会被调到较好的斋房去，同时自由活动的范围也扩大了。所谓较好的斋房指的是"忠斋"，那是位于后面的一个小山之下的一座新建的平房，共有10个监室。每室最多住4人，室内还有家具——大书桌和小板凳，为囚犯读书写字之用。在这里，纸笔是不受限制的。当然，如果写书信必须经过警卫之手，秘密通信是绝对不允许的。"忠斋"周围有树，还可以种花种菜，院子很大，还有一个运动场。

能够调到忠斋的人，事实上为数不多。白天，忠斋的囚犯可以在院内自由活动。伙食给养等情况大致与各斋相同。如果囚犯有钱，还可以申请添菜。此外，忠斋的囚犯还有一项特殊权利——准许使用菜刀之类的利器。

息烽营中还有一些特定的称谓,比如某某是"白头公",某某是"二进宫"。

"白头公"指的是重大的政治嫌疑犯。因无证据，既不能杀，又不能放，成了无头悬案，从来不审不问，就一直关押下去，因此叫作"白头公"。息烽营中有不少这样的"白头公"，有些甚至一直关到死。

"二进宫"是指那些被释放出去后泄露了息烽营的秘密，再次被捕的人。息烽营有一条不成文的法律，那就是对于营内的一切是绝对保密的，泄露消息者，轻则拘禁，重则死刑。这条法律对特务分子和息烽营囚犯都同样适用。因此，息烽营决定释放一个囚犯时，第一个要办的手续就是让囚犯填写一份绝对保守秘密的保证书，保证释放之后无论在任何时间、任何地点，都不泄露息烽营内的任何秘密，包括被捕和释放的过程。如果违犯，自甘接受最严厉的惩处。写完之后，还要按上手印画押，最后由主管者郑重宣布释放。

息烽营逮捕罪犯非常恐怖，往往在侦讯过程中，又任意扩大逮捕。他们采用种种特务手法，得到一点似是而非的捏造情报，即将其周围人物，实行连锁逮捕。一人有罪，不仅究及妻子父兄，亲戚朋友都在所难免。

"修养人"的几种类型

息烽营中关押的囚犯中大部分是从各地逮捕的共产党员。比如，打入军统内部的地下党员张露萍、川康特委书记罗世文、西北特别支部委员宋绮云等。其次是支持抗战的社会各界进步人士和爱国将领，比如邓演达、马寅初、杨虎城等。有些爱国青年在前往延安投奔共产党时候被拦截下来，关进息烽营监狱。有些军统内部的特务因为犯错误或思想动摇，也被关进息烽营加以改造。被关进集中营的人大部分都受过酷刑的残酷折磨，有些被折磨致死，有些被秘密处决。息烽营从1938年建立至1946年撤销，关押囚犯的人数达1200多人，其中有600多人被秘密处决和折磨致死。

周养浩听取外国友人的建议，为了把息烽营办成一个"模范监狱"，将这些囚犯叫作"修养人"，并按照待遇的不同将他们分为几个等级，有一般修养人、优待修养人、自由修养人和特别优待修养人。不同等级的修养人有专门的服饰。

大部分息烽营的囚犯都属于一般修养人，主要是那些经常发表对社会现状不满的言论，有反蒋、反政府的行为，以及敢于违抗命令的政治犯、纪律犯。一般是共产党员和有反抗精神的民众，军统局的人不在此列。

那些文化水平比较高，政治地位比较高的囚犯，经过一段时间的考核，被调到忠斋，享受比较多的自由。他们被称为优待修养人。要想成为优待修养人，必须在监狱中有特别好的表现，比如进入监狱之后没有触犯过监规，或者只有一两次触犯监规。这一点尤为重要，因为在息烽营里，对修养人的待遇主要以他们是否容易管理为标准。遵守监规的容易管理，就能得到一些自由，经常触犯监规的人不容易管理，政治地位再高也得不到优待。有些囚犯受到上级领导的特别照顾，也可以划入优待修养人之列。此外，优待修养人必须通过考核，不能有过激的言论和行为，思想要向国民政府靠拢。息烽营的负责人周养浩负责最终的审核，并有权做出是否改善囚犯待遇的决定。

事实上，能够成为优待修养人的少之又少。

自由修养人比优待修养人的活动范围更大，待遇上比优待修养人更加优越，可以跟监狱的看守和警卫同吃同住，一起工作，甚至可以到息烽营外面附近的阳郎坝走动，但是需要有军统特务陪同。自由修养人是监狱负责人为了配合他们的工作从监狱中任意挑选的，并不一定从优待修养人中选择。有些自由修养人是从女监中选择的。当然，要想成为自由修养人，条件是比较高的。除了要遵守监规之外，还需要一定的背景。

息烽营中还有一类非常特殊的犯人被称为特别修养人，他们的案情非同一般，因此在待遇上比别人更优越一些，有些人甚至可以住在息烽营外面。比如，马寅初就属于特别修养人。他在抗战中期因发表一些鞭辟时政的金融言论而被特务逮捕，开始时关押在重庆，后来被转送到息烽集中营。在息烽营，他被安排在息烽营外面的一间小屋里，以表示他的特殊性。他的待遇比忠斋的优待修养人还要好，但是比不上自由修养人。他的行动受到监视和限制，不能外出，不能和外面的人有任何联系。

张学良也是息烽营的特别修养人。1938年11月，他被关在离息烽不远的修文县的阳明洞。1941年，迁往贵阳市的麒麟洞，但是由于离市区比较近，很多人都知道张学良被关在那里。当局感到紧张，于是又转移到开阳县刘育乡。1944年，又转移到息烽集中营。由于张学良的地位特殊，特务对他的监管非常严格。除了站岗放哨的警卫之外，还安排了一个人与他同住，名为照顾他的日常起居，实际上是监视他的一举一动。在押期间，他不能接见任何人，如有事外出，还需要向蒋介石请示。由于宋美龄的袒护，蒋介石特别吩咐要对张学良的生活格外照顾，因此张学良在息烽营中算是物质待遇最优越的了。

西安事变后，蒋介石把杨虎城扣押起来，后来戴笠把他和他的家人（夫人谢葆真、幼子杨拯中）一起关在息烽玄天洞。他们一家人在这个人迹罕至的地方一共度过了9年不见天日的岁月。

汉奸周佛海的家人也属于特别修养人。开始时，其岳父住在忠斋，母亲、岳母及妹妹被关在义斋，其妹夫被关在了平斋。后来，周佛海与戴笠勾结，戴笠自然对他的家人格外优待。集中营专门在营内建了一座小房子，让他们一家6人共同居住。每月还发给他们一定的生活费用，并允许他们自由安排日常活动，但是活动范围上受到了限制。

一些来自云南和两广地区的华侨，从越南及缅甸回国时被军统特务抓起来，也作为特别修养人被关在息烽营。

息烽营的组织与人事

由于国民党特务分子滥捕滥抓，各种情况的囚犯都羁押在息烽集中营。息烽营的囚犯越来越多，要想对这些囚犯进行有效的管理，必然需要更多的警卫和看守人员。因此，息烽营的管理人员也越来越多，组织规模越来越庞大。

息烽营的主任是周养浩。他凭借与戴笠是同乡的关系，心狠手辣，很得戴笠赏识，后来当上了司法科科长。他凭借自己的权力滥杀无辜，是一个杀人无数的魔头。戴笠觉得此人的阴险毒辣正好用来管理息烽营的囚犯，因此任命他为息烽营的主任。在集中营内，周养浩掌握着生杀大权，可谓一手遮天。

周养浩当上息烽营主任之后，做的第一件事就是建立工厂。他把一些囚犯从监房中提出来参加工作，让他们为自己卖命劳动，却只付给他们极少的津贴。卖出产品之后，他把大部分钱财收入自己的囊中，借此大发横财。他提出"监狱生产化"的口号，不断加强生产业务，先后建立了8个类别的工厂，有铅印、石印、雕刻、糕点、缝纫、草鞋、布鞋、烟卷等。此外，他还开办煤炭厂、农场，并参与到商业和运输业领域，赚了不少钱。

另一方面，周养浩还提出"监狱学校化"的口号，对囚犯们加强思想教育感化和考核工作。他扩大了教务所机构，为了"改革狱政"，他迫使一些知识分子和原来在社会上有声望的人担任教务所的职务。比如，邓演达的秘书文光甫就被任命为教务所的所长。文光甫早年曾留学法国，与邓演达同时被捕，他不善言谈，但是周养浩认为他文化水平高，很有修养，所以让他担任这个职位。囚犯中那些大学毕业或者留过学的，掌握几种语言的高级知识分子比比皆是。文光甫通法文，李任夫通日文，孙履平和周科征通英文，这些人全部被周养浩安排在教务所工作，当外国人来参观息烽营的时候，他们就负责做翻译。所以外语班教员，从来不为人员紧缺发愁。周养浩除了让监狱的囚犯参加教导所的工作之外，还从外面找一些人专门为教务所创办的刊物《复活月刊》和《读书指导》写稿子，并付给他们一定的稿酬。

教务所下设3个股：图书股、编辑股和教导股，各司其职。图书股的负责人是车耀先，编辑股的负责人是李任夫，他因参加民主反蒋运动被逮捕，李楷、周科征是编辑股的成员。后李任夫受处分，其职由股员周科征代替。教导股负责人是刘丕光，他因积极参加抗日救亡工作被捕。孙履平、严守三等人是教导股的成员。

息烽集中营的组织规模相当庞大，内部结构也非常复杂。周养浩任主任，息烽营中的一切事务由他说了算。他直接领导一些特别的工作，主任之下设有秘书处，负责指挥和执行一些具体的事务。在息烽营中，仅居周养浩之下的是秘书处主任邓文仪和秘书李祖卫二人。他们也都与戴笠是同乡，来自江山县。邓文仪是一个年轻的特务干部，其权力仅在周养浩之下。李祖卫原是军统局秘书，后来调到息烽营担任秘书工作。

除了秘书处之外，周养浩还设立了几个小组。第一组主管息烽营总务和医务工作，组长是姓卢，也是江山县人。小组成员全部是军统特务，并且都是浙江人。医务所有两个医生两个护士。其中一个医生是周养浩从囚犯中提出来的，是曾到美国留学的博士。第二小组主管息烽营的警卫、保安，负责监视监房和犯人的行动。浙江人陈某担任这个小组的组长，陈某曾在军统特训班就职，担任组长的时候只有20岁。周养浩把一些嗜血如狂、杀人不眨眼的青帮分子分到这个小组当组员。平时，他们在息烽营横行跋扈，无恶不作。所有被关囚犯都是这些人逮捕回来的，审问的时候，这些人极其野蛮地使用各种残酷的手段折磨囚犯。如果有人被判处死刑，这些人就是负责执行死刑的刽子手。

息烽营还有一个特务队，直接由周养浩领导，编制上归属第二组管理。第三组是后勤组，负责息烽营的给养。第四组是负责管理生产经营业务，息烽营中全部工厂、商业和运输业务全部由这个小组负责。这个小组成员非常多，仅次于第二组。这个小组的成员绝大部分是从监房中提出的囚犯，此外还有一些是周养浩从老家招来的人。由于人员众多，不方便管理，于是第四组的成员又按照工厂的不同，分为印刷部、缝纫部、洗衣部、雕刻部、草鞋部、木工部、泥工部等部门。汽车运输队和消费合作社也一并由该组管理。

息烽营的思想教育与生产活动

戴笠建立了秘密监狱息烽集中营，可以说他是那个特殊王国法律的制定者，他手下的特务则是法律的执行者。他使出种种手段，无非是想让那些坚决与国民政府斗争到底的共产党和爱国人士屈服，让他们服从自己的统治。

然而，经过一段时间的管理，戴笠发现肉体上的折磨和威胁，并不能把爱国人士吓倒。他认识到思想教育的重要性，认为必须转变在押囚犯的思想，才能让他们一心一意地服从自己的统治，死心塌地地效忠蒋介石和国民政府。鉴于此，戴笠非常重视集中营的思想教育工作，并把它提到非常高的地位。他积极扩建教务所，几乎把息烽营中所有知识分子都提到教务所中工作，导致教务所的工作人员空前增多。戴笠一方面表示改善这些人的生活待遇，另一方面加强思想感化和思想考核工作，加强反动思想的灌输。

为了加强反共思想的宣传和教育，戴笠和周养浩可谓煞费苦心，他们设计了几种形式的思想教育项目，主要有读书指导、笔记解答、学术演讲、集体训话、个别谈话和文艺宣传等。在息烽营中，总理遗教、总裁言论是人们每天必读的书籍。人们能读到的书籍全部是一些反动派的言论，比如《中国之命运》被作为教务所的教材，汉奸周佛海的《三民主义理论体系》、陶希圣的《中国政治思想史》以及戴季陶的反共著作等都是参考资料。所谓"读书指导""笔记解答""学术演讲"无非是让人们熟悉这些反动言论，接受这些反动思想。

周养浩是戴笠在息烽营的代言人,他每周都要对息烽营的管理者和囚犯进行集体训话,无非是宣扬蒋介石治国有方,戴笠英明神武,宣传反共言论、攻击共产党。此外还讲解党员守则,试图把息烽营囚犯的思想统一在国民党的指导思想之下。"个别谈话""文艺宣传"等也是以此为目的,围绕改造思想进行。

所谓个别谈话就是指一对一地灌输反动思想,灌输思想的过程也是进行思想考核的过程。在戴笠和周养浩的督促下,息烽营的管理者对这项工作非常看重。教务所的成员是重点谈话对象,每个人都要被单独叫出去谈话。一谈就是大半天,有时甚至夜以继日地谈。被叫去谈话的人要做好翔实的谈话记录。息烽营管理者利用谈话的机会对他们进行说教,以达到使他们转变思想的目的。被谈话者要写相关的日记、笔记。如果他们表现不错,看似领会了谈话的精神,那么管理者就会给他们一个正面的审核,并对他们进行物质奖励,比如金钱、日用品或加菜等。为了让囚犯转变思想,反动派可谓软硬兼施。那些在息烽营中被囚禁几年的囚犯已经久经考验,他们知道如何与这些反动派周旋,也看透了反动派的伎俩。因此,这些花招对大部分人仍然起不到作用。

尽管当时的军统特务费尽心机想改造囚犯的思想,但是他们并没有得到他们想要的结果。为了向上级交差,他们强迫囚犯写"修养报告",看起来好像他们的思想发生了转变。虽然都是违心之语,但是在当时的环境下,为了保全性命,大家不得已才装作接受反动思想的样子。事实上,连息烽营内的管理者都对自己所宣扬的思想表示怀疑,他们怎么能说服别人改变思想呢?因此,所谓思想教育无非是做做表面文章,并不能达到目的。息烽营管理者对此心知肚明,但是表面文章还得做。只要囚犯不触犯监规、踏踏实实参加生产劳动,则被认定是好的表现。如果囚犯不按时劳动或者有请假的情况则被记在考勤记录中,成为思想考核的参考项。

在紧抓思想教育的同时,息烽营管理者也没有忘记加强生产活动。息烽营的囚犯成了周养浩敛财的工具。到了息烽营统治的最后时期，周养浩大力发展生产业务，竭尽所能地剥削囚犯们的无偿劳动。生产、运输和商业环环相扣，在物资紧张的抗战后期，周养浩大发国难财。

息烽营的工厂以印刷厂为首，其规模堪比一个报馆。周养浩先派人在息烽营内建立工厂，然后从贵阳引进先进的生产设备，同时聘请了一些技术工人，然后从息烽营中挑选年轻的有知识的囚犯进行培训。这些囚犯很快就掌握了排字和印刷的工作。除了印刷息烽营内部的文件，周养浩还从息烽、贵阳、重庆等地拉来印刷生意，息烽县政府以及息烽训练班的公文、教材等都一并交由该厂印刷。军统局本部的文件也由息烽营印刷厂承印。很快，印刷厂的业务堆积如山，而印刷厂的人数是一定的，所有能参加劳动的囚犯都参加劳动了。印刷机昼夜不停地开，工人们分为几个班轮流倒替，忙得不可开交。囚犯们本来就营养不良，加上超负荷的劳动，个个面黄肌瘦、疲惫不堪。为了督促他们工作，监狱的警卫动辄对他们挥舞木棒、皮鞭。但是，工人们实在忍无可忍了，他们宁愿选择挨打，也不愿意工作。有些人甚至做出破坏机器、偷藏铅字等行为来表示抗议。这让周养浩颇为头疼，为了防止这类事情发生，他想尽办法，一方面成立纠察小组，对工人进行24小时监视，另一方面，为了激发人们的工作热情制定了物质奖励办法。周养浩为了赚钱可谓无所不用其极，缝纫部、雕刻部、木工部、泥工部与草鞋部等部门同样从外面寻找业务，甚至不惜把息烽营内的囚犯派出去工作。

为了方便投机倒把，周养浩把息烽营的卡车全部用来运输货物，并购进了几部新车。他为每辆车配备两名警卫押车。以军品运输为幌子逃避养路费和税捐。当时的交通部门也都归军统掌控，因此对周养浩的车打开方便之门，这更令他们肆无忌惮，猖狂至极。他还在昆明、贵阳、重庆等地安插了自己的心腹，配合倒买倒卖活动，利用当时交通工具匮乏、物资匮乏的机会赚取差价，获利达数倍之高。

歌乐山和渣滓洞

1944年冬，在戴笠的提议下，中美合作所的总部开办了中美特种技术合作第九训练班，也叫重庆特警班。戴笠任主任，梅乐斯任副主任，乐干和刘人奎相继担任副主任，负责实际领导，美方怀特任总教官，联邦调查局的詹森中校率密尼根少校等特工30余人担任教官。训练对象分别从军统兰州、息烽训练班，重庆军统组织受过警察训练的人员以及沦陷区各地的警察中挑选。

来自美国的特工专家们奉命采用最新技术和手段在监视、审讯和情报分析方面训练戴笠的高级特务。采用美国联邦调查局的训练课程，开设刑事警察和保安警察两个系。刑警系的课程有侦查、审讯、指纹、痕迹、犯罪心理、化装、拘捕、警犬使用等。美国方面还提供了各种现代化审讯器材，比如测谎仪、强光审讯器等。使用测谎仪时，受审人被固定在特制的椅子上，胸部和脉搏上都系上电线，打开电门后，受审人说话时，仪器上就会显示他脉搏跳动的情况，如果脉搏跳动过快就说明此人在说谎。戴笠前往参观时，当场用一桩盗窃案做实验。审问嫌疑人时，仪表上出现脉搏跳动过快的迹象，于是嫌疑人被断定说谎。后来的事实证明，嫌疑人并没有说谎，他只是面对那个神秘仪器时感到过度紧张，因此仪表显示出脉搏紊乱的现象。尽管戴笠知道这个仪器并不科学，但是仍把它当成法宝。

电刑设备中还有一种可以调节电流强弱的电棒。当使用不同的电流量电击受审者时，受审人的神经和心脏机能受到刺激，而表面上却看不出痕迹。除了刑具之外，训练班还引进了美国的手铐、脚镣。戴笠见到携带方便的美制手铐、脚镣之后赞不绝口，美方立即赠送给军统5000副。

梅乐斯同意训练警察，他的理由是一旦受过训练的警察回到沦陷区充当傀儡警察的头目，会在拯救被击落的美国飞行员方面起到关键的作用。但是，美国国务院并不支持这样做，因为他们觉得戴笠只不过是利用美方训练镇压异己的特务。为此，杜诺迈将军命令梅乐斯把训练班"警察班"的名字改为"反间谍班"，并指示"这个班的作用应当尽可能地针对反对敌人的活动"。

魏德迈担任中国战区的美国司令后，对第九班的秘密警察训练项目非常反感。他明确地指出，绝不让美国人卷入任何杀害或惩罚中国人的行动，也不会让在中国的任何美方人员或军事设备用于政治斗争。他不相信戴笠把军事设备完全用于抗日战争，如果戴笠所说是事实，那就等于说共产党在为日本人服务。这简直荒谬至极！

尽管美国方面的初衷是为了在收集情报方面训练警察，而到头来戴笠毫无顾忌地利用空运到歌乐山的美国武器来与新四军和其他爱国游击队作战。从这个意义上说，美国人成了蒋介石镇压革命力量的帮凶，中美合作所的训练成为赤裸裸的犯罪行为。戴笠手下的特务逮捕爱国人士之后，秘密送到中美合作所，对他们进行惨无人道的折磨。不知道有多少革命志士被迫害致死。梅乐斯等人企图美化戴笠的政治名声，但是历史事实是无可辩驳的。白公馆和渣滓洞简直就是法西斯的集中营，因此戴笠也被称为中国的"希姆莱"。

重庆市西北郊的歌乐山，是一片丘陵地带，它由约6千米宽、10千米深的3个山谷构成。那里本来是一个田园诗般的所在，山上是郁郁葱葱的松树林和梯田，峡谷间有潺潺流水相连。中美合作所建立之后，歌乐山的梯田上建造了大量房屋，有兵营、教室、无线电通讯室、监狱、审讯室等。

3个山谷中，南面的山谷最大，松林中有一些地中海式别墅，那是戴笠的住所。旁边是军统特务训练营。北面的山谷，也就是最小的山谷中设有一个严酷的监狱，即"白公馆"。中美所的美国人驻扎在中间的山谷。

白公馆监狱背靠歌乐山，四周高墙、电网密布，墙外还设有岗亭和碉堡，院内墙上写着"进思尽忠，退思补过"，"正其谊不谋其利，明其道不计其功"等标语。偌大一个监狱，大门却终年不开，只有一个侧门供人出入。

渣滓洞是中美合作所的另一个监狱，位于歌乐山下的五灵观一带，距白公馆2.5千米。1938年，国民党特务看中了这个地方，强行霸占，逼死了矿主，建立秘密监狱。因为那里原本是一个小煤窑，产煤比较少，渣滓却很多，所以得名渣滓洞。渣滓洞有两个院落，外院是办公室和刑讯室，内院有18间牢房，16间男牢，2间女牢。很多革命烈士曾经被关押在这里，比如罗世文、江竹筠、何敬平、蔡梦慰等。

1943年，白公馆中关押的政治犯被转移到渣滓洞，白公馆被用作招待所。1947年，囚犯又被迁回白公馆。此后，渣滓洞关闭了大半年，后作为重庆第二看守所重新启用。关押人员主要有1947年"六一"大逮捕的"要犯"、《挺进报》案和"小民革"案中的被捕人员，以及上下川东武装起义失败后的起义人员。人数最多时，囚犯超过300人。

1949年11月27日的晚上，国民党特务知道自己的末日到了，开始焚烧文件，然后把关押在渣滓洞的犯人集中在一间房子里。指挥官一声令下，士兵们便把冲锋枪端起来，冲着牢房门上的窗口开始扫射。然而，特务们并没有就此罢休，他们又到后面的窗口开始扫射。最后指挥官又命令特务放火焚烧渣滓洞。

尽管抗日战争结束之后，中美合作所在形式上已不复存在，但是歌乐山的最后大屠杀却给这个秘密组织以酷刑和屠杀而闻名。

第十六章

末日预感和权力疯狂

第三次反共高潮

1943年，世界反法西斯战争正朝着同盟国希望的方向发展着：斯大林格勒保卫战的胜利迫使德军全面转向守势，意大利墨索里尼法西斯政权在重重打击下倒台，日军在太平洋战场逐步丧失了战略的主动权，在中国战场上也逐渐走上了失败的道路。经过了多年的不屈斗争，中国人民期盼的胜利曙光已经快要降临了。

然而，当时中国的最高统治者蒋介石却没有感到一丝轻松，日本人的败退固然使他欣慰，但中国共产党的迅速发展却日益使他如芒在背。

蒋介石应该感到高兴，因为国民党中有同样感受的人不止他一个。戴笠作为蒋介石的好学生，自然是处处替校长着想。从国共合作伊始，他就认为这种合作不会长久下去，共产党最终还是必须要被消灭掉的。在抗日战争期间，戴笠多次对手下人强调："我们面对的真正敌人，真正的心腹之患，不是现在的敌人日本军阀，而是将来的敌人共产党。"戴笠这么说，也这样做。在国共联合抗战的过程中，他领导着手下的军统人员同日本人周旋的同时，也始终没有放弃对中共党组织的打击和破坏。

1942年底，戴笠和汤恩伯合谋，利用延安整风运动中的空子，将八路军驻洛阳办事处的处长袁晓轩策反。袁晓轩原是东北军中的一个中级军官，曾进过东北讲武堂，他自称是明末大将袁崇焕的后代。由于他长得高大粗壮、肥头大耳，因此获得了个外号——"袁胖子"。在西安事变时，他表现得非常积极，张学良被扣后，东北军逐渐分化，他投奔延安，加入了中国共产党。中共考虑他对国民党军队的情况比较熟悉，便让他从事搜集情报的工作，专门打听国民党军队各派系的情况。抗战开始后，随着陕北的红军逐步被改编成了八路军，袁晓轩开始担任八路军总司令部参谋处第二科情报科长的职务。八路军进入山西后，需要有人同第二战区的司令长官阎锡山打交道，就让袁晓轩做了联络参谋。旧军阀出身的他熟悉军阀部队的一套交际手段，和阎锡山部队的人打得火热，因此工作做得还算成功。

戴笠早就看出来，袁晓轩是个投机分子，绝对不会死心塌地地跟着共产党，因此就让毛人凤领导下的"策反委员会"做他的工作。果然，没过了多久，"袁胖子"就公然叛变了。之后，由袁晓轩负责联络的80多名中共党员和进步人士相继被抓，两个译电员连同密码本都一起落入军统的手中。

这次策反，是军统对中共的特务活动中少有的"重大胜利"之一，也成了国民党掀起的第三次反共高潮的前奏。

1943年3月10日，由陶希圣执笔撰写，署名"蒋介石"的《中国之命运》

一书在重庆出版了。这本书集中地表述了蒋介石的反共政治思想，极力鼓吹"中国的命运，完全寄托于中国国民党"，公开反对共产主义和资产阶级民主主义，把共产党领导下的八路军和新四军称为"新式军阀""新式割据"，为掀起第三次反共高潮作了思想准备和舆论动员。在唐纵的建议下，戴笠一次性买了5000本《中国之命运》，命令手下分发给在重庆的每一个特务，并将其列为各个特工训练班的必读课本。

这一年的5月15日，共产国际执行委员会主席团作出了解散共产国际的决定。国民党抓住这个机会大造舆论，大肆宣称"马列主义已经破产""共产主义不适用于中国"等，借机向中共施压，要求中共效仿共产国际予以解散，同时取消"陕北特区"。

在这样的氛围下，戴笠也积极活动，经过几番修改，他拟定了《解决中共问题之方案》，提出"第三国际解散后，本党对中共应有之对策"。戴笠在方案中指出，"莫斯科正式公布解散第三国际后，各国共党之政治地位及组织策略均将发生重大分化，中共为世界革命之派系，现已逐渐失去国际势力支援，其政治号召力必将失去或减低，中共分子之动摇心理亦必随之而剧烈。本党应把握此有利时机求中共问题之彻底解决"。接着，他又分政治、军事、党务、宣传、特务五个方面，逐条罗列了国民党应该采取的措施，号召利用第三国际解散的时机，在军事上对中共施以极大的压力，迫使其交出军权、政权，达到正式解散中国共产党，取消边区政府，使八路军完全国军化，其他部队一律编遣的目的。

戴笠的方案一经提出，就受到了蒋介石的赞许。在舆论准备做得差不多后，蒋介石密令胡宗南调动兵力，准备在中共不肯就范时闪击延安，一举消灭中共和八路军的首脑机关，占领陕甘宁边区。然而，虽然蒋介石的如意算盘打得噼啪响，却激起了全国人民的反对，再加上英美等国也坚决反对，威胁说蒋介石敢发动内战就停止援助，使得国民党泄了气。而胡宗南的军队在陕甘宁边区附近转了几圈，发现八路军的防御也不是那么好突破，只好偃旗息鼓。蒋介石苦心掀起来的第三次反共高潮就此落了下去。

可是，戴笠的工作却依然没有丝毫放松。在针对中共的特务工作中，戴笠除了继续加大情报收集力度外，还特别对落在军统手中的几个中共高级领导人员展开了积极的劝降工作。戴笠曾接到蒋介石的命令，劝降"皖南事变"中被抓的叶挺将军。接到命令后，戴笠先让人把叶挺移交给军统局桂林办事处，关进了七星岩的一个山洞里。戴笠嘱咐手下人，对叶挺要严加看管，吃饭穿衣要适当限制，先让叶挺吃点苦头，磨磨他的锐气。5个月后，戴笠又将叶挺接到重庆，安置在林森路上的一所阔绰洋房里。这次，戴笠特别派了专人负责伺候叶挺的饮食起居，每日美味佳肴供应着。戴笠的打算是，先让叶挺吃点苦，然后再他给点甜头，让他知道要想过好日子就得听国民党的话。几日后，戴笠派沈醉去探望，想看看叶挺有什么反应。沈醉一见叶挺，就客客气气地说："叶军长，我们戴局长说了，你缺什么少什么，只管向他提出来，不必客气。"叶挺听了，哼了一声，没有说话。显然，戴笠这一招没有起到预期的效果。

一计不成，戴笠又生一计。他找到了时任第六战区司令长官兼湖北省主席的陈诚，让陈诚出面做叶挺的工作。陈诚和叶挺曾是保定军校的同学，毕业后又一起在粤军中任职，叶挺出任新四军的军长，还是陈诚向蒋介石"推荐"的。戴笠是想利用陈诚和叶挺的这层关系打动叶挺，劝他归顺。然而，令戴笠没想到的是，叶挺一见陈诚，非但不念旧情，还当面和陈诚顶撞起来，把陈诚骂了个狗血喷头。戴笠闻知，哭笑不得，只得另觅他法。

另一个令戴笠佩服的中共领导人是廖承志。廖承志是1942年5月在广东乐昌被捕的，当时他正在从事将滞留香港的众多民主人士和文化人护送到东江等游击区的工作，因叛徒告密而被中统江西省调统室秘密逮捕。刚开始，廖承志被关押在江西泰和的马家洲集中营。戴笠知道后，担心劝降廖承志的功劳被中统抢了去，因此在蒋介石面前多次争取，将廖承志弄到了军统手里，囚禁在渣滓洞的监狱中。

戴笠本想着劝降廖承志为蒋介石所用，可以为自己和军统好好地记上一功。可是很快他就后悔了。廖承志的意志和对共产主义的信仰，一点都不比叶挺差。在刚到渣滓洞监狱时，廖承志趁着每天放风的时间，不停地高唱《国际歌》，使得戴笠大为光火。廖承志是被秘密逮捕的，绝不能让共产党知道其下落，如果让他天天这么唱下去，迟早有一天会暴露，而且其他政治犯也会受其影响。同时，廖承志是国民党元老廖仲恺的儿子，又是蒋介石看中的人，没有蒋介石的允许，打骂等暴力手段是绝不敢用的。戴笠没有办法，只得命人在重庆另找了一处宅子，将廖承志单独关押。

经过这么一闹，戴笠已经感到廖承志这块"骨头"不好啃了。他不死心，又几次找人去规劝，可都没什么效果。到最后，戴笠无计可施，只好作罢了。

直到抗战胜利，戴笠费尽心机，都没能使叶挺、廖承志二人的意志发生丝毫动摇，这使得戴笠在对他们佩服的同时也产生了几分恐惧。他越来越觉得共产党人不好对付，也越来越想将共产党一劳永逸地铲除掉。

沦陷区继续与共产党斗争

世界反法西斯战争进入到1944年后，整个战局出现了很大的转机。反法西斯同盟对德意日成立的法西斯同盟发动着猛烈的反击，法西斯开始出现了退败的趋势。在欧洲，英美联军已经筹备在诺曼底登陆，开辟第二战场；东边苏联红军也已经攻到了德国边境。在远东战场，美国人已经准备在日本登陆，并为他们准备好了几枚刚刚研制出的原子弹，日本人也开始出现了败退之势，中国战场上的反攻之势已经出现。从整个世界来看，这次世界大战的战局已经基本明了，作为即将成为战胜国一方的执政党，国民党开始准备和共产党争夺抗战的胜利成果了。

这段时期，虽然蒋介石对戴笠进行着种种的限制，但是军统依旧是国民党最大的情报机构，仍然承担着重要的情报工作。为了能够在沦陷区和共产党进行斗争，戴笠将安徽、浙江、福建作为基本着力点，试图控制住华北、华东、华南地区，他将安徽的界首、浙江的淳安、福建的建阳作为据点，分别进行力量的辐射，最终形成了三个地区的扇形力量分布。

界首位于安徽和河南的交界处，是中原的战略要地。戴笠和这里驻守的国民党陆军一级上将汤恩伯交情甚笃，于是他借助汤恩伯的势力在中原插下一根钢针，成为他控制中原的第一个前沿据点。

这时中国国内的几股势力都在盯着界首这个小镇，蒋介石的国民政府、汪精卫的伪国民政府、日本的侵华日军，还有远在延安的共产党。很快，这几股势力就都把自己的触角伸到了界首。就在抗战即将胜利的前夕，汤恩伯派遣由王仲廉的王牌军驻守界首，并成立了界首警备司令部，在这段时期，界首这个三角地带简直成了几股势力较劲儿的擂台。汤恩伯则在此大发战争财。因为界首地理位置的特殊性，自抗战以来，这里就成了经济走私的"金三角"，汤恩伯借机投资、囤积居奇，他还将像李宗仁这样的人物拉进来，共同分享利益，当然更重要的是共同分担风险。

远在西北的胡宗南看着汤恩伯一个人吃肉眼馋得要命，决定派遣人马到这里分出一杯羹。就因为这事儿，胡宗南和汤恩伯差点起了摩擦。戴笠自然不会忽略这么一个战略宝地的，于是，在汤恩伯的支持下，戴笠的军统在界首地区成立了数个情报机构，其中就包括警备司令部稽查处、军统林泉特训班、四省边区党政工作队等。"中原为兵家必争之地，要想在战局中取得先机，一定要控制住中原的要塞，比如这个界首。"戴笠在界首的部署可谓是花了大力气的，他不满足于只派驻特务，还计划着在界首地区部署自己的特务武装力量。

戴笠选择界首还有一个很重要的目的，那就是借机策反伪军。界首位于中原地区、华东地区、华北地区的三岔口，伪军时常出没，而这些伪军大多为东北军的残部。西安事变之后，东北军将领张学良被蒋介石囚禁，东北军一时混乱不堪，许多部队都成了游兵散将，其中相当一部分人为了混口饭吃投向了汪精卫，做了伪军。戴笠认为这部分人可以策反，只要策反成功，那么在抗战胜利后就可以为自己所用，成为和中共争夺地盘的重要砝码。

就在戴笠苦于没有找到策反突破口的时候，军统息烽特训班的教官陈昶新前来求见。原来陈是主动请缨，准备去策反东北军的主要将领，戴笠自然很是高兴，"先不管他能不能成事儿，这种勇气是值得提倡的"。于是，戴笠划拨给陈昶新近百人马，其中包括秘书、特派员、情报人员以及电台技术人员等。

陈昶新在1944年初奔赴界首，开始策反活动。陈昶新在界首的主要活动是将那些已经投靠汪精卫的，参加了八路军、新四军的东北军旧部策反，给出优厚条件，让他们投靠汤恩伯。另外，戴笠还特别交代给陈昶新一项秘密任务，那就是组建情报组织，通过情报组织搜集东北军旧部的情报。

对于东北地区特别情报站，戴笠给予了特殊的照顾，他委任陈昶新任站长，却给予了他一个高于省级情报站站长的职位。另外，戴笠特许陈昶新的情报搜集范围可以跨出东北地区，延伸至华东、华北甚至华南地区。

当然，戴笠是不会完全信任陈昶新的，即使他给予了陈很高的身份和地位。在陈昶新奔赴界首之前，戴笠就在他身边安插了数个密探，负责监视他的一举一动。

戴笠的担忧并不无道理。一个教官主动请缨去一个陌生地方从事策反工作，并且这份工作室充满了危险性，如果这个人是主动申请的，那么肯定是有所图的。

其实，陈昶新这么做确实有着他自己的目的，他在训练班做教官已久，发现这个行当并没有太多的油水可捞，又没有什么升官发财的希望，于是他想借助戴笠的力量，加上自己之前在东北军的人脉，构建自己在东北军旧部中的威信，进而组建新的东北军集团。戴笠真的相信了他，还给予了他很高的地位和官职。他春风得意，做事情也很顺手，很快他的活动范围就超出了界首，他先后在山东、河南、天津、热河以及东北地区组织起了活动，甚至传言他已经将自己的间谍安插进了日军驻华北总司令部。

1944年春，戴笠亲自视察界首，听取陈昶新的工作汇报。戴笠这次视察，向界首的军政人员传达了一个意思，那就是当前的主要任务是拉拢汪伪政权，努力将他们策反，为我所用，待抗战胜利后将这些策反的军事力量作为和中共争抢抗战果实的砝码。

反共新伎俩

抗日战争时期，中国共产党和中国国民党结成了抗日民族统一战线，即第二次国共合作。第二次国共合作期间，国民党一边抗日，一边滋事破坏两党团结。只是，这个时候，国民党还不敢公开反共，他们需在表面上承认中国共产党的合法身份。为此，被称为"反共急先锋"的戴笠不得改弦易张，实施新的反共手法。

武汉沦陷后，国民党西迁重庆，偏安一隅。此时的重庆，成了国民党的战时陪都和国统区政治、经济、文化中心。为了确保重庆这一战斗堡垒不被"赤化"，戴笠费尽心思，几乎动用了军统在重庆的全部力量。为了做好"防共、反共"工作的隐秘性，戴笠公开撤销了一些反共组织，借此表示维护国共合作的决心。表面文章做足之后，戴笠便私下里吩咐军统局，任何一个组织机构都不能放弃对中国共产党的斗争。他再三强调，反共防共是每位特种工作人员的首要任务。戴笠曾对其手下人员透漏要利用国共合作的机会来消灭共产党。他说，国民党掌握着广大地区，有丰富的人力、财力和军队，这样，既可以利用国共合作对共产党搞打进拉出，又可以用高官厚禄来收买，从内部进行瓦解分化；与此同时，对于那些未公开身份的地下党员，可以随意找个借口将其逮捕、杀害。对于那些已经公开了身份的共产党员，可以在监视、侦查的基础上采取怀柔政策。

不仅如此，戴笠在历任区长上任之初，都对其进行"反共"教育。他告诫他们要把"防共、反共"任务当作特务工作的重点工程来抓。在众多特工组中，戴笠尤其重视西郊区特工组的活动，因为这里是中共办事处与《新华日报》的所在地。为了加强西郊区特工组对中国共产党的活动，戴笠经常在人力、物力、财力方面予以倾斜。

从1944年春天开始，蒋介石就加强了反共的阴谋活动。为此，他采纳戴笠的建议，特别要求手下的高级谋士或军政大员参加其亲自主持的甲种会报。甲种会报在重庆蒋介石的官邸举行，汇报内容是如何"防共、反共"问题。

除甲种会报外,乙种会报也在蒋介石的官邸举行,只是乙种会报的主持人改换成唐纵,出席者则是军统、中统情报组组长、外交部秘书等人。乙种会报表面上是研究如何对抗日军问题,实际上则是商讨如何对付共产党军队及如何开展对其敌后根据地破坏活动。除甲、乙两种会报之外,国民党还有一个"中央党政军联席会报",这一会报由何应钦主持,会报内容亦是如何开展"防共、反共"活动。对于以上3个会报,戴笠极为重视。甲种会报他要亲自参加,乙种会报或中央党政军联席会报,他亦派人积极参加。

除了甲、乙种会报制度,戴笠还专门成立了一些反共机构。军事委员会办公厅特种邮电检查处是戴笠用来反共、防共的重要机关之一。该处的工作重点就是对中国共产党在重庆的办事机关及其领导人的往来信件、电话进行检查,对寄往外地的《新华日报》进行扣押。

兵工属警卫稽查处是戴笠掌握的又一反共机构。兵工属向来是戴笠特别重视的一个部门,但其掌权者是蒋介石的亲信俞大维,因而戴笠不敢将手伸到这里。国民党五届五中全会上,蒋介石提出了"溶共、防共、限共、反共"的政策。见时机成熟,戴笠便在"反共、防共"上大做文章。这一举动,正中蒋介石的下怀,于是他便交代俞大维在兵工属为戴笠成立警卫稽查处。掌握了警卫稽查处后,戴笠便选派反共经验丰富的张师去那里主持工作。

为了反共,戴笠又在重庆卫戍总司令部稽查处下成立了一个侦查大队。他先后从各地挑选了200多名身强力壮的特务,终日训练,以备不时之需。除此之外,他还在新闻界、医疗卫生界等领域建立秘密据点。在这些秘密据点,特务们大搞防共、反共活动。

蒋介石曾发狠地说过:"有共无我,有我无共。"在这一点上,戴笠是真正秉承和体现了领导的旨意。在特训班的训练科目中,表面上没有任何反共字眼,但在其一切训练活动中,都贯穿着"反共"这一指导思想。理论课堂上,教官把对共产主义和共产党人的诬蔑当成口头禅。他们把任何坏事都说成是共产党所为,甚至连日本人进攻中国也归罪到共产党的头上;实弹射击或野外战斗演习中,教官们也让学员们将共产党想象为假设的敌人。总之,戴笠是竭尽所能地让受训的学员对共产党产生一种仇视的心理。除此之外，他还命令教官对共产主义的理论和共产党人的言行严加控制。训练班中稍微有一点进步气息的文字，他们便严厉打压，这样做的目的是不让一点共产主义之风吹进学员的耳朵里。在训练班中，无论哪位学员，只要是和共产党沾上边，或是与稍有进步思想言行的人士有点瓜葛，便会遭到残酷的镇压。

戴笠还加大了对共产党活动的监控力度。戴笠规定，受监控的对象，除了中共办事处、八路军驻重庆办事处、《新华日报》社等中共组织机构及其工作人员外，还有宋庆龄、沈钧儒等一批爱国人士。

在重庆，最让戴笠感到头疼的是《新华日报》的发行问题。第二次国共合作时期，《新华日报》还不受国民党的制约。在重庆，当其他报纸为国民党反动派粉饰太平、歌功颂德的时候，《新华日报》则对其丑恶嘴脸进行大胆的披露。这使得《新华日报》成为大众喜爱的读物，一时之间，风靡重庆、行销全国。

为了阻止《新华日报》的发行，戴笠可谓是费了九牛二虎之力。重庆报贩把头邓发清也因此官运亨通、飞黄腾达。邓发清原是一名报童，卖了几年报纸之后，便加入了袍哥组织，当了流氓头子。这时，他便把重庆所有报贩强拉入帮，自己当上了报贩把头。《新华日报》在重庆发刊后，军统特务便指示邓发清，禁止报贩们卖《新华日报》。面对这一流氓行径，《新华日报》招收了一批自己的报童，自产自销。见禁报无效，军统特务又教唆邓发清去抢夺报纸、痛打报童。后来，他们策动流氓阿飞多次到《新华日报》门市部进行捣乱和破坏活动。除了利用邓清发、阿飞等流氓进行破坏外，稽查处与侦缉大队的特务们也是忙得热火朝天。为了禁报，重庆邮电检查所扣留了成批成捆寄往外地的《新华日报》。然而，任凭军统特务机关算尽，却阻挡不住《新华日报》的发行。为此，戴笠大为恼火，气急败坏的他把负责禁报活动的重庆稽查处处长陶一珊叫去大骂了一顿。

为了提高工作效率，戴笠在提高通讯员和情报员的层次、水平上也下了很大的功夫。作为局长，戴笠深知下属人员的文化、职业水平较低，道德标准不高。用这样的人做事，往往漏洞百出。为此，戴笠特意拉拢了一批地位较高、职业较好、知识文化水平在一般人之上的人做高级通讯员和情报人员。在这批人当中，一类是党派团体人士，一类是政府部门的高级职员，还有一类是金融、文化、帮会中的知名人士。对于以中间面目出现的党派团体人士和第三类人，戴笠更是青睐有加。他认为，这些人是共产党人争取的对象，因而更容易与中共组织接近，容易从中共那里套取情报。

对于这批高级通讯和情报人员，戴笠不仅在金钱上给予补贴，而且在交通、人事关系方面大开绿灯。然而，让戴笠感到失望的是，这些人并不是很卖力地为其工作。有些通讯或情报人员拿了钱之后，常用一些道听途说的消息敷衍戴笠，有些人更是过分，他们往往是只拿津贴，而不提供任何情报。面对这一状况，戴笠虽有不满，却依旧发给其津贴、补助。他深信，只要耐心等待，"大鱼"总会上钩。一旦钓到大鱼，一切付出就有了回报。

在戴笠的反共生涯中，他常常遇到这样的"遗憾"：即使逮捕到一些真正的共产党员，也不能从其身上得到更多的线索，这样就难以达到大肆搜捕、一网打尽的目的。

消极抗日，积极反共酿恶果

1944年春末，全世界反法西斯战线都开始了大反攻，中国共产党领导的八路军、新四军已经开始在华北、华中、华南地区对日伪军进行局部反攻，日军进行着最后的殊死抵抗，而伪军则是望风而逃。

就在此时，国民党的正面战场却是不断告败，几十万大军被日军十几万人赶得四处逃窜。在国民党消极反攻的影响下，中原地区、华南地区、华东地区的大片国土再次沦陷。也就在这一年，日本人在远东战场发动著名的豫湘桂战役，企图打通从东亚大陆到东南亚的大陆交通线，这是日本人在远东战场的最后一搏。

这次战役，日军出动了近50万的军队，而蒋介石则号称调动了600万大军参战。从实力对比来看，日本人根本就没有取得胜利的希望，国内民众也是一片欢呼，都以为这次蒋介石可以将日本人一网打尽了。但是，战役的结局却令人大失所望。由于蒋介石消极抗日、积极反共的战略方针，大部分国民革命军队没并没有认真地做好作战准备，只是草率地冲向战场，略受打击后就迅速称败撤退。结果，绵延近千里的战场上，国民党军队一片溃败之声。

蒋介石消极抗战、积极反共的政策直接导致了这场大溃败。但是，作为国民党情报部门的军统局也难逃其咎。戴笠响应"校长"的反共策略，积极监视共产党的一举一动，似乎对日军的行动毫不关心。军统除了集中精力策反之外，就是搞走私活动，没有掌握日军行动的情报。

戴笠虽然与处在抗战第一线的汤恩伯交情很深，但是他们只是共同反共，而不是团结抗日。在日本发动大进攻的前一个月，戴笠与汤恩伯密谋成立两个规模很大的党政工作总队，由戴笠派军统大特务主持，任务是在第一战区及四省边区开展反共活动。汤恩伯在此次军事作战失败之后，不但不深刻检讨罪责，反而为无法保存实力反共而不断叹息。在这一点上，他与戴笠可谓是沆瀣一气。

1944年11月11日，日军已经进攻到了位于华南腹地的广西重镇桂林、柳州，不到一天时间这两个重镇相继沦陷。不到半个月，日军又攻占了独山、荔波、八寨等多个县城，日军的先头部队已经距离贵阳不足百里。

一旦贵阳失陷，那么重庆也就要告急，因为二者的距离仅有不足400公里。这时，身在重庆的蒋介石有些坐不住了，他担心连陪都也被攻陷，那他就必须得再次迁都。二次迁都留下的历史骂名他是不愿承担的。但是情况紧急，蒋介石临时决定如果重庆失陷则退守到西昌，再做打算。

戴笠受蒋介石的委托到贵阳督战，当他来到贵阳时这里已经成了一座空城。初冬的贵阳城显得有些湿冷，这个"天无三日晴，地无三尺平"的城市正笼罩在一片恐慌之中。这时负责贵阳军事指挥的是国民党陆军总司令何应钦，当他见到戴笠后就立马扑上前去，向戴笠借兵："你给我一个师，我保准能抵挡上十天半月！""一个师？我连一个团的兵力也没有啊！"戴笠焦急地回答何应钦,"还是做好撤退的准备吧!"戴笠见国民党军队根本没有胜算后说。

此后,戴笠一边组织仅剩的兵力成立临时军警队,准备和日本人盘旋一阵,另一方面则动员大家做好随时撤退的准备。此外,他命令沈醉用美国人提供的大卡车将贵阳城内的物资运送到乌江以北,他还命令要在离开贵阳之前将中共政治犯就地处决一部分,剩余的政治犯头目带走一起撤离。

不知道是什么缘故,日本军队进入贵州后数日居然没有任何动静,几日后竟然有情报称日军已经开始了撤退,而他们撤离的方向竟然是南方。这样的变化蒋介石是没有想到的,戴笠更是一脸的茫然。

不到10天的时间,国民党军队就迅速收复了贵州失陷的10余座城镇,到12月10日,国民党军已经再次完全控制了贵州全境,这就是历史上著名的"黔南事变"。这时戴笠立即表现出了一个情报人员的敏感来,他同何应钦商议决定以"黔南大捷"为题向蒋介石汇报,并且在全国各个报纸宣传,以彰显此次他们在贵州的"伟大战功"。

豫湘桂战役后,蒋介石依旧我行我素,坚持反共立场不变,戴笠更是继续回到了重庆,继续谋划下一步的反共部署。

就在战事刚刚平息之后,国民党在陕甘宁边区周围频频制造军事摩擦,双方交火事件也是接连发生。戴笠的军统组织在双方剑拔弩张之下也受到了重创,于是戴笠将原来的军统晋陕区改组为军统北方区,这个区域包括西北的山西、陕西,中原地区的河南,以及华北的河北、察哈尔等5省。戴笠任命文强任北方区总负责人。

当然,这个华北区的主要任务并不是针对日军的,而是针对陕甘宁边区的。戴笠给文强的任务是:一、在边区外围对共产党的情报人员进行封锁,必要时可以进行谍战;二、派人乔装打扮,混入到陕甘宁边区内部去打探中共的动态,必要时可以对共产党个别人员进行策反活动;三、将陕甘宁边区外围的零星伪军策反,为我所用。

1945年8月15日,日本宣布投降,几乎同时,近100万苏联红军进驻中国东北，进攻日本关东军大本营。

这时，戴笠受蒋介石委托，到西北地区视察工作，同时与胡宗南商议反共事宜。戴笠的第一站是西安，在那里，他会见了北方区的负责人文强，得知文强的策反工作进行顺利后，他命令将策反的全部军队一并交由胡宗南指挥。

见到胡宗南之后，戴笠与他共同分析了抗战的最新形势，他们还对抗战胜利的具体时间做了猜测，最后他们就抗战胜利后的合作以及反共事宜交换了意见。

戴笠的不祥预感

蒋介石是一个战略家，更是一个阴谋家，他将戴笠在情报部门的"一家独大"局面完全改头换面。自年度汇报和月度汇报以来，戴笠才慢慢感觉到了蒋介石的心思。很明显，蒋介石将情报工作的承担部门由军统和中统扩展至多个，他将军令部、国际问题研究所、中央党政军联席会，甚至将宪兵司令部、缉私署这样的部门都拉了进来，将军统一家独挑大梁的局面彻底打碎。当然蒋介石不可能将核心情报告知这么多部门，他指示唐纵要将重大情报交由他亲自批示，而其余的零散信息则由唐纵的第六组去整理，汇总成报告呈交他审阅。

这样在构建信息渠道多元化的同时，将信息传递的渠道中增加一个环节，那就是唐纵和他的第六组。这时，唐纵就成了这个信息传播渠道的"把关人"，在情报工作中的作用和地位越来越高。

不久后，蒋介石亲笔书写委任状，将唐纵任命为军统局的总帮办，辅助戴笠全面做好军统局的工作。这样，唐纵就成了蒋介石空降给戴笠的又一个"紧箍咒"，戴笠试图和唐纵讲交情、套近乎，都让唐纵用"打太极"的方式拒绝了。其实唐纵也想和戴笠讲讲交情，只是蒋介石的意思很明确，他不敢和戴笠走得太近，当然也不会和中统的人走得太近。这时的唐纵俨然是蒋介石安插到情报系统的一个中间分子，他的存在让每个部门都很犯嘀咕，却又没有任何办法应对。

蒋介石之所以选择唐纵出任这个角色，和唐纵的出身很有关系。唐纵出身于军统，对于戴笠和军统了如指掌，对于军统的弊病更是见解深刻。出任第六组负责人以来，唐纵很得蒋介石的喜欢，深得他的信任。这次将唐纵放在这么一个位置上，蒋介石也是经过深思熟虑的。首先，将唐纵搬出来，可以抑制戴笠一贯嚣张的气焰，其次，可以增强对新设情报部门的控制，更为重要的是，唐纵这个人头脑灵活，很能体会蒋介石的意图，所以拿他震慑戴笠才会有效果。

制衡之策，是中国封建统治时代皇帝们可以信手拈来的谋略，这次蒋介石也用了这个计谋。戴笠深知自己已经触怒了蒋介石，但是他已经无法控制军统特务，尤其是高级特务的嚣张气焰了，只能深居简出，谨慎行事。一次，军统的高级特务问唐纵，军统是不是现在情报机构中的佼佼者，唐纵略停了几秒钟，慢声细语地说："在军事情报，尤其是对敌情报方面，军统确实可以成为佼佼者；但是在其他方面就不一定了，比如在党政情报方面就是中统实力要强一些，二厅在情报分析方面更突出……"

很明显，唐纵的话是将各个情报部门放在了基本平等的地位上，这话很快被传到了戴笠耳朵里。由于唐纵的特殊身份，他说的这番话让戴笠捉摸了好久，他明白了，这是唐纵在向他暗示，暗示他不要居功自傲，更不要想着能够功高盖主，要谨言慎行。

1944年以来，蒋介石在有意无意中提拔唐纵，而对于戴笠的态度则让人难以捉摸，国民党高层，尤其是军方高层对于戴笠的处境进行着种种的猜测，戴笠肯定也早已嗅到了这奇异的气氛。戴笠一边四处打听关于自己的消息，努力寻找挽救自己的突破口，一面自己在内心深处进行着祈祷，奢望着蒋介石能够顾念旧情，看在他屡立战功的份儿上对他网开一面。

在戴笠的亲信当中，毛人凤算是一个聪明人，为人处世都堪称老道，这次他就看出了戴笠的异常，并十分关切。一次，毛人凤借宴会之机，私下询问戴笠是不是有什么心事，戴笠这才将自己的顾虑和盘托出。毛人凤对这些事情早有耳闻，但是没有想到的是戴笠竟然已经到了这样的处境。戴笠是毛人凤的伯乐，又是他最大的靠山，戴笠的担忧一定程度上也让毛人凤感到了危机感。于是，当天夜里，毛人凤一夜未眠，他在替戴笠寻找求生的机会。

第二天一大早，毛人凤就驱车赶往戴笠位于重庆的居所，很是兴奋地将自己想出的"救主之策"告诉戴笠。

毛人凤说："我认为，人物命运肯定和自己家乡的风水相关，所以应该派个高人去您家乡考察一番！"

戴笠一生桀骜不驯，根本不信什么鬼神，可是这次却对中国传统的风水学深信不疑，或许这就是所谓的病急乱投医吧。第二日，戴笠差遣毛人凤精选了几名"得道高人"前往江山县考察风水，这一考察却让戴笠更加失望。

风水先生说戴笠的家乡江山县"水为财，财不聚难以成大器；水生木，木不存，难以求长命"！戴笠听到这话后，不禁有些沮丧，他一句话没说，眼神里充满了失望，一个人呆呆地坐了半个晌午。

陈诚与戴笠不睦

陈诚和戴笠的不和，在国民党内是众人皆知的事情。戴笠虽然个性较为张狂，也向来不轻易把人放在眼里，但在经营人际关系方面还是很下功夫的。对于蒋介石身旁的宠臣、嫡亲以及国民党内的各个派系的大员，戴笠都努力地去结纳，以便给自己的前程和军统局将来的发展铺垫道路。因此，虽然军统局在民间以及国民党内的名声都不怎么样，人人都敬而远之，但戴笠本人的人缘还是不错的。国民党内的一些重要人物，如胡宗南、汤恩伯、宋子文、何应钦等人都同戴笠有比较深厚的交情，平日里大家互相利用，表面上和气一团。

然而，戴笠和陈诚的关系却一直搞不好，两人明争暗斗，自己的势力范围决不允许对方染指分毫。当时，戴笠的军统在国民党的军队系统中盘根错节，一家独大。很多军事将领想建立起自己的特务系统，但都碍于戴笠以及军统的势力，不敢轻易尝试。在国民党的众多将领中，只有3个将领成功地建立起了自己的特务系统，分别是张学良、胡宗南以及陈诚。张学良统领的东北军在入关之前，本属地方军事集团，入关之后也并没有立即被蒋介石完全掌控，因此其中设有独立的特务系统非常正常；"西北王"胡宗南苦心经营西北数年，独霸一方，蒋介石又给他以财政及行政上极大的支持，因此建立自己的特务系统也在人意料之中。即便这样，张学良及胡宗南特务系统的存在，也都要得到戴笠的默许，并和戴笠的军统组织维持着很好的合作关系。唯独陈诚，不但在建立自己的特务组织之前没和戴笠打招呼，建好之后也不允许戴笠插手。这种不合作的态度使得戴笠恼怒异常，但鉴于陈诚是蒋介石身边的红人，戴笠始终不想把与陈诚的关系搞得太僵，而是试图与他化敌为友。

戴笠曾在给国民政府驻美国武官肖勃的电报中说到，陈诚是国民党现任高级将领中为数不多的既不贪财又肯干实事的人才，有机会他定要多多接近。这个肖勃是陈诚的亲戚谭伯羽的好朋友，戴笠故意跟肖勃这样说，是想通过肖勃和谭伯羽的关系，将话传到陈诚的耳中，以缓解两人间的紧张关系。然而，也不知是肖勃没有领会戴笠的意思，还是谭伯羽没将戴笠的话带给陈诚，反正戴笠曲线讨好陈诚的办法收效甚微。

其实，陈诚对戴笠，一向没什么好感。

陈诚是浙江丽水人，毕业于保定陆军军官学校，和蒋介石既是同乡也是校友，相比其他人，他与蒋介石之间自然多了几分亲近感。1922年，在邓演达的带领下，他前往广州参加革命，并于1924年进入黄埔军校任教官，开始追随蒋介石东征北伐，深受蒋介石的赏识。1932年冬，蒋介石准备发动对红军的第四次围剿时，陈诚任中路军总指挥。在红军的英勇作战下，第四次围剿很快失败。由于陈诚领导的部队被红军歼灭大半，陈诚自然难逃其咎。何应钦等国民党内的大员大骂他是饭桶，要求蒋介石将他严处。其实，蒋介石自己清楚，在第四次围剿中，陈诚虽是临阵的大将，但真正的责任却在他这个运筹于帷幄的统帅身上，因此不想惩处陈诚。不过，碍于党内大员的压力，以及自己的面子，蒋介石还是将陈诚降了一级，给了陈诚一个记大过的处分。对此，陈诚不但没有怨言，还主动为蒋介石承担责任，使得蒋介石十分感动。不久后，蒋介石找了个机会，又将陈诚官复原职，命他重整自己的嫡系部队十八军，派给的人、财、物相比之前还有所增加。又过了一段时间，蒋介石将自己的干女儿谭祥许配给了陈诚，使得两人之间的关系更进一层。

陈诚有了蒋介石的支持，自然是如虎添翼。围绕着陈诚逐渐形成了一个军事集团，这就是著名的"土木系"。土木系势力庞大，而陈诚也常常拥兵自重，再加上他性格刚直孤傲，又仗着有蒋介石的宠爱，对国民党系统内的种种乱象以及造成这些乱象的官僚们常常报以鄙夷，不屑与他们为伍，有时甚至会破口大骂。国民党中的主要将领几乎都曾被他骂过。比如在黄埔系中地位仅次于蒋介石的何应钦，陈诚就骂他是个"烂好人"；"西北王"胡宗南，陈诚说他沽名钓誉，没什么真正的本领，要不是因为他的军队离延安比较近，蒋介石是绝不会用他的；素有"小诸葛"之称的白崇禧，陈诚认为他并无大智，只有些糊弄人的小聪明，军阀混战还行，打大仗就上不得台面了；再比如"中原王"汤恩伯，陈诚说他是百姓眼里的"汤屠夫"，只会捞钱杀戮，根本不会打仗。

对于和这些人打得火热的戴笠，陈诚就更加鄙视了。他对戴笠只会搞暗杀、搞窃听，在敌人后方放个炸弹的做法一向看不起。更重要的是，陈诚对戴笠时常用手中别人的把柄威胁同僚、讨好蒋介石的做法十分反感，因此对戴笠本人也十分厌恶。

戴笠心中也明白，陈诚这个人恃宠傲物，除了对蒋介石是绝对的忠诚外，对于其他的实力派的人物采取的均是一种排斥打击的态度，再加上自己工作的性质，陈诚对自己没好感也是正常的。因此戴笠采取了一种放下身段、主动示好的策略。在"曲线奉承"失败后，戴笠又采取了几种缓和与陈诚关系的尝试，但也都没什么效果。陈诚甚至建议取消忠义救国军等戴笠扶植起来的部队，认为忠义救国军等是浪费军事资源的游杂部队。同时，陈诚建议取消军统局，由各战区的情报单位替代军统的功能。陈诚的这些建议使得戴笠大为光火，两人的关系也越发不可调和。

在几番示好无用后，戴笠开始将陈诚当成自己的对手和政敌。对于敌人，戴笠一向是毫不留情的，因此开始想方设法地打击陈诚。不过，陈诚深受蒋介石宠信，与蒋介石关系匪浅，其手中又握有重兵，掌有实权，若非掌握确确实实的把柄，贸然打击只怕难以成功。而要掌握陈诚的把柄，也绝非易事。因为相对于国民党中的其他大员，陈诚确实是清廉、肯干了许多，在他的影响下，其部下相比于国民党的其他派系集团成员，也少了几分官僚主义和腐败的习气，多了一些踏实肯干与清正廉明，这使得戴笠长时间难以找到攻击的口实。另外，由于陈诚军中的特务系统自成一体，使得戴笠的军统组织很难渗透进去，因此也难以从内部掌握到不利于陈诚的第一手材料。

尽管如此，戴笠也始终没有放弃打击陈诚的想法。他明白，自己如果想要做蒋介石身后的第一人，就必须扳倒陈诚这个最大的阻力和障碍，虽然自己现在还不敢对陈诚集团下手，但总有一天必须与其兵戎相见。他也知道，自己的实力还不足以同陈诚抗衡，因此只能采用以静制动的策略，暂时不与陈诚作正面交锋。戴笠就像一条静静潜伏着的蛇，冷静地藏在暗处窥测着事态的变化，待到时机出现时如闪电般一跃而出，一击而中，从而置陈诚于死地。经过了长时间的等待，戴笠期盼的时机终于出现了。

算计陈诚得手

在打击政治对手方面，戴笠从来都是有耐心的。尤其是对陈诚，戴笠迟迟不肯下手，因为他明白，如果不能实实在在地抓住陈诚的把柄，弄不好会引火烧身。因此，他慎之又慎，蛰伏等待时机，终于，在1939年的冬天，一个几乎可以置陈诚于死地的机会出现了。

1939年10月，本来兼任第九战区司令长官的陈诚被改任为第六战区司令长官。当时，中国的抗战正面临着非常严峻的形势。在负责指挥抗战的国民党上层人物中，悲观、失败主义的情绪正在蔓延，"抗战无用论"的论调也逐渐出现，有些以往的亲日派如汪精卫、陈公博、周佛海等人公然叛逃投敌，这引起了一些爱国军官的强烈不满。出于对中国前途的忧虑，第六战区司令长官部的一批青年军官开始坐不住了，他们决定凭自己的力量校正国民党的前进方向，挽救中国于危亡之中。在经过几次密谋之后，他们认为中国之所以不能在抗日战事中取胜，主要是由于蒋介石的英明主张一直没有得到贯彻，而要改变这一点，就必须进行一次军事行动，将围绕在蒋介石身边的那些贪官污吏、昏庸腐朽的官僚，以及主张亲日降日的军政大员清除出去，使真正的抗日爱国人士和踏实肯干的精英人才进入国民党的领导层，从而辅佐蒋介石领导抗战和治理国家。自然而然地，他们认为陈诚就是辅佐蒋介石的理想人才。这就是"清君侧"计划。

在军统情报人员的活动下，"清君侧"计划很快就被戴笠得知。戴笠心中震惊，自认绝对不能让这样的重大事件发生，同时又感到几分高兴，因为自己苦等多年的打倒陈诚的机会终于到了。然而，在经过了一番反复的考虑后，戴笠决定暂不出手，而是由军统的人员加强对第六战区司令长官部及陆军大学的青年军官的监视，以免打草惊蛇。

戴笠不愧是老谋深算，他采取继续监视的策略而不是立即采取逮捕行动，考虑的是自己对"清君侧"计划还只是略知皮毛，没有掌握全貌，难以确认该计划是否真的是针对蒋介石，也难以确认陈诚是否牵连在内，而假使陈诚真的参与其中，自己现在行动，恐怕难以抓住陈诚的把柄，给陈诚以脱身之机，从而功亏一篑，让苦等的机会白白葬送。况且，这些参与预谋的青年军官多是一些参谋幕僚人员，并非带兵的官员，量他们一时之间也难成气候，静候其发展变化，会更有利于自己掌握充分的证据。

这些青年军官担心自己的力量不够，难以成事，他们一方面利用部分人进入陆军大学学习的机会寻找盟友，扩充自己的力量；一方面也积极寻求美国人的帮助，试图通过外部力量的支持实现自己的计划。他们积极地与在华帮助中国军队训练的美国军官进行联系，通过他们向美国本土表达自己的意愿。正好在当时，美国朝野的许多人也开始对蒋介石领导下的国民政府感到不满，他们看不惯国民党的贪污腐败和无能，担心中国的抗战不利会影响到美国的利益，在这些人的影响下，美国总统罗斯福的信心也开始动摇。

在1943年开罗会议举行期间，罗斯福曾向当时驻华美军司令官兼同盟国中国战区参谋长史迪威询问蒋介石的情况，他最关心的是蒋介石在日本军队的进攻下还能支撑多久，因此就此问题反复征询史迪威的意见。一向与蒋介石有嫌隙的史迪威答道："如果日本人再发动一次1942年那样的夏季攻势，蒋介石的政府就会垮台。"罗斯福又问："那我们是否应该寻找另外可靠的人或几个人来支撑局面？"史迪威马上答道："这样的人选很可能都要只靠我们。"由此可见，美国人对蒋介石已经很不满了，他们已经在筹划着寻找新的在华代言人。因此，对于"清君侧"计划，美国人开始重视，并在暗中予以必要的支持。然而，美国人认为，清除何应钦等亲日派的将领和官僚还不够，必须彻底将蒋介石拉下台，建立一个由陈诚、胡宗南、薛岳等国民党青壮派军人领导的政权。

"清君侧"的计划仍在秘密进行着。由于这些青年军官组织非常严密，军统的情报人员一度难以掌握有价值的情报和证据。不过好在戴笠也不着急，他依然像以往一样，如一个老练的猎手，静候着猎物的出现。果然，戴笠的耐心和等待在1943年换来了回报。

1943年2月，蒋介石命令成立"中国远征军司令长官部"，并委任陈诚为远征军司令长官。在接到命令后，陈诚远赴楚雄，开始组建远征军司令长官部。同时，第六战区仍由他负责，只是由他向蒋介石推荐的孙连仲暂代长官之职。陈诚在组建司令长官部时，带了一大批原第六战区的人员，这其中就有一些是策划"清君侧"计划的青年军官。于是，该计划又被他们带到远征军中继续组织实施。不久后，青年军官们基本完成了该计划，拟定了组织章程及行动计划，并将行动时间定在1943年12月12日，这正是"西安事变"的七周年纪念日，青年军官们刻意将日期选在这一天，其中的用意值得玩味。

然而，青年军官们没想到的是，此时戴笠的军统组织已经掌握了他们计划的全部。原先这些青年军官在第六战区司令长官部时，由于长官部所处位置交通闭塞，军统难以渗入，所以没能完全掌握其计划。待到他们一部分人到了楚雄的远征军司令长官部,军统很容易就渗透了进去。其中原因很简单,楚雄距昆明仅100多千米,且云南又是军统经营多年的地方,军统力量强大,对几个军官的监视易如反掌。因此,戴笠很快就将这些军官们的组织章程、行动计划以及行动日期搞到了手,并确认了这些军官中有一名陈诚的亲戚,而且还与陈诚关系密切。

事情发展到了这个时候,戴笠已经胸有成竹了。一方面他掌握的证据已经颇为全面,另一方面他和胡宗南、汤恩伯的"三王"联盟已经建立,实力大增。随着这些青年军官发动行动的日期越来越接近,戴笠决定先下手为强。他一面命军统的人继续暗中监视,做好抓捕准备,一方面带着"清君侧"计划的全部材料,当面向蒋介石汇报,同时派人透风给何应钦,要其提高警惕,预防有人对其下手。

由于"清君侧"的计划已经威胁到了蒋介石,因此蒋介石在听完戴笠的汇报后,当即勃然大怒,他命令戴笠立即采取行动,同时下令给陈诚,让他把远征军司令部内所有参加密谋活动的青年军官交给戴笠的军统审讯。戴笠连夜布置,将第六战区司令长官部和陆军大学内参与活动的军官和学生一并抓获,秘密分开囚禁在中美合作所内的警卫大队部。

此次行动,戴笠前后共计抓获600人左右。在抓捕行动结束后,戴笠又马不停蹄地亲自对首要分子进行审讯,要他们供出"清君侧"的密谋活动是得到了陈诚的支持。但审来审去,戴笠始终没有得到陈诚直接参与的有力证据。不过,以史迪威为首的美国人在此事件中的扮演角色倒是多多少少地弄清楚了。在闻听有美国人的支持后,蒋介石极为震怒。当时,蒋介石与史迪威之间本来就存在着十分激烈的矛盾,现在又发生了这样的事情,蒋介石再也不能忍了。他冒着得罪美国政府的危险,正式通知罗斯福,要求立即解除史迪威的职务,将其调回国内。当时,正值对日作战的关键时刻,中美双方都不愿意把关系搞僵,因此蒙巴顿将军、中国的宋美龄等人纷纷出面调解斡旋,而蒋介石也不想把场面弄得太难看,同时考虑罗斯福正在力排众议,邀他参加开罗首脑会议,终于同意接受史迪威对他的当面道歉,此事才算过去。

对于陈诚来说，蒋介石虽十分宠爱他，也相信他不会介入到"清君侧"的密谋之中，但他作为第六战区及中国远征军的司令长官，负有不可推卸的责任。在戴笠及何应钦等人的联合施压下，蒋介石被迫在11月临去开罗参加会谈之前，解除了陈诚的中国远征军司令长官职务，由卫立煌接任，以示对陈诚的惩戒。不过，蒋介石并未想真的惩处陈诚，他对外宣称陈诚是为养病，主动请辞远征军司令长官，还是给陈诚留了面子。

从此，直到1944年6月，陈诚被迫过上了一段身无重任，在家"养病"的时光。戴笠对陈诚的这一击，虽然没能将其彻底打倒，但也使其锐气大减。1944年6月国民党豫中会战失败后，西北告急，蒋介石又一次启用陈诚，让其前往汉中担任第一战区的司令长官。不久后，陈诚又靠着蒋介石的宠信，成功地挤掉何应钦，被擢升为军委会军政部长，再次身处国民党政治权力的中心。对此，戴笠除了在心中对蒋介石表示强烈不满外，也没有什么实际的办法。

目标瞄上了徐恩曾

中统和军统是蒋介石布下的两颗棋子，它们就如同是蒋介石的左膀右臂，用不遗余力的特务活动和庞大的特工网络维护着蒋介石的统治。中统的领导人徐恩曾和戴笠一样，也是中国现代史上有名的特工头子。不过，徐恩曾和戴笠在出身、为人以及管理自己的下属等方面都有很大的不同。

徐恩曾是浙江吴兴人，20世纪20年代初期就读于上海交通大学的前身上海市南洋公学，学习机电工程，毕业后，他又自费前往美国麻省理工学院留学。他与国民党中的高级官僚陈果夫、陈立夫、朱家骅、张静江等都是同乡，并与二陈有表亲关系。正所谓"朝中有人好做官"，徐恩曾有这么多的同乡、亲戚帮衬着，在国民党内自然是雄霸一方，雄踞中统组织达15年之久。

徐恩曾在大学和留学时学的是机电工程，又在美国接受过西方的民主制度和新科技的教育，自然是十分崇尚现代文明。平日里，他会自己开车，也会修车，他还经常在中国工程师学会的刊物发表文章，甚至对国际新科技的发展也了然于胸。在他的书房中，摆满了英美等国出版的科技书刊，足见他对西方科技文明的喜爱。同时，他对中国传统的权谋之术也十分推崇，深受中国古代的封建主义思想的影响。他在政治上对蒋介石确实是死心塌地，绝无二心。在生活中，他更愿意保持一种如同西方人那样的独立性，注重保持自己的个性，选择自己想走的路。当初，在他决定要娶第三房太太费侠时，由于费侠曾留学苏联，又曾经做过中国共产党员，因此蒋介石不同意。蒋介石曾当面问他："你有把握吗？费侠是受共产主义理论毒害很深的人，能说会道，你不要看简单了。"徐恩曾不为所动，冒着得罪蒋介石的风险表示自己宁愿不做官也要娶费侠。蒋介石无法，因为这毕竟不在公事之内，自己也不好多说什么，只好由徐恩曾去了。

当年徐恩曾从美国回国后，初任南京交通技术学校办公室主任，后来经陈立夫的引荐进入中统。那时的中统在陈立夫、叶秀峰等人的努力下，已经颇具规模。徐恩曾进入后，并没有多少初创者的欣喜和感情，他把中统看成可去可留的工作场所。

徐恩曾由于自认为是受过高等教育的人，内心中难免对特务工作有点看不起。按理说，他担任中统副局长的职务，手下人称呼他为"徐局长"是很自然的事情，但他宁愿被称为"徐先生"也不愿被称为"徐局长"。对于那些刚刚进入中统，同时身后又有靠山的特务，徐恩曾总会特意召见他们，询问他们对工作是否适应，还特意嘱咐他们如果不想干特务的话可以想办法到经济部、交通部等单位去，有时徐恩曾甚至亲自为那些想调离中统的特务提供便利。由此可看出，徐恩曾对特务工作是十分厌恶的。

徐恩曾不甘于长时间在中统局工作，他时刻等待着机会以摆脱中统的束缚。1941年春，在陈果夫等人的推荐下，徐恩曾被任命为交通部政务次长。早在任命之初，蒋介石就对徐恩曾耳提面命，明确告诉他，这个安排是要求他利用职务之便，推进中统的特务活动。但徐恩曾不听蒋介石的嘱托，而是想以这个官职为跳板，积极向政界发展，这令蒋介石对他大为不满。

徐恩曾为人极其吝啬，极其势利，甚至连蒋介石、陈立夫等人都有些看不起徐恩曾的品行。抗战时期，国民党军政机关所处的大后方由于物资短缺，导致物价飞涨，政府部门中的小职员如果没有额外的收入，单靠薪水的话，日子就会过得十分清苦。即便是像中统这样的机关，也不能幸免。徐恩曾虽比一般职员的情况要好点，但他的开销较大，又没有像戴笠那样搞走私、贩毒品等捞外快的手段，囊中难免羞涩。为了填补自己金钱上的口子，他居然打起了手下特务的主意。他在中统内打着搞"联谊会"的幌子，强制从特务们的工资中扣发10%的月薪作为基金，结果这些钱都被他挪用去办农场、开商场。平时他与下属出行，饮食起居等一应费用全叫下属掏腰包，搞得手下的人怨声载道。于是，那些有门路的特务们都纷纷选择离开，跳槽到其他部门，一些实在没办法的特务们则暗中向蒋介石等人告发徐恩曾的劣行。

平时，徐恩曾待人温文尔雅，他面孔白皙，前额宽阔，带着一副金边眼镜，微笑时面部还会有酒窝，身着中山装或西装，冬季则常穿着长袍，完全是一个大学教授的模样。他操着上海口音很重的普通话，如果和他谈话的人懂英语，他便会用英语与人交谈。在面对手下的特务时，喝过洋墨水的徐恩曾颇有西方人的风度，多少能照顾尊重特务的人格，对部属很少发脾气骂人，在对待中共的叛徒时也一副平易近人的样子，因此不少人都认为他是温厚长者，却不知他私下里也是心狠手辣。

和徐恩曾相比较，戴笠则是截然相反的形象。戴笠不如徐恩曾幸运，他毫无背景可言，能在国民党中站住脚，靠的是自己的拼搏奋斗。不过，这样也有好处，戴笠既然不是靠谁提携上来的，也就不用处处看人脸色行事。在他眼里，只要认准了蒋介石会认同的事情，就可以毫无顾忌地干下去。

军统能发展壮大，每一步都离不开戴笠的努力，所以戴笠对军统充满了感情，把军统看成自己一手带大的孩子和不可轻犯的领地，轻易不容他人染指。这就使得戴笠在从事特务工作时满是激情，因为自己的每一次工作都关系到军统的未来。另外，由于戴笠没读过什么书，也没什么实用的技巧，除了特务工作他轻车熟路外，一时之间还真难以找到合适的工作。再加上蒋介石对戴笠的宠爱，使得戴笠总是带着一种知恩图报的感情安心从事于自己本职的工作，按照蒋介石的需要去发挥军统的作用。戴笠不但自己以特务工作为荣，还要求手下也要安于从事特务工作。对那些想跳槽离开军统转做其他工作的特务，戴笠十分痛恨，也决不让这些人有好下场。

戴笠死心塌地地从事军统的工作，还谢绝加入国民党，谦让中央委员，他多次向蒋介石表示，自己"过去一心追随校长，不怕衣食有缺、前途无望，入党不入党，决不是学生要注意的事，高官厚禄，非我所求""只要校长信任，就感到莫大的光荣了"，他信誓旦旦地对蒋介石说，自己"一切唯校长信任是图，'党官'二字是无所谓的"。蒋介石听后甚为感动，不由地对戴笠更为信任。

戴笠深受中国传统忠君爱国思想的影响，他对新科技一窍不通，也懒得去理解西方的资本主义民主制度。在他眼里，蒋介石是绝对的权威，无论是在政治上还是在生活上，只要是蒋介石的好恶，他无不反复揣摸，顺着蒋介石的脾气来，以求得蒋介石的荣宠。

戴笠和蒋介石有点像，他们都出身于江湖，脾气、性格相近，行事方式也有类似的地方。蒋介石在管理特务工作时，采取的也是一种家奴式的驾驭方法，他对戴笠不是打就是骂，打耳光、跪地板，要怎么处置真是随心所欲，毫无顾忌。这在无形中拉近了他和戴笠的心理距离，说话办事也容易投机。

戴笠天生一副混世魔王像，行事又十分霸道，稍有不快就对下属破口大骂，他常常对不得力的中共叛徒加以训斥、侮辱，全然不顾他们的感受。

戴笠平时对待手下虽然严厉了些，但在生活上却十分关注，对特务们的工资定得特别高，津贴奖金也十分优厚。因此，特务们都拼命工作，以图得到更多的奖金和津贴。还有，戴笠平时很注重特务们的伙食，经常抽出时间下厨房去查看局内的膳食情况，有时候还与特务们一起就餐，特务们都十分感动。

徐恩曾与戴笠的不同，间接导致了中统和军统的不同。在徐恩曾的领导下，中统上下离心离德，自然影响了工作的效率。相比之下，戴笠的军统则团结一心，立下了许多功劳。在此情况下，蒋介石对戴笠越发地信任，对徐恩曾也越发地不满。于是，戴笠在痛击完陈诚后，又将打击的目标瞄准了徐恩曾。

拔去眼中钉

1944年的一天，徐恩曾灰头土脸地从蒋介石的办公室出来，深深地叹了一口气。就在刚才，蒋介石对着他大发雷霆，把他骂了个狗血淋头。

一天早晨，刚刚到达国民党中央党部的人们发现了一条标语，上面用毛笔潦草地写着八个大字："总裁不裁，中正不正。"明眼人都能看出来，这张标语骂的是身为国民党总裁的蒋介石。不久后，此事传到了蒋介石的耳朵里，使得蒋介石"龙颜大怒"，他立即让人找来了徐恩曾，让徐恩曾严查此事，必须尽快将贴标语的人揪出来。

在蒋介石的严令下，徐恩曾自然不敢有丝毫地怠慢。他让人将那张标语带回中统总部，组织最精干的人员研究标语上的笔迹，希望由此入手破获此案。然而，事与愿违，中统的笔迹专家们研究了几天，也没能找出个可疑人员来。而在此时，早已等得不耐烦的蒋介石又派人来询问徐恩曾案件查办的情况。徐恩曾没有办法，只得将情况如实地向来人说了。当时徐恩曾就知道，自己这一顿臭骂肯定是免不了。果然，没过一会儿，他就被蒋介石叫到面前狠狠地训斥了一通。

"哎！"徐恩曾坐上在院里等着他的汽车，不由地又叹了一口气。"徐……次长，咱们回总部吗？"坐在前排的司机小心翼翼地问。徐恩曾愣了半响才反应过来，含含糊糊地答道："回家！"

自从去年接了那个电话开始，徐恩曾的倒霉事就不断地来了。那一天，中统湖北省调查统计室的负责人给徐恩曾打来了个电话，声称自己扣住了一大车钞票，不知该如何处置。就在几天前，徐恩曾办的农场遇到了点困难，资金有点运转不开，正琢磨着到哪儿去弄点钱呢，就接到了扣住一车钞票的消息。他当即下令，要求湖北那边安排专人，将钞票迅速送到中统总部来，由他亲自处置。

放下电话，徐恩曾不由得一阵兴奋，这可真是天上掉馅饼啊。可奇怪的是，徐恩曾等了几天，也没有见到钞票，后来，他得到消息，说运送钞票的专车被军统扣了。徐恩曾大呼不好，他知道，军统和中统虽然同为蒋介石的鹰犬，但多年来彼此都视对方为最大的竞争对手，经常在蒋介石面前互相拆台。戴笠一直想将中统组织彻底击垮，然而，中统的实际最高领导人陈立夫、陈果夫两人的势力盘根错节，实力雄厚，戴笠难以将其扳倒，因此常常将打击的对象放在他的身上，这车钞票落在了戴笠手中，怕是要生出什么事端来了。不过，徐恩曾毕竟在国民党中摸爬滚了打十几年，他虽外表儒雅，却也十分工于心计。他转念想了想，觉得此事即使被戴笠报给蒋介石，也没什么大不了的，只要自己一口咬定是准备将这些钞票拿回来调查的，估计戴笠也拿他没办法。

事情果然如徐恩曾所料想的那样，戴笠将此事上报给了蒋介石。令徐恩曾没想到的是，戴笠将此事定为了"中统局偷运假钞案"。这下问题就严重多了。徐恩曾措手不及，不知该如何应对，只能先找人将事情的来龙去脉弄个清楚。原来，这批钞票是1938年10月中国银行的职员在湖北弄丢的。当时，押运钞票的银行职员在运送的途中听闻日军将至，不由地惊慌失措。为了保命，他们将运钞的大卡车丢在原地，徒步辗转到达重庆。由于他们不想被中国银行追究责任，于是谎称卡车在行驶途中汽油用光，不得已才弃车而去，但全部钞票已被烧毁。由于此事无从查证，中国银行便相信了他们的说辞，将这批钞票的号码全都上报给了财政部，将钞票全部注销，并通知给了各个分支银行。这些钞票全部作废，戴笠说是假钞也不为错。

徐恩曾哭笑不得，他本想捞个大便宜，却招来了一桩祸事。但事已至此，他也没什么办法，只得求助于陈立夫、陈果夫二人，请他们出面向蒋介石将此事说清楚。然而，陈立夫二人知道：此时的蒋介石正在气头上，他接受了戴笠的说法，自然难以听进去其他的解释；同时，此事还牵扯到了中国银行、财政部等部门的失职问题，如果大家到时扯皮起来，只怕事情更加难以说清，所以他们迟迟没有向蒋介石进言。而蒋介石也一直不知道此事的原委，因此对徐恩曾始终非常不满。直到国民党中央党部开总理纪念周大会的时候，陈立夫才找了个机会向蒋介石说了此事，蒋介石才勉强同意不会再追究徐恩曾的过失。

徐恩曾终于松了一口气，可一波刚平，一波又起。他没想到，这边"假钞案"刚刚解决，又一个"伪钞案"把他给缠住了。当然，这又是戴笠的"杰作"。

"伪钞案"发生时，已是1943年的年底。当时，徐恩曾听人说有日本人在上海出售伪法币，因此想买回来发笔横财。在他的安排下，中统利通公司上海安利办事处的人以1元伪储币比40元赝品法币的价格，从日本人手中买了200万的伪法币，准备经水路运往重庆。那段时间，徐恩曾刚刚摆脱了"假钞案"的影响，深知戴笠的厉害，因此反复嘱咐办事的人要小心谨慎，不可再出什么岔子。他自认为此次他专门挑选了两个可靠的人，应该不会出什么问题，而且戴笠刚刚敲打了他一下，估计不会盯得他那么紧了。可出乎徐恩曾意料的是，戴笠在打击政敌方面是绝不留情的，非得把人彻底打垮了才肯罢手，因此，戴笠早早就安排手下的人在遇到中统方面运送的货物时检查要格外地严格。果然，徐恩曾的这些法币在途经浙江时便遭到了军统浙江省缉私处处长赵世瑞的查扣。在赵世瑞的严刑拷打下，徐恩曾认为可靠的押送人员纷纷顶不住了，先后招出了钞票的来源及去向。这下，徐恩曾便又有新的把柄落在了戴笠的手上。

接下来的事情徐恩曾不用想也知道，戴笠迅速将此事整理成报告，连同那两个徐恩曾的人一起带给了蒋介石。蒋介石又是大怒，他一边让戴笠把押送伪钞的中统人员关进位于重庆土桥的军法执行总监部看守所里，一边命令徐恩曾立即去见他，又将徐恩曾骂得抬不起头来。此事过后，徐恩曾对戴笠恨之入骨，也让人严查军统运送的物资，试图给戴笠来个"以其人之道还治其人之身"。但徐恩曾查了很长时间也没个结果，只能不了了之。

随后，徐恩曾又遇上了"标语"的事情，使他身心俱疲。"会不会这标语也是戴笠的人搞的？"徐恩曾坐在汽车后座上自言自语。

不知不觉，汽车已经到了徐恩曾的家里。他垂头丧气地走进屋，一屁股坐在沙发上。他的妻子费侠递过一杯茶，问："怎么了？""还不是被戴笠这家伙陷害的，现在老蒋一定想撤了我了，上次他就骂我一心猎官！"徐恩曾无精打采地说着。"撤了有什么不好？"费侠看着郁闷的徐恩曾，竟然笑了，她接着说："这个官有什么好当的，现在有用的是这个。"徐恩曾不解地望向费侠，发现她摆了个数钱的姿势。

"钱？"徐恩曾突然明白了什么。他知道，自己当年反共时为蒋介石立下的功劳，已经不足以用来取信于蒋介石了，还是费侠说得对，猎官，还不如敛财呢！该死的戴笠，你想把我拉下来，那你就拉吧，老子不陪你玩了！

自此以后，徐恩曾仿佛真的想通了，他将自己的主要精力都放在了为自己"创收"上。他利用自己的权势，大搞无本的买卖，想方设法挪用中统的钱在重庆开酱园、豆腐坊，到郊区办农场，同时又利用自己在交通部的职务，大办汽车公司搞运输，在中印缅等国边境间走私物资，赚了不少的钱。徐恩曾心想这下可找对路子了，可他始终想不到，戴笠竟还没放过他，将他的这些行为一一地收集起来，一件不落地报给了蒋介石。

当时，徐恩曾的前任夫人王素卿正居于成都，她本是国民党中央组织部的一名干部，为人十分贪财。在徐恩曾部属的协助下，她也大搞走私贩运、囤积居奇的买卖。徐恩曾因为自己曾将王素卿抛弃，内心十分愧疚，所以对王素卿的活动往往是睁一只眼闭一只眼，不去追究。可戴笠却不同，他早就盯上王素卿了。不久，戴笠对王素卿的重视就带来了成果。

由于徐恩曾在担任中统局负责人的同时，还挂了个交通部政务次长的名号，王素卿便自己组建了一个汽车运输公司，专门进行走私进口西药、五金、布匹等国家短缺物资的活动，妄图通过投机倒把获取暴利。公司成立没多久，公司里的一名司机在为王素卿走私物品时因为酗酒，不小心将人撞死了。王素卿仗着自己有徐恩曾撑腰，对此事不理不问，还放任撞死人的司机招摇过市，在社会上引起了公愤。戴笠抓住机会，将此事连同王素卿先前逼死一名借债之人，以及走私投机等事都详细密报于蒋介石，指责徐恩曾暗中指使王素卿大肆敛财，扰乱国家市场，纵容手下爪牙伤人致死，有损于党国和领袖的声誉等。试想，徐恩曾本就失宠于蒋介石，快要倒台了，怎么经得起戴笠再狠狠地推上一把。1945年1月，蒋介石下令，要求立即免去徐恩曾的中统局副局长等本兼各职，永不录用，还要求国民党中央党部秘书长吴铁城和中央组织部长陈立夫亲自去执行。

至此，徐恩曾的中统局副局长、交通部政务次长的官职都被蒋介石免去，只留了个国民党中央执委的空衔。戴笠决定再接再厉，乘胜追击。恰在这时，与徐恩曾关系甚好的吴铁城出于怜悯之心，让徐恩曾以中央执委的名义去贵阳等地视察，其实是想让他散散心。徐恩曾到贵阳后，在出席贵州省部组织的一次活动时讲了几句话。戴笠密报蒋介石，说徐恩曾用中央党部的名义在外招摇撞骗。蒋介石做事本来就是不留后患的，他既然说免去了徐恩曾的本兼各职，就不会给徐恩曾东山再起的机会，所以在接到戴笠的密报后，他立刻将吴铁城训斥一通，并下令吴铁城将徐恩曾召回，严厉规定徐恩曾今后不得再作任何政治活动。在5月召开的国民党第六届全国代表大会上，蒋介石在提交的第六届中央执行委员、监察委员480人的名单中，亲手勾掉了徐恩曾的名字，改由张国焘接替。这下，徐恩曾彻底被戴笠打垮了。

徐恩曾的垮台，使得中统也迅速衰落。戴笠的长期经营收到了成效，成功地拔掉了又一颗眼中钉，自然十分高兴。可没过几天，戴笠又忧虑起来。他与徐恩曾争斗了十几年，干的是同样的工作，自然难免生出几分惺惺相惜之情来。他由徐恩曾的下场不由地想到了自己的未来，自己专替蒋介石干些无法见人的事情，知道了蒋介石太多的秘密，如果将来蒋介石为了掩人耳目杀他灭口，那他的下场岂不是还不如徐恩曾？戴笠不由地起了兔死狐悲的感情，心中也惴惴不安起来，越发地觉得必须给自己寻找一条合适的退路。

最后一次升迁

将徐恩曾整下台后，戴笠又将孔祥熙列为自己的整治目标。他并不满足于将孔祥熙整下台，因为他担心孔祥熙会以他雄厚的财力对付自己，所以他决定再给孔祥熙下一剂"猛药"。这次戴笠瞅准的是孔祥熙的旧部、时任财政部税署署长的高秉坊。

1945年2月,戴笠派军统特务秘密调查高秉坊的财产情况,发现高秉坊具有大笔来路不明的财产。于是,戴笠暗地里派人向国民党军事委员会举报,并在举报材料中加入了大量证据。没几天,高就被高级法院下令撤了职,当场被军警戴上了手铐、脚镣。

高秉坊下台后,戴笠又差人将孔祥熙与高秉坊的来往信件秘密送给到了蒋介石手里,蒋介石当即给孔祥熙挂了电话,对其提出了再次的"警告"。后来,戴笠将自己的亲信王抚洲安排到财政部缉私署任署长。

1945年3月8日,国民政府正式对外宣布戴笠的军衔是少将,这也是戴笠的军职第一次对外曝光。这时大家才明白,戴笠虽然是军统的头目,但是级别不过是副局级,军统的正局长则是蒋介石侍从室第一处主任,而贺耀祖、钱大钧、林蔚都曾出任过这个部门的主任,这也就意味着他们都曾担任过军统的局长。也是在这天,蒋介石正式公开任命戴笠为军统局的局长。戴笠终于被扶正,完成了他一生的最后一次升迁。

戴笠正式出任军统局局长之后,又先后和宋子文、俞鸿钧、陈果夫等国民党要员进行过交锋。这些斗争让戴笠在国民党内部树敌众多。

1945年5月,在国民党的第六次全国代表大会上,戴笠主动将自己竞选执委的资格让给了郑介民和唐纵二人,自己早早地退出了竞选。他这样做当然是经过了深思熟虑的,第一,他这样做可以送给郑、唐二人一个顺水人情;第二,这么做还能避开自己以往树立政敌的排挤,免得在众人面前出丑;第三,蒋介石一直在盯着他,控制他,他也正好借此机会向蒋介石表达自己的"知足常乐"心态。

果然,戴笠的这次取舍很有效果,可谓一箭三雕,其一,让郑、唐二人欠了他一个人情;其二,让打算让他出丑的陈氏兄弟扑了个空;其三,他还在蒋介石面前摆出了一个低姿态,让蒋介石放松了对他的警惕。

与此同时,戴笠还在抓紧时间进行着对伪军、汉奸的策反活动。他秘密地邀请被囚禁的张学良,让他写了33封信。这几十封信都是张学良写给原东北军高级将领的，在张学良亲笔信的号召下，许多人纷纷投诚。后来，蒋介石又派出了熊斌负责华东和华南地区的汉奸策反工作，当然在军统的配合、帮助下，熊斌也很顺利地完成了收编任务。

这就是戴笠在抗战胜利前期的主要活动，他将各地收编的伪军、汉奸交给了地方的驻守军队，让这些人辅助正规军在抗战胜利后和共产党抢夺胜利的果实。

第十七章

蒋介石出手，戴笠在劫难逃

五人小组秘密监视戴笠

蒋介石生性多疑，戴笠在争取肃奸大权过程中的表现，不可能不引起他的怀疑和戒备。但是，蒋介石还是把肃奸大权交给了戴笠，但这并不表示蒋介石对戴笠权力的无限扩张无动于衷。其实，早在特务处成立初期，蒋介石便对戴笠采取了一定的防范措施，安插郑介民进军统以及故意引发中统、军统纠纷就是蒋介石采取的招式，只是到抗战期间这两招就没用了，不但中统完全不是戴笠的对手，郑介民也早已被戴笠架空。

之后，蒋介石对戴笠又采取了另外措施——在军统之上设立了由唐纵任组长的侍从室第六组。蒋介石启用唐纵的目的很明显，就是为了更好地控制戴笠，因为唐纵本人不但有心计，有野心，且他对军统内部情况极为熟谙，在军统内部也有一定力量。

在监视控制戴笠方面，唐纵可谓是大大地发挥了作用。抗战中期，蒋介石又直接加委唐纵为军统局帮办，让他直接监视戴笠的一举一动。抗战后期，蒋介石通过要求特务工作实施年度汇报和月度汇报两种制度，加强了唐纵的地位。唐纵也不辱使命，积极贯彻蒋的意图，从各方面对戴进行监视和制约。

尽管如此，蒋介石仍然无法控制戴笠权势的发展。此时，戴笠的权力之大几乎不可想象，他的势力早已是无所不在了，就连蒋身边的侍卫和警卫人员中，到底有哪些是戴笠的心腹杀手，蒋介石都无法弄清楚。长期以来，蒋介石手下虽然派系林立，但是从来没有像戴笠这样一个拥有巨大的权力和力量的人。蒋介石对他的限制和提防也在情理之中。

对于蒋介石的限制和提防，戴笠采取了一系列的应对措施。

具体说应该是从抗战后期开始，向美国军界渗入自己的势力和影响。戴笠安排毛人凤负责军统内部事务对付唐纵，自己则全力以赴抓好中美合作所的一切活动。戴笠的功夫果然没有白下，仅用了两年时间，戴笠就赢得了美国海军界的大力支持以及美国总统罗斯福的关注。戴笠的国际影响力让蒋介石也不得不有所顾忌了。因为美军的支持，戴笠对海军权力开始虎视眈眈了。

除了与美国特务合作，戴笠还全力加强了与国内军政实力派的联盟。胡宗南、汤恩伯、何应钦、宋子文、杜月笙等人都成了他关系深厚的盟友。

内外结盟之外，戴笠还有一个想法，就是将军统改造为政党。他利用息烽集中营的一批高级政治犯潜心研究转型的方案，可惜并没找到可行的方案。

在肃奸过程中，戴笠得到了又一个与蒋介石抗衡的砝码——通过控制周佛海和大批伪军将领，控制汪伪南京政府，使其变成军统的附属机构。

一轮较量之后，蒋介石不但没有削弱戴笠的权力、势力，反而让他得到了发展壮大。蒋介石不得不重新审视戴笠了。

蒋、戴的矛盾发展到这一阶段，蒋介石已经感觉到戴笠对他的威胁。这种局面也迫使蒋介石不得不采取更加有效的手段对付戴笠——成立五人小组秘密监视戴笠。

蒋介石不敢小视戴笠，他决定亲自领导五人小组，小组成员由钱大钧、胡宗南、唐纵、宣铁吾构成。这些人当中，宣铁吾是戴笠十足的冤家对头，同时他又是新任的上海市警察局长；唐纵是全国各特务系统的总协调人，也是蒋介石特意安插在戴笠身边的一颗钉子。

蒋介石认为吸收钱大钧进小组，也实属必要。钱大钧曾先后两次出任侍从室一处主任，且在军政两界屡任要职，与蒋介石的关系可谓根深蒂固。这是他值得信任的一面。另一方面，钱大钧在各界都有同僚好友、门生故吏，这无疑更加方便蒋介石掌握戴笠言行。

蒋介石的手腕高明之处还在于吸收胡宗南为五人小组成员，这是戴笠始料未及的。这是一招险棋，但也是明智之举。其实，蒋介石很清楚胡、戴之间不同寻常的结盟关系，但是，他也把胡宗南的为人看透了。

首先，胡宗南利用戴笠，无非是想拉近与蒋介石的关系。胡、戴之间的关系，虽然有感情的成份，但更主要的还是相互利用的关系，胡宗南想利用戴笠来实现自己在军政方面的目的，而这一目的，只有蒋介石才能帮他实现。胡宗南是聪明绝顶的人，他不可能在蒋、戴的选择中舍本求末。

蒋介石的这一手是高明的。胡宗南对蒋介石明知自己是戴笠结盟伙伴还吸纳自己进入五人小组感恩戴德，感激领袖对自己的绝对信任，他发誓要效忠领袖。

其实，蒋介石无非是要利用胡宗南与戴笠的无话不谈和胡宗南对自己的感激与忠心，掌握戴笠和军统的一些情况，进而采取更有针对性的抑制和削弱戴笠力量的措施。

五人小组的成立使得蒋戴斗法进入了白热化阶段，也是最后一个较量阶段。在这个阶段当中，戴笠在几个月后渐渐有了惊慌之感，不得不采取"以退为进"的应变之策，此为后话。

蒋介石的秘密指示

戴笠掌握接收大权和肃奸大权之后，势力疯狂发展。蒋介石担心再不对他加以抑制，将威胁自己的统治。恰恰这时，国共两党历经43天的谈判，终于签订了《政府与中共代表会谈纪要》以下简称《会谈纪要》，即《双十协定》。

《会谈纪要》规定国民党应迅速结束训政，实施宪政，并要求召开政治协商会议，"保证人民享有一切民主国家人民应享有的身体、信仰、言论、出版、集会、结社之自由，现行法令当依此原则，分别予以废止或修正"，纪要内容还明确提出"取消特务机关，司法和警察以外机关不得有拘捕、审讯和处罚人民之权""释放政治犯"等。

蒋介石是靠特务起家的，他怎么可能取消特务机关呢？但是，借此收回戴笠手中的权力似乎是个不错的机会，于是，蒋介石秘密向戴笠发出撤销军统局，化整为零的指示。蒋介石这一招实在高明，表面上好像是在执行《会谈纪要》的规定，实际上暗中保留了未来反共斗争中特务工作这一筹码，同时还削弱了军统势力对自己的潜在威胁性。此外，以履行《双十协定》为由撤销军统局，戴笠也无话可说。

蒋介石做出撤销军统局，化整为零的决定之后，心里也没底，他想试探一下戴笠的态度，便决定携同夫人宋美龄一同到北平视察。这是战后蒋介石第一次视察华北地区。此行华北，蒋介石还有另外两个目的，那就是检查军统肃奸、接收的情况，布置邯郸战役后的反共计划。

蒋介石耍了个小手腕，提前发给戴笠一封电报，只说近几天他要和夫人到北平视察，但是却没有言明具体的时间。此举无非是想拖住戴笠，不让他随意离开北平，顺带着也可以通过戴笠所做的准备工作考察一下他的忠心。

这个时候的戴笠当然是万不敢怠慢校长的，所以，一听到蒋介石要来北平的消息，戴笠立即召集了在北平的所有特务，让他们全部停下手头的工作，全力以赴地为保证蒋介石及夫人的安全做准备。

戴笠亲自负责布置警卫工作，甚是严密，具体落实到了每条大街、每个活动地点的负责人，明确每个负责人的具体责任。戴笠告诫每位负责人一旦出什么问题，定当以死罪论处。戴笠还规定特务们，统一以"高先生"作为称呼蒋的代号。只要一说"高先生出动"，无论什么时候，北平的大小特务必须顷刻出动，布满大街小巷，对各方面的行动进行严密监视。戴笠这次亲自上阵督导，让特务们丝毫不敢马虎，兢兢业业地做好警卫,生怕有一点闪失。

1945年12月15日下午4时,蒋介石的专机在故宫机场降落。负责警卫的特务立即高度紧张起来,戴笠率领一批大特务列队迎接,并安排蒋介石住进什锦花园吴佩孚的公馆。

安顿好之后,蒋介石对戴笠说:"戴科长,你别走,我找你谈谈。"戴笠以为他要谈平津肃奸的情况,立即把一份资料递给蒋介石说:"报告委员长,这是平津地区肃奸详情,请过目。"蒋介石摆摆手,示意戴笠坐下,然后说:"这些天你不在重庆,你不知道那边多热闹,不光是共产党方面喊着打倒军统,连政府内部要取消军统的人也不少。"

戴笠听后面露尴尬,赶紧说:"学生明白,由于学生秉公办事,得罪了不少人。"

蒋介石不悦道:"不要找这样那样的借口,你们的人确实做了不少见不得光的事。重庆各界代表500多人举行大会,专门提出撤销军统,维护人权;昆明学生罢课也高喊打倒军统。连美国总统杜鲁门也发来电报,让我们执行《双十协定》,其中一条就是取消军统。事到如今,取不取消已经由不得你和我了。"

戴笠听出了蒋介石的用意,沮丧地问道:"难道一点办法都没有吗?"

蒋介石说:"你不在的时候,我已经召开了不少次会议,军统中郑介民和唐纵了解详情,你可以问问他们。我在会议上多次发火,把反对你们的人打压下去。你应该知道,我说的'化整为零'并不是取消,而是保留下来。戴科长,你以为如何?"

戴笠忙道:"谢谢校长对我们的关怀,校长的决策非常英明。只要能把同志们保存下来,不管什么办法我都没意见。"

蒋介石话锋一转,开始询问肃奸和接收的问题。戴笠赶紧把准备好的报告呈上。

12月16日,蒋介石在戴笠的陪同下游览了故宫。这次游览具有一定的象征意义,引起了军政各界人士的关注。

戴笠的应对之策

戴笠深知自己是躲得了初一，躲不过十五。戴笠很清楚蒋介石的为人，一旦他认定要办的事，是非达到目的不可的，取消军统一事，是实难避免的。军统一旦化整为零，他便不能像过去那样掌握合法化的公开机构，戴笠的地位权势、荣华富贵将随着军统的消失而一并殆尽。这也是戴笠迟迟不肯将军统改组的重要原因。取消军统后，自己何去何从，如何保住今天的权势，如何与蒋介石作最后的较量？自得到蒋撤销军统的密令以来，戴笠每天都在绞尽脑汁思考这些问题。

为了减轻蒋对自己的防备心理，戴笠比以往更加卖力地讨好蒋介石，陪同他到西安视察。西安事变对蒋介石来说是忘不了的痛，他想去兰州、西安等地区视察，又有所顾虑。戴笠见机行事，全程陪同，并制定了严密的警卫计划，让蒋介石非常放心。他还亲自布置检查蒋外出期间的安全保卫工作，亲自核定每个警卫步骤，加强戒备，以免有不测发生。蒋介石在兰州期间，警卫人员除了追随蒋介石左右的内侍卫兵以外，还有兰州当地的宪兵、警察。戴笠又从军统兰州特工训练班中挑选了一批优秀的学生担任便衣警察，保卫蒋介石的安全。此外，戴笠和胡宗南一起调动西安所有的军警宪特力量，加强戒备，使西安市区的每条大街、每条巷道，都布置了严密的警戒任务。如此周密安全的保卫工作，让蒋介石非常放心。他也对戴笠的忠心感到非常满意。

在讨好蒋介石的同时，戴笠也开始寻找后路。戴笠清楚，自己的权力虽大，但是特务工作声名狼藉，将来很容易被蒋介石除掉。为了巩固自己的政治地位，戴笠努力地向军界发展，以求在政治上有自己的立足之地。于是，他借助与美国海军的关系，积极谋取美国海军界的支持，希望夺取中国海军领导权。为此，戴笠对梅乐斯阿谀奉承，百般讨好，不惜花费大量时间和精力，陪同梅乐斯到东南沿海沦陷区进行考察，为美军提供第一手材料，以增加美国海军对自己的好感。最后，他终于得到美方支持他向中国海军界发展的认同。

随着反共活动的愈演愈烈，胡宗南在蒋介石心中的分量越来越重，地位也越来越高。胡宗南坐拥数十万大军，成为名副其实的"西北王"。其地位之高，权力之大，黄埔学生中无人能及。戴笠与胡宗南本是至交，向来互相协助。胡宗南每次从西北到重庆向蒋介石作报告之前，必先拜访戴笠。胡宗南每到重庆，戴笠都派人为他安排住处和用车，并代他准备礼物，送给各界政要。当戴笠不在重庆的时候，胡宗南是唯一一个可以直接住进戴公馆的人。

如今，戴笠遭到蒋介石的猜忌，有失去蒋介石宠幸的苗头。于是，他更是费尽心思地与胡宗南巩固关系。每逢重大政治问题，戴笠便与胡宗南相互探讨，希望在重要关头能够借助他抬高自己的政治地位。

戴笠深知反共是军统最好的出路，内战一旦爆发，《双十协定》就不必履行了，蒋介石就不必取消特务机关了。于是，他积极加强反共部署，以便能随时拿出有用的东西来，好让蒋介石感到军统机关意义重大，不可或缺。戴笠认为，只有在反共方面能做出成就，整个军统以及他个人才有出路，同时，还能以此为筹码，在化整为零合法化方面向蒋介石讨价还价。

戴笠所想所做，也是暗合蒋介石心思的。抗战期间，因为国共两党合作，戴笠无法大张旗鼓地反共，这成了蒋介石的心腹大患。就当时形势看，蒋介石最大的心头之患不是戴笠，而是共产党，国共和谈不过是虚晃一枪，用来麻痹共产党、应付国内外舆论，争取更多的准备时间罢了。早在《双十协定》签订后的第3天，蒋介石就向国民党军队发布了反共内战的密令，他在江西剿共时期编写的《剿匪手本》又被重新印刷并在各战区发放。蒋介石先后发动了绥远、上党、邯郸三场战役，但是受到了八路军的强烈反击，一个多月时间，被歼灭人数达十一万之多。邯郸战役中，国民党将领高树勋在前线率众起义。他率所部新八军和一个纵队1.3万人在邯郸前线提出反对内战，主张和平的口号。中共武装围歼了其余两个溃军，俘获了第十一战区副司令长官兼四十军军长马法五。先有高树勋的起义，后是马法五被俘，接连的事件让蒋介石气愤不已，同时这在国民党军队里也造成了不小的负面影响，使国民党官兵的反共信心受到打击。

此种局势在戴笠眼里变成了机会，他想趁机露一手，展示一下自己的反共实力。戴笠向来自负，他自认为手眼通天，没什么办不好的事。他把切入点选在了高树勋投降共党这件事上，他想做一件国民党在战场上做不到的事——派特务从共产党那边重新把高树勋招回来。为此，戴笠专门赶到天津。

但戴笠的愿望落空了。蒋介石只好另寻高招，用叶挺、廖承志与中共交换马法五等高级将领，下令将廖承志与叶挺将军一起关押。接到命令，中统局局长叶秀峰便将其移交军统局。1945年底，军统方面用飞机将廖承志由江西赣州送往重庆，关进了歌乐山看守所。戴笠还特别安排侍从室副官居亦侨说："中统过去对他的待遇很差，我们要对他照顾特别周到些。"戴笠觉得只要让廖承志过得安逸，用高官厚禄诱惑他，就能让他改变心意，回到国民党这边来。但是，令戴笠失望的是，用尽各种手法，廖承志始终坚守要回到中共组织的信念，没有丝毫动摇。无奈之下，戴笠只好于1946年3月4日派军统党政处副处长叶翔之将叶挺将军送到八路军驻重庆办事处，同时派军统总务处处长沈醉把廖承志送到国民参政会，交给了邵力子先生。

在与共产党的军事冲突中，蒋介石没有占到便宜，正苦于无计可施，1946年1月10日，中共中央主席毛泽东发表了《关于停止国内军事冲突的通告》，主张为建立国内和平局面而努力，蒋介石只好借坡下驴，双方进行停战谈判，签署了《建立军事调处执行部的协议》，并组成了三人小组领导下的北平军事调处执行部。国防部第二厅厅长郑介民中将被蒋介石指定作为国民党方面的首席代表。

郑介民不知从何下手，向戴笠请教，戴笠便给郑介民上起课来。他说："停战谈判只是权宜之计，实则不可能谈出什么结果。不管马歇尔还是其他什么人来华，都不过是缓兵之计。一山不容二虎，打，是不可避免的，也是校长的既定方针。延安方面对此心知肚明，并且早有准备。问题的关键是，到底谁的实力更强。共产党的军事力量还是不如我们的，所以，我们就要利用军事调处的机会，对中共展开特工活动。"

戴笠为了加强反共活动，对郑介民的工作显得非常热心，还专程赶赴重庆，向郑介民详细交代了八路军、新四军等中共武装方面的情况，还指示军统局各部门，只要是郑介民的要求一概满足，人、钱、电台、武器、交通工具等，务必足量供给。1946年1月22日，戴笠带着人事处长龚仙舫等大特务再次来到北平，协助郑介民布置在军事调处执行过程中的对共情报工作。安排特务监视执行部中共叶剑英主席、罗瑞卿参谋长、耿飚副参谋长、黄华秘书等人。在戴笠的鼎力支持下，郑介民的对共情报工作顺利展开。

戴笠也放心不下东北的形势。他紧急将文强从锦州前线召回北平，检查、部署东北的活动。文强向戴笠汇报了东北的形势及东北站的工作。当时，东北保安司令杜聿明因突发肾结核病，正住在北平白塔寺中和医院进行手术治疗，只留下熊式辉一人统管东北军政大事。

戴笠问文强："目前的形势利于打还是利于和？"文强答道："打是定局，谈是假象。谈也是为了打，而打则是为了在更有利的条件下占上风。像马法五、高树勋在邯郸送礼的打法，阎锡山在上党地区的打法，简直都是笑话。"戴笠对文强的见解很满意，从包中取出一份文件给文强看，他叮嘱文强这份文件绝对保密。这份文件传达了《剿匪手本》的宗旨，也对时局做了估计：只有打，才能有出路。文强当晚即叫人将这份视若珍宝的密件偷偷复印了一本，以便带回东北，更好地贯彻落实。

在国民党内，很难找到一个比戴笠更了解蒋介石的思想、性格、作风的人了。也是因为如此，戴笠一开始自信地认为蒋介石秘密指令撤销军统局，是为了对付共产党要求取消特务机构的强烈呼声。当时，戴笠感觉政局发展形势不是很明朗，也只好采取听之任之的策略，静观其变。后来，戴笠才发现蒋介石在这个问题上所耍的手腕。

《剿匪手本》重新印发后，蒋介石还下达密令称："此次剿匪是人民幸福之所系，务本以往抗战之精神，遵照中正所订《剿匪手本》，督励所属，努力进剿，迅速达成任务。其功于国家者必得膺赏，其迟滞贻误者当必执法以罪。希转饬所属剿匪部队官兵一体遵悉为要。"戴笠更坚定了自己的看法，蒋介石所签订的《双十协定》只不过是用来应付国内外舆论所做的表面文章而已,所以,军统要想不被裁撤,就必须要在反攻上拿出些真章来。

化整为零,保存实力

《双十协定》签署后,戴笠便马不停蹄地在南京、上海、北平、天津、青岛等大城市之间奔走,一是各地的肃奸事宜需要他处理;二是为了研究出策略,以应对蒋介石撤销军统局,化整为零的秘密指令。他不想让自己苦心积累起来的力量都付之东流,因此必须抢在蒋介石的前面,拿出一套完整的方案,以免陷入被动的局面。

1945年底,戴笠提出"裁弱留强"的口号,即把能力弱的、不好的人员裁掉,把好的、能力强的人员留下来。从军统局的内勤人员中调300人到外勤工作,再从外勤人员中调300人到内勤工作。这也是不得已而为之的办法。同时,戴笠还决定撤销除东北区以外的所有区级组织,将省站作为省范围内的最高机关。

为了转移社会注意力,所有特务组织、特务人员不再以任何名义或任何公开机关作掩护,一律转入地下。这是戴笠根据建立特务处以来的实际活动经验采取的一个关键措施。

戴笠还趁着沦陷区不断被收复的时机,一边调整军统组织,一边注意恢复和建立军统基层组织,扩充军统势力。戴笠对收复后的东北尤为感兴趣,他特别看重东北地区的战略地位,认为东北地区的地理位置相当重要,将来势必会成为国共争夺的焦点,也势必会成为美苏之争的焦点。

1945年底,戴笠把工作能力很强的文强从军统北方区抽调到东北,担任军统局东北办事处主任兼军统东北区区长,副主任和副区长,戴笠则让军统局东北特别站站长陈昶新担任。

戴笠如此安排,对于陈昶新来讲多少有些尴尬,在陪衬的位置上接受文强的监视和控制,他不过是一个傀儡罢了。这正是戴笠要的效果,此举打破了陈昶新所谓"重建东北实力集团"的计划。

后来，关于东北工作计划，戴笠又和文强、陈昶新作过一次交流。戴笠先帮文、陈两人详细分析了接收东北地区的有利条件，戴笠认为美国绝对不会允许苏联独吞东北这块肥肉，美国在青岛的第七舰队在关键时刻就会派上用场，自秦皇岛登陆的美国海军陆战队，迫使苏军从张家口、居庸关撤回库伦就很好地证明了这一点，所以，苏联在处理东北问题上也会有所顾忌的，不到万不得已，他们是不敢轻举妄动的。说到东北军，戴笠自认为与东北军的交情非浅，关键时刻他们是不会为难军统，甚至还会鼎力相助的。至于由交通部长调任东北行辕经济委员会主任委员的张公权，就更没有什么好忧虑的了。戴笠与他是八拜之交，他一定会乐意与军统合作的，经费方面也定会给予支持。

经过商谈，戴笠与文强、陈昶新达成共识——决不能让沦陷了14年的国土，再次落到中共或苏联手里。

军统局化整为零计划的酝酿和策划，一直都是在极度保密的状态下运作的，真正参与其中的，也只有戴笠、郑介民、唐纵，而军统人事处长龚仙舫、代理主任秘书毛人凤等极个别核心大特务负责具体事务的承办，文强、马汉三等外勤特务则根本不知道还有"化整为零"这一说。

面对当时危险且复杂的局面，戴笠觉得不说不行了，于是，让龚仙舫把文强、马汉三找来，让他们到什锦花园吴佩孚公馆开会。

会上，戴笠毫无避讳地问龚仙舫："化整为零合法化的事办得怎么样？"龚仙舫环顾一下左右，样子很紧张，不知如何回答是好。戴笠见状说："在座的都是本局的老同志，不会泄露。没有关系，你尽管说。"

戴笠担心不明内情的特务们听到化整为零的安排后会感到丧气，于是他给大家打气说："世上无论哪个朝代、哪个国家都必须设特务机关，越是喊着取消就越显得重要。目前考虑的是，军统局组织也过于庞大，名声太臭，而且经费不太容易筹集，所以便通过化整为零的手段，进而转换成合法化的身份，也算是针对《双十协定》做点表面文章。我跟了校长30年，深知凡事要多为领袖分忧。"

接着，戴笠向他们解释了化整为零的具体办法：

第一，将军令部二厅、内政部警政司掌握起来，将军统控制的军事情报、稽查和国民党军队各级谍报参谋人员划归进二厅。第二，扩编警政司为内政部警察总署，将军统原先主管的特工警察力量划拨过去，将特工警察划归进警政司。此法很利于全面控制警察方面的行政、人事、教育。至于李士珍派系的人，能容便容，不能容就去之。第三，把改组后的国防部二厅谍参系统和对外使馆的武官系统合法化地全部控制起来，这个工作交由郑介民具体实施。第四，将军统局本部和各外勤机关划拨到司法行政部之下，成立一个调查室。第五，在交通部成立一个统驭全国铁路、公路的警务机构系统即交通警察总署，改编本局的所有武装部队为交通警察部队。

戴笠还很兴奋地说："海军部陆战队司令，我准备推荐李崇诗来担任，从本局武装部队中为其抽拨兵员，或者从其他的方面为其抽调也可。"

龚仙舫听完戴笠的解释才开始详细汇报工作。他汇报了如何把军统人员合法安置到国防部二厅、全国警察总署、交通警察总局三大公开机关的问题，还汇报了全国各特警班毕业生合计15万人的名册，试图为他们争取到中央警校毕业生学籍待遇。

在戴笠看来，要想合法安置军统人员到三大公开机关，最关键的一步就是争夺出任三大公开机关主官的机会。戴笠打心眼儿里希望自己能身兼三职，但是由郑介民出任国防部二厅的主官已是定局，戴笠是争不到的。不过，戴笠认为，由郑介民掌管二厅，总比换一个非军统出身的人当厅长好多了。戴笠估计，交通警察总局局长的职务应该不至于落入他人之手，要么自己亲自担任，要么由自己的心腹出任。全国警察总署是权力大、油水足、安置军统人员最多的一个机构，戴笠甚为重视。但是，想竞争这个职务的对手也非常之多，当时最有实力与戴笠竞争的，应该是李士珍和唐纵两人。戴笠揣摸，他们三人中，蒋介石任命唐纵出任的可能性最大。戴笠深知蒋介石对自己心存芥蒂，本来化整为零的实际目的，就有对付自己的意思，因而应该不会把警察总署交由自己负责。而李士珍只精通警察理论教育方面的东西，在特务工作方面却是个门外汉，因此，戴笠认为，蒋介石应该不会让李士珍来负责警察总署的工作。

　　事实上，蒋介石准备用唐纵的迹象已经很明显了。1945年12月，蒋介石下令撤销委员长侍从室，设立国民政府参军处军务局，任命唐纵为参军处的中将参军，于是，唐纵的工作内容除了为蒋介石主管全国情报外，还兼管有关警政、保安等其他机要文件。自此，戴笠心中已经明白，蒋介石是把自己排除在外，准备内定唐纵出任警察总署署长了。

　　戴笠是个明白人，他知道自己既然不能与唐纵硬来，那就不如干脆和他搞好关系，那样的话，他不仅不会与军统作对，说不定还能够成为军统的帮衬呢。于是，戴笠让沈醉从生活方面给唐纵尽可能多的照顾，唐纵的妻子也成了戴笠"梅园"舞会的常客。

　　戴笠眼看警察总署署长的职位没了指望，于是试图在警察系统内形成忠于自己的势力，以便与唐纵进行抗衡。他暗中进行自下而上的布置，纵容默许军统内部人员成立了一个以夺取全国的警察大权为目标的秘密组织"警坛社"。该社的发起人是军统训练处人事股长邹凤吟和《家风》编辑罗肇棣。他们两人因为职务关系在军统内部交际甚广，活动能力也很强，故而"警坛社"成立不久，仅重庆、武汉两地参加者就多达500余人。戴笠发现这个组织后，趁机因势利导，让军统局人事科科长徐风抢夺了该社的领导权，试图把它发展为自己在警察系统内与唐纵争锋的重要武器。

第十八章

戴笠的私生活

"四不"与"六好"

　　戴笠本是鸡鸣狗盗之徒，年轻时10年的打流生活使他养成了吃喝嫖赌的恶习。追随蒋介石之后,他的权力逐渐膨胀,尤其是抗战开始之后,戴笠的私生活越来越腐化堕落。当然,由于特工头子这一特殊身份的原因,戴笠也有一些好的习惯。

有人把戴笠私生活的特点总结为"四不""六好"。"四不"是指:不喝茶、不吸烟、不照相、不讲究衣着;"六好"是指:好高级轿车、好豪华住宅、好洗澡、好枪、好喝酒、好色。

戴笠青年时代度过了10年居无定所、食无定时的打流生活。在那种情况下,他当然没有坐下来慢慢品茶的闲情逸致。当上特工头子之后,出于安全考虑,戴笠也极少在外面喝茶。此外,戴笠受蒋介石影响很大,他的生活习惯几乎与蒋介石一模一样,蒋介石不喝茶,只喝白开水,戴笠也是如此。由于同样的原因,戴笠也不吸烟,但是他却经常备有名贵香烟、女士香烟和鸦片烟。名贵香烟是用来招待尊贵客人的,女士香烟是用来讨好夫人、小姐的,鸦片烟则是用来招待杜月笙等三教九流的江湖朋友的。

为了保持特工生活的神秘性,也为了自身的安全,戴笠忌讳照相,无论哪个训练班毕业后,举行毕业典礼时他都不参加合影,更不会单独照相。他不准有同学录,更不会去学生家里。戴笠的照片非常少,他从不把照片送人,许多军统的高级特务都没有见过他的相片,那些底层的小特务往往是只听说过戴笠的大名,却不知道他长什么样。一个下级官员提到他时说,他"制造了一个幻象,好像他只是一个名字而已,可能实际上并不存在"。

他从不接受媒体照相,更不会接受采访,因此《柯莱尔斯》杂志称他为"亚洲的一个神秘人物"。有一次,中央社的记者把戴笠与蒋介石在一起的情景拍下来。他得知后,立即派人通知中央社把他的相片销毁,不准洗印,更不准刊登在报纸上。日伪特务曾悬赏20万元缉拿戴笠,并贴出了一张告示,可是没有照片,谁也不知道他的相貌,即使见到了也认不出来。日特务机关的缉拿戴笠计划也就告吹了。

戴笠中等身材,体格健壮,粗犷强硬,走起路来像是脊梁骨上了钢条,步子大而有力;长方形脸,显得轮廓分明,络腮胡须,皮肤黝黑,刮完胡子之后，脸色铁青，加之两道又粗又黑的剑眉，给人一种干练果断的感觉。尖锐的目光咄咄逼人，像是要把人的五官和个性记下来以备日后之用。他的头发较长，平时梳成大背头，一般不戴帽子。他外表中最奇怪的是他那双纤细而优美的手，一个美国人曾这样说："它们奇怪但可爱，不比我的三个手指大。你见他坐在书桌前，穿着丝质的中国长袍，脸上挂着狡诈的微笑，突然出现了中国瓷娃娃般的手。假如你在这以前就知道他是一个残酷的人，那么此时的他就显得更加阴险了。"

戴笠不讲究穿着打扮，他跟在蒋介石身边，并不特别显眼。虽然他的上等衣料很多，但是他的着装很普通。一般是藏青色、灰色或黄色的中山装。他很少改变穿衣的风格和样子，夏天总穿土黄色衣服或者深蓝色（深灰色）的中山装，秋天换一套马裤尼的外套，冬天穿一件深黑色的羊毛大衣。

戴笠患有严重的鼻炎。他说一口浙江官话，但是由于鼻子的问题，说话总是瓮声瓮气的，这使他在一些庄严的场合显得不够斯文。

由于鼻子的毛病，戴笠外出时总是带着从美国进口的洗鼻工具，同时还要带大箱洒满香水的手帕。由于鼻炎的困扰，戴笠的嗅觉很差，常常是香臭不分。这倒也使照顾他日常生活的特务少挨了不少骂。戴笠是一个喜怒无常的人，他的性情难以捉摸，刚刚还和颜悦色，平易近人，转眼之间就变得声色俱厉，满脸杀机，让人不寒而栗。

戴笠生性好动，即使在室内也喜欢来回踱步。戴笠身边的警卫员都认为给戴笠开车比伺候蒋介石还难。因为他坐车时，喜欢坐在前排，而且总是到处乱跑，很少老老实实在车上坐着，他上车之后，一会儿又下车步行。司机要开车跟着他，但是他东游西逛，没有规律，不一会儿就跟丢了。他走路速度相当快，而且以同样的速度要求别人。如果他在前面，忽然叫你过去，你就得很快跑到他面前，否则就要挨骂。

戴笠爱听京剧，高兴了也会哼上几句，有时一人在房中听留声机。戴笠没有宗教信仰，不求仙、不拜佛，却迷信风水之说和麻衣神相。因为天生马相，所以他喜欢徐悲鸿画的马。

戴笠很讲究饮食，平时吃得特别好，尤其喜欢各地的山珍海味和名贵特产。他吃的许多食物是从越南、香港、印度等地进口的，抗战中期以后，又开始从美国进口食品。

戴笠喜好轿车，这既是追求享受的表现，也是进行特工活动的一种需要。他拥有10多辆高级轿车，都是英美等国出产的新产品，并且同一规格、型号、色彩的轿车总要备两部，为的是掩人耳目，方便进行隐蔽工作，也方便逃跑。

戴笠喜欢住豪宅。他在重庆占有的豪华住宅，在国民党政府中无人能及，连蒋介石都比不过他。蒋介石为了展示自己廉洁的作风，在重庆只有上清寺官邸和黄山附近的别墅两处。戴笠在重庆却有十几处公馆，如曾家岩公馆、杨家山公馆、罗家湾公馆、神仙洞公馆、上清寺康庄3号住所等。这些公馆的作用是隐藏自己的踪迹。这个特工头子故意往返于这些住宅之间，几乎没有人知道他住在哪里。

除重庆外，戴笠在兰州、西安、南昌、成都、贵阳、西昌、衡阳等许多大中城市都占有公馆。戴笠一生中到底有多少处公馆，大概连他自己也说不清。

戴笠的公馆装饰都很豪华，从办公室、会客室、卧室、起居室、会议室，到餐厅、卫生间等，全部具备。他经常在公馆大宴宾客。

戴笠很注重个人的清洁卫生，洗澡是他的一大爱好，只要有条件，每天早、晚都要洗澡，有时中午也要洗澡。几乎每换一套干净的外衣，都要洗澡。早晚洗澡的习惯可能也是受蒋介石影响。洗澡对戴笠来说如此重要，因此他的居所洗澡间装修也十分讲究，从墙壁到地面上都要铺有洁白的釉面砖。

抗战前，日本驻四川领事馆被戴笠看重，于是收为自己的公馆。那里装饰豪华，只是有些凌乱。当时任重庆卫戍总司令部稽查处副处长的沈醉亲自带着公馆里的卫士把客厅里的摆设、家具重新布置一番，给人耳目一新的感觉。沈醉是一个细心的人，他发现卫生间的地板砖特别滑，为了让戴笠洗澡的时候方便，不仅命人做了一个防滑的木质踏板，还在洗澡间装上电话分机。

戴笠爱枪如命，他手头备有20多把枪，洗澡的时候都要把枪带进浴室。

他收藏的手枪有纯金外壳的马牌手枪，有美国式长管无声手枪，有袖珍型像打火机一样的小手枪。尽管收藏了很多好枪，但是戴笠的枪法却很差。

戴笠喜欢喝酒，而且酒量极大。茅台酒、白兰地，每次能饮两瓶而不醉。

好色之徒

"六好"中，戴笠最好的是"色"。

戴笠的婚姻是旧式封建包办婚姻。他19岁时与毛秀丛结婚，那时戴笠还是浙江省第一师范学校的学生。毛秀丛是个典型的农村妇女，勤劳节俭，正直善良，胸无大志，甘于平庸生活。戴笠与毛氏虽是结发夫妻，但毛氏是乡下妇女，没有什么文化，戴笠与她毫无共同语言，形容她是个"乡下人"。

戴笠出任复兴社特务处长以后，在南京鸡鹅巷设立53号私人办公室，将母亲蓝氏、妻子毛氏和儿子戴藏宜接到身边。戴笠对妻子以礼相待，总算没有忘记糟糠之妻。

早在1932年，毛秀丛就怀疑戴笠有风流韵事，但是她怕他如怕虎，从来不敢跟他争执。后来，因为戴笠的外遇，他们分居了。戴笠按照他的一贯做法，把毛秀丛的兄弟毛宗亮提拔为总管，任命他在各个训练营地和军统内部当合作社经理一类的职务，负责采购食物杂物。尽管毛宗亮受到戴笠的提拔，但是他却为姐姐抱不平。1939年8月，毛秀丛在上海病逝。戴笠命儿子戴藏宜到上海处理母亲的丧事。戴藏宜奉命将丧事妥善处置，将其母亲的灵柩运回江山县保安乡下葬。

戴笠老婆去世后，抗战形势越来越严峻，戴笠下令禁止军统特务结婚。他自己也带头，坚决表示不结婚。然而，不结婚并不意味着不要女人。戴笠对任何类型、任何年龄的女人都有兴趣，从自己的侄女、女佣到女特务、特务家属、朋友妻女、妓女，只要看上的，就想尽办法得到。戴笠很会讨女人欢心，经常送给女人的东西，大到钻石戒指，小到内衣内裤，样样精通。太平洋战争中，他曾派人到国外为他的情妇购买睡衣、内衣、尼龙丝袜、口红、眉笔、香水等物。但是，戴笠对这些女人从不怜香惜玉，很快就把她们抛在脑后，忘得一干二净。

戴笠在各地拥有很多住宅，目的之一就为了玩女人。他从家乡招来一些年轻漂亮的姑娘在各处的公馆做女佣。这些女佣不仅要照顾戴笠的日常起居，还要为他洗澡时擦背，睡觉前捏脚，当然也少不了被他玩弄。

戴笠对自己手下的妻子也不放过。有一次，戴笠坐车经过军统局人事处科长李修凯家，一下子被李修凯的太太迷住了。他借故把李太太请到戴公馆，并强行留她过夜。第二天李太太回家之后，被戴了绿帽子的李修凯恼羞成怒，用剪刀把妻子的一头青丝剪断，以示恩断义绝。李修凯自知斗不过戴笠，一腔怒气无处发泄，大病一场，最后另觅新欢，重组家庭。可怜的李太太，不但被戴笠强奸有苦无处诉，又遭丈夫遗弃，有家不能归。

这样一个色魔当军统头了，那些军统特训班的女学生和女特务就倒霉了。军统局的很多女特务曾长期被戴笠霸占当作玩物。军统中的女特务知道戴笠是色魔，都不敢到他身边工作。因此，当戴笠想在公馆安装电话小总机时，连一个女话务员都找不到。

戴笠从来不是什么正人君子，如果指望他信守诺言，那么倒霉的只能是自己。军统二处处长何芝园的妻子毛同文为了救弟弟毛烈的性命，不惜向戴笠献上自己的身体。结果她陪戴笠睡完觉后，毛烈的脑袋也落地了。

戴笠为了得到他看中的女人，无所不用其极。一次，戴笠到第三战区看望第十集团军司令王敬久，在宴席上遇到上海大学的女学生萧明和夏文秀。浙江省政府主席黄绍竑本想把义女萧明介绍给王敬久，没想到却被戴笠看中了。戴笠听说萧明擅长京剧青衣，而夏文秀会唱花旦，于是对她们说："蒋委员长听说你们京剧唱得很好，派我来接你们去重庆演出。"第二天，就把她们送到重庆的戴公馆。戴笠强行占有她们，一个多月后，她们被关进息烽集中营。戴笠死后，她们才重见天日。

说到被戴笠糟蹋过的女性中，最可怜的要数军统女特务周志英。周志英本来是临澧特训班的学生。她生得颇为娇艳，平时又爱打扮，所以很快成了戴笠的猎物。当时，戴笠兼任该校政治特派员，校长也怕他三分。从戴笠看到她的第一眼之后，他便打定主意把她弄到手。

戴笠找了个机会对周志英说："下午操练结束后，你到我办公室谈谈话。"周志英本是个贪图虚名的女人，也希望在与戴笠的交往中捞点好处，听到他找自己单独谈话，高兴得跳了起来。

戴笠自然道貌岸然地讲了一通训练的事，又将周志英表扬一番。周志英瞟了戴笠一眼，发现他正用异样的眼光审视着自己，她脸一红，头自然低了下去。

戴笠轻轻说道："周小姐，我们交个朋友好吗？"

这时的周志英隐约感觉到他在暗示什么，但是她不知道如何回答，只是低着头羞怯地笑了笑。

"志英，你是我见过的最美的女人。"

周志英的心"扑扑"地跳着，她抬起头来，问道："真的？"

"那还有假？志英，从今以后，我希望我们俩能经常在一起，你看怎么样？"

周志英被他说得有点动心了。情场老手戴笠很快把周志英引诱上床了。这对戴笠来说只是众多猎艳经历中的一次，但是对周志英来说却至关重要。她兴奋不已，以为自己真的被戴笠看上了，异想天开地做起了戴太太的美梦。她大胆地靠在戴笠胸膛上，搂着他的脖子，天真地问："戴主任，你会娶我吧？"戴笠当然只是开给她一个空头支票。

事后，戴笠为了随时享受周志英的身体，将周志英调到军统局本部。周志英尽职尽责，对戴笠的服侍可以说无微不至。戴笠也是经常说一些甜言蜜语,哄她开心。但是,时间一长戴笠就不耐烦了,因为周志英总是以未来的"戴夫人"自居，动不动就提结婚的事，甚至哭哭啼啼地上演逼婚的戏码，赖着戴笠不走。

周志英抽抽嗒嗒地说："你说，你到底爱不爱我？"

戴笠一听就知道她又要旧事重提，立刻说："当然爱，不爱你为什么把你调到我身边来？"

"那你为什么不娶我？"

戴笠早就准备好了应对的策略："我指定了规定，抗战期间军统所有人员不得结婚。我总不能先破例吧？"

周志英还是不依不饶。戴笠一气之下，便想出了一条对付周志英的妙计。

一天，周志英又缠着戴笠要结婚，她情深意切地说："为了你，我什么都愿意做，只要能嫁给你，就算一辈子为你洗衣服做饭带孩子，我也愿意。"

戴笠说："志英，为了遮掩部下耳目，我决定和你秘密举行婚礼。我让王秘书送你到新房里去，过几天，我就来当新郎官，你看好不好？"

周志英听罢此语，激动得跳了起来。戴笠严肃地说："这是非常时期，我们结婚必须保密，所以你得保证不说出去。"兴高采烈的周志英满口答应了。第二天，王秘书果然来接周志英，向"新房"驶去。王秘书一口一个大人喊得她心里乐开了花。

"夫人，到了，请下车吧！"王秘书说道。周志英下车一看，顿感诧异！不是去曾家岩的公馆吗？怎么这里戒备森严，像个监狱呢？那里正是臭名昭著的息烽监狱。接她的是监狱主任周养浩。周志英问道："怎么来这里？这不是监狱吗？"周养浩说道："请夫人到里面说话。"

周志英进入监狱之后，新娘美梦就破灭了。她的泪水顿时流了出来，然而为时已晚，她在那里一关就是4年。戴笠死后，幸亏当年的总务处长沈醉向保密局提起周志英，周志英才恢复自由。但是，她已经神志失常了。

随着时间的推移，戴笠开始考虑续弦的问题。他觉得蒋介石的成功正是得力于贤内助宋美龄的辅佐，要想在事业上有更大成就，确实需要一个贤内助。于是，他开始着手物色一名贤内助，并按照宋美龄的标准来选美。终于，一个叫余淑恒的女特务进入他的视线。以前，戴笠猎艳只是为了发泄兽欲、纵情声色，他追求余淑恒的目的是为了明媒正娶，因而在做法上更加慎重一些。

余淑恒在上学期间就是有名的高才生和校花。她学的是外语专业，能说一口流利的英语，故为许多人所倾慕。戴笠见到余淑恒之后，觉得她十分优秀，于是想办法把她带在身边，做了随从秘书。当然，这样一位如花似玉的女秘书，怎么能逃脱得了戴笠的魔爪？没过多久，两人就双宿双飞了。这样一来，余淑恒便具有了双重身份：白天是随从秘书，夜晚是秘密夫人。此时的余淑恒有着强烈的进取心，多次提出到美国留学深造。戴笠横竖不让她出国，因为担心她一去不回。

一天，戴笠却忽然提出同意余淑恒赴美留学，把她安排进入麻省理工大学进修，并主动替她办好了护照、签证，订好了机票，余淑恒高兴得几乎跳起来。

喜新厌旧是戴笠的一贯作风，戴笠送走余淑恒的真正原因是他迷恋上了影星胡蝶。

胡蝶遭劫

戴笠一生阅女无数，那么他真正爱过的女人是谁呢？戴老板一生最迷恋的女人是大名鼎鼎的电影明星胡蝶。戴笠迷上胡蝶由来已久，最初只是观众对演员的崇拜。早在20世纪20年代中期，他在上海打流时，胡蝶就已经在上海影坛崭露头角了。那时戴笠想一睹胡蝶的芳容都难，更不用说与她结交了。

到了20年代末30年代初，戴笠追随蒋介石开展特工活动时，胡蝶已经成了名噪一时的巨星。她相继主演了《战功》《秋扇怨》《梁祝痛史》等20余部古装片。甜美的面貌、挺秀的身材、端庄的气质、大方的仪态，使她成为众多观众的偶像。在出演《火烧红莲寺》一片后，胡蝶声名鹊起，红遍了大江南北。

1931年九一八事变后，日本通讯社四处散布谣言，称"九一八"之夜张学良与"天皇巨星"胡蝶欢歌共舞，致使舆论四起，一时之间胡蝶成了"红颜祸水"的代名词。戴笠非常欣赏胡蝶主演的《啼笑因缘》，感慨之余，戴笠免不了做起白日梦来："唉！自己身边的女人虽然很多，可是没有一个比得上胡蝶！跟胡蝶比，天下的女人都是庸脂俗粉，不值一提。"

此后不久，戴笠虽然当了复兴社特务处的处长，但是，在国民政府首都南京，一个小小的处长又算得了什么？而且他还是一个不入流的特务头目，与影星胡蝶的地位相距甚远。但是，这并不妨碍戴笠看胡蝶演的电影。

　　影片中，胡蝶仪态万千，她有时骑马，有时驾车，有时舞花剑，她的一举一动都像仙女一般。也许是职业使然，戴笠看得全神贯注，胡蝶潇洒飘逸的身段、清新不俗的表演，使他赞叹不已。本来，戴笠最喜欢听京剧，但是自从有了胡蝶电影，他的兴趣便发生了变化。

　　然而，当戴笠正沉浸在他的"胡蝶梦"时，日军开始疯狂进攻，国民革命军队节节败退，国民政府仓皇迁都重庆，戴笠奉命跟随蒋介石转移，戴笠的"胡蝶梦"只能暂搁一旁。

　　戴笠迷恋银屏上的胡蝶时，胡蝶已经嫁给了上海的商人潘有声。上海失陷后，胡蝶与丈夫逃难到香港，继续电影事业。香港沦陷后，胡蝶继续留在香港，苟且偷安。可是，日本人找上门来，让她到东京拍一部《胡蝶游东京》的影片，宣传亲日思想。胡蝶拒绝了日本人的要求，准备逃回大陆。胡蝶夫妇与"国际难民救济总署"的杨惠敏女士有往来，于是托她把历年积攒的财物运回去。然而，不幸的是，当胡蝶夫妇抵达韶关时，却得到财物在东江被劫的消息。这些财物是她前半生的积蓄，里面有国际知名人士的赠品，她在香港拍《孔雀东南飞》时特制的衣物，还有一些贵重的首饰和纪念品，很多都是无价之宝。胡蝶听说这些东西遭劫,非常郁闷、焦虑，以致生了一场大病。

　　到达重庆之后，胡蝶投奔好友林芷茗，林芷茗的丈夫杨虎曾任上海警备司令，胡蝶希望他能帮自己找回被抢劫的财物。林芷茗听后感到有些为难，因为自从来到重庆后，杨虎在蒋介石面前失宠，一直在家中赋闲，并没有能力为胡蝶出面。但是为了宽慰这个曾经红遍中国的影后，她说："你放心，杨虎回来我就告诉他，让他派人去找。你现在住在哪儿？不如搬到我这儿来吧，也好做个伴。"胡蝶连忙道谢。其实，林芷茗另有目的，她想借着胡蝶的名气，提高他们家的地位和社交圈。她决定为胡蝶举行一场欢迎宴会，邀请重庆的名流参加。习惯了被崇拜者簇拥的胡蝶已经很久没有参加这种活动了，当然高兴地同意了。

晚上，杨虎听说大名鼎鼎的胡蝶到自己家来了，兴高采烈，觉得自己翻身的机会到了。他早就听说戴笠对胡蝶垂涎三尺，如今胡蝶的求助，犹如天赐良机，他希望借此机会重新做上警备司令。杨虎一下子感到自己的前途一片光明。

第二天一大早，杨虎就将此事告知了军统老板戴笠。戴笠听了杨虎的汇报，果然喜出望外。他当即表态："胡小姐在府上的一切开销由我支付，你们要尽心招待好她，为她提供最高档的生活用品和日常饮食。如果怠慢了她，我决不轻饶……"

杨虎连忙说："是！"

胡蝶夫妇在杨公馆住下后，果然被照顾得很周到。林芷茗给她送来欧洲的寝具、美国的化妆品、法国的香水。这些都是胡蝶过去所熟悉，然而已经很久没有享受的。她不禁起疑，问林芷茗为什么生活得这么好。林芷茗拉着她的手说："这是戴老板吩咐的，明天我和杨虎为你举行欢迎宴会，到时候我介绍你和戴老板见面。你对他要客气一些，找回箱子的事还得指望他呢。"胡蝶在电影界打拼多年，自然知道林芷茗在暗示什么。

第二天，杨公馆亮起了水晶灯，杨虎和林芷茗夫妇精心准备了一个盛大的宴会。花厅里坐满了客人，国民政府军统特务首脑戴笠姗姗来迟。杨虎夫妇满脸堆笑地迎上去和他握手问好。戴笠故作谦卑地说："今晚杨司令在官邸设宴，为大明星胡蝶接风洗尘，希望大家玩得尽兴！"

这时，热烈的掌声响起，人们把目光投向旋转楼梯，只见盛装的胡蝶提着裙摆，戴着闪闪发光的首饰，款步走下楼梯。顿时，她像一颗璀璨的明珠一样照亮了整个大厅。

虽然戴笠早就在银幕上见识过胡蝶的美貌，但是见到她本人的时候，还是看得呆了。她那端庄俏丽的容貌，含情脉脉的眼睛以及两颊若隐若现的酒窝深深地吸引着他。戴笠径直朝她走去，胡蝶大方地伸出手。戴笠握手之后，却久久不放开。胡蝶忍不住笑出声来。

林芷茗赶紧过来解围,向两位介绍到:"这位是戴笠戴老板,这位是刚从香港回到大陆的胡蝶女士。"

戴笠趁机松开了手,一番客套的寒暄过后,大厅里响起优雅的音乐声。戴笠就迫不急待地邀胡蝶共舞。丢失财物之后,胡蝶一直情绪低落,对什么都不感兴趣,可是她明白不能拂了这位大人物的好意,因此她只好将手递给戴笠,跳起舞来。身为风月老手的戴笠清楚,要想赢得美人青睐,当务之急是必须在失踪的箱子上面大做文章。戴笠立刻表现出绅士风度,坐到胡蝶身边,对她说:"胡小姐放心,财物丢失的案件包在我身上。我保证一个月内帮你追回来。"胡蝶听后,果然喜笑颜开。

戴笠吩咐杨虎:"胡小姐财物丢失的案子就交给你来办。尽快把杨惠敏抓起来审查!"

杨虎高兴地行了个军礼,说道:"是!老板放心,派几个警察花点时间就可以破案。"

在戴笠的关照下,杨虎把杨惠敏抓起来,关进息烽监狱,并对她严刑逼供。但是杨惠敏坚持说自己是清白的,并非监守自盗,她住店的时候,一群人把东西抢了,她并没有看清是什么人。

杨虎只好如实向戴笠汇报。戴笠让他列出胡小姐丢失的财物清单,万一不能破案,他将按胡蝶所列出的丢失物件名称,买来归还失主。

后来,在戴笠的催促下,胡蝶遭劫一案终于破获了。劫去胡蝶财物的是东江大盗王虎,杨惠敏是无辜的。法国的香水、意大利的皮鞋等物品已经被卖出,戴笠则派人买来交给胡蝶。胡蝶的财物找回来了,自然对戴笠非常感激,态度也有所转变。

终成戴笠猎物

寄人篱下的感觉及各种各样的应酬,使胡蝶夫妇感到住在杨公馆很不方便。潘有声想安置个属于自己的家,于是,和几个朋友一起开办了一家公司,从事茶叶和木材生意。他只想尽快赚些钱,为全家找个像样的住处。

一天，有人按门铃说："请问胡小姐是住在这里吗？"

胡蝶以为是影迷找来了，进来的却是几个穿着制服的人，为首的冷冰冰地说："你丈夫潘有声的公司私藏枪支被告发，他已经被警察署关押了。你可以为他准备一些换洗的衣物送去。"

其实这是戴笠使出的另一个手段，目的是让胡蝶求助于他。果然，在林芷茗的撺掇下，胡蝶来到戴笠的公馆。戴笠假惺惺地听了胡蝶的讲述后，深表同情，当着胡蝶的面，立刻叫人放了潘有声。胡蝶刚回到杨公馆就看到丈夫从一辆吉普车上下来。胡蝶立刻扑上去，抱住他，两行热泪流了下来。

胡蝶虽然对戴笠很感激，可是佳人心有所属，戴笠也无可奈何。为了达到霸占胡蝶的最终目的，他开始想办法除去潘有声。

杨虎为了讨好戴笠，又为他出谋划策："要不然把姓潘的关起来吧！"

戴笠摇摇头："胡小姐不是水性杨花的女人，如果硬来就会引起她的反感，导致全盘皆输。所以对她不可造次，不可操之过急。"想来想去，他觉得最好的办法是调虎离山，将潘有声吸引到重庆以外的地方去赚钱，让他和胡蝶两地分居。

杨虎说："把他调到昆明去做生意吧。"

戴笠说："你去安排吧，一定要注意不着痕迹。"

杨虎把这个任务交给了妻子林芷茗。林芷茗找了个机会故意对潘有声说："我听老杨说昆明的生意很好做，潘先生有没有兴趣去？"

潘有声在杨家吃住快一个月了，心里过意不去，听林芷茗这样说，自然听出了弦外之音，连忙问："昆明有什么生意可以做？"

林芷茗说："现在战事紧张，缅甸那边有大量的军用物资从昆明运过来，我听老杨说现在缺个战时货物运输专员。如果潘先生有兴趣，我可以帮忙说说。现在这样的好差事很难找，又体面又能赚钱，比做小本生意强多了。"

潘有声考虑到这个职位要往返于昆明和重庆，不能和胡蝶在一起，所以有些犹豫。

林芷茗继续说："潘先生放心，瑞华（胡蝶的原名）可以留在我这儿，我一定会好好照顾她。"

杨虎则说："我可以配一个副手供你调遣，这样你就可以随时回来看看了。这个机会很难得，你要早做决定啊！"

潘有声在他们怂恿下，终于点头同意了，没几天就动身去昆明任职了。此时，他已经明白戴笠对胡蝶不怀好意，把他"发配"昆明，无疑是想趁机霸占妻子。但是，一方面为了谋生，一方面惧于戴笠的权势，潘有声只好忍气吞声地走了。

潘有声走后，胡蝶变得空虚起来，而杨虎夫妇似乎成了大忙人，半个月都见不到他们。她特别希望有人能陪陪她。这天，戴笠和林芷茗一起来看望她。戴笠看了看胡蝶的卧室，说："杨公馆的房子太小了，阳光不充足，长期住这里对身体不好。"

胡蝶笑着说："这里已经够好了，只是我一直住在这里给杨先生和杨太太添了不少麻烦，心里很过意不去。"

林芷茗趁机说："戴老板说的是，现在有一些从上海逃难来的亲戚，我都要一一安排，难免让胡小姐受委屈。戴老板，您不是有很多公馆空着吗？何不借一处给胡小姐住，总比在我家挤着强。"

戴笠听后，爽快地说："我怎么没想到这一点，如果胡女士不嫌弃，就请你暂住在曾家岩公馆吧。反正那里也空着，你们一家住着也方便。"

胡蝶是个聪明人，她知道戴笠对她有意思，而林芷茗在和他唱双簧，她也知道自己躲也躲不过，于是莞尔一笑，点头说："那就谢谢戴老板了。"

不久，胡蝶带着母亲和孩子住进了戴笠的曾家岩公馆。她没有把这件事告诉远在他乡的潘有声，因为她对丈夫有负疚感。她说不清自己对戴笠是什么心情，有恐惧、有敬畏，也有感激。在这个飘零乱世，她没有权力掌握自己的生活，能被戴笠这样一个有权有势的人保护，她可以安心一些。

搬进曾家岩公馆之后，胡蝶完全成了一只笼中小鸟，戴笠以保护她为由下令侍卫牢牢守住这座公馆，任何人不得擅自进入，里面的人也不得随便出去。胡蝶不能离开公馆，感到很寂寞。戴笠每天过来两个小时陪她说话，讨她欢心。时间一长，她越来越盼望着戴笠的到来。戴笠懂得放长线钓大鱼的道理，他的目的是彻底征服胡蝶。

戴笠曾经有过那么多情人，讨好女人自然有一套。胡蝶在他的百般呵护下，日子过得还算舒心。一天，戴笠和胡蝶共进晚餐的时候，戴笠一脸真诚地向她告白，无非是"我想照顾你一辈子"之类。胡蝶被他感动了，"难道这个戴老板真的爱上我了吗"？戴笠在她发愣的时候，一下子扑过去抱住她。两个人像初恋的情人一样拥抱在一起。然而胡蝶的内心充满矛盾，她不知道自己这样做对不对。

戴笠好像看透了她的心思，安慰她说："你不用担心，有我在，你不用害怕任何事。"

胡蝶低声啜泣着："求你不要对潘有声下手,他是我丈夫,我不想离开他。"

戴笠虽然想和胡蝶做夫妻，但是他知道不能操之过急，只好暂时答应她。此后，他把胡蝶接到自己常住的杨家山公馆，让她天天陪在自己身边。

可是，胡蝶并不喜欢杨家山公馆，她抱怨说，这里前面也是山，后面也是山，连一个可以散步的花园都没有。戴笠听后，立刻下令在公馆前建造一个花园。不到一个月，一座考究的花园就建成了。戴笠花费了近一万银元的代价购买了各种名贵的奇花异草。在同居期间，戴笠和胡蝶每天早晚总要去花园散步。但是，戴笠看得出来，美人并不开心。

胡蝶虽然生活在这样优越的环境里，但是不能与自己的家人在一起，也不能与自己喜爱的影迷见面，一切社交活动都受到限制，难怪她整天闷闷不乐。她已经无法回到原来那个纯洁、坦率的胡蝶，那个跟着老实的商人过日子的妻子,那个准备着为电影贡献一生的演员。她觉得自己的人生是个悲剧，那个受观众爱戴和拥护的影后胡蝶已经死了，不会有人再瞧得起她，她也不能再从事自己热爱的电影事业了。每每想到这里，她就会潸然泪下。

为了显示真心，博胡蝶一笑，戴笠决定为胡蝶建造一处规格、设施远远超过杨家山公馆的别墅。经过比较，他最终选择了神仙洞附近的地皮，那里环境幽静、风景优美，便于隐居。胡蝶看后也表示喜欢。

戴笠为了避免有人打扰，把这处住宅弄得很神秘，门口还设有岗亭。卫兵只知道里面住着达官贵人，但是不知道是什么人。房子很快就修好了，戴笠带胡蝶来看房子。青砖砌墙的楼房，罗马柱样式的大门，朱红的地板和楼梯，精雕细刻的栏杆，青石板铺就的小院，直径约一米的大黄葛树，手指粗的藤蔓……房间布置得金碧辉煌、光彩夺目，一切都符合胡蝶的心意。甚至在三楼还有一个宽大的电影放映厅，里面的座位全都是进口的单人或双人的小沙发，这在当时的重庆是独一无二的。胡蝶美丽的脸上容光焕发。看到佳人如此开心，戴笠也非常高兴。

当胡蝶准备搬进豪华的新居的时候，她的丈夫潘有声却非常苦闷。虽然赚钱不少，但是却完全受时局摆布，行踪不定，完全没有自己的时间，更没有机会回到重庆。他经常想念胡蝶，可是每次给家里寄出书信和钱款之后，都是音信全无，胡蝶也没有跟他联系过。他不由地担心起来，于是想办法从昆明回到重庆，急匆匆地跑到杨公馆。林芷茗见到他后，冷淡地说："胡蝶啊，早就搬走了。"

"什么时候搬走的？去哪儿了？"

"搬到戴老板那里了。你走之后，她孤苦无依，戴老板很照顾她，她自然要有所表示了。"

潘有声听后，心如刀绞，痛恨交加。自己堂堂一个七尺男儿，连自己的女人都保护不了，有何面目活在世上？他跑到军统局本部求见戴笠，可是投了几次名片，都石沉大海。他不惜重金，四处托人周旋，可是没有人敢过问戴笠的私生活。潘有声叫天天不应，叫地地不灵，只好到酒店喝闷酒。

这时，一个矮个子男人出现在他面前，笑眯眯地看着他。喝得醉醺醺的潘有声没好气地说："你是谁？给我滚！"

这个男人并不生气，回答道："我是戴笠的秘书王汉光，你不想跟我谈谈吗？"

潘有声一听到"戴笠"的名字，马上清醒过来。

王汉光冷笑道："潘先生为找我们老板，闹得满城风雨，其实大可不必。

潘先生要想解决问题,也很容易。我劝你现在考虑清楚,多动脑子,少动感情。"

"有话直说!"潘有声大声嚷道。

王汉光从包里掏出两样东西放在桌子上,一个是厚厚的纸包,另一个是药瓶。他说:"潘先生是聪明人,现在摆在你面前的只有两条路。一条是执意带走胡蝶女士,那你现在就把这瓶药吃下去。第二条是离开重庆回到昆明,那这包钱就是你的了。"潘有声的心在滴血,犹豫再三之后,把手伸向了厚纸包。

1946年,特工头子戴笠似乎对胡蝶动了真感情,他煽情地说:"我今生最大的心愿,是与你正式结为夫妻。我是真心爱你的,其他什么事都不能改变我对你的爱。为了你,我什么都可以不要。我想和你正式结婚。"

要想与胡蝶结婚,必须先让胡蝶和潘有声解除婚约。为了与胡蝶正式结婚,戴笠再次安排手下人拘押了潘有声,并暗中让人诱劝他解除与胡蝶的夫妻关系。然而,1946年3月,戴笠因飞机失事死了,他梦想中的婚礼也就成了泡影。

戴笠与郁达夫之死

郁达夫不仅是中国现代著名的小说家、散文家、诗人,还是一位著名的革命烈士。夏衍先生曾说过:"达夫是一个伟大的爱国者,爱国是他毕生的精神支柱。"郁达夫在文学创作的同时,也积极参加各种反帝抗日组织,进行各种抗日宣传活动。

郁达夫本来在国内进行抗日活动,1938年12月赴新加坡主编《星洲日报》等报刊副刊,在办报的同时从事抗日救国活动。星洲沦陷后,郁达夫流亡到苏门答腊。因为郁达夫精通日语,被迫做了日军的翻译。这期间,郁达夫还利用翻译的身份,暗暗救助、保护了一大批文化界人士和爱国华侨、本地居民。1945年8月29日,郁达夫在苏门答腊失踪;9月17日,他就被日本宪兵秘密杀害了,终年49岁。

郁达夫的死，与军统王戴笠有一定的关系，这主要是因为郁达夫远赴新加坡与戴笠有很大关系。郁达夫与戴笠有牵连，在于他们之间的一个女人——王映霞。

王映霞是郁达夫的第二任夫人，她1908年生于杭州，是有名的"杭州第一美人"，20岁时嫁给了32岁的郁达夫。这对才子佳人在西子湖畔举行的婚礼，轰动了整个杭州城。当时柳亚子还赠诗郁达夫，其中一句"富春江上神仙侣"传诵一时，令无数爱情男女神往不已。1933年4月，郁达夫全家从上海迁到杭州。在这座美丽的城市里，郁达夫用一年的时间，并花费了所有的积蓄，修造了他和王映霞的爱巢。郁达夫为新居起名为"风雨茅庐"，希望这里能成为趋避乱世的世外桃源。不过作为女主人的王映霞，凭着美貌和优雅很快就成了杭州上流社会的交际明星，这所"桃源"也很快就变成了社会名流和政界要员的重要交际场所。郁达夫骨子里还是一个书卷气浓的文人，他习惯于安静幽雅的写作环境，对觥筹交错的交际场根本不适应。于是，这对神仙眷侣的感情世界很快出现了裂痕，后来郁达夫干脆搬出"风雨茅庐"，来逃避夫妻间的矛盾。

郁达夫与王映霞分居不久，就应福建省主席陈仪的邀请，南下就任福建省政府参议去了。而王映霞独守空巢，继续穿梭于名流政要之间。这期间，她结识了浙江省教育厅厅长许绍棣。二人一见如故，很快就传出了绯闻。郁达夫听到传言后，半信半疑，后来回到家中看到有许绍棣的书信，就大发雷霆，与王映霞吵得不可开交。夫妻矛盾越来越深，最后到了无法挽回的地步了。此时正值战乱，王映霞带着母亲和三个儿子在富阳、丽水和汉口等地避乱。二人的关系闹僵后，郁达夫连她的地址都不知道。到1938年7月5日，郁达夫在汉口《大公报》第四版刊登《启事》，全文内容如下：

王映霞女士鉴：

乱世男女离合，本属寻常，汝与某君之关系，及搬去之细软衣饰、现银、款项、契据等，都不成问题，惟汝母及小孩等想念甚殷，乞告一地址。

郁达夫谨启

这则启事，将隐私和家丑全部曝光了，"汝与某君之关系"一句则是指责王映霞红杏出墙，令王映霞颜面无存，这也导致二人婚姻的彻底破裂。1938年12月，郁达夫去了新加坡，从此就再也没有回国了，直到在苏门答腊被日本人杀害。

有许多人都曾猜测，郁达夫写的"某君"就是许绍棣。这种猜测流传了几十年，直到1993年8月，老诗人汪静之在泰国《亚洲日报》上发表了《王映霞的一个秘密》一文，才将"某君"与军统头子戴笠联系起来。

在这篇文章中，汪静之以知情人的身份，第一次公开了戴笠与王映霞的关系。他在文中追忆了一件事：1938年春夏之交，汪静之一家和郁达夫一家都在武昌避难。王映霞突然向汪静之求助，说自己想堕胎，担心在战争时期逃难不便。但是医院有规定：妇女堕胎一定要男方同来。王映霞说郁达夫正随前线慰问团在外地劳军，很长时间都不会回来。她与汪静之的夫人符竹因是浙江女子师范学校的同学，就请他们夫妻帮帮忙，"借"男人一借，也就是请汪静之冒充丈夫，陪她去医院。王映霞的理由是："静之是最忠诚老实的，达夫最信任他；如果请别的男人陪我去，达夫会起疑心的。"汪静之夫妇没有怀疑，就同意了。后来过了很长时间，汪静之去拜访郁达夫，不料郁达夫还没有回武昌，却意外地听到郁达夫的长子郁飞满脸愁容地说："昨晚姆妈没有回来。"汪静之有些惊疑，就向王映霞的母亲探问，王母并不清楚女儿的事情，就随口说道："是一部小汽车接走的。"第二天，汪静之再访郁达夫家，见到了王映霞。王映霞在言谈间不断赞叹戴笠家的花园洋房多么漂亮，室内装饰多么豪华。汪静之这才明白她昨晚去了哪里，同时也对她要求自己充当"代理丈夫"、暗中堕胎的秘密有所顿悟。

戴笠是何等人物，汪静之非常清楚，所以他根本不敢把这件事告诉郁达夫，他担心郁达夫一时冲动，会遭来杀身之祸。后来郁达夫奔赴新加坡，郁达夫与王映霞离婚，郁达夫遇害，甚至在1946年戴笠坠机身亡后，汪静之都严守这个秘密。因为他考虑到王映霞已经再婚，有了新家庭，他不想扰乱王映霞现在的生活。

戴笠还曾帮助王映霞的新丈夫钟贤道找工作，在上海光复后，对他们也多有关照，可见戴笠对王映霞确实不一般。戴笠一生风流成性，只是他的身份特殊，身边的许多女人都没有曝光，王映霞是否是其中一个，令人不得而知。

1993年，沉默了半个多世纪的汪静之，想到自己日益衰老，不能将这个秘密永远埋藏。他要让郁、王之间的恩怨是非真相大白，要为老友郁达夫鸣冤，同时也给那段尘封的历史一个交代，所以他用这篇文章解开了这个隐藏多年的秘密。这也让我们恍然大悟：原来破坏郁达夫"燕垒"的"蛇鼠"，除了许绍棣，还有一个阴险恐怖的军统王戴笠。郁达夫"有家归未得"，只能无奈万里投荒。最后他死在异国他乡，不能说与戴笠无关。

第十九章

葬身戴山

孙殿英的南京之行

孙殿英，河南省永城人，是民国时期的军阀之一。孙殿英出身贫寒，其父与清朝旗人斗殴，失手将人打死，被捕入狱，后病死狱中。父亲死后，母亲对孙殿英愈加宠溺，以致其养成了刁钻顽劣的性情。

学童时期的孙殿英，常与同学打架斗殴。他还经常与市井混混在一起，因而学了一身的痞气。长大一点的他以赌博为生，天天混迹于赌坊之中。后来，他又贩卖鸦片，凭借聪明的头脑和不惜血本的各方打点，其毒品生意倒也做得有声有色。他经营的鸦片，远销上海等地。这些毒品，给他带来了源源不断的利润。

民国初年，军阀连年混战，割据称王者比比皆是。此时的孙殿英也乘势而起，纠集了一批土匪、赌鬼、烟贩之流，组成队伍，称霸一方。早年，孙殿英投靠在姜桂题部下。稍后，他又率领部下投奔"庙道会"会长李凤朝。两年后，他便投机钻营成"庙道会"的会首。为了谋取更大的势力，孙殿英又先后投奔了豫西镇守使丁香玲、国民军第三军副军长叶荃等人。后来他又转投直系军阀张宗昌，被张宗昌收编为第三十五师，孙殿英被任命为师长。后来，孙殿英率部与国民党作战，被打败后，率残余部队退往天津，后又退往蓟县、马兰峪一带。这时，惯于见风使舵的孙殿英见势不妙，遂投靠国民党。蒋介石将孙殿英部队收编后，任命其为第六军团第十二军军长，在河北遵化一带驻防。

1928年春，原被奉系收编的惯匪马福田叛逃到清东陵旁的马兰峪，在探知东陵无人看守的情况下，马福田便伙同其他匪徒潜入东陵盗宝。闻听马福田盗宝的消息后，孙殿英立即派兵赶赴马兰峪，将马福田等匪徒赶跑。打垮了马匪后，孙殿英以军事演习的名义封锁了马兰峪东陵。自此之后，孙便开始了秘掘东陵的盗墓行动。

对于孙殿英来说，清代皇陵是其垂涎已久的一块肥肉。当国民革命军派孙殿英率部到冀东一带剿匪时，他看见被拆毁的东陵殿宇木料被大量盗运。从这时起，孙殿英便对马兰峪东陵起了不义之心。当时，孙殿英的部队正面临着严重的考验。1928年，正是军阀混战、民不聊生的荒乱岁月。在财政赤字、国库亏损的情况下，蒋介石对不属于正规军的孙殿英部队也是另眼相看，经常克扣其粮饷。在供给严重不足的情况下，军心浮动，常有开小差的事情发生。如果上面再不拨给粮款，恐怕到时会引起更大的骚动。为了摆脱眼前的困境，孙殿英开始了东陵盗宝的计划。

1928年夏，孙殿英在河北省遵化县制造了一起骇人听闻的盗陵窃宝案。孙殿英先是派人炸开了慈禧太后的定东陵，将里面的宝物洗劫一空后，他又派人掘开了乾隆皇帝的裕陵。在墓地，他亲自清查宝物，得珍珠、翡翠、玉石、象牙、雕刻、字画、书签、宝剑等无数。

随后，他派人将宝物装箱，加封盖章后将其运回军营。

东陵盗宝案被媒体披露后，全国舆论一片哗然。一些民众团体纷纷电请国民政府，呼吁彻底查办，严惩主谋。清代皇室，包括居住在张园的溥仪等人也纷纷上告到了蒋介石那里。一时之间，全国轰动。东窗事发后，孙殿英觉得事态严重，为平息风波，他四处活动打点。最后，东陵盗宝案不了了之。

孙殿英掘墓盗宝之后，便率部移驻延庆、南口一带。不久，全国军队缩编，各军缩编为旅，孙殿英任四十二旅旅长。1929年初，孙殿英又率部开往胶东，后因部队改编，遂率部移居河南商丘。

国民政府军队北古口之战失败后，察哈尔抗日同盟军领袖冯玉祥试图争取孙殿英联合抗日。但是，孙殿英在戴笠的开导之下，决定放弃抗日。1934年，孙殿英率部开赴青海。他原以为这样既能屯兵守土，又能远离内战漩涡。但是，他万万没有想到，就在其率部西进的时候，蒋介石却在背后将了他一军。原来，孙殿英部队西北推进后不久，蒋介石就给宁夏军阀马鸿兵和马鸿逵发去了电报。电报中，蒋介石声称他并不支持孙殿英出兵西部抢占地盘。这一声明，无疑挑起了二马对孙的排斥与愤怒。于是，他们联络青海军阀马步青和马步芳后，对孙殿英的部队发起了进攻。

孙殿英被马鸿逵等人打败后，紧接着便被何应钦撤去了诸多职务，其部队粮饷也被停发。当时，孙殿英已经掌控不了自己的军队，许多部下纷纷在阵前倒戈。就在孙殿英进退维谷之际，军阀阎锡山又出兵阻断了他的归路。此时，四面楚歌的孙殿英顿时成了真正的孤家寡人，无奈之下，他只得只身到山西太原晋祠隐居。

七七事变后，孙殿英图谋东山再起。在一个雨夜，他只身溜回了北京。后来，孙殿英向二十九军军长宋哲元借了500支枪。接着，他便从北平出发，一路上收容散兵游勇，队伍规模随之扩大。当孙殿英到达石家庄以北的长寿时，其手下竟然多达2000余人。此时的孙殿英意识到，要想在政治上有所建树，就必须请蒋介石为自己的部队"正名"。只要有了合法的身份，就能够招兵买马，进一步扩大自己的实力。由此，他想到了蒋介石身边的红人戴笠。虽然之前他们有过接触，但自天津一别之后，孙殿英就与戴笠失去了联系。为了探底，孙殿英先派自己的一个亲信通过关系与戴笠取得了联系，随后他又请驻防保定的第二集团军司令刘峙电请蒋介石召见他。做好这一切准备工作后，孙殿英便携带着从东陵盗取的大批珍宝动身去南京了。

1937年8月上旬，孙殿英抵达南京。当时，南京城里骄阳似火。在鸡鹅巷53号，两个阔别多年的老对手相遇了。孙殿英是个惯于见风使舵的人，他明白自己现在的处境，他也清楚此次与戴笠见面跟几年前与其在天津的见面大不相同。为此，孙殿英一进门便密切地关注着戴笠的表情。寒暄过后，孙殿英便将随身携带的宝物给戴笠一一过目。宝物当中最为名贵的是一颗夜明珠。这颗夜明珠是东陵盗宝时，从慈禧太后嘴里掏出来的。看到这一宝物，戴笠建议将此夜明珠送给蒋委员长的夫人宋美龄。接着，孙殿英又拿出了另一件宝物——翡翠西瓜，这是慈禧太后在墓中用的枕头。看到翡翠西瓜，戴笠异常兴奋，他建议孙将这一宝物送给宋子文。最后，孙殿英将随身宝物全部拿出，悉由戴笠一一做主安排。之后，孙殿英又悄声许诺戴笠，要送给其一件稀世珍宝——龙泉宝剑。此剑长五尺，上面雕有九条紫金龙，象征"九九归一"的至尊皇位。孙殿英说，这把宝剑是从乾隆皇帝墓中盗得。得此宝剑后，他一直把它藏在一个隐秘的地方。此次来南京，不便随身携带，日后他一定将此宝剑献上，届时一切事宜都将交由戴笠处置。听完此事，戴笠会意一笑，当即答应承办此事。

献宝完毕，孙殿英才向戴笠挑明了南京之行的真正目的。他说，自己想请戴先生帮忙在蒋委员长面前打通关系。他吹嘘自己实力雄厚，现有人枪近万，还可以号召旧部数万，进可以与日本军队决一雌雄，退可以与共产党一争高低……

孙殿英的这套把戏当然骗不过戴笠，只是他不愿点破而已。在他看来，孙殿英绝非等闲之辈，况且其说辞也符合蒋介石之意。抗战初期，正是用人之际，此人如果善加引导，便可为己所用。这样一举两得的美事，戴笠当然乐意去做。

经戴笠安排，蒋介石如期接见了孙殿英。一见面，他便给了孙殿英一个下马威。蒋介石直言不讳地指出其历史不大清白，要借救国之际好好表现一下自己。孙殿英是何等市侩人物，听蒋介石如此训斥自己，他连忙跪地宣誓。

孙殿英的南京之行，可谓是收获颇丰。从蒋介石办公室出来后，他得意地笑了。表面上，他对戴笠毕恭毕敬，感激异常，实际上，他不过是利用戴笠是蒋介石心腹和亲信的地位达到了自己"正名"的目的。

奉命清查孙殿英

孙殿英要利用戴笠，这一点戴笠心里非常清楚。他之所心甘情愿地受其摆布，目的不过是想借此拉拢、控制孙殿英。1937年，孙殿英去南京献宝的时候，戴笠便借助"正名"一事加强了对孙殿英的控制。他知道，孙殿英是个惯于借机行事的"随风倒"，为此，戴笠对孙殿英始终不敢掉以轻心。孙殿英南京之行，被蒋介石授予冀察游击司令之职。在南京，戴笠与孙殿英谈定，要在冀察游击司令部里成立联络参谋室。这样军统特务严家诰就可以以军委会联络参谋的名义对孙殿英实施严密的监控。作为交换条件，孙殿英可以在南京设立一个办事处。此办事处的任务就是跟戴笠保持联络，以后孙殿英的粮饷、军费、武器装备，均由办事处与戴笠接洽后给予补充。

1939年，蒋介石的政治重心开始转移——由原来的对外抗日转变为消极抗日，积极反共。在国民党五届五中全会上，蒋介石提出了"溶共、防共、限共、反共"的政策。为此，他还设置了专门的"防共委员会"。会后，蒋介石特别找戴笠谈话。他说："当前，有不少地方实力派控制的军队中钻进了共产党员。有些共产党员在相当程度上掌握了地方军队的领导权，这样很容易形成与国民党中央军相抗衡的力量。"他还告诉戴笠，据可靠消息称，刚被改编为新五军的孙殿英部队就混进了大批共产党人，其副军长邢肇棠就是共产党人。他语重心长地对戴笠解释说："控制了孙殿英，就等于保住了国民党的根据地。"为此，蒋介石要求戴笠以校阅新五军为名，视察华北太行山区的部队，借以控制孙殿英，逼其反共。最后，他还特别交代戴笠，对其他地方实力派控制的军队组织和群众抗日武装也要照此办理。

戴笠受命后，立即加强了对孙殿英的控制。他除了派严家诰继续以新五军高参的名义追随孙殿英部队行动外，还加派徐静远和张振远以"军事委员会平汉路北段爆破总队"正、副队长的身份率爆破队亦步亦趋地监视孙殿英。另外，他还特意成立了军统局晋东南站，命山西人乔家才为站长，重点监视孙殿英部队的一举一动。

为了防止孙殿英通共及投降日伪，戴笠以校阅新五军为名动身前往华北太行山区。戴笠此行，一方面是为了清查孙殿英的通共行为，另一方面则是向其讨要龙泉宝剑。

戴笠到达新五军驻地后，便开始了深入细致的调查工作，结果，他发现新五军里果真混进了不少共产党人。这些共产党人活跃在孙殿英身边，孙殿英似乎并没有排斥的意思，但也没有把军事要职交给他们。戴笠心想，孙殿英果然老奸巨猾。不过，戴笠也知道，像孙殿英这样的人，虽本意不想投共，也不想卖国，但如果形势逼迫他到山穷水尽的地步，也不是没有投共或卖国的可能。可是，就目前情况看，又不能强逼着他反共，必须讲究点策略——继续加大对孙殿英的控制，然后逐步收网，逼其反共，以此确保其为党国所用。有了这些想法，戴笠在行动上也作了相应的调整。

为了控制孙殿英，戴笠还自降身段，要与孙殿英结拜为兄弟。孙殿英当然乐意了，他巴不得抓住戴笠在关键时刻做自己的靠山呢。从这时起，戴笠和孙殿英二人就以兄弟相称了。

结拜之后，戴笠旧事重提，话题自然转到了东陵盗宝之上。孙殿英是何其的老练与聪明，见戴笠往事重提，便立即会意。经过一番周折，他拿出了那把早已许诺给戴笠的"龙泉宝剑"，请其代为转赠给蒋介石。戴笠接过宝剑后仔细把玩，他发现这确实是一件稀世珍宝。于是，他会意一笑，拍着孙殿英的肩头给了其诸多的许诺。

得了龙泉宝剑，戴笠还要继续前往中原各部队视察，途经河南林县时，遇日机空袭。为防古剑有什么闪失，戴笠就将龙泉宝剑交给了他的心腹、时为军统陕坝工作组组长马汉三代为保管，并交代他这是孙殿英送给蒋介石的宝物，务必要保证万无一失，让他从陆路带剑回重庆并将宝剑交给何应钦，等自己回去后再亲自呈交给蒋委员长。马汉三是军统骨干，长期在北方负责军统局的情报工作，深得戴笠的信任，不仅担任过兰州工作站站长、宁夏缉私处处长，抗战胜利以后，还被戴笠任命为军统北平站站长。

可是，让戴笠没有想到的是，他回重庆后，马汉三却迟迟没有将龙泉宝剑送来。情急之下，戴笠便向马汉三发电报催要。马汉三回电说，战乱时期，为安全起见，他把龙泉宝剑又留在了孙殿英处。等戴笠再致电孙殿英询问龙泉宝剑时，孙殿英却一直没给答复，干脆就置之不理了。见孙殿英没有回复，戴笠猜想他可能是见此剑珍贵而反悔了。此时，抗战形势严峻，诸多事情都等待戴笠去解决，戴笠分身乏术，也只好暂时把龙泉宝剑的事搁置一边了。

事实上，是马汉三起了贪念，他见当时战火四起，部队调动频繁，戴笠也是行止无常，未必再有机会追问宝剑的下落，再说，就算他追问了，自己也有一百个理由搪塞他，于是，马汉三就把龙泉宝剑据为己有了。

马汉三与龙泉宝剑

就在马汉三打如意算盘之时，他却成了日本人的俘虏，龙泉宝剑也随之落入了日本人手中。1940年初，日本陆军特务大桥熊雄和田中隆吉在华北开设了走私公司"大隆洋行"。马汉三自称龙文，并以商人身份在张家口活动，由于他生活奢靡，挥金如土，很快引起了"大隆洋行"的后台老板、日本大特务田中隆吉的注意，并迅速识破其身份，将其逮捕入狱。田中隆吉曾在东北、内蒙古、华北、上海等地任职，也是一名老牌特务，且嗜杀成性，残忍至极。马汉三为了活命，就将自己所知道的一切都供了出去，还将龙泉宝剑一并赠予了田中隆吉。

被释后，马汉三装作逃出了虎口，来到北平，电告了军统局自己"九死一生"的"脱险"经过。骗得了信任的马汉三仍然当他的军统陕坝工作组组长，后调任第八战区调查室主任、宁夏缉私处处长、军统局本部布置处处长等。

虽然马汉三在军统内一升再升，但是龙泉宝剑在他内心造成的阴影却在不断地加大，也成了他的一块心病。

戴笠久不见马汉三将剑送到重庆，就发电询问，马汉三当时就吓得心惊胆战。他谎称因为路途艰险、局势混乱，此剑异常珍贵，为求安全依然留在孙殿英处。戴笠又发电询问孙殿英。孙殿英此时正忙着和日军勾结洽谈投降之事，不明白为何戴笠再次讨剑，以为他是"醉翁之意不在酒"，害怕会惹出什么麻烦也就迟迟没给回电。戴笠久等之后，仍不见孙殿英回电，便认为孙殿英反悔了，但他却没有想到马汉三胆敢身存异心。到了后来，孙殿英公开投敌，讨剑之事也就不了了之了。这次马汉三虽然得以侥幸过关，但是他的心思却始终放在宝剑身上，一直暗中关注田中隆吉的行踪。

1940年春，马汉三终于等到了机会。因为对山西的作战失利，时任山西派遣军少将参谋长的田中隆吉被调回日本。田中隆吉深知自己身为败军之将，平时在日本军界口碑又极差，回国后肯定会遭到宪兵整肃追缴，因而回国前路经北京之时，便将龙泉宝剑交由川岛芳子保管。马汉三猜到田中隆吉不敢冒险将宝剑带回日本，于是多方打听他回国前曾跟什么人有过接触，终于让他查到了川岛芳子。早在田中隆吉担任上海特务机关长时，川岛芳子就在他的手下工作。两人狼狈为奸，交往甚密，马汉三也据此判断宝剑落在了川岛芳子的手上。为了进一步证实自己的猜想，马汉三还秘密派遣了军统特务长期监控川岛芳子。

日本无条件投降后，马汉三通过毛人凤的关系向戴笠求情，结果，他不但被赦免，还被委任北平办事处主任，兼任北平肃奸委员会的主任。一时之间，马汉三成了"华北王""马王爷"。不过，马汉三并没有因此而放松对龙泉宝剑的关注。到了北平之后，马汉三立刻将川岛芳子逮捕，然后，又对川岛芳子住宅进行全面搜查，最终找到了龙泉宝剑。

就在此时，知道龙泉宝剑在马汉三手里的孙殿英成了曲线救国的英雄。马汉三意识到，若是戴笠与孙殿英当面对质的话，自己必死无疑。为了自身的安全，马汉三开始了秘密布置，为自己铺下了后路。马汉三的第一招就是在军统高级特务中寻求靠山，特别是同郑介民、唐纵、毛人凤等人搞好关系，经常用大把的金银财物孝敬他们。当郑介民调到军调处后，马汉三大肆行贿，与郑介民勾结一起，成了郑介民的心腹。马汉三的第二招就是投靠国民党桂系的头脑、北平的行营主任李宗仁。马汉三深知李宗仁的实力，如果能得到他的保护，连蒋介石都难以对其下手了，戴笠就更奈何不了他了。因此，为了巴结逢迎李宗仁，马汉三把军统内部一些对桂系不利的情报都及时报给了李宗仁，由此深得李宗仁的信任，成了其心腹。"三十六计，走为上"，马汉三给自己留的最后一手是逃亡国外，远走高飞。马汉三本就是贪婪无度之人，为了给自己铺设这三条后路，他也变本加厉地行起了贪污索贿，进行着疯狂的敛财。

让马汉三想不到的是，戴笠没遇到孙殿英，却遇到了川岛芳子。戴笠在北平期间让文强、马汉三等外勤大特务对反共活动加强布置，又指令人事处长龚仙舫在华北大区搜罗日伪汉奸特务，组织内蒙古方面的反共特务组织，以便派往被中共武装占领的内蒙古广大地区开展活动。为此，戴笠就在北平第一监狱秘密地提审了日本间谍川岛芳子。

令戴笠没想到的是，在提审川岛芳子过程中，意外地从她那得到了一个更加惊人的消息——关于龙泉宝剑。

川岛芳子得知审问她的就是鼎鼎大名的戴笠，决定好好利用这个机会。她不但为戴笠的反共特工活动贡献了信息，还告发了军统大特务马汉三。她指出马汉三在抗战期间曾经投日变节。为了证明马汉三曾经投日，她还供出马汉三在战后逮捕她的时候，从她家搜走了一把"九龙宝剑"。

戴笠听到"九龙宝剑"几个字，心头一震，他又详细询问了这把宝剑的信息。根据川岛芳子对剑体的外观、长度、剑鞘、剑柄雕龙样式等各个细节的描述，戴笠判定这"九龙宝剑"就是孙殿英当年赠送给自己的那把龙泉宝剑。

当戴笠从川岛芳子口中得知自己朝思暮想的龙泉宝剑竟被马汉三私藏，且马汉三又做出投敌叛国的丑陋行径时，心中极为愤怒，恨不得当即将其碎尸万段。戴笠早就看出了马汉三有反心，曾对自己的心腹手下说过，之所以用马汉三，无非是想将他当作一本活字典来查。在军统中绝大部分都是南方人，只有极个别的人熟悉内蒙古、华北、东北的情况，任用他也只是权宜之计。在戴笠看来，马汉三最多只是他养在樊笼中的一只虎而已，可以随意斩杀。而事实上，戴笠并没有控制住马汉三这只樊笼之中的虎，他一想到自己在这方面的疏忽，不禁气得浑身发抖，真恨不得把马汉三生吞活剥了。

戴笠虽然气愤不已，但毕竟是个特工老手，他知道不能鲁莽行事，决定把此事冷静思考一遍再做处理。尽管川岛芳子如此供认了，但是还得拿到马汉三"通敌叛变"的证据才行。再者，由于当时北平是桂系的天下，马汉三在北平势力极大，集特工、警察、肃奸三权于一身，而且与李宗仁关系甚密，如果打草惊蛇，逼得马汉三倒戈，后果不堪设想。另外，戴笠虽称龙泉宝剑是献给蒋介石的，但是从没有向蒋介石报告此事，也是想将宝剑私藏。若是自己现在就把马汉三给扣押起来，请示蒋介石下发处令，一旦让蒋介石知道了其中的缘由对自己也是极为不利的。为此，戴笠施了个缓兵之计，没有匆忙定下结论。

戴笠与军统局人事处长龚仙舫密谋后，决定先稳住马汉三，并透出话去，只是索要"从川岛芳子家中搜出的古剑"，并没有一句责备马汉三的话。为了不让马汉三起疑心，戴笠还专门留书一封，让他转交至文强的手中，以解除马汉三的戒心。马汉三闻讯也表现得很识相，不但立即献出了宝剑，同时还献出了大批书画古董、金银财宝，足足装了十大箱，亲自押往弓弦胡同，孝敬戴笠。此时的马汉三知道事情已经败露，与其坐以待毙，不如铤而走险。他决定与"神通广大，无人能及"的戴老板做最后一次的较量，精心部署了一个暗杀戴笠的行动计划。

生命的最后一周

1946年3月，戴笠越来越感到军统的致命难关恐怕是不好渡过了，于是，他开始有意无意地给军统的个别大特务吹风，以便他们在面对突然变故时能有个准备。这其实也是戴笠生命最后一周的主要活动。

3月10日，总理纪念周发表演讲。

在军统北平办事处在北平怀仁堂举办的总理纪念周活动上，戴笠借主持之机发表公开演说。演说中他表达了自己已经将政治上的进退得失置之度外，做好了随时面对可能出现的严峻形势的准备。针对撤销军统引起的恐慌，戴笠还不失时机地为军统特务们打气，告诫特务们只要自己立身没问题，不被官僚腐化拖垮，就不会被任何人打倒。

3月12日，约见郑介民。

当时郑介民正在北平执行军事调处任务。见到郑介民，戴笠没有说自己有出国的想法，也没有谈论军统的前途问题，而是把军统的大小事宜一件一件详细地向郑介民作了交代，同时还向郑介民交代军统的家底和善后工作。戴笠的这种做法，是郑介民始料未及的，所以，他在莫名其妙的同时，也有了不祥之感。

3月13日，北平工作干部会议上，再次发表讲话，后赶赴天津。

演讲结束，因为戴笠要赶赴天津，军统华北总督察王蒲臣率众到机场为戴笠送行。此去天津，与戴笠同行的是马汉三。

王蒲臣是戴笠的心腹亲信，他精明能干，多年从事华北地区的军统活动和秘密督察工作，极为熟悉平津地区的情况。戴笠把他调来北平工作，是专门为了对付马汉三的——一方面是为了监视控制马汉三，另一方面，为了调查马汉三抗战期间和胜利后的犯罪证据。

3月13日，到达天津。

戴笠这次来天津的主要目的是整治特务们的贪污腐化。一到天津，戴笠便给所有在津的特务做了训话，警告特务们必须视领袖为生命，忠于职守，遵守"家规"，否则决不轻饶。为了加强力度，戴笠当场表示要对重大贪污犯军统电讯处长魏大铭要严惩，还说要枪毙与汉奸小老婆通奸的北平肃奸委员会的军统特务王子英。戴笠这番训话表面上是就事论事，实际上是有意震慑马汉三，想让他有所悔悟，收敛一下自己的行为。

当晚，戴笠将在津私自纳妾的杨文泉扣押法办。

3月14日，滞留天津一天。

为了给杨文泉求情，牟廷芳邀请天津市长张廷谔、副市长杜建时三人一同来到戴笠处。戴笠摆出一副铁面无私的面孔，对这三位地方大员的说情毫不理会。为了表明自己的立场和态度，戴笠还当即下令让陈仙洲把在津纳妾的军统特务、天津区汉奸财产清查委员会审讯组长朱泊阳押解候审，以儆效尤。戴笠本打算在这一天飞往青岛，之后再去上海的，结果被这三人拖延，只好在天津滞留一天。

3月15日，赶到北平，秘密探望杜聿明。

滞留天津期间，戴笠接到文强急电，得知东北保安司令杜聿明将于16日在北平白塔寺中和医院，做割除左肾的手术。戴笠与杜聿明交情颇深，且杜聿明在东三省拥兵十万，对东北有着举足轻重的影响，考虑到东北办事处工作的开展还要借重杜聿明，戴笠决定借机去探望一下。

一见到戴笠，杜聿明先是一惊，以为戴笠此来一定是蒋介石安排的——前来打探自己的病情，然后再决定是否用别人取代自己在东北地区的职位。看到杜聿明惊慌的样子，戴笠笑了，言明自己本次纯是私人拜访问候，顺便了解一下东北的局势以及东北军统方面的工作情况。

杜聿明释然了，感谢的同时，还表示一定全力支持军统在东北地区的工作。

3月16日，由北平返回天津，后带随员直奔青岛。

在天津机场，戴笠满面笑容地和前来送行的马汉三、陈仙洲、黄天迈等平津地区的大特务告别。飞机起飞前，戴笠在天津发了两份电报：一份发给军统上海办事处参谋长李崇诗，令李崇诗、邓葆光、王一心三人于3月17日下午两点到龙华机场接他；另一份发给重庆局本部毛人凤，让毛人凤向蒋介石汇报他近日内会由上海回重庆，亲自将近期工作情况向蒋介石汇报。

在青岛，戴笠听取了军统青岛办事处主任梁若节的汇报。当得知已经飞往上海的美国海军第七舰队司令柯克想和他商讨有关"援助"问题，然后再返回美国时，戴笠兴奋异常。

戴笠在青岛住了一夜。

3月17日，乘专机飞往上海。

上午，戴笠在青岛沧口机场联系上海龙华机场，得知龙华机场目前天气晴好，但到下午可能会有雨。戴笠决定专机11点起飞，趁下午下雨之前赶到上海。他考虑到万一龙华机场天气条件过于恶劣，不好降落，就转降南京机场，亦或直飞重庆，于是让飞机师多备油料，飞机师便备了多达800加仑的油料。

戴笠乘坐的这架飞机，是航空委员会拨给的D-C47型222号专机，是可以全天候飞行的军用运输机，导航设备是由美国提供的，相当完善。这在20世纪40年代堪称是世界一流的飞机了，安全系数相当高，戴笠对这架飞机的性能相当信赖。可是，让他没想到的是，马汉山却在这架飞机上做了手脚。

3·17空难，葬身戴山

马汉三回到北平之后，还是寝食难安，他知道戴笠是绝对不会轻易放过自己的，因此他决定先下手为强，暗杀戴笠。他找来心腹刘玉珠，让他提前赶到青岛，先打通关系，掌握戴笠的行踪，然后伺机在戴笠的专机上安放定时炸弹，制造空难事故。

刘玉珠比戴笠提前两天到达青岛，到达青岛之后，他就忙碌起来。他没有抛头露面，而是深入基层，暗中建立了成熟的情报网络，秘密开辟了计划实施时的掩蔽渠道。他以军统局华北督导员的特殊身份，打通了机场和军统青岛办事处的关节，并想尽一切办法笼络青岛机场的航空检查人员，以图及时掌握戴笠的活动计划。刘玉珠仅用了两三天时间，就做好了一切准备工作，坐等戴笠的到来。

马汉三已经向刘玉珠交代了戴笠多疑的习性，并做了周密的计划和安排。戴笠素来对自己的行动计划甚为保密，并且不受别人左右，行动时间以及路线向来是戴笠自己决定。而且每次作出决定后，为避免泄露，他也只让很少的人知道，有时做了决定之后，还会突然改变行动时间和行动路线，让手下人都措手不及。

针对戴笠的这一习性，刘玉珠到青岛后积极活动，凭着华北督导员的特殊身份和手里大把的钞票，对青岛地区军统内部的情况很快熟悉。

戴笠做了上午11时起飞的决定之后，情报很快便反馈到刘玉珠那里。于是，刘玉珠便按计划展开了暗杀戴笠的行动。他驱车到达机场后，以检查"安全状况"，确保飞行安全为由向警卫222号专机的特务提出登机要求。军统华北督导员的特殊身份让刘玉珠有登机检查的权力，而且，他近来给了特务们不少好处，与他们混得很熟。因此，谁都没有对他登机产生怀疑。于是，刘玉珠得以顺利地登机，并用马汉三给他的钥匙打开了其中一个箱子，把经过伪装的高爆力定时炸弹塞了进去。定时炸弹的引爆时针被定到了飞机飞临上海龙华机场上空的预计时间。

然而，事情并没有想象中顺利。由于山东省第三区行政督察专员兼保安司令王洪九等人的拜访，戴笠推迟了专机的起飞时间。上午11时已过，戴笠的专机并没有按时起飞。这一变故，着实让刘玉珠惊出了一身冷汗，他开始紧张起来，难道自己的阴谋已被察觉？他的心中真是七上八下，忐忑不安，假如到了定时引爆的时间还未出发，一切计划都将被打破，他们的阴谋不但会失败，他和马汉三也必定死无葬身之处。

时间一秒一秒地过去了。11时45分，在刘玉珠正六神无主、心急如焚的时候，戴笠终于在众人的簇拥之下来到了飞机场。上飞机之后，他还不放心地来到驾驶室，问正飞机司冯振忠说："飞机检查过了吗？零件、仪表决不能出问题。还有我吩咐过要加油，办了吗？"冯振忠道："都检查了，一切正常。我加了800加仑油料，如果龙华机场天气恶劣，可以转飞南京机场。"戴笠说了句："老天爷帮忙。"然后下达起飞的命令。专机终于起飞了，刘玉珠紧绷的神经终于放松了，他长吁了一口气。

登机之后，戴笠便开始闭目养神。他表现出明显的疲惫，让随行的人也不敢喧哗,飞机上甚是安静。

从沧口机场起飞后,222号专机便遇大雾天气。飞机摇摇晃晃地飞着,气流也变得强烈起来。戴笠不能安睡,于是坐了起来,让人向机长询问飞机情况如何,勤务员的回话是,由于云层过低加上有雷雨,飞机很难与地面取得联络,有消息后会立即给戴回话。戴笠点头,再次合上眼睛休息。没飞多久,经与上海龙华机场取得联络,说是上海方面大雨倾盆,气候过于恶劣,飞机难以降落。戴笠骂了一句,然后命令飞机改飞南京。飞机到达江淮地区上空时,正赶上大雨,云层特别低,能见度极差,飞机偏离了航线。到下午大约1时6分的时候,飞机到达了南京上空,而飞机正在与南京机场取得联系的时候,突然电讯终止了,同时飞机也狠狠地顿了一下,所有人都紧紧抓着安全带。戴笠心里闪过一丝不祥的预感。副机长解释说是因为遇上了强气流,所以才会剧烈起伏。南京依然无法降落,无奈只好再寻其他地方,好在油料充足。1时13分,当飞机飞抵南京郊县江宁板桥镇上空时,刘玉珠设定的高爆力定时炸弹按时起爆,飞机立时失控,一头栽到板桥镇以南不足200米高的戴山山腰上,瞬间便机毁人亡。

222号专机坠毁之后,又接连着下了三天大雨,戴笠等人的尸首也暴露在雨中淋了三天三夜,没有人收殓。三天后,戴笠等人被发现。当时,机上人员无一幸免,全部遇难。他们分别是:国民党军委会军事调查统计局局长戴笠,陆军少将领中将衔;军统局秘书兼局本部人事处长龚仙舫,军统少将衔;军统局专员金玉波,江苏人,帮会工作专家,杜月笙的徒弟;刚从牢房释放出来的英文秘书马佩衡,香港大学文学士,英语口语水平极高,戴笠本打算用他作为与柯克会谈时的翻译;戴笠保释的汉奸黄顺柏,此次随戴笠赴上海与杜月笙合作筹备军统北洋保商银行。此外,还有副官徐焱,卫士曹纪华、何启义,通讯员李齐。机组人员包括飞行经验相当丰富的正飞机师、上尉飞行员冯振忠,机工长李开慈,中尉飞行员张远仁,副飞机师以及少尉飞行员熊冲。

戴笠一生精明透顶,为人诡计多端,结果却栽在了小人马汉三手中,此事看起来匪夷所思，然而，仔细分析起来，也合情合理。戴笠当时的境地非常艰难，一则要面对蒋介石假手国民党三陈、黄埔系"三大哥"的联合"端锅"行动，来回奔波，应战不暇；二则还要负责整顿内部，剪除心生异端之人。不过，由于戴笠将自己的主要精力都放在了对付蒋介石的方面，整肃内部的工作也就暂缓了一步，这也就给了马汉三可乘之机。戴笠之死，实际上也是蒋介石联合各方力量，全力对戴笠围剿的结果。

重庆一片慌乱

3月17日14时，按照戴笠前一天的指示，李崇诗、邓葆光、王一心冒着瓢泼大雨，开车到上海龙华机场等候老板的到来。他们在机场耐心等了整两个小时，却始终未见戴老板的专机。李崇诗有些不安了，他通过机场的电台向北平办事处查询情况，结果得到马汉三回电说，老板在3月16日已由天津飞往青岛。

李崇诗又与青岛办事处取得联系，梁若节的回复是，上午11时45分，老板的专机已飞上海。三名少将顿时不安起来，按常理推算，老板的专机早就应该到达上海，可为什么到现在却连个影子都没有？他们决定赶紧返回杜美路办事处，通过军统电台连续向北平、天津、青岛、南京等地的军统办事处和军统站查询，并决定将这一情况报告给重庆局本部的毛人凤。各地的电讯很快都有了反馈，结果却都没有老板的消息，戴笠一行人等和222号专机居然一起神秘地失踪了。李、邓、王三人不敢想象自己的老板可能是遇难了，他们既不敢回家，也不敢将老板失踪的消息透露出去，只能守在杜美路办事处，等候各方面反馈有关老板行踪的消息。

军统天津站长陈仙洲、军统青岛办事处主任梁若节得到戴笠座机失踪消息后，也是整夜都没合眼，苦守在电台旁，等待上海、南京及重庆方面的电讯联络，还不断和机场联系，询问消息。

李人士时任陆军总司令部调查室主任兼军统南京办事处主任，他接到上海方面的查询消息后，即刻赶到南京机场查询，查得222号专机在午间前后确与南京机场联系过，但是，联系很快便中断了。李人士是个冷静的人，经过缜密分析推测之后，他认为在南京附近，再也没有其他大型机场了，老板的座机确定早已起飞，从时间上来讲，如果没有意外，早就应该到达南京亦或上海了，并且南京机场方面确实有专机与之联系的记录，这能够说明222号专机肯定到达过南京上空。

李人士分析，只有两种可能，一种情况是222号找到了其他的大型机场转降，不过尚无任何消息可以证实这一推测；另一种情况就是专机在南京地区附近或者迫降或已坠毁。第二种推测简直让人不寒而栗，不过李人士也不得不作最坏的打算。分析至此，他立即向南京四郊地区的军统组织和情报人员发出指令，让他们寻找D-C47型222号军用运输机的下落，同时还派出陆总调查室和南京办事处的特务四下寻找，打探消息。

在重庆、南京、青岛、天津、北平等各大城市军统组织的高级特务中，戴笠连同专机一起失踪的消息，尤如瘟疫一般，让大家极度恐慌。尤其是重庆军统局，就像陷入末日一样。军统局代主任秘书毛人凤一直紧张不安地守在办公室里，不断指令重庆总台联络上海、南京、青岛、济南、天津、北平等地，追寻222号专机的最新消息。从3月17日下午到第二天，毛人凤都是在极度紧张和焦虑中度过的，他坐立不安，通宵不敢离办公室半步。全国各地数十个建有机场的大中城市都收到了电讯总台连续不断发送的查询专机下落的电波，各地的军统组织也接到让调动一切情报力量寻找222号专机去向的命令。

随着时间的推移，毛人凤越来越不安，他已经预感到了一种不祥。如果222号专机能安全着陆，戴笠随身带有电台和报务人员，想与军统局及各地组织取得联系并不困难，而且军统组织遍布国内，军统的任何一项重要命令都可以在短短一两个小时之内，通过全国近千座电台传达到军统人员所在的每一个角落。现在出现老板数十个小时与局本部联系不上的情况，实在有悖常理。

3月18日清晨，慌慌张张的毛人凤闯进蒋介石官邸，汇报了戴笠专机失踪的消息。毛人凤向蒋介石汇报说，以往戴笠每到一处都会把自己的行踪发电告知，以便蒋介石随时查询，也便于毛人凤能及时把局里的重大情况向他反馈。之前从没有出现过像这样失去联系的情况，自打17日中午离开青岛后，戴笠与之不但完全中断联系，而且还完全失去行踪。由此分析，222号专机可能由于某种原因不得以迫降在了共产党武装控制的地区，或者飞机失事，机上人员罹难。

蒋介石听完报告，一言不发，脸上的表情甚是平静。尔后，他拿起电话，用一种紧张不安的口吻向时任航空委员会主任的周至柔询问222号飞机的去向。蒋介石对戴笠失踪的消息并不感到惊讶，他早就有了杀戴之心，并暗中安排了熊冲这个飞行员。因此戴笠如果死于空难，正好符合蒋介石期盼出现的结果。如果222号专机真是失事遇难，定然无可挽救。但是，万一飞机是降落到了共产党武装控制的地区，戴笠如果真被共产党活捉了，凭戴笠手上所掌握的国民党内幕和相关情报，将给蒋介石的统治带来难以估量的影响。

蒋介石确认222号专机失踪的事实后，当即作了两项指令：第一，指令周至柔即刻派出多架搜索机，沿青岛、南京、上海一线及周围地区仔细搜寻，务必要弄清楚222号专机具体的降落地点，同时还通知了空军各机场全力协助查寻，并要求随时向他报告事情的进展情况；第二，指令毛人凤马上选派出一名将级特务，让其带上电台及一名报务员和一名外科医生，于3月18日下午即刻出发，前往上述地区进行仔细寻找，如若发现222号专机，就立马降落，不能降落就跳伞下去，并要求用电台将情况随时向蒋报告。蒋介石命令毛人凤要想尽一切办法，不惜一切代价找到戴笠，活要见人，死要见尸。

毛人凤听完蒋介石的指令后，便急匆匆地回到军统局，召开了所有在渝的"将"字号的高级特务的紧急会议。参加会议的多半是局本部各部门，以及驻渝的外勤机关负责人中少将级以上的大特务，共有20多人。毛人凤先向他们通报了戴笠和222号专机已经失踪一天一夜的消息，随后又传达了蒋介石要求即刻派人寻找的指令。

再说马汉三，自从送走戴笠，他就处在了极度惊惧和焦虑中。到17日下午，马汉三收到上海方面发出的戴笠座机失踪的查询电报时，仍然不敢确信这个事实。随着事件的进一步发展，马汉三终于惊醒过来，他意识到他的暗杀计划应该是成功了。

沈醉不惜冒死寻主

戴笠失踪一天一夜的消息，犹如晴天霹雳一般，让到会的大特务们顿时惊慌失措。这些年来，戴笠在军统中树立了强横、霸道的形象，他对手下的军统特务动辄打骂。特务们早已习惯了终日战战兢兢的生活。戴笠已经成了整个军统的灵魂和象征。一直以来，特务们被戴笠灌输忠于领袖、做无名英雄的思想，使他们成了政治上的植物人。他们早已习惯不再有个人的意志、人格和思想，一切以戴笠的意志为意志，想戴笠所想，干戴笠所干。军统特务们谁都不曾想过，如果没有戴笠的意志、权威及谩骂，生活应该如何继续。他们甚至不敢想象，如果有一天离开了戴笠，军统将会是怎样的结局。

参加会议的沈醉时任军统总务处长，他回忆当时的情形说："浑身顿时直冒冷汗，心里也在想：他千万不能出什么事啊！"这也是当时大多数特务的心态。

不过，当毛人凤传达完蒋介石让选派一个人坐飞机去寻找戴笠的命令时，会场上顿时变得鸦雀无声，在场的大特务们个个耷拉了脑袋。他们都怕被选中。抗战胜利后，军统特务们都面临着升官发财的锦绣前程，他们不想葬送刚刚到手的荣华富贵。生存是特务的本能，没有人愿意让自己成为老板的殉葬品。

这样的场面大出毛人凤的意料。毛人凤怎么也没想到，在戴笠生死未卜的关头，这些被戴笠视为心腹的大特务竟然如此推三阻四。毛人凤感到很尴尬，这简直是对戴笠的极大嘲讽。

论地位、论资历，毛人凤与这些"将"字号的大特务差太远。毛人凤的角色，当时只不过是个代主任秘书，他只是以戴笠同乡的身份替戴笠看守家门罢了。这些大特务们向来不把毛人凤放在眼里，毛人凤也对这些大特务毕恭毕敬。在戴笠生死未卜的情况下，毛人凤更是指挥不动他们。在百般无奈的情况下，毛人凤只好声泪俱下地哀求他们说："同志们，委员长一再强调，必须要派个高级同志前去。如果真没有一个负责人愿意去，那岂不是显得我们军统的负责人都是胆小怕死的吗？如果不是工作不允许我就去，可是戴先生临走时指令我负责局里事务，实在走不开啊。"

这时，年仅33岁的沈醉站了起来，他表示愿意去共区寻找戴笠。说起来，沈醉既不是戴笠的同乡，也不是戴笠的黄埔同学，他只是出于对戴笠知遇之恩的报答，才决定不惜冒死前去寻主的。戴笠平时确实很欣赏沈醉的才干，对他宠爱有加，如今终于有了回报。

女少将姜毅英也站了起来，她看起来很激动："如果我不是女的，我也会和沈处长一样站起来。士为知己者死，你们就这样报答戴先生的知遇之恩吗？看你们怎么有脸去见戴先生。"在场的人被姜毅英说得面红耳赤。

沈醉成了毛人凤和众特务的救命稻草。毛人凤随即带沈醉去见蒋介石。蒋介石鼓励沈醉说："不错，干革命就要有不怕死的精神。完成任务之后，我还要奖励你。现在时间来不及了，你会跳伞吗？"

沈醉回答："不会，跟我一起去的都不会。"

蒋介石于是让沈醉带领医生和报务员先去练习跳伞，并让其做好19日早晨动身的准备。蒋介石还临时草就一份手令交给沈醉，内容如下："无论何人，不许伤害戴笠，应妥善护送出境，此令。"然后他又反复叮咛沈醉："如果发现失踪的飞机不是在机场停落的，你们就跳伞下去。无论遇到什么单位的负责人，都先出示我的手令，只要一找到戴局长，你要立即用无线电告知我！"

当天下午，沈醉就去练习跳伞了。当飞机到达指定高度时，沈醉拉开舱门准备往下跳时，只觉两眼发花，两腿哆嗦。空中实战跟地面练习差距实在太大了。沈醉有些犹豫了。但是，想起戴笠平时对待自己的一幕幕，沈醉眼一闭就跳了出去。他只觉得自己的身体在急速下坠，耳边的风声呼呼作响。他急忙将胸前的绳子一拉，身体猛地向上一提，然后，一切就正常了，他稳稳地吊在空中，慢慢地往下降落，不一会儿就着地了。沈醉舒了一口气。

天黑时沈醉回到局本部，一进大楼就碰到了毛人凤。毛人凤说："你的任务取消了，刚才南京来电，17日中午有一架军用飞机坠毁在南京附近，估计戴先生已经遭遇不测了。"

听了毛人凤的话，沈醉一下子呆住了，泪水不由自主地就流出了眼眶。

原来，就在沈醉学习跳伞，准备出发的时候，李人士在南京得到了关于戴笠行踪的第一个消息，即3月17日午后，在南京西南郊的江宁县上空有一架军用飞机坠毁。在得到江宁县特务情报人员的报告后，李人士第一时间派人前往查实，同时他还用长途电话将此消息分别向军统上海办事处、重庆局本部通报。

蒋介石得到消息后说，222号专机上有不少金银古董，只要找到一件就可以证实。3月19日早晨，李人士发来电报，机上的文物已经被当地老百姓拣去，只在飞机坠毁处附近找到一枚刻有龚仙舫的名字私章。至此，戴笠及其随行人员因222号专机坠毁而遇难的事实已得到确定。

沈醉是在3月19日16时左右见到戴笠的尸体的。想到戴老板往日对待自己的一幕一幕，沈醉心里一阵莫名的难受。他指挥人把戴笠的尸体送到殡仪馆整容换衣，又将尸体装殓放进李崇诗从上海购买回来的一具楠木棺材里，最后，将戴笠、龚仙舫等人的棺木移至南京的军统办事处，并设下灵堂祭奠。一切事务草草办理停当之后，李人士便在一家大饭店里摆下了豪华宴席，邀请上海、南京、重庆各地赶来的大特务们赴宴。觥筹交错之中，只有沈醉、邓葆光等少数几个大特务对戴笠生前的知遇之恩心怀感激，难过得食不下咽，其他人都心安理得地大嚼大咽。在他们看来，戴笠的死虽然使军统机构前途未卜，但从此以后就不用担心戴笠会追查他们侵吞大量私产的问题了，也能安心地享受几年荣华富贵的日子。

处理好戴笠的尸体，沉醉在3月21日又专程赶到戴山的事故现场，希望可以找到一些戴笠的遗物，但是结果让他失望了。无奈之下，他将当地的县长和保甲长都召集了过来，并要求这些人通力彻查飞机上散落的古玩珍品。在沈醉的威慑之下，没有多长时间，便有一樽30多厘米高雕琢精致的羊脂玉白九龙杯和一柄宝剑被送了回来。对于这两件珍品，沈醉在验收之后就派人将其送到了故宫博物院内收藏。正因为找到此剑，才查出了戴笠的真正死因。对于沈醉而言，这也算是变相地报答了戴笠的知遇之恩。戴笠死后两年，毛人凤才发现此宝剑与马汉三的关系，并顺藤摸瓜，查出了刘玉珠暗中在戴笠的专机上安装炸弹的真相，并将此事报于蒋介石。蒋介石并未将此事公布出去，只是以贪污罪将马汉三和刘玉珠等人处决了。

蒋介石厚葬戴笠

戴笠的死对蒋介石来说是上一大损失，尽管那是他潜意识里期望的结果。面对戴笠的死讯，蒋介石内心是极其复杂和矛盾的。

一方面，蒋介石很乐意接受戴笠遇难的事实。蒋介石一生中控制最严的是特务、军队和财政，可是，戴笠穷尽一己之力打造的军统局早已遍布国民党的各个角落，就连蒋介石都无法看透戴笠所拥有的力量到底有多大。抗战胜利后，蒋介石与戴笠的矛盾虽然越来越尖锐，但是蒋介石却不敢轻易地对戴笠下手。而且，随着军统的发展，戴笠的权力、地位、实力每日都在壮大着，这让蒋介石寝食难安。蒋介石要除掉他，是早晚的事。如今，戴笠一死，他所带来的威胁也完全消除了，蒋介石如释重负，全身紧绷的神经也随之松弛了下来。

另一方面，戴笠的死，对蒋介石来说也是一大损失。戴笠效忠蒋介石，完全是出于报答蒋介石的知遇之恩。蒋介石深知戴笠拥护、忠诚自己的程度不是一般人可比的。况且，从蒋介石的用人之道来看，只有那些既是人才又忠诚的人，才能得到重用。戴笠在这些方面完全符合蒋介石的要求，他的才能不逊色任何国民党官僚，而他对蒋介石的忠诚也是堪当众官僚之首。自从戴笠上任以后，也没有让蒋介石失望，他不但办事干净利索，还给蒋介石排除了不少政治上的阻力，在许多重要的事件方面，都起到了关键性的作用。

1946年4月1日，军统在重庆为戴笠举行了隆重的追悼会，整个悼念活动的规模之大，在国民党的执政历史上几乎是空前的。戴笠的祭奠活动由蒋介石主持，他在发表讲话时候还流下了眼泪。不仅如此，蒋介石在慰问其他军统家属的时候，触景生情，再次掉下了眼泪。随后，蒋介石又通电全国为戴笠举行公祭，表彰其做出的功绩。一时之间，国民党军政将官全部都按照着蒋介石的命令，为戴笠举行了大规模的悼念活动，仅在成都地区，参加公祭的就达到了54万余人。此后，蒋介石又于1946年6月11日下令，追授戴笠为陆军中将。

戴笠死后近一年的时间内，国民党上下共为其举办了数百次的公祭活动，而从各地收集上来的挽联也有数千幅之多。其中，1946年6月12日的祭吊活动，应是规模最大的一次。当日，蒋介石携南京数百名军政首脑和数万军民，将戴笠的灵柩从军统办事处移至钟山灵谷寺的志公殿内，并举行了隆重的祭奠仪式。

在当日的祭奠现场，有两副挽联十分显眼。其中，一副挽联是章士钊先生的，原文如下："生为国家，死为国家，平生具侠义风，功罪盖棺犹未定；誉满天下，谤满天下，乱世行春秋事，是非留待后人评。"这副挽联不仅巧妙地避开当时比较尖锐的政治问题，也对戴笠的一生做了客观的评价。而另外一副挽联，则是蒋介石的杰作，原文如下："雄才冠群英，山河澄清仗汝迹；奇祸从天降，风云变幻痛予心。"

1946年8月初，蒋介石与宋美龄亲自到灵谷寺，在戴笠灵柩前凭吊。蒋介石凝视着戴笠的遗像许久。此时蒋介石内心的真实想法无人可知，但蒋介石的表情却泄露了他心情的不平静。

凭吊完毕后，蒋介石问毛人凤，戴笠的安葬地点选好没有。毛人凤说还没有决定，正在选择。蒋介石听闻此言后，当即就对毛人凤说道："不如就在灵谷寺为他选择一块风水宝地，让他早日入土为安吧！"

蒋介石与毛人凤等人说完之后，便扶着宋美龄走向了灵谷寺的后山。但是，由于宋美龄的行动不便，导致一行人的探察搁浅。过了半个月，蒋介石再次来到了灵谷寺，这次他只是带着毛人凤、沈醉等大特务。此行的目的，是为戴笠挑选安葬之地。

  蒋介石虽然是一个虔诚的基督教徒,但他对于风水知识还是有点儿了解的。他在一个有小水塘的地方停下来,并对沈醉等人言道:"这块地方不错,靠山聚水,安葬时取子午向会更好。"

  1947年3月17日,保密局隆重召开了戴笠逝世一周年纪念会,3月26日,为戴笠举行了葬礼,戴笠灵柩正式安葬在蒋介石给他选的墓地。